Daniel Meurois

Jesus' Jüngerinnen

Daniel Meurois

JESUS' JÜNGERINNEN

Das geistige Erbe der drei Marien

Aus dem Französischen von Dr. Gerhild Schulz

SILBERSCHNUR VERLAG

MIX
Papier aus verantwortungsvollen Quellen
FSC® C014138

Titel der Originalausgabe: »Le Testament des Trois Marie - Trois Femmes, Trois Initiations«

Veröffentlicht in Partnerschaft mit Maurice Baldensperger und Francis Hoffmann GbR »Publish Vision«; info@publishvision.de, www.publishvision.de

ISBN: 978-3-89845-521-3

1. Auflage 2016

Übersetzung: Dr. Gerhild Schulz
Gestaltung & Satz: XPresentation, Güllesheim
Umschlaggestaltung: XPresentation, Güllesheim; unter Verwendung eines Motivs von © annareichel, www.fotolia.de
Druck: Finidr, s.r.o. Cesky Tesin

Verlag »Die Silberschnur« GmbH · Steinstraße 1 · D-56593 Güllesheim
www.silberschnur.de · E-Mail: info@silberschnur.de

Für Marie Johanne, in Liebe und Dankbarkeit

Für Salomes durchlässige Seele, die es verstand,
sich dem gegenwärtigen Augenblick zu öffnen,
um dieses Werk zu begründen.

Inhaltsverzeichnis

Vorwort

Ich werde euch eine Geschichte erzählen ... eine wahre Geschichte wieder einmal ... auch wenn sie erfunden zu sein scheint und kein Geschichtsschreiber oder Wissenschaftler der Welt ihre Wahrhaftigkeit bezeugen kann.

Ich möchte sie nicht um der Schönheit oder Annehmlichkeit der Erinnerung willen erzählen, sondern als ein Versprechen für die Zukunft.

Die Geschichte hat sich vor knapp zweitausend Jahren ereignet. Ihr Echo aber setzte sich fort bis an einen wilden Sandstrand am Mittelmeer nicht weit von Nemesus.[1]

Diese Geschichte gleicht einem Gefäß, das sich aus dem Gedächtnis dreier Frauen gebildet hat. Sie sind sich wieder begegnet, nachdem sie den unmittelbarsten und unglaublichsten, aber auch sanftesten und sonnigsten Seelenweg geteilt hatten, den es gibt – den Weg Jesu, des Meisters Jeshua.

Die drei Frauen hießen damals Jakobea, Salome und Miriam. Ihr Andenken hat unter dem gemeinsamen Namen "die drei Marien"[2] Jahrhunderte, ja Jahrtausende überdauert.

Das Buch, das ihr in Händen haltet, ist Spur und Duft dieser Erinnerung. Ich hatte das Glück, sie durch den Schleier der Zeit aufzuspüren.

Warum ließ sie sich nicht schon früher finden? Vermutlich, weil wir heutigen Menschen als Lehrlinge des Lebens für ihren Inhalt in so mancher Hinsicht noch nicht feinfühlig genug waren.

Aus Salomes Blickwinkel ist es meinen Seelenaugen nun gelungen, in ihr Wesen einzudringen, Tag für Tag, Monat für Monat, bis ins kleinste Detail ... Sie erschloss sich mir in all ihrer intensiven Kraft und feinen Genauigkeit.

Es ist der Blick einer Frau, gewiss, vor allem jedoch das Spiegelbild des subtilen Lichtes einer Zeit, die unser kollektives Gedächtnis auf immer geprägt hat.

So ist es nicht nur der Blick einer Jüngerin Christi, sondern auch das Herannahen der wahren Größe der Liebe - einer Liebe die frei, umfassend und unendlich ist.

Und schließlich ist es auch der Blick eines Wesens, das die Schlichtheit und Offenheit des Herzens liebt. Salome bezeugt für uns den Weg ihrer Gefährtinnen, der sich in ihrem Inneren bewahrt hat.

Jakobea, Salome, Miriam - drei Wege, die zu einer einzigen Erinnerung verschmelzen - dem Gedächtnis der drei Marien ...

Hier also ein weiteres Zeugnis über diese lichtvollen Jahre, die stets in mir lebendig sind: ein Zeugnis des christlichen Impulses.

Ja, noch eines ... denn gewisse Stunden haben unsere Menschheit so geprägt, dass ihr Reichtum und ihre Intensität unerschöpflich sind.

Als ich die Spuren von Maria-Jakobea, Maria-Salome und Maria-Magdalena im Süden Galliens im ersten Jahrhundert unserer Zeitrechnung wiederfand, hätte ich nie gedacht, dass sie mich Christus so nahe bringen würden. Und diese Nähe ist, im

Sinne einer intimen Kommunion, wohl auch das Besondere an diesem Buch.

Die drei ersten und engsten Schülerinnen Jesu befreien sich darin, eine nach der anderen, von ihren tiefsten und bedeutsamsten Erinnerungen an den täglichen Umgang mit dem Meister, die den Charakter von Einweihungen hatten.

Wer Sensationelles in diesem Buche sucht, wird wohl enttäuscht werden.

Meine Absicht war es lediglich, diese Erinnerungen so getreu wie möglich zu erzählen, um die Gegenwart Christi wiederzugeben, wie sie sich Tag für Tag in aller Demut, Spontaneität und Größe seinen Jüngern offenbarte.

Von den ersten Bildern an, welche die Akasha-Chronik in mir aufsteigen ließ, von den ersten Worten an, die ich vernahm, erkannte ich die Aufgabe, so ungeschminkt wie möglich, den Einfluss deutlich zu machen, den das Licht seiner Anwesenheit hatte, und das subtile Siegel zu erweisen, mit dem sie unser kollektives Gedächtnis geprägt hat.

Das Buch ist aus drei unterschiedlichen Perspektiven geformt, die jedoch auf erstaunliche Weise zusammenspielen. Es soll gelesen werden, wie man einen Duft atmet, denn man wird die Essenzen, aus denen es gemacht ist, beim flüchtigen Lesen nicht entdecken. Es ist keine handlungsorientierte Geschichte und hat auch nichts von einer Informationssammlung mit abgezählten Lektionen.

Es ist dazu da, langsam gelesen zu werden, um die zartesten Saiten unseres Inneren zu liebkosen, zu beleben und sie an ihre Verwandlungskräfte zu erinnern.

Mancher wird das Buch wohl für einen Roman halten. Es ist keiner ... Ferner könnte man einwenden, dass die Personen nicht immer jenen entsprechen, die in den offiziellen Texten vorkommen ... Das ist mir bewusst, stellt aber kein Problem für mich dar. Es ging mir vor allem darum, dem gerecht zu werden, was ich Tag für Tag sehen, hören und erleben durfte. Davon wurde mein Schreiben geleitet.

In keinem Fall kann das Ziel der folgenden Seiten sein, irgendeine Art von Polemik entfachen zu wollen. Sie sollen vielmehr zu unserem Herzen sprechen, um es ein wenig weiter zu öffnen ... Denn Herz ist ja - wie wohl jeder zugestehen wird - das, was unserer Zeit am meisten fehlt. Ohne Zweifel steht es als Tempel unseres Wesens im Zentrum dieses 'geistigen Erbes', ist es doch die heilende Kraft in uns, - Punkt der Versöhnung und Ausdruck des Vermächtnisses, das Christus uns hinterlassen hat. Dies mag von den Erinnerungen der drei Frauen belebt werden.

Ihr Gedächtnis beschwört im Grunde nicht den Christus der Vergangenheit herauf und auch nicht jenen, den man in Zukunft erwarten könnte. Der Christus von dem hier die Rede ist, ist der immerwährende Christus der Gegenwart. Es ist der ewige Christus, der uns aufrüttelt, indem er uns seine Zärtlichkeit schenkt und zugleich die Anforderungen seiner Lehre an uns heranträgt.

Ganz gleich, ob wir Mann oder Frau sind, ich bin sicher, dass in den Fragen, den Irrfahrten aber auch der Schönheit von Jakobea und Salome ein Teil von uns allen enthalten ist ... darüber hinaus aber auch die insgeheime Hoffnung auf die Erfüllung von Maria Magdalenas Auftrag. Im Verlauf der Erzählung wird deutlich, wie sehr die Schwierigkeiten der drei Frauen den unseren gleichen. Sie gehören der Ewigkeit des Lebens an, das sich in uns sucht und gestalten will. Und so rate ich meinen wahren Lesern, keine Seite umzublättern, bevor sie nicht ihren Sinn gleichsam eingeatmet haben.

Bevor ich “Drei Einweihungen” schrieb, war mir nie gegeben, auf so subtile und intime Weise in die Lehre Christi einzudringen.

Sollte es mir gelingen, das Glück, dass ich beim Versuch empfunden habe, diese Lehre weiterzugeben und auf jene Seelen zu übertragen, die sich ihr nähern möchten, kann ich nur sagen ... Mission erfüllt!

Daniel Meurois

Dieser Bericht beginnt etwa im Jahre 50 unserer Zeitrechnung ...

Getrieben von Verfolgung, aber auch der Notwendigkeit, die Lehren ihres Meisters weiterzugeben, brachen eine Anzahl von Männern und Frauen aus Palästina auf, ohne zu ahnen, dass sie die ersten Christen sein würden. Viele nahmen dabei den Seeweg und landeten schließlich an den Mittelmeerstränden Galliens in der Umgebung von Massilia, dem späteren Marseille.

Sie kamen auf verschiedenen Booten und verteilten sich nach und nach in ihrer neuen Heimat. So gelangten Maria-Salome und Maria-Jakobea - beides Jüngerinnen der ersten Stunde - in die heutige Camargue, während Maria-Magdalena einen längeren Weg im Süden des Landes zurücklegte.

Ihr Schicksal führte sie jedoch für ein paar Tage wieder ihren beiden Gefährtinnen zu. Erst dann zog sie weiter nach Sainte-Baume in der Provence, wo sie zuletzt lebte.

Die folgenden Seiten beschreiben das bewegende Wiedersehen der drei Frauen, die mehrere Nächte lang am Strand ihre gemeinsamen Erinnerungen austauschten ...

Es war an einem Ort, gemacht aus Sonne, Wasser und Sand, aus dem später das einzigartige Dorf "Saintes-Maries-de-la-Mer" entstand ...

Das Buch Jakobea

Kapitel 1

Erste Anfänge des Erinnerns

Es ist etwa zehn Jahre her, dass Jakobea und ich, Salome, sowie einige andere an dieser Küste angelegt haben und hier leben. Ich weiß es nicht mehr genau, wir haben aufgehört zu zählen. Es ist so unwichtig im Vergleich zur Ewigkeit, die sich in uns ausgebreitet hat.

Als die Seeleute uns auf unser Bitten hin irgendwo an diesem Strand abgesetzt hatten, wussten wir nicht, dass wir so lange bleiben würden, ja nicht einmal, ob wir hier überleben könnten.

Abgesehen von dem endlosen Streifen Sand, der sanft von den Wellen des Meeres umschmeichelt noch an die Ufer gemahnte, die wir auf immer verlassen hatten, war alles so völlig anders als gewohnt! An dieser Kulisse hat sich auch nichts geändert ... oder doch sehr wenig.

Auch wenn wir uns vom Strand abwenden, ist das Wasser allgegenwärtig. Es breitet sich überall in der Ebene aus, schafft endlose Sumpfgebiete, aus denen hie und da hohes Gras und kleine Bäume wachsen.

Hier, in einem dichten Geflecht von Etwas, das wie winzige Inseln aussieht, haben wir gelernt, auf recht ungeschickte Weise Pfahlbauten zu errichten, in denen wir noch heute leben.

Manchmal werden wir gefragt, warum wir hier geblieben und nicht weitergezogen sind in Richtung der Berge, die nördlich am Horizont aufragen. Auch das weiß ich nicht so recht. Zunächst wohl, weil wir Angst hatten und dachten, wir würden an einem so unbestimmten Ort niemanden stören. Doch gewiss auch, weil die paar Fischerfamilien aus der Nachbarschaft sich uns gegenüber bald so angenehm und gastfreundlich erwiesen und uns mit Neugier begegneten.

Sie lehrten uns die Kunst, Hölzer und Wasserpflanzen zu flechten, so dass wir direkt über dem Salzwasser, mitten unter den vielen Vögeln, unsere eigenen Hütten errichten konnten. Sie zeigten uns auch, wie man jene Salbe herstellt, mit der wir uns noch immer gegen die unzähligen Mücken schützen, die uns in ganzen Trauben umschwirren.

Ja, zehn Jahre ... Vielleicht etwas mehr, vielleicht etwas weniger. Zehn Jahre, in denen wir versuchten, das Wort Dessen weiterzugeben, Der unser Leben so tief greifend verändert hat und Der eines Tages zu uns sagte: "Geht fort, überquert das Meer ... Es geht um euer Leben. Nicht nur um das körperliche, sondern vor allem um Jenes, das ich in euch erweckt habe. Es ist voller Licht - und das ist übertragbar ... Nicht von mir sollt ihr zeugen, sondern von diesem neuen Leben in Euch, damit ihr es eurerseits in jedem anderen erwecken könnt."

Jakobea und ein gutes Dutzend Männer und Frauen, darunter auch ich, haben unser Bestes getan, indem wir hier zwischen Sand und Wasser Wurzeln geschlagen und dann Seelen und Körper geheilt haben. Kann dies Beste jedoch genügen, nun, in einem Moment, da meine Seele das Bedürfnis verspürt, sich selbst ganz unverhüllt gegenüberzutreten, um sich zu prüfen?

Vielleicht, sage ich mir wieder einmal ... es wird mir immer so vorkommen, als genüge das Beste niemals im Vergleich zur unendlichen Fülle dessen, was wir bekommen haben.

Kann man je genug dafür tun zu bewirken, dass jeder ein wenig mehr Liebe im Herzen trägt? Können wir jemals auch nur einen Bruchteil dessen auf andere übertragen, was der Meister uns geschenkt hat?

Wie auch immer, wir haben uns hier im Ungewissen eingerichtet, obgleich unsere eigene Sicherheit längst nicht mehr zu entwurzeln ist, die Gewissheit, innerlich am rechten Ort zu sein.

Diese Gewissheit ist noch einmal unermesslich gestiegen, als vor vier Tagen ein echtes kleines Wunder geschah. Wir waren gerade dabei, auf einem Stück Land, das etwas trockener ist als die Umgebung, Dinkel zu ernten, als wir die Silhouette einer Frau sahen, die sich auf uns zu bewegte. Sie trug ein langes, dunkelblaues Kleid, und ihr volles Haar flatterte im Wind. Als sie nur noch ein paar Schritte von uns entfernt war, blieb sie zögernd stehen. In dem Moment sahen wir ihr Gesicht, und uns stockte der Atem.

"Miriam!", ... hörte ich mich im tiefsten Inneren murmeln. Miriam ... war sie es wirklich? Miriam aus dem Dorf Midgel[3], die Gefährtin des Meisters, unsere Freundin, unsere Schwester auf allen Wegen ... Wie war das möglich? Es war doch so lange her!

"Ja", ... erwiderte sie mit leicht gebrochener Stimme auf unsere entgeisterten Blicke. "Ja, ihr seid es - und auch ich bin es wirklich. Er hatte recht, es war mir also bestimmt, euch zu finden." Wir waren völlig unfähig, irgendetwas zu sagen. Ich erinnere mich nur an eins: Im nächsten Moment lagen wir uns alle drei weinend in den Armen.

Die beiden Männer aus der Gegend, die bei uns standen, waren diskret genug, ein wenig beiseitezutreten. Sie wussten sofort, dass in diesem besonderen Moment niemand in unsere Welt eindringen konnte. Es war einfach zu stark ...

Erst vier Tage sind vergangen, doch weiß ich schon nicht mehr, was wir uns zuflüsterten, zueinander sagten, ja, uns am Ende fast zuschrien vor lauter Überraschung und Freude.

Jakobea und ich begriffen lediglich, dass Miriam unsere Spur im Traum wiedergefunden hatte, auf Weisung des Meisters Selbst.

Sie hatte gebetet und gebeten, hatte zugehört und war gegangen, weit gegangen von jenem sehr hohen Gebirge her, das sich, wie sie sagte, weit im Westen am Ufer des Meeres erhob.[4] Eine Gruppe von sieben oder acht Menschen hat sie auf dem gesamten, ihr aufgegebenen Weg begleitet.

Jakobea und ich waren voller Fragen, unfähig wahrzunehmen, glaube ich, dass auch Miriam selbst so vieles über uns wissen wollte. Würde ihre Reise hier ein Ende haben? Würde sie mit uns leben?

Ich spüre noch heute die Erschütterung, die ihre Antwort in meiner Seele ausgelöst hat. "Nein, ... ich glaube nicht. Er schickt mich weiter. Er weiß, wohin ... ich weiß es nicht."

Mehr sagte Miriam dazu nicht, doch als wir uns wohl zum dritten Mal an diesem Abend irgendwo am Strand über den Weg laufen, spüre ich, dass sie es auch nicht weiß. Sie wird ihre Lebensbahn fortsetzen, so wie sie es immer getan hat, wie wir es ebenfalls versuchen.

Das Feuer prasselt sanft, und es ist gut, noch einmal hier zusammen zu kommen. Wir hatten uns nicht einmal verabredet; es hatte sich ganz von selbst ergeben, genau wie an den Abenden zuvor. Wir spüren sehr wohl, dass all jene, die hier mit uns leben, sich gerne zu uns gesellt hätten. Einige haben uns sogar gefragt, doch wir haben nein gesagt ... ein wenig egoistisch vielleicht ... Aber wir brauchen es einfach, in dieser Nacht noch ganz für uns zu sein. Mir scheint, dass wir einander noch gar nichts gesagt haben, dass Miriam viel zu wenig geredet hat und Jakobea und ich ihr unser Leben hier nur furchtbar ungeschickt erzählt haben.

Mir scheint ... es ist immer so, wenn die Erinnerung des Herzens allzu voll ist. So, als könne es sich nicht gleich öffnen. Ich stelle mir das vor wie eine zum Platzen gefüllte Fruchtblase und denke, es braucht etwas von außen, gleichsam ein künstliches Eingreifen, um sie aufzustechen und uns Erleichterung zu verschaffen.

Und wenn wir die Nacht so verbringen würden, eingerollt in unsere Decken, ganz still, um die stetigen Flammen des Feuers herum ... Das wäre vielleicht genauso gut.

Der, an den wir gerade alle drei denken, das weiß ich einfach, hatte uns zuweilen etwas nahe gebracht, das er Gespräch der Stille nannte. Im Übrigen haben wir genug Holz und Äste gesammelt, um es ziemlich lange auszuhalten und uns gegenseitig beim Schweigen zuzuhören.

Über dem Meer herrscht schon fast stockfinstere Nacht. Nur der Schaum der Brandung, der sich auf den Sand ergießt, ist noch wahrnehmbar.

Doch da durchdringen ein Blick und eine Stimme den Schleier der Dämmerung. Miriam sagt: “Bringt mir etwas bei, lehrt mich bitte etwas ... denn es gibt Dinge, die ich nicht erlebt habe, es gibt Momente, die ich nie kennengelernt habe ... oder nicht genug ...”

Ich ahne, wie Jakobea an meiner Seite mich anschaut und spüre ihr Staunen, das ebenso groß ist wie meins. So vergeht ein Moment ... dann kommen fast dieselben Worte gleichzeitig über unsere Lippen. “So bring auch du uns etwas bei ... denn wir meinen, dass wir oft blind und taub waren ...”

Trotz der Schüchternheit, die mich von jeher verfolgt hat, kann ich es seltsamerweise nicht bei diesen Worten belassen. Eine Kraft aus dem Inneren meines Busens drängt mich, weiterzugehen, fegt meine stille Akzeptanz des Schweigens hinweg, das sich eben zwischen uns ausbreiten wollte.

“Und wenn wir in dieser Nacht unsere Erinnerungen austauschen würden ... Und wenn wir in weiteren Nächten, an weiteren Tagen vielleicht, so oft es eben nötig ist, weitermachen würden, bis unsere Erinnerungen miteinander verschmelzen? Brauchen wir nicht im Grunde alle diese Verbundenheit der Seelen? Sie wäre wie ein Baum, der die Früchte unseres Lebens trägt ..."

Durch einen feinen Rauchschleier hindurch, mir genau gegenüber, sehe ich Miriams zusammengekniffene Augen mir zulächeln.

"Ja ... das erscheint mir gut und richtig, und vor allem würde es zweifellos Seinem Wunsch entsprechen. Warum hätte ich euch denn sonst wiederfinden sollen? Was wissen wir schon wirklich voneinander? Dort, damals, ... sobald Er begonnen hatte, unser Leben ganz auszufüllen, sind wir uns doch oft nur schweigend begegnet, um Ihn sprechen zu lassen und Sein Licht nicht zu verschwenden. Ich weiß heute, es war nicht exakt, was Er von uns erwartete. Er wollte Austausch und Gemeinsamkeit. Er hoffte auf das, was Er "die Mischung der Aromen unserer Leben" nannte ... Ist nun der richtige Moment dafür gekommen? Ich glaube, ja."

Zum ersten Mal an diesem Abend taucht eine zögernde Stimme aus der Finsternis. Sie gehört Jakobea, der sehr dunklen Frau aus Bethsaida, deren Haar nun weiß geworden ist, wie vom Staub aller Wege.

"Nun gut ... so mögen die Erinnerungen wieder aufsteigen und sich entfalten, wie alte, lose gewordene Rollen von Palmblättern, ihrem eigenen Rhythmus folgend, ohne, dass wir uns Mühe geben, sie zu ordnen; mögen sie uns lediglich nähren und bis dorthin begleiten, wohin wir gelangen müssen. Ich habe so vieles erlebt ... doch meine Seele dürstet noch immer, leidet einen unstillbaren Durst ... und ich kann noch immer nicht einfach in Frieden sprechen ..."

"Sprich, wie du kannst ...", antwortet ihr Miriam. "Bleib in der Wahrheit ... das ist alles, was Er wollte, oder eher ... das ist alles, was Er will. Wasser aus der Quelle ... selbst in einer einfachen, irdenen Schale."

Ich spüre, wie ein Hauch von Fiebrigkeit uns alle drei erfasst. Schon allein unsere funkelnden Blicke zeugen von der Gewissheit, die uns mit einem Mal ergriffen hat. Es ist die Gegenwart des Meisters selbst, der diese Begegnung bestimmt gewollt hat. Sie musste stattfinden, damit wir die Geheimnisse unserer Seelen dem Licht dieser Umgebung einprägen.

Ich weiß ... kein menschliches Ohr wird aufnehmen, was wir uns anvertrauen wollen ... Selbst wenn jemand hier in der Gegend schreiben könnte, würden wir ihn nicht rufen, um die Spuren unserer Erinnerung zu bewahren. Das würde alles zerstören ... Wir wollen nur eine gemeinsame Kraft schaffen und sie dann dem Unsichtbaren übergeben, der Weisheit der Zeit.

Jakobea möchte als erste sprechen, weil sie Angst hat, es nicht zu schaffen.

“Aber warum solltest du es denn nicht schaffen, Jakobea?”

“Wenn ich noch länger warte, - bis zum Morgen - oder es bis morgen früh aufschiebe, fange ich an, nachzudenken, nach den rechten Worten zu suchen, dann wird es viel weniger von Herzen kommen - wirklich aus meinem tiefsten Herzen. Versteht ihr das?”

Natürlich verstehen wir sie ... Ehrlich gesagt, glaube ich, dass wir heute Abend alle ähnlich denken. Selbst wenn mir Miriam strahlender erscheint denn je und auch wenn meine eigene Vergangenheit mir unglaublich gegenwärtig ist, bereit, sich in den Augenblick zu verströmen, so ist da doch diese gemeinsame Furcht, nicht zu wissen, wie - oder es nicht genug zu können ...

Nun gut ... Die Verschmelzung unserer Seelen wird hier stattfinden. Es ist entschieden. Miriam zitiert mit leiser Stimme ein paar vertraute, rituelle Worte und wirft eine Handvoll Kräuter in die Glut, die sie in einem Beutel neben sich bereithielt. Die feine Mischung erfüllt sogleich die Luft mit ihrem Duft, und mit unsicherer Stimme beginnt Jakobea zu erzählen ...

“Ich bin die Älteste von uns dreien ... vielleicht fünfzehn Jahre trennen meine Geburt von deiner, Salome, und vermutlich auch von deiner, Miriam. Das ist gewiss nicht viel, doch es genügt, um den Erkenntnisweg, der mich zum Meister geführt hat, von eurem zu unterscheiden ...

Wie ihr wisst, bin ich mit Ihm über unsere Eltern verwandt. Seine Mutter Meryem[5] und ich sind Cousinen. Ich rufe euch das in Erinnerung, weil ich glaube, dass es wichtig ist. Als Kind haben seine Eltern oft auf mich aufgepasst. Meine Mutter litt unter einer schwachen Gesundheit, und mein Vater war viel unterwegs. Darum dachten viele, dass Meryem und ich Schwestern seien. Es wäre gelogen zu sagen, dass wir uns perfekt verstanden. Wir waren sehr verschieden. Im Grunde haben wir uns erst nach ihrem zwölften Lebensjahr richtig kennengelernt. Wie ihr ebenfalls wisst, hat sie ja zuvor beim Gottesdienst im Großen Tempel der Bruderschaft[6] mitgewirkt. Als sie ins Dorf zurückkehrte und wir wieder mehr zusammen waren, löste das bei mir, wie ich heute einsehe, eine Abwehrreaktion aus: Eifersucht ...

Meryem war ... Meryem. Die reinste der Reinen, wie man sagte. Jahrelang hatte ich nichts anderes gehört. Ich verstand nicht, warum das mit so großer Bestimmtheit erklärt wurde und auch nicht, warum manche sich sogar vor ihr verneigten. Da sie selbst jedoch diesen Huldigungen gegenüber ganz gleichgültig war, beruhigte ich mich schließlich und gewöhnte mich daran. Dennoch hatte ich immer im Hinterkopf, nur Jakobea zu sein, die Cousine. So nistete sich auch weiterhin die Eifersucht in aller Stille in mir ein.

Als man sie mit Joseph vermählte, gab mir das einen Stich ins Herz. Nicht, dass ich mit ihr tauschen wollte, bei so einem alten Ehemann. Das war es nicht ... Ich sah nur das Prestige, das ihr diese Verbindung wieder einbrachte. War Joseph nicht der meistgeachtete Priester unserer ganzen Gemeinschaft? Das war doch zu viel für eine einzige Frau!

Ich erinnere mich, dass ich mich monatelang gleichsam ohne Familie und von allen abgewiesen fühlte. In Wahrheit kapselte ich mich wohl eher selbst von der Außenwelt ab. Noch immer war ich nur Jakobea, versteht ihr ... und spielte bestenfalls die zweite Geige in der Familie. Bestenfalls – denn natürlich schwirrten noch viele andere Brüder, Schwestern, Cousins und Cousinen in der Gegend herum. Sie schienen jedoch nicht sonderlich neidisch auf Meryem zu sein. Ich war also das Problem ...

So kam es, dass ich mich nach und nach selbst nicht mehr mochte. Ich hatte ein schlechtes Bild von mir, fand mich wohl hässlich und war wütend, dann wieder schämte ich mich ... und wurde wieder wütend, ein Teufelskreis.

Schließlich wurde auf einer endlosen Familienkonferenz in meiner Abwesenheit beschlossen, mich mit einem Mann namens Chalphi[7] zu verheiraten. Den kannte ich schon vom Sehen, es war ein Cousin von Joseph. Mein Vater teilte mir sogleich mit, er sei ein guter Bauer aus unserer Gegend, baue viel Flachs und Kichererbsen an und ich könne zufrieden sein. Damit war mein Leben binnen eines einzigen Tages vorgezeichnet. Ich wusste schon immer, dass es genauso ablaufen würde und ich nicht das Geringste dazu zu sagen hätte. So etwas ist euch ja nicht neu ...

Die Hochzeit fand also wie geplant statt. Bald merkte ich, das Chalphi ein guter Mann war. Seine Anwesenheit an meiner Seite machte mich gewiss ausgeglichener. Meine so unzufriedene Natur, diese Art, ständig auf etwas zu warten, das ich selbst kaum fassen konnte, trat etwas in den Hintergrund. Doch war die Beruhigung von recht kurzer Dauer, denn wie ihr leicht erraten könnt, richtete sich die Aufmerksamkeit unserer gesamten Gemeinschaft und selbst die der umliegenden Dörfer nun noch mehr auf Meryem oder vielmehr auf ihren Sohn. Er war kaum älter als vier oder fünf Jahre, als man schon von ihm erzählte, dass er laut mit den Engeln oder den Seelen der Propheten sprach, wenn er in den Hügeln unterwegs war. Das fanden manche Leute beunruhigend, die Mehrheit aber erfüllte es mit Erstaunen und Bewunderung ...

so sehr, dass er sogar regelmäßig von etwas merkwürdigen Reisenden aufgesucht wurde.

So kam es, ich muss euch das einfach sagen, ... dass ich ihn kein bisschen mochte, diesen Sohn von Meryem. Er würde es genauso machen wie seine Mutter und alles an sich reißen. Das war das Einzige, was ich wahrnahm und ich war unglücklich darüber. Als wir erfuhren, dass er an die Hochschule unserer Bruderschaft[8] gehen würde, um dort jahrelang zu studieren, war ich richtig erleichtert. Jetzt, so machte ich mir weis, würden meine eigenen Kinder, die kaum jünger waren als er, endlich aufatmen und ihren rechten Platz einnehmen können.

Ihr lächelt, nicht wahr? Ihr habt recht, denn in Wahrheit ging es ihnen zuvor sehr gut. Als meine beiden Söhne Meryems Sohn begegneten, war er sofort ihr Freund. Ich war es, die fast erstickte und seine unleugbare Ausstrahlung nicht ertrug. Das war alles ...

Ein Jahr nachdem er fort war, haben auch wir unser Haus und unsere Flachsfelder verlassen. Chalphi hatte nicht weit vom See, in Bethsaida, einen schöneren Besitz geerbt. Dort habe ich ja dann, wie ihr wisst, viele Jahre gelebt. Wir waren wohlhabend und vor allem ... gab es niemanden mehr, auf den ich neidisch sein musste. Meine Söhne waren gesund, sie arbeiteten mit ihrem Vater auf den Feldern und ich dachte, ich sei glücklich ..."

"Wieso sagst du, du dachtest ... warst du es denn nicht?"

"Ich dachte es ... weil ich mich im Grunde selbst betrog. In meinem tiefsten Herzen lebte eine Wut, die fast unablässig an mir nagte und deren Ursache ich nicht ergründen konnte. Ich war ständig damit beschäftigt, sie zu verdrängen und daraus folgte, dass ich mich ebenso wenig leiden konnte wie früher.

Ich war bestimmt viel zu oft boshaft. Oft ist es ja der Schmerz, der einen böse macht, vor allem dann, wenn man ihn nicht festmachen kann und doch ständig spürt, wie eine unsichtbare Wunde, an der man unaufhörlich kratzt, bis sie sich entzündet ...

Wenn ich euch all das so genau erzähle, dann nicht, um mich in den Vordergrund zu spielen. Deswegen sind wir nicht hier. Es geht mir nur darum, euch den Weg meiner Seele vor Augen zu führen, einen Weg, den gewiss viele gehen. Und ich möchte euch mitteilen, wie ich mich langsam aus meinen eingefahrenen Bahnen herausgearbeitet habe. Diese Spur anzuschauen, ist vielleicht lehrreich.

Man denkt immer, es sei die Betrachtung des Himmels und der Sonne, die den Menschen wachsen lässt. Doch mit den Jahren, die vergehen und die der Meister im Stillen nährt, habe ich nach und nach verstanden, dass es zunächst darauf ankommt, zu sehen, wie sehr man mit den Füßen im Dreck steckt und auch diesen Dreck zu fressen, bevor man anfangen kann, den Kopf zu erheben. Nicht vorher. Was ich sagen will, zunächst musste etwas in mir verfaulen, ich musste bis zum Ende meiner eigenen Enge und meines Egoismus gehen, bis an den Punkt, an dem mein Leben zusammenbrach.

Du siehst also, Miriam, du kennst mich ja nicht so gut wie Salome, ich hatte alles, was man braucht, um glücklich zu sein, und doch ständig eine blinde Wut in mir. Eine Wut, die scheinbar namenlos und ziellos war, mich aber direkt ansprang, als ich nach zwanzig Jahren zum ersten Mal wieder von Meryems Sohn sprechen hörte. Man hatte mir gesagt, er sei weit weggegangen, man wisse nicht einmal, ob er noch lebe und so hatte ich ihn schließlich völlig vergessen ... doch plötzlich war er wieder da!

Es war Chalphi, der an jenem Tag seinen Namen aussprach. Ich werde das nie vergessen ... Am Ende eines heißen, mühsamen Tages saßen wir in der Nähe unseres Brunnens unter den Orangenbäumen. "Erinnerst du dich an den kleinen Joseph[9], den Sohn von Meryem? Man sagt, dass er wieder zurück ist in unserem Land. Inzwischen ist er Rabbi. Er soll sich nun Jeshua nennen. Angeblich versammeln sich seltsame Leute um ihn. Das wundert mich nicht ..."

"Mich auch nicht ...", gab ich mit gespielter Gleichgültigkeit zurück, doch innerlich schreckte ich hoch. Mehr sagte ich nicht dazu, doch Chalphi wurde seinerseits nicht müde, Anekdoten zum Besten zu geben. Offensichtlich hatte man ihm am selben Morgen eine ganze Reihe davon erzählt, als er am Seeufer gewesen war, um Früchte gegen Fische zu tauschen. Die Fischer schienen sich köstlich darüber zu amüsieren ... Ich tat, als würde ich diese Geschichten bloß zerstreut anhören, doch in Wahrheit entging mir kein Wort. Ich erinnere mich sogar, dass ich sie mir später, in der Stille der Nacht, als ich schlaflos da lag, unablässig vorbetete, während ich mir paradoxerweise zugleich einredete, dass sie mich ja gar nichts angingen.

Waren sie wahr? Sie waren verstörend ... aber auch ungewöhnlich schön. Warum taten sie mir nur so weh? Eigentlich sollte ich sie längst vergessen haben ... Es war absurd! Und dann ... verstand ich auch nicht, warum sie die Fischer so amüsierten. Sie waren überhaupt nicht lustig, im Gegenteil.

Schließlich schlief ich mit dem beruhigenden Gedanken ein, dass der Sohn von Meryem gewiss nichts weiter war, als ein Rabbi, der bloß ein wenig angeberischer war als die anderen und nun mal seine eigene Welt erschaffen wollte. Ohnehin gab es überhaupt keinen Grund dafür, dass ich ihm aufs Neue begegnen müsste oder dass Er uns hier, wo wir lebten, aufstöbern würde. Wie dumm von mir! Ich war noch sehr weit davon entfernt zu begreifen, dass man den Lauf der großen Dinge, die uns erwarten, nicht ändern kann und dass unsere Freiheit auch gar nicht darin besteht. Sie liegt anderswo, und zwar darin, den Strom unserer Seele zurückzuverfolgen.

Unser Schicksal holt uns immer wieder ein, auch wenn wir alles tun, um vor ihm zu fliehen. Auf mich kam es in Gestalt eines meiner Söhne zu. Jakob war gerade am Anlegeplatz als der, den ich herablassend noch immer Joseph nannte, mit einigen Leuten aus einem großen Boot ausstieg. Selbst nach so vielen Jahren erkannten sich die beiden. Ich denke, es sind die Augen ... Sie betrügen einen nicht.

Joseph war gebeten worden, zu einem Weber zu gehen, um dessen kranke Tochter zu behandeln und Jakob hatte sogleich beschlossen, ihn dorthin zu begleiten, wohl auch ein wenig aus Neugier. Er war ja sein Freund von früher ... Den Rest könnt ihr euch denken ...

Bei Einbruch der Dunkelheit sah ich, wie mein Sohn atemlos und mit vor Aufregung glänzenden Augen heimkam. Er rang nach Worten und sprach von nichts anderem als von Meryems Sohn. Der hatte die Tochter des Webers anscheinend geheilt, indem er ihr einfach ein wenig Speichel auf die Stirn gerieben und ihr auf den Mund gepustet hatte. Er hatte nicht einmal etwas sagen müssen. Danach war Er einfach wieder über die Türschwelle hinaus, und durch die Gassen zurückgegangen.

Jakob war bei der ganzen Szene dabei gewesen. Der Weber aber war hinter Joseph hergelaufen und hatte ihn gefragt: "Warum sagst du denn nichts, Rabbi? Wie viel soll ich dir dafür geben?" Daraufhin hätte Joseph ihm geantwortet: "Was möchtest du gern hören - und welchen Preis bist du bereit zu zahlen?" Ohne die Antwort abzuwarten hätte er hinzugefügt: "Halbe Dinge wirst du von mir nicht hören, aber auch von dir werde ich alles verlangen."

Der Weber blieb wie angewurzelt stehen. Mein Sohn erzählte weiter, dass Joseph sich dann zu ihm gewandt und gefragt hätte: "Wie geht es deiner Mutter, Jakob? Sag ihr, dass ich sie morgen besuche."

Also diese Geschichte machte mich einfach verrückt. Nach all den Jahren weiß ich noch genau, in welch einen Zustand sie mich versetzte. Auf tragische Weise kamen meine alten Gefühle der Verbitterung alle wieder zum Vorschein. Es war, als ob das Leben mir, um mich am Atmen zu hindern, eine Falle gestellt hätte und sie nun plötzlich zuklappte.

Am nächsten Tag war mir natürlich die erstbeste Ausrede recht, um von unserem Anwesen zu flüchten. Es kam überhaupt nicht infrage, dass Meryems Sohn mit seinen Zaubertricks mich in meinem eigenen Haus verhöhnte. Warum wollte er mich überhaupt sehen?

Und am nächsten Tag - ob ihr es glaubt oder nicht - erschien er tatsächlich oben am Weg, der zu unserem Haus führte. Chalphi nahm ihn dort in Empfang, entschuldigte sich, dass er alleine sei und sagte, ich habe überraschend zu meiner Schwester Esther gehen müssen. Was da alles besprochen wurde, weiß ich nicht. Mein Mann konnte es mir später nie berichten, doch eins ist sicher, der Rabbi hatte ihn unglaublich aufgewühlt.

Dies traurige Spiel von mir wiederholte sich noch einige Male. Mehrere Monate verbrachte ich damit, vor einer Begegnung zu flüchten. Man hätte fast denken können, Meryems Sohn halte sich absichtlich an den Steilufern des Sees oder in den umliegenden Ortschaften auf. Er war immer mit der Gruppe von Männern und Frauen zusammen, von denen sogar Jakob, der ja von ihm hingerissen war, ohne zu zögern sagte, dass er sie ein wenig beängstigend fand.

Warum verfolgte mich dieser Jeshua bloß?

"Er verfolgt dich doch nicht ...", sagte Chalphi eines Tages gereizt zu mir. "Du machst selbst eine Obsession daraus! Was glaubst du, was er dir wohl zu sagen hat? Grüße von seiner Mutter?"

Diese Bemerkung regte mich schrecklich auf. Die Ironie durchbohrte mich. Sie brachte den ganzen Eiter meiner Eifersucht zum Vorschein, einer Eifersucht, die ihm in all den Jahren nicht entgangen war.

Ich muss aschfahl gewesen sein, als ich mich mit unserer kleinen Dienerin und dem Esel auf den Weg ins Dorf machte. Als Ausrede hatte ich gesagt, dass wir kaum noch Mehl für die Fladen hätten und sie mir in der Gasse hinter dem Markt helfen würde, unsere Tragetaschen damit zu füllen. Meryems Sohn würde ohnehin nicht da sein. Man sagte, dass er Probleme in Kapernaum habe. "Sieh mal einer an ... sogar er hatte Probleme! Na umso besser ..."

Jakobea unterbricht sich plötzlich und sucht unsere Blicke, einen nach dem anderen, als wolle sie sich entschuldigen, dass sie mit ihren Erinnerungen nicht schnell genug vorankommt. Das zumindest glaube ich in ihren Augen zu lesen, aber auch Spuren von Scham ... über diese alte Wut, die sie sich nicht recht erklären kann.

Vom Meer her ist ein leichter Wind aufgekommen und wirbelt einen Moment lang den Rauch des Feuers um uns herum.

"Noch eine kleine Gabe", murmelt Miriam und wirft noch einige getrocknete Kräuter in die Glut. Jakobea hat sich anscheinend ein wenig beruhigt. Sie seufzt tief, zwingt sich zu einem Lächeln und setzt ihre Erzählung fort ...

"Nun gut ... Ich ging also in der Hoffnung auf den Markt, dass all die Verkaufsstände und Düfte nach Gewürzen meine Stimmung aufhellen würden.

"Und dann ist auch noch Chalphi von dem da beeindruckt, von diesem Sohn!", murmelte ich vor mich hin. Nicht einmal unterwegs hatte die Wut also von mir abgelassen.

Doch anders als erwartet, war Bethsaida an diesem Tag nicht so ruhig wie sonst. Es gab da einen kleinen Platz mit ein paar verstreuten Häusern an der Straße nach Tiberias. Niemand hielt sich gerne in dieser Gegend auf. Es war bekannt, dass sich hier oft zwielichtige Gestalten herumtrieben, Diebe, aber auch Bettler, die alle möglichen Leiden vortäuschten.

So trieben wir unseren Esel an. Doch als wir an der besagten Stelle vorbeikamen, hörten ich und die junge Dienerin, die mich begleitete, Schreie aus dieser Richtung. Das war nicht gerade vertrauenserweckend, doch war es unmöglich auszuweichen. Von da, wo wir waren, führte nur eine Gasse zum Markt. Also mussten wir weiter. Und da sahen wir an der Ecke eines halb verfallenen Gebäudes aus schwerem Lehm einen Menschenauflauf. Manche schrien, andere weinten. Recht zögerlich und beunruhigt konnten wir doch nicht anders, als uns der Szene zu nähern, die im Zentrum dieses ganzen Aufruhrs stand. Direkt neben mir war eine kleine Mauer. Ich stützte mich auf meinen Esel und kletterte hinauf, um besser zu sehen ... Hinter der Menge, die dort versammelt war, lag auf dem Boden eine Frau. Offensichtlich war sie gerade mit Steinen beworfen worden und auch Beschimpfungen prasselten auf sie herab ... Ein Kind gab ihr sogar einen Fußtritt. Die Frau lag völlig zerschlagen da, das Gesicht am Boden, den Körper zusammengekrümmt. Nach kurzer Zeit merkte ich jedoch, dass die Beschimpfungen und Steine nicht nur in ihre Richtung geschleudert wurden. Ein großer, weiß gekleideter Mann stand zwei Schritt von ihr entfernt. Er schien die Menge ebenso aufzuregen. Auf einmal sah ich ihn einen Arm zum Himmel erheben ...

"Wer unter euch", rief er, alle anderen Stimmen übertönend, "wer unter euch hat nicht schon einmal eine Verfehlung begangen, etwas getan, das wir ablehnen, oder Lust gehabt, es zu tun? Wer? Das frage ich euch! Du Joshe, der du dich da hinter deinem Bruder versteckst? Und du, Levi? Du erhebst die Faust, aber was hast du gestern Abend in der Taverne hinter verschlossenen Türen gemacht, in der Dunkelheit der Nacht ... und auch du, Rachel ... Schau nicht weg! Glaubst du, dein Vater kennt nicht den wahren Grund für die Eile mit der du jeden Morgen so früh Wäsche waschen gehst? Ich sage euch, kein Einziger von euch ist rein genug, um dergestalt zuzuschlagen und zu richten."

Es folgte ein langes Schweigen. Ich erwog, wegzugehen. Das konnte ja nur übel ausgehen. Doch da zeigte ein Mann mit dem Finger auf den Beschützer der Frau. "Und was machst du mit dem Gesetz, Rabbi? Das Gesetz ist dazu da, uns zu schützen und uns das Leben leichter zu machen. Es gibt uns das Recht, den zu bestrafen, der es verdient hat. Stehst du etwa über ihm?"

"Der Ewige ist das Gesetz ... und der Ewige lehrt uns zunächst einmal zu lieben. Das ist alles, was ich dir sage - weil es die einzige Antwort ist. Lass mich dir jetzt nur eine Frage stellen. Erinnerst du dich an eine junge Frau namens Batseba ... Wenn irgendwo ein Mensch eine Sünde begeht, so oft nur, weil sein Gegenüber ihm hilft, zu sündigen ... Du weißt das ..."

Der Mann, der den Finger ausgestreckt hatte, stand rechts, nicht weit von mir weg. Ich sehe noch, wie er bleich wurde, als er diese Worte hörte, obwohl sie in moderatem Tonfall gesprochen worden waren.

Auch ich muss im Übrigen genau in diesem Moment ganz blass geworden sein. Nun begriff ich endlich, dass dieser Rabbi, der die Frau verteidigte, niemand anders war als Meryems Sohn. Ich hatte gerade noch Zeit zu sehen, wie Er seiner Schutzbefohlenen half, aufzustehen ...

Dann kletterte ich von meiner Mauer und mein Esel begann zu brüllen, als wäre es seine Aufgabe, das drückende Schweigen zu brechen, das über der Menge lag.

Seinetwegen hat der Rabbi mich wohl auch bemerkt. Ich wollte so schnell wie möglich verschwinden. Aber die Füße meines Tiers waren wie blockiert ... Es blieb störrisch stehen. Was dann geschah, weiß ich nicht mehr genau. Mein Blick war wie vernebelt. Die Menge begann sich unter Gemurmel aufzulösen. Ich rief wohl nach Deborah, meiner jungen Dienstmagd, doch sie schien nicht mehr da zu sein. "Deborah!", rief ich noch einmal etwas lauter. "Wir gehen!"

In diesem Moment sah ich Meryems Sohn, den Rabbi Jeshua, in seinem langen, weißen Gewand direkt vor mir stehen ... Ich lächelte. Ja, meine Freundinnen, meine Schwestern, ich habe gelächelt. Ich lächelte ihn heuchlerisch an! Weil ich nicht wusste, was ich sonst hätte tun sollen. Weil ich von Angst erfüllt war, wütend und zugleich gebannt. Und er lächelte zurück. Ich werde diesen Moment nie vergessen. Da stand er, mit gesenkten Armen, mit seinem üppigen Haar, seinem Bart - doch vor allem war da sein Blick.

"Oh ... Jakobea ... Da bist du ja", sagte er sehr sanft. "Ich habe mir schon gedacht, dass du schließlich zu mir kommen würdest."

Es war unglaublich. Er sprach mit mir, als sei überhaupt nichts Schlimmes passiert, als sei er nie von der Menge beschimpft worden und als sei er ihr nie entgegengetreten. Er sprach zu mir, als sei er einfach von Sonnenlicht erfüllt. Ich weiß nicht warum, aber ich brach in Tränen aus und er nahm mich in seine Arme.

Zwischen zwei Schluchzern hörte ich einige Leute vor sich hin schimpfen. Ich weiß ... Das tat man als Frau nicht, einfach so in die Arme eines Rabbis zu sinken.

All das dauerte nicht lange. Ich richtete mich wieder auf und nachdem ich mich verneigt hatte, wie es sich gehört, wollte ich zurück zu meinem Esel. Was hätte ich dem Rabbi schon sagen können? Ich hätte auf jeden Fall gelogen ... Es tat mir bereits leid, dass ich einfach so grundlos in Tränen ausgebrochen war.

Ich schaute auf den Boden, auf die Hufe meines Esels, doch für den Bruchteil einer Sekunde fing ich wieder den strahlenden Blick von Meryems Sohn auf. Dieses Leuchten ... es war so beunruhigend! Zum Glück tauchte in diesem Moment die kleine Deborah wieder auf. Der Esel schien in besserer Verfassung zu sein. Sie hielt ihn ganz ruhig am Zügel. Ich fasste ihn auch. Ohne ein weiteres Wort rettete ich mich geradezu zurück zum Weg, der uns nach Hause führte. Es ging nicht mehr um Mehl für Fladen und auch um sonst nichts. Ich stammelte die erstbeste Entschuldigung, die mir einfiel, wohlwissend, dass Deborah sie nicht glauben würde. Dann hüllte ich mich in Schweigen.

Chalphi hatte mit Jakob und meinem anderen Sohn auf den Feldern gearbeitet. Sie bekamen nicht einmal eine Erklärung. Im

Augenwinkel glaubte ich zu sehen, wie unsere Magd ihnen Zeichen machte. Sie sollten einsehen, dass es besser war, nicht in mich zu dringen. Den ganzen restlichen Tag richtete niemand auch nur eine Frage an mich.

Ich aber war völlig verwirrt. Schließlich kam der Abend. Ich hatte seit dem Morgen nichts gegessen und noch immer keinen Hunger. Schlafen konnte ich auch nicht. So ging das zwei oder drei Tage und Nächte, ich weiß es nicht mehr genau. Ich war stumm geworden, gerade noch in der Lage, kleine Arbeiten im Haus zu erledigen. Am Ende regte Chalphi sich auf. So schmerzhaft das auch war, ich war unfähig ihm zu erklären, was los war. Ich verstand es ja selbst nicht.

Ich sehe meinen Mann noch vor mir stehen, mit seinem breiten Stirnband aus braunem Leinen, schweißgebadet, das Gewand von Erde befleckt ... Er sah mich verzweifelt an.

"Was hat Er dir gesagt", stieß er plötzlich hervor. "Du hast Ihn gesehen, nicht wahr? Leugne es nicht ... Ist es der Rabbi, der dich in diesen Zustand versetzt?"

Es waren meine ersten Tränen seit dem Ereignis von Bethsaida. Ich höre mich Chalphi noch antworten, ich wisse nicht, was mit mir los sei ... Und so war es auch.

So vergingen zwei weitere Tage. Wenn ich zuweilen versuchte, mir Klarheit zu verschaffen, endete das zwangsläufig mit dem Gefühl, meine Seele sei irgendwie verkleistert. Es stiegen die unterschiedlichsten und wirrsten Gefühle in mir auf. Doch zwischen allem, was mir durch den Kopf ging, drängte sich mir vor allem die Szene auf, in der Meryems Sohn die Frau beschützt hatte. Es war wie eine Obsession.

Wer war dieser Mensch, der so etwas wagen konnte? Kein anderer Rabbi hätte sich so verhalten. Wir wussten alle, wie es ausgehen musste, wenn eine Frau untreu war. Das war normal ...

Folglich sagte ich mir zu meiner Beruhigung, dass dieser Joseph, Sohn des Joseph, der sich nun Jeshua nennen ließ, eindeutig kein Rabbi sein konnte. Er war nur ein eingebildeter Betrüger. Also genau das, was ich immer gedacht hatte.

Und dann ... kam ein Morgen ... Es kam Der Morgen!

Ich hatte einen Korb in der Hand, um rund ums Haus Orangen zu sammeln. Chalphi und unsere beiden Söhne waren drüben auf dem Weg und versuchten, das Rad eines Karrens zu reparieren. Doch als ich um die Ecke des Anbaus bog, wo wir Werkzeug lagerten, sah ich zu meinem Erstaunen, dass sie sich in Wahrheit mit einer Gruppe von etwa zwanzig Männern unterhielten. Diese hatten Taschen dabei, wie Reisende oder gar Vagabunden. Was war da los?

Doch kaum hatte ich die Ansammlung bemerkt, als schon zwei Silhouetten daraus hervorstachen. Es waren Chalphi und Meryems Sohn ...

Als dieser sich mir näherte, verschlug es mir die Sprache ... doch ich konnte nicht umhin, mich vor ihm zu verneigen, trotz allem, was ich mir vorgebetet hatte. Was geschah da bloß? Ja, was geschah? Ich erwiderte sogar sein Lächeln. Chalphi war offenkundig eingeschüchtert von der Ankunft des Rabbis. Er wusste nicht genau, was er tun sollte. Als wir uns der Haustür genähert hatten, sah ich sogar, wie er sich auf den Boden warf, um ihm die Sandalen zu lösen und ihm anzubieten, aus einem Krug Wasser über seine Füße zu gießen. So war es Brauch, wenn ein Ehrengast eintraf.

Ich erinnere mich genau, dass ich zu zittern begann, als ich diese Szene beobachtete ... Vor allem, als der Sohn von Meryem seine Hand lange und sanft auf Chalphis kahle Stirn legte. Segnete er ihn etwa? Wie kam Chalphi zu dieser Ehre?

In diesem Moment bemerkte ich auch, dass der Rabbi ausschließlich Augen für ihn hatte. Er sah mich nicht einmal an, sprach nicht mit mir ... Ich existierte nicht!

Die beiden gingen ins Haus und unterhielten sich ziemlich lange. Ich folgte ihnen natürlich nicht. Es war klar, dass ich nicht erwünscht war und zu meinen Orangen zurückkehren sollte. Worüber wollte ich mich denn auch beklagen? Ihre beiden Väter hatten sich gekannt. Sie mussten sich einiges zu erzählen haben. Und außerdem mochte ich diesen Jeshua ja gar nicht ...

Weißt du, Miriam ... als ich, während ich zu meinen Bäumen ging, darüber nachdachte, spürte ich, dass diese Gedanken einen bitteren Nachgeschmack in mir hinterließen. Warum tat es mir fast weh, mir immer wieder einzureden, dass ich diesen Menschen nicht mochte? Als ich durch die Blätter hindurch meine Hand nach der ersten Orange ausstreckte, spürte ich einen heftigen Stich im Herzen. Was war nur mit mir los? Ich wäre so gerne auch drüben im Haus dabei gewesen ... Warum interessierte sich Meryems Sohn so sehr für Chalphi? So unerklärlich das auch war, ich durchlebte eine dieser Wellen grausamster Eifersucht ... Sie füllte mich völlig aus. Ich musste die vier Sprossen meiner kleinen Leiter heruntersteigen. Zu heftig war der Sturm in meinem Kopf und mein Herz war nur noch ein Abgrund.

"Warum bloß Chalphi und nicht ich?", fragte ich mich hunderte Male pro Minute. Bin ich so unwichtig ... oder so hässlich?

Als ich Stimmen hörte, ließ ich meinen Korb zurück und näherte mich dem Haus. Die beiden Männer kamen gerade heraus. Chalphi, offensichtlich sehr bewegt, hatte die Arme rituell vor der Brust gekreuzt und hörte nicht auf, sich zu verneigen, als sei ihm soeben die größte Offenbarung zuteil geworden.

So ... jetzt würde der Rabbi endlich gehen und ich ... würde mit meiner komischen Krankheit und dem Haufen Widersprüchlichkeiten in mir zurückbleiben. So wäre die Begegnung wohl ausgegangen, wenn nicht ein kleines Ereignis dazwischengekommen wäre.

Ohne mich auch nur eines Blickes zu würdigen, ging Meryems Sohn ums Haus herum und verletzte sich dabei plötzlich am Fuß mit der krummen Klinge eines alten Werkzeugs, das auf dem Boden lag.

Ich eilte sofort zu ihm. Sein Knöchel blutete ... Chalphi überhäufte ihn mit Entschuldigungen und warf mir einen fürchterlichen Blick zu, als sei ich dafür verantwortlich, dass er sich nun schämen musste. Die Worte, die der Rabbi zu ihm sagte, habe ich nie vergessen ... Und dabei schaute er endlich auch mich an.

"Lass doch, es ist nicht schlimm ... Mein Vater hat mich gelehrt, dass alles seinen Grund hat. Deine Frau wird es mit ein wenig Wasser säubern, wenn du erlaubst ..."

Im nächsten Augenblick saß der Rabbi auf unserer kleinen Gartenmauer und ich hatte schon seine Sandale geöffnet. Wenn ihr wüsstet, was ich dabei empfand, liebe Freundinnen ... Aber ihr wisst es natürlich. Jegliches Geräusch um mich herum war verstummt. Nicht einmal das Blöken unserer Schafe hörte ich mehr, obwohl es fast ein Dutzend waren ... Meine Seele entdeckte jene Art von Stille, die nur auf dem Grund eines tiefen Sees herrschen kann.

Doch all das war nichts, das kann ich euch sagen, nichts im Vergleich zu dem, was noch auf mich wartete ...

Noch heute bin ich überzeugt, dass nicht ich meine Hände führte. Sie gehorchten nicht mehr meinem Willen. Ich sah ihnen zu, wie sie einen kleinen irdenen Krug ergriffen und das Wasser sehr, sehr langsam auf den Fuß von Meryems Sohn gossen. Dann sah ich, wie sie in aller Ruhe das Gefäß auf den Boden stellten und den verletzten Knöchel zwischen ihre Handflächen nahmen. Ich sah, wie sie die Wunde streichelten, lange, sehr lange, als könne meine Haut das Blut aufsaugen, das noch immer floss.

Anscheinend riet Chalphi mir, meinen Schal zu benützen. Ich hörte es nicht ... Ich war völlig in meiner inneren Welt, der Fuß des Meisters zwischen meinen Händen war das einzig Wirkliche.

Ja, ich sage bewusst ... der Meister, weil dieser Name sich mir exakt in diesem Moment, ohne dass ich darüber nachdachte, mit einer Selbstverständlichkeit aufdrängte, die ich nicht mehr umgehen oder von mir weisen konnte.

Ich glaube, Tränen begannen sanft über meine Wangen zu rollen und meine Hände nahmen wieder den Krug, um noch etwas Wasser über den verletzen Knöchel zu gießen. Das Blut hatte schließlich aufgehört zu fließen, doch ich konnte noch immer nichts anderes tun, als den Fuß des Meisters weiter zwischen meinen Händen zu halten, als sollten sie ausdrücken, was meine versiegelten Lippen nicht sagen konnten.

Oh! Meine Schwestern ... Miriam, Salome ... Ich hätte in diesem Moment alles dafür gegeben, um diesen Fuß nicht mehr loslassen zu müssen. Ich hatte das Gefühl, ihn so gut zu kennen, ja, ihn wiederzuerkennen, als hätte ich die Erinnerung an ihn seit Ewigkeiten in den Tiefen meiner Seele getragen. Was war sein Geheimnis?

Die Rauheit seiner von den Steinen der Wege aufgeriebenen Ferse, seine geschwungene Form, seine Kraft, aber auch die unglaubliche Zartheit, fast Luftigkeit, die er ausstrahlte – all das ist noch in mir.

Während des endlosen Augenblicks, den all das dauerte, breitete meine Seele zum ersten Mal ihre Flügel völlig aus. Sie schien die ganze Szene von oben zu betrachten. Da war ich, kniend auf dem Boden, hielt mit beiden Händen den Fuß des Meisters fest und neigte meinen Kopf so weit zu Ihm, bis ich schließlich an Ihm lehnte.

Nach einer Weile bemerkte ich Chalphi ... Ich sah, dass er einige Schritte zurückgetreten war. Seine verstörte Art zeigte, dass er nichts von dem begriff, was geschah.

Ich hingegen war nicht in einem Zustand des Begreifens, wisst ihr. Ich schwebte einfach in einem Ozean aus Frieden, völlig erfüllt von einer Welle der Verehrung, von der ich bisher nicht einmal wusste, dass es sie gab.

Langsam glitt ich in meinen Körper zurück und da wagte es eine meiner Hände, die gesamte Fußsohle des Meisters zu umfassen. Und sie spürte darin, sie sah darin ... sein Land, mein Land, die Landschaft meiner Seele ... mit einer solchen Intensität!

Es war, als ob Tausende und Abertausende von Landschaften in mir dahinzogen und zwar ausschließlich sonnige Ebenen, weiße Vögel und Olivenbäume ... Welch eine Berührung mit der Schlichtheit!

Nur die Hand des Meisters selbst konnte mich aus diesem Zustand herausreißen. Ich spürte ihre Wärme auf meinem Nacken und richtete mich auf, geblendet von Licht. Meine Augen flossen über, ganz von selbst, ich konnte überhaupt nichts dagegen tun ... Ich wusste nicht, was ich sagen sollte, und da ich den höchst erstaunten Blick meines Mannes auf mir spürte, flüchtete ich sofort, ein paar Worte der Entschuldigung murmelnd, ins Innere des Hauses.

Was dann geschah, wie der Tag zu Ende ging, das weiß ich nicht mehr so recht. Ich war gleichsam abwesend ... Ein unbekannter Teil von mir war soeben in meiner Mitte zerrissen - unter Schmerzen und Ekstase erlebte ich eine Art Geburt.

Dieser Zustand der Gnade dauerte bis zum Morgen an. In Wellen bin ich wohl immer wieder daraus aufgetaucht, etwa so wie man aufwacht ... Oder sank ich umgekehrt immer wieder in den Schlaf, den wir Leben nennen? ..."

Im Schein des Feuers suche ich Jakobeas Blick. Vergeblich, denn sie hat sich während ihrer Erzählung nach und nach in ihren Schleier gehüllt. Nun leben wir schon etwa zehn Jahre hier zusammen und teilen alles. Doch es ist das erste Mal, dass ich sie so vom Anfang ihrer Erweckung erzählen höre.

Sie hat ihre Erinnerungen immer gern für sich behalten, sie eingeengt, verstümmelt, ja, manchmal sogar zerstört, durch eine Bemerkung die sie zu Boden warfen und unter einem Berg von Entschuldigungen und unverständlicher Scham begruben.

“Befreist du dich, meine Schwester?”, fragt Miriam sie. “Spürst du, wie unsere Seele sich erhebt, wenn es gelingt, ihr Inneres zu offenbaren?”

Unter ihrem braunen Schleier nickt Jakobea zustimmend. Mir fällt ihre Hand auf. Während sie mit den Fingern Linien in den Sand zieht, weiß ich mit einmal nicht mehr, ob es die Hand einer bereits vom Alter gezeichneten Frau ist, oder die eines ganz jungen Mädchens, das gerade Sinn und Richtung ihres Lebens skizziert.

Ja, so ist es ... Heute Abend, heute Nacht ist die Zeit aufgehoben. Wir sind darüber hinausgewachsen. Wir haben uns alle drei in ihrem Gold aufgelöst ...

Kapitel 2

Fortgehen …

"So lernte ich den Meister also kennen, seht ihr ... oder eher, so erkannte ich ihn wieder, nach all der Verweigerung, Eifersucht, Auflehnung und Qual ..."

Jakobea wirft den Kopf zurück und seufzt tief. Ich spüre, wie erleichtert sie ist. Sie hat wohl eine harte Schale in ihrem Inneren aufgebrochen, vielleicht sogar ein schweres Schutzschild. Das ist ja auch, was der Meister in uns bewirken wollte ... unsere inneren Festungen einreißen, eine nach der anderen. Er wollte, dass wir ablegen, was nicht wirklich wir selbst sind, vor allem aber uns die letzten Widerstände nehmen, hinter denen sich unser Wesen versteckt.

Miriam scheint meine Gedanken gelesen zu haben, denn sie murmelt: "Wie jung, wie unreif ist doch jemand, der das Göttliche zu erreichen hofft, ohne durch das Menschliche gegangen zu sein ... Das muss man manchmal bis zu einem Punkt, an dem man fast darin versinkt."

"Ja ... nun habe ich verstanden, dass sich hinter bestimmten Arten zu Schweigen häufig ein alter Stolz versteckt und zwar im Gewand von Demut oder Diskretion."

Während Jakobea das sagt, schenkt sie uns ein breites, leicht wehmütiges Lächeln. Ihr Gesicht mit den regelmäßigen, doch strengen Zügen entspannt sich endlich. Nun kann ich im Schein der Flammen meinen Blick drauf ruhen lassen. Die Zweige, die Miriam ins Feuer geworfen hat, werden knisternd verschlungen. Ich finde Jakobea schön, schöner denn je. Nicht weil ihre Gesichtszüge perfekt wären, sondern weil heute, wie mir scheint, ein feiner Schleier aus Friede über ihnen liegt, der ihre Falten glättet und ihren Blick erleuchtet ... unendlich viel mehr als sonst.

Vielleicht ist es der Blick einer Reisenden, der eben erst klar wurde, dass sie sich hinsetzen und ihr Gepäck ablegen darf, um endlich auf den hinter ihr liegenden Weg zurückzublicken.

"Soll ich weitererzählen? Ich warne euch, am Ende werde ich noch Gefallen daran finden, von mir zu reden!"

Als einzige Antwort wirft Miriam ihr verspielt eine Muschel zu.

"Nach dem denkwürdigen Besuch des Meisters bei uns, wusste ich gleich, dass meine Tage, ja mein ganzes Leben - vielleicht gar unser Leben - nicht mehr dasselbe sein würde. Ich war tief erschüttert. Es war unfassbar. Mein Körper und meine Seele bebten und ich konnte nichts dagegen tun!

Chalphi war klug und gutartig genug, mich nicht nach meinem Verhalten zu fragen. Er hatte den Meister lange vor mir erkannt. Er wusste ... Er wusste aus innerer Erfahrung, in welche Verwirrung ein menschliches Herz stürzt, wenn ihm etwas gegenübertritt, das es völlig überragt, aber verspricht, es von seinem schmerzhaften Vergessen zu heilen.

Oh ... vom Vergessen geheilt werden! Während der Wochen und Monate, die auf meine Begegnung mit dem Meister folgten, dachte ich, aufgrund der Wirkung, die sein verletzter Knöchel auf mich hatte, dass diese Heilung schon vollzogen sei. Ich hatte das Licht gesehen, dessen war ich mir sicher. Ich empfand mich gesegnet unter allen Menschen. Es verging keine Woche, in der ich nicht danach trachtete, die Orte aufzusuchen, an denen Er sprechen sollte, um Ihn zu hören - manchmal umsonst, von den Gerüchten betrogen, dann wieder mit Erfolg, - doch nach stundenlangen Fußmärschen.

Ich muss sagen, dass Chalphi und meine beiden Söhne sich langsam um mein inneres Gleichgewicht sorgten. Sie hatten zwar schon vor mir gelernt, den Meister zu respektieren. Er hatte sie in seinen Bann gezogen, aber ihr Leben war dadurch nicht so infrage gestellt worden wie meines. Sie lebten im Angesicht der neuen Stimmung, die gerade an den Ufern des Sees aufkam, dennoch lebten sie nicht eigentlich darin.

"Ja, ... wir hören dem Rabbi gerne zu", beteuerten sie bereitwillig. "Er tut uns gut, Er hilft uns." Sie diskutierten auch über manches, was Er gesagt hatte, vor allem, wenn es provokant war ... aber nichts darüber hinaus.

Für mich hingegen war es keine Kopfsache ... Es ging mir nicht ums Argumentieren. So sehr ich die Ablehnung kultiviert hatte, so sehr verfiel ich jetzt der völligen Faszination. Ich erinnere mich, wie Jakob sich eines Morgens über mich und "meinen Rabbi", wie er ihn nannte, lustig machte. Das stürzte mich in eine blinde Wut, eine Wut, die im Vergleich zu diesem harmlosen Spaß völlig übertrieben war.

Wir waren gerade dabei, auf einer Matte, die ich vors Haus gelegt hatte, zu essen, als Jakob rief, seiner Ansicht nach würde ich wohl bald mit der Gruppe dieser leicht suspekten Frauen um den See ziehen, die dem Rabbi auf Schritt und Tritt folgten ... Mit "leicht suspekt" war eine Frau mit schlechtem Ruf gemeint, das begriff ich sofort, denn das war es ja, was ihnen bekanntlich immer wieder nachgesagt wurde.

Ich stand abrupt auf. Mein Sohn entschuldigte sich auf der Stelle. Er habe mich nicht beleidigen wollen. Doch da mischte Chalphi sich höchst ungeschickt ein. Er meinte, nach seinem Dafürhalten sei ich in eine blinde Abhängigkeit geraten, eine Frömmelei, die sich niemand erklären könne und die dazu führte, dass ich meine wichtigen familiären Aufgaben vernachlässigte. Die Mahlzeiten waren nicht mehr zur rechten Zeit fertig, der Garten war ungepflegt und ich fehlte sogar bei manchen unserer rituellen Gebete, ein Versäumnis, das er äußerst gravierend fand.

Mir fehlten die Worte, um auf all das zu antworten, denn es gab keine Worte in mir, die den Zustand erklären konnten, in dem ich mich befand. Heute wird mir klar, dass mein gesamtes Wesen in eine permanente Erregung geraten war, gegen die ich machtlos war.

Ich betete meinen Rabbi mit demselben Feuereifer an, mit dem ich einst neidisch und krankhaft eifersüchtig gewesen war. Seht ihr, meine Freundinnen, das große Problem war, dass ich noch immer keine stichhaltigen Gründe hatte. Von dem, was ich als Nacht meiner Seele bezeichnen würde, war ich schlagartig zum hellen Tag übergegangen, ohne die geringste Dämmerung.

Ich hatte einen Fuß berührt, einen einzigen Fuß ... und das Licht der Sonne hatte mich eingehüllt und mitgenommen. Das war alles, was ich sagen konnte. Und ich war überzeugt davon, dass der Meister mich auserwählt und die Macht hatte, mich von all meinen Qualen zu heilen ... und auch, dass Er seine Verletzung deshalb selbst herbeigeführt hatte."

"Denkst du denn nicht, dass genau das passiert ist, Jakobea?"

Diese Frage kommt ganz spontan über meine Lippen.

"Ich erinnere mich, dass der Meister uns mehrfach gesagt hat, dass kein einziges Ereignis in seinem Umkreis geschieht, ohne dass Er es aus einem bestimmten Grund so wollte. Ich glaube, dass manche, sogar aus seinem Kreis, Ihn eingebildet fanden, weil

Er etwas derartiges behauptete. Unterschwellig suggerierte es ja fast, dass Er die Weltordnung lenkte.

Weißt du, damals wusste ich nicht recht, was ich davon halten sollte. Es war viel für mich, da ich ja gerade erst dabei war, Ihn zu entdecken. Inzwischen zweifle ich keine Sekunde mehr daran, dass Er oft unbedeutende Ereignisse heraufbeschwor - wie seine Verletzung auf deinem Grundstück - um die Herzen der Menschen zu gewinnen. Reife Herzen ... wie Er es manchmal ausdrückte. Deines muss sehr reif gewesen sein, meine Schwester ..."

Jakobea nimmt meine Hand. Es fühlt sich an, als sei die sanfte Kühle der Nacht in sie eingedrungen.

"Ja, das war es wohl, mein Herz, reif. Aber auch unbewusst. Dermaßen reif und unbewusst, dass es auf dem Boden zerschellt wäre, ohne den Grund von alledem zu fassen ... wäre da nicht seine Hand gewesen, um es im letzten Moment zu "pflücken". Das ist mir heute Abend so klar!

Mein Wesen musste sich wohl bis zur Absurdität mit Wut und Widersprüchen vollstopfen, um in eine Art ... Fäulnis ... zu geraten. Denn seltsamerweise scheint Reifung bei uns Menschen ohne die Qualen von etwas wie Verwesung unmöglich zu sein. Also ja, Salome, mein Herz muss reif gewesen sein ... da es sich verirrt hatte.

Um noch einmal auf das Essen mit Chalphi und Jakob zurückzukommen, das so schlecht ausgegangen war - ich bin ja weggegangen, habe also genau das getan, was eine Ehefrau und Mutter bei uns gerade nicht tun darf. Ich drehte mich auf dem Absatz um und ging fort, ohne zu sagen wohin. "Wenn ich eine Frau mit schlechtem Ruf sein soll," schrie ich, "dann bitte - dann werde ich eben eine!"

Chalphi brüllte mir irgendetwas hinterher. Ich aber stapfte quer über unsere Flachsfelder, dann unter unseren Olivenbäumen durch und schließlich weiter auf der Straße, die sich Richtung Kapernaum am See entlangwand.

Es war schon sehr heiß und ich war völlig durcheinander. Weder wusste ich genau, was ich gerade tat, noch wohin mich all das führen sollte. Wollte ich wirklich alles zurücklassen und mich der "Gruppe des Rabbis Jeshua" anschließen? Falls es so war, würde es kein Zurück mehr geben. Ich würde wie eine Verfluchte oder Verstoßene leben, eine Gottlose, eine Frau, der man Ehebruch nachsagt, was weiß ich! Und wovon lebten die überhaupt, all diese Leute aus seiner Gruppe? Davon hatte ich keine Ahnung. Es wurde ja so viel geredet ...

Spät am Nachmittag, nachdem ich an den Ufern umhergeirrt war, kehrte ich schließlich nach Hause zurück. Chalphi empfing mich mit offenen Armen, als sei nichts geschehen. Ich machte Fladen, bestrich sie mit Olivenpaste und briet ein paar Fische. Da wagte mein Mann mich endlich zu fragen, ob ich Ihn denn getroffen habe, den Rabbi und ob Er es war, der mir geraten habe, zurückzugehen. Natürlich nicht ... Ich hatte keinen einzigen Moment erwogen, mich Ihm anzuschließen. Ich hatte mich in meine eigenen Vorstellungen verrannt und in meinen Gefühlen verirrt, das war alles ...

Und dann breitete die Nacht ihren schweren Schleier über uns aus ...

Am frühen Morgen hörte ich auf einmal die Stimme meines Mannes. Es war in dem hohen Zimmer, wo wir immer unsere Matten ausbreiteten. Erst fragte ich mich, zu wem er wohl so sprach, doch dann zwang ich mich, vollends aufzuwachen: Chalphi sprach mit mir.

"Weißt du, liebe Frau ... Wenn du dich ihm wirklich anschließen willst und leben, wie Er sagt, dass man leben soll ... So geh! Ich halte dich nicht davon ab. Reisende soll man nicht aufhalten. Ich habe die ganze Nacht nachgedacht. Wenn es das ist, was du willst, wir kommen hier schon zurecht. Deborah kann die Hausarbeit übernehmen ... Ich werde nichts Schlimmes über dich verbreiten und deine Söhne auch nicht, das schwöre ich dir." "Nicht schwören, Chalphi ... Man schwört nicht", gab ich zurück.[10] Später habe ich mir noch oft vorgeworfen, ihm so herzlos geantwortet zu haben. Er bot mir die absolute Freiheit und das war alles, was mir einfiel! Ich war jedoch unfähig, mich anders zu geben und offen mit ihm zu sprechen.

"Und doch ... auch darüber dachte ich an jenem Morgen nach, und doch habe ich meine Erleuchtung gehabt, von der all unsere Propheten sprechen. Ich habe meine Seele erkannt ... Und jetzt? Was an mir ist jetzt noch eingesperrt? Selbst Chalphi befreit mich ..."

In Wahrheit war ich nicht sicher, ob ich diese Freiheit wirklich wollte. Es kommt den Menschen teuer zu stehen, frei zu sein, das habt ihr beide ja auch erfahren. Frei sein bedeutet ... niemanden mehr für unser Leiden verantwortlich machen zu können. Es heißt, das Wagnis einzugehen, allein zu sein und die Verantwortung für jeden seiner Schritte selbst zu übernehmen. Es bedeutet auch, ständig mit dem Risiko zu leben, sich zu irren. Nicht jeder hat die Kraft dafür, nicht wahr?

Ich hatte sie damals wohl nicht so ganz. Denn an jenem Abend, als ich gerade die Tür des kleinen Geheges zumachte, in dem wir unsere paar Schafe unterbrachten, teilte ich Chalphi mit, dass ich dem Rabbi Jeshua nicht folgen wolle, um ständig jedes seiner Worte in mich aufzunehmen.

Ich erinnere mich noch an seine Antwort.

"Ist es, weil es zu schwierig ist oder weil du mich mehr liebst als Ihn?"

"Ja", gab ich lakonisch zurück.

"Ja, was?"

"Es ist zu schwierig ..."

Ich hörte, wie Chalphi den Atmen anhielt und schluckte. Er sagte nichts, doch ich begriff, dass ich ihn verletzt hatte.

Ich muss zugeben, dass dies brutale Geständnis meinerseits und vor allem die Frage, die es ausgelöst hatte, mich in tagelanges Grübeln stürzte. "Liebst du mich mehr als Ihn" - das quälte mich, stellte es doch ganz direkt die Frage nach meiner allzu plötzlichen Bindung an den Rabbi.

Hatte ich mich etwa in den Mann mit dem so sanften Blick verliebt? Oder war es dieses gewisse Etwas, die Welle, die Ihn durchströmte und alles in Seinem Umkreis ins Wanken brachte? War es das Menschliche, das Göttliche oder ... Satan, subtil verkleidet, wie manche ohne zu zögern bereits verkündeten?

Jenseits von alledem ging es mir in Wahrheit darum zu wissen, ob es der Wunsch meiner Seele war, sich dem Ewigen zu nähern und dafür zu lernen, sich von innen zu betrachten oder ob sie einfach fliehen wollte, ohne recht zu wissen wovor.

Ich musste lernen, mich nicht mehr selbst zu belügen und das, obwohl ich einen Moment lang geglaubt hatte, dass Jeshua mich schon geheilt, mir die Maske bereits abgenommen hatte ...

Mit Chalphis Einverständnis begann ich also, den Meister regelmäßig zu hören. Ich ging dorthin, wo man sagte, dass Er sei. Das schien ein guter Kompromiss zu sein, zwischen dem Angebot meines Mannes und dem Unbestimmten, das in mir lebte. Es kam vor, dass ich bei Tagesanbruch fortging und erst in der Dämmerung wiederkam. Deborah begleitete mich, sie musste es tun. Manchmal, wenn der Weg zu weit war, kehrten wir nicht am selben Tag zurück. Da war es eine Erleichterung, dass wir überall verstreut Familie hatten ... So war es nicht allzu schwer, eine Unterkunft für die Nacht zu finden.

Und was behielt ich von dem, was der Meister sagte?

Um ehrlich zu sein, das weiß ich bis heute Nacht nicht. Es war wohl kein regelrechter Unterricht, den ich bei ihm suchte. Aus der Distanz betrachtet glaube ich, dass ich den Sinn der Geschichten, die Er uns erzählte und die Stellen aus den Schriften, die Er uns auslegte, nur zur Hälfte verstand. Ich war eher auf der Suche nach diesem unglaublichen Hauch von Freiheit und Erneuerung, den Er überall um sich verbreitete. Das war es, was mich berührte, ohne dass ich die Wirkung, die es auf mich hatte, genauer beschreiben könnte.

Manchmal wachte ich mitten in der Nacht mit dem Gefühl auf, ein riesiges Loch in der Brust zu haben. Zunächst schmerzhaft, füllte sich dieses Loch rasch mit einer unsagbar liebenden Anwesenheit. Kam sie aus dem tiefsten Inneren meines Seins? War sie mir geschenkt?

Was die Wunder betrifft, die Jeshua fast täglich vollbrachte, so hatten sie nichts damit zu tun. Was ihr vielleicht nicht wisst, es dauerte sehr lange, bis ich einmal bei einem davon dabei war.

Es gelang dem Rabbi offensichtlich stets, Umstände zu schaffen, die mich in Momenten von denen Er wusste, dass das Unsichtbare und Göttliche sich durch Ihn zeigen würde, vom Ort des Geschehens fernhielten.

Natürlich betete ich mir über Monate vor, wie unwürdig ich sei, auch nur einem der Wunder beizuwohnen, die man Ihm ständig nachsagte. Auch sonst achtete Er in keiner Weise auf mich. Ich mochte Ihm so nahe kommen, wie ich wollte, sein Blick glitt über mich hinweg, als gäbe es mich gar nicht. Zumindest dachte ich das.

Dann kam ein denkwürdiger Tag. Ich war nach Genezareth gegangen, dorthin, wo die weite Ebene voll Tamarisken in der Nähe des Steilufers ein so sanftes Licht schuf ...

Mitten in der Menge von zwei- oder dreihundert Menschen, die auf den Meister warteten, stand ich auf einmal Meryem gegenüber, seiner Mutter. Wie lange war es her ... Ich hatte ja stets so darauf geachtet, ihr nicht zu begegnen!

Meryem selbst schien gar nicht überrascht zu sein. Sie stand da, genau wie früher, im langen Leinenkleid der Mitglieder unserer Gemeinschaft, Schultern und Haar mit dem langen, dunkelblauen Schleier bedeckt, den wir alle gerne trugen. Ja, da stand sie, mit demselben Lächeln wie früher, ein paar Falten mehr und einigen graue Strähnen an den Schläfen. Meryem umarmte mich sofort. Mir war das peinlich.

"Ah, du also auch ...", sagte sie schlichtweg zu mir. "Es war nicht leicht, nicht wahr? Sag nicht nein ... ich wusste das immer."

Und dann, weil ich doch irgendetwas stammelte, um meine Anwesenheit zu rechtfertigen, fügte sie hinzu: "Für mich war es auch nicht einfach, weißt du? Ich bin nicht hier, um meinen Sohn zu hören. Jeshua ist nicht mehr mein Sohn ... das musste ich erst einmal akzeptieren. Er ist ... etwas ganz anderes ... Die aus dem Dorf haben es noch immer nicht verstanden, und ich bezweifle, dass sie es jemals verstehen werden. Es scheint, als ob alles, was sehr Groß ist, immer von ganz weit her kommen muss, aus einer entfernten Zeit oder gar vom Ende all unserer irdischen Wege, damit wir es endlich erkennen. So ist es ..."

"Ja, das ist ein bisschen traurig", erwiderte ich einsilbig.

"Nein, das ist ganz normal", meinte Meryem und nahm mich genau wie früher beim Arm.

"Man hat uns ja stets beigebracht so zu sein, also im Äußeren zu suchen, was gerade in unserem Inneren ist. Schau mal, wir gehen immer noch in den Tempel, um mit dem Ewigen zu sprechen, in dem Glauben, Er sei dort lebendiger als anderswo. Wir sind überzeugt davon, dass Er zu Moses gesprochen hat. Aber wir stellen uns keinen einzigen Augenblick vor, dass Er heute vielleicht ganz anders mit uns zu sprechen versucht. Das ist es, was Jeshua uns sagen will ... Hast du Ihm schon einmal wirklich zugehört, Jakobea?

Bis jetzt haben wir die Schriften gelesen und angewendet, aber von nun an, lehrt Er uns, sie voll und ganz zu leben."

Ich erinnere mich, Meryem in einer plötzlichen Anwandlung von Zutraulichkeit, zu der ich mich gar nicht in der Lage geglaubt hätte, gestanden zu haben, dass ich mich frage, was da eigentlich geschehe. Ich sagte, ich würde es nicht verstehen, weil das, was uns zum Göttlichen führt, uns ja angeblich einander näher bringen solle, mein Leben sich aber gerade in ein Schlachtfeld verwandele. Die Folge sei, dass ich mich nach und nach von meinem Ehemann und meinen Kindern entferne. Eine schlechte Frau und Mutter zu werden ... sollte das etwa heißen, die Schriften zu leben?

"Das heißt, über sie hinausgehen ...", gab mir Meryem in sehr ruhigem Ton zur Antwort, als sei das Sakrileg, das eine solche Äußerung beinhaltete, für sie bedeutungslos. Dann fügte sie ebenso ruhig hinzu: "Alles, was Annäherung schafft, was vermählt und verbindet, ist zugleich auch Anlass für Trennung und Auflösung. Ja, es gibt Momente in denen wir sterben müssen, Jakobea. Das sind die Bedingungen unseres Körpers, aber auch die unserer Seele. Es geht dabei nicht um eine Niederlage, vielmehr kündigt sich darin ein neuer Frühling an. Schau dich an ... Bei dir ist einfach Winter. Wenn du nicht das Aufsteigen neuer Säfte und Kräfte spüren würdest, wärst du nicht hier ..."

"Aber Chalphi", sagte ich, "erinnerst du dich an ihn ... Ich kann doch nicht ..."

"Vielleicht ist er nicht so weit weg von dir, wie du denkst. Schau dich einmal um. Gibt es zwei von diesen Bäume, die genau gleich wachsen?"

Darauf erwiderte ich nichts. Der Vergleich schien mir zu schlicht. Ich war doch kein Baum ... sondern eine Frau, die zerrissen war und unzufrieden mit ihrem Leben. Da ich schwieg, zog mich Meryem zum Wasser. Sie schlüpfte geschickt durch die anderen hindurch.

"Ich glaube, Er muss mit dem Boot kommen. Er kommt ja aus Caesarea."

"Hör mal, Meryem ...", stammelte ich endlich. "Du machst einen glücklichen Eindruck bei alledem, und doch sagst du, dass Er nicht einmal mehr dein Sohn ist ... Nein, ich verstehe es wirklich nicht mehr. Ich kann nur wiederholen, dass ich noch immer nicht weiß, warum ich hier bin. Vor einigen Monaten war ich mir ganz sicher, dass ich mich der Sonne genähert hatte. Es war eine Art namenlose Offenbarung ... Wenn man eine solche Glückseligkeit kennengelernt hat, und sei es nur für wenige Augenblicke, so weicht sie angeblich nie mehr von unserer Seite, begleitet einen überallhin, hat man mir gesagt ..."

"Aber Jakobea ... Sage ich etwa, dass dieses Glück dich verlassen hat? Wer sagt denn, dass du es nicht selbst verloren hast, irgendwo in einer Ecke deines Herzens. Und wenn es noch da wäre, ganz lebendig, und du es bloß nicht spürst, weil du bei der Erinnerung an seine Entdeckung stehen geblieben bist?"

"Hat Jeshua dir das beigebracht?", fragte ich. "Nein ... das habe ich immer wieder festgestellt. Das wusste ich schon immer. Es gelingt nur ganz wenigen von uns, das Schönste in ihrem Leben wachsen zu lassen, solche Menschen sind sehr selten. Jeder klammert sich an die Erinnerung, anstatt zu verstehen, dass, wenn in unserer Seele erst einmal eine Tür aufgegangen ist, sie sich nie wieder schließt. Es hängt nur von uns ab, immer wieder über die Schwelle zu gehen.

Die Erinnerung ist uns nicht gegeben, um die Gegenwart erstarren zu lassen ... sie soll vielmehr ihr Ferment sein. Wenn die Sonne dich einmal berührt hat, Jakobea, dann weil du fähig bist, sie zu erkennen, meinst du nicht?"

Könnt ihr euch vorstellen, welche Wirkung diese Worte auf mich hatten, liebe Freundinnen? War es denn möglich, dass

Meryem wieder in mein Leben getreten war, um Gutes darin zu bewirken? Zum zweiten Mal an diesem Tag lächelte ich sie an ... doch diesmal war es ein echtes Lächeln.

“Schau mal!”, rief sie plötzlich, “da hinten kommt ein Segel auf uns zu, das muss sein Boot sein. Es kommt näher.”

Im selben Moment brach die Menge in Geschrei aus. Ja, bestimmt war Er das, der Meister kam. Wenig später versetzte die Bugwelle einer großen Barke die Uferkiesel in Wallung.

Zwei Männer sprangen bis zur Hüfte ins Wasser und machten mit einem Seil am Stumpf eines kleinen Bootsanlegers fest. Ich weiß noch, dass ich mich auf die Zehenspitzen stellte, um besser zu sehen, wer an Bord war. Es waren bloß sieben oder acht Fischer mit bis zur Hüfte aufgekrempelter Tunika zu sehen. Der Rabbi schien nicht dabei zu sein ...

Dann, plötzlich, als die Enttäuschung bereits von mir Besitz ergriffen hatte, erschien sein Gesicht einfach so unter den anderen. Freilich blieb Er nicht lange zwischen ihnen verborgen, wie ihr euch denken könnt. Anstatt ans Ufer zu klettern, wie die meisten seiner Begleiter, stieg der Meister auf eine Holzbank im hinteren Teil des Bootes. Auch Er hatte seine Tunika bis zum Gürtel aufgekrempelt, wie es bei Fischern und den Leuten aus der Gegend Brauch war. Fast schämte ich mich für Ihn. So konnte sich ein Rabbi doch nicht sehen lassen ...

Meryem drückte meinen Arm nun fester.

“Schau und hör gut zu ... Er wird dort bleiben, um leichter zu uns sprechen zu können. Wenn viele Leute da sind, hört man Ihn besser, wenn Er auf dem Wasser ist.”[11]

Im selben Moment sah ich, wie einer der Fischer, als wolle er Meryems Aussage bestätigen, das Seil, das die Barke am Pflock hielt, etwas lockerte. So entfernte sich das leichte Boot, dessen Segel man rasch herabgenommen hatte, ein wenig vom Festland.

Die Menge war einen Moment lang ganz still, wie in Schweigen erstarrt ... Man hörte nur den Wind in den Tamarisken. Auf einmal legte der Meister eine Hand auf seine Brust und seine Stimme erhob sich über alle ...

"Ich werde euch eine Geschichte erzählen, meine Freunde ...

Es waren einmal zwei Frauen, zwei Nachbarinnen. Im Garten der einen blühten üppig die schönsten Rosen, die man sich vorstellen kann. Im Vergleich dazu sah der Garten der anderen recht traurig aus. Die Rosenstöcke darin wuchsen schlecht. Sie brachten fast mehr Dornen als Blüten hervor. Die Frau, die sich darum kümmerte, entwickelte bald einen heftigen Neid auf ihre Nachbarin.

"Wie kommt es, sagte sie, dass sie alles hat und ich so wenig? Warum sollte ich diese Frau lieben? Sie ist nicht mehr wert als ich, das Leben ist ungerecht. Warum sollte ich den Ewigen lieben? Er gibt der einen mehr als der anderen."

Eines Tages, als die Rosen auf dem Höhepunkt ihrer Schönheit noch mehr dufteten als sonst, sah sie die Tochter ihrer Nachbarin am Weg vorübergehen. Sie wollte diese Gelegenheit nicht verpassen, denn sie fand es leichter, ein Kind anzusprechen. "Sag mir doch, kleines Mädchen, welchen Zauber wendet deine Mutter an, um solch schöne Rosen zu haben?"

"Gar keinen", gab das Kind zur Antwort. "Meine Mutter geht jeden Tag im Morgengrauen ins Dorf. Wenn sie dort angekommen ist, sucht sie nach den Soldaten, um etwas frischen Mist von ihren Pferden zu sammeln. Sie füllt ihre Tasche damit und kehrt sogleich nach Hause zurück. Dann mischt sie geduldig mit der Hand den Mist unter die Erde ihrer Rosen." Das Mädchen ging weiter und die neidische Frau begriff, dass sie den Ewigen um die Kraft bitten musste, ebenfalls zwischen den Hufen der Pferde niederzuknien ...

Und so sage ich euch meine Freunde, wer den Neid nährt und den Allerhöchsten um seiner eigenen unerfüllten Bedürfnisse willen anklagt, wird leer ausgehen. Doch werden die schönsten Rosen an der Pforte eures Hauses blühen, wenn ihr nicht davor zurückschreckt, in aller Schlichtheit die Erde zu umarmen, die euch von Geburt an geschenkt wurde. Wer keine Angst hat, sich mit der Welt zu verbinden und in aller Bescheidenheit den eigenen Garten bearbeitet, in dessen Herz werden sich die himmlischen Düfte gewiss verbreiten. Das wahre Geheimnis, ihr Männer und Frauen vom Ufer des Sees, ist jene Liebe, die den Himmel findet, während sie sich zur Erde neigt.

Verwünscht also nicht eure Lebensbedingungen ... Klagt niemanden für eure Leiden an, blickt vielmehr auf eure Unwissenheit und hört auf, den Stolz in euer Haus zu bitten. Das ist es, was mein Vater, euer Vater von Euch erwartet. Selbst bei der kleinsten Aufgabe macht man sich die Hände nicht schmutzig und durch Ausdauer im Geben werden alle Herzen gereinigt."

Oh meine Freunde ... diese Geschichte ... Ich erinnere mich, wie schwer ich schlucken musste, um nicht in Schluchzen auszubrechen. Diese Geschichte ... ich verstand nicht gleich alle Feinheiten, nicht ihren gesamten tieferen Sinn, doch ich kann euch versichern: Sie war für mich wie eine Ohrfeige. Ich war mir ganz sicher, dass sie für mich bestimmt war, auch wenn der Meister mich kein einziges Mal angeschaut hatte, während Er sie erzählte.

Ja, die neidische Frau, das war natürlich ich. Sie war dem stolzen Wesen ganz ähnlich, das sich ständig in jedem meiner Glieder auflehnte, bis tief in meine Eingeweide hinein. Plötzlich wurde mir alles klar. Meine krankhafte Eifersucht war nur die Folge einer hinterlistigen Überheblichkeit.

Der Meister hatte mich genau dort getroffen, wo es am meisten wehtat. Er hatte die rechte Einsicht, hatte unendlich recht. In meinem tiefsten Inneren war ich stets davon überzeugt gewesen, dass die Erde meine Hände beschmutzte, und dass meine Knie nicht dafür gemacht waren, sich zu beugen, so wie sie es taten. Ich hatte mich immer für etwas Besseres gehalten als die Dienenden, für einen anderen Menschenschlag ...

Meryem spürte zweifellos, wie ich von Unruhe gepackt wurde, denn sie nahm diskret meine Hand und drückte sie fest.

Ich muss es euch heute Abend gestehen ... ganz schnell machte ich mich wieder von ihr los. Doch die Scham über diese letzte, absurde Distanznahme meines Wesens verfolgte mich noch sehr lange."

"Aber vielleicht war es gar nicht dein Wesen, das zurückschreckte, Jakobea ...", sagt Miriam plötzlich. "Ich glaube, es war nur dein Körper, der so reagiert hat. Ich habe lange gebraucht um zu merken, dass unsere Gesten manchmal sklavisch alte Reflexe beibehalten, die uns schon längst nicht mehr entsprechen ... ganz so, als seien die Spuren unserer Irrtümer in unsere Körper eingeschrieben."

"Auch ich habe das nach und nach begriffen, meine Schwester, und so konnte ich mir letztlich verzeihen", antwortet ihr Jakobea. "Was Meryem betrifft, so weiß ich, dass sie sogleich verstand, warum ich so reagierte: Die Angst, meine Schwäche und Zartheit einzusehen, mein Bedürfnis nach Hilfe, aber auch die Angst, kleiner zu wirken, als ich erscheinen wollte. Stolz, schon wieder - immer noch! Ich kann euch sagen, sobald ich meine Hand aus ihrer befreit hatte, war ich mehr denn je überzeugt, dass in meinem Garten gewiss nicht so bald schöne Rosen wachsen würden ...

Ich weiß noch, dass ich so von meinen Gedanken und meinem Schmerz eingenommen war, dass ich nicht einmal merkte, wie der Meister schließlich vom Boot herabstieg und den Fuß ans

Ufer setzte. Erst die zu ihm hindrängende Menge brachte mich wieder zu mir. Wie ihr euch denken könnt, versuchte ich sogleich aus dem Gewühl herauszukommen. Was hätte ich den Meister schon fragen können, wenn ich auf einmal direkt vor ihm gestanden wäre? Hätte Er mich unter all diesen Leuten überhaupt erkannt, Er, der nicht einmal auf die Anwesenheit seiner Mutter Wert zu legen schien? Ganz der widerspenstigen Frau gemäß, die ich noch immer war, blieb ich an meinem Platz und wartete ... Ich wartete, während die Menge Ihn noch weiter wegtrug und Ihm Fragen über Fragen stellte. Jeder wollte Ihn ganz für sich haben, das wisst ihr sicher noch, ihr habt es ja tausend Mal erlebt!

Als sie alle hinter einer Baumgruppe aus Tamarisken zu verschwinden drohten, wurde ich von einer unerträglichen Niedergeschlagenheit erfasst. Sie ergriff mich wie ein heftiges Gewitter. In meinem Kopf, meinem Herzen und meinem Körper ging alles wild durcheinander. Von einem Tränenstrom niedergeworfen, fiel ich zu Boden. Es gab nichts und niemanden mehr. Selbst Meryem schien sich in Luft aufgelöst zu haben ... Besser so, ich war es nicht wert.

Und dann ... plötzlich, als mein Gesicht sich eben im Geröll der Kiesel aufzulösen schien, spürte ich einen undeutlichen Druck oben am Kopf. Es war ein warmes, einhüllendes Gefühl wie von einer Hand ... Ich richtete mich etwas auf, dann noch ein wenig und da erkannte ich, hinter dem Schleier meiner Tränen, das Gesicht des Meisters, sein langes Haar und seine so schön geschnittenen Augen. Es war das erste Mal, dass ich seinen Augen so nahe war. Sie waren wie zwei Smaragde und schienen nur für mich da zu sein.

"Was ist los, kleine Frau?", hörte ich Ihn sagen. "Ist etwas beim Hinfallen zerbrochen? Sag nichts ... Ich weiß es."

Daraufhin ergriff Er kraftvoll meine Hand und zwang mich aufzustehen. Ich begriff kaum, wie mir geschah. Ich nahm nur wahr, dass Er die Menge in einer Entfernung von etwa zwanzig Schritt von uns ruhig stellte und noch immer meine Hand hielt.

"Heute Abend in der Dämmerung werde ich bei Flavius hinter der Synagoge sein. Er ist ein alter Freund. Wirst du dazukommen?"

Ich spürte, wie mein Kopf ganz von allein nickte. Das war alles.

Der Meister ging wieder zurück zur Menge. Gemurmel erhob sich, und dann sah und hörte ich nichts anderes mehr, als die Brandung der Wellen auf den Ufersteinen.

Wie der Tag weiterging, weiß ich nicht mehr so recht. Wahrscheinlich irrte ich etwas am Seeufer herum und vermied es, mit irgendjemandem zu sprechen. All das habe ich nur noch vage im Kopf. Das Einzige, was ich wollte, war den Meister bei Einbruch der Nacht bei seinem Freund Flavius zu treffen. Würde Meryem auch dort sein? Ich wusste nicht einmal, wo sie hingekommen war. Wahrscheinlich hatte sie es mir gesagt. Doch ich hatte es wohl nicht gehört.

Was Deborah angeht, die mich ja immer begleitete, so kannte sie mich gut genug, um zu wissen, dass sie etwas Abstand zu mir halten und so diskret wie möglich sein musste. Ich wollte sie gar nicht wahrnehmen. Ja, ich war hart zu ihr ... das ist mir bewusst ... Es lagen noch so viele Nebelschleier über meiner Seele!

Als es langsam Abend wurde, folgte sie mir stumm in die gewundene Gasse hinter der Synagoge. Die Luft roch angenehm nach Holzfeuer und die Vorhallen der reichen Häuser, die es hier gab, waren zum Teil schon von Öllampen erleuchtet. Es war nicht schwer, das Haus von Flavius zu finden. Es war das vornehmste. Auf seiner Schwelle unterhielten sich ein Dutzend Männer und Frauen. Offensichtlich wurde ich erwartet, denn sobald man meine Anwesenheit bemerkt hatte, kam jemand auf mich zu und bat mich herein. Es war ein Mann mit langen, lockigen Haaren. Er stellte sich als Simon vor. Ich sah ihn zum ersten Mal ..."

Als ich diesen Namen höre, kann ich nicht umhin, Jakobea zu unterbrechen.

"Simon ... aus dem Dorf des Meisters?"

"Ja, genau der. Er ließ mich vorgehen, wir durchquerten einen kleinen Garten, dann öffnete er noch einmal eine Tür. Sie führte in ein recht großes Zimmer, dessen Wände mit blauen Keramiksteinen bedeckt waren. Ich war bei den Römern ... Noch nie war ich an solch einem Ort gewesen und hätte auch nie gedacht, dass der Meister hier ein- und ausging. Im nächsten Moment sah ich Ihn. Er saß auf einem Holzsitz, von fünf oder sechs Männern und zwei Frauen umgeben, zu denen Er mit gedämpfter Stimme sprach. Ich bekam weiche Knie, meine Beine drohten zu versagen ...

Und wie ich Ihn da so vor mir sah, in einer Ecke des Zimmers, das Gesicht halb erleuchtet vom Flackern der Flamme, die in einer großen Bronzelampe brannte, begann ich wieder rückhaltlos zu weinen. Wie bereits am Morgen, löste ich mich in einem Tränenstrom auf, geschüttelt von unglaublichen Krämpfen und ganz sicher, mich völlig lächerlich zu machen. Doch ich konnte nichts dagegen tun, es waren Fluten, die aus meinen Augen stürzten.

Natürlich wollte ich mich hinter meinem Schleier verstecken, doch eine Hand verhinderte dies sofort. An den langen Fingern erkannte ich die Hand des Meisters, also genau jene, wegen der ich hier war, noch ohne recht zu wissen warum.

Mit derselben Kraft wie am Morgen richtete sie mich auf.

"Kleine Frau ...", sagte Jeshua zu mir, in jenem sanften, aber bestimmten Ton, den Er schon zuvor angeschlagen hatte, "kleine Frau ... Ja, ich sehe, dass wirklich etwas beim Hinfallen zerbrochen ist. Komm, folge mir ..." Gewiss, bald im unstillbaren Strom meiner Tränen zu ertrinken, war ich fast in Panik.

Da ich völlig handlungsunfähig war, schob mich der Meister vor sich her in einen benachbarten Raum, der durch einen schweren Vorhang abgetrennt war. Es war eine kleine Kammer, durch eine Luke vom dämmrigen Nachthimmel spärlich erhellt.

Im Halbdunkel sah ich einige auf dem Boden verstreute Kissen, einen Krug und etwas Obst in einem kunstvoll gearbeiteten Korb.

Ich muss zugeben, dass ich am liebsten davongelaufen wäre. Was tat ich bloß hier? Wie dumm war es, mich so aufzuführen. Und was würde man jetzt von mir sagen? Ich konnte hier doch nicht einfach mit einem Rabbi alleine bleiben ... in dieser Dunkelheit. Alle würden es herumerzählen ...

Aber ich kann euch sagen, Miriam, Salome, ich hatte weder die Zeit noch die Kraft zu reagieren. Der Meister bat mich, Platz zu nehmen und ich setzte mich aufs erstbeste Kissen. Er ließ sich sogleich auf ein zweites nieder, mir genau gegenüber. Es war noch hell genug, um seine Augen zu sehen. Er sah mich ganz direkt an, ich konnte seinem Blick nicht mehr ausweichen.

Völlig am Ende senkte ich die Lider und schluckte meine Tränen hinunter. Auch dann konnte ich nur einige Worte stammeln. "Was ist beim Hinfallen zerbrochen, Rabbi?"

"Siehst du es nicht? Es sind deine Schutzmauern, kleine Frau ... Sie klebten wie Schuppen an deiner Haut. Sie warfen ihre Schatten über dich und hinderten dich daran, zu atmen. Schau mal, all das Wasser, das hinter ihnen verborgen war ... Wir haben alle einen Springbrunnen im Garten unseres Herzens. Es ist ein Gut, mit dem wir uns reinigen ... Aber du hattest ein Meer darin und wärst fast darin untergegangen!"

Da hob ich endlich den Kopf. Der Meister lächelte mich einfach an, als sei Er mein Vater, dabei war Er gerade einmal so alt, wie mein Sohn.

“Ich muss gehen, Rabbi, es ist nicht recht, dass ich hier bin ... Was wird man über dich sagen?”

“Lass, was man sagen wird oder sagen könnte, Jakobea und hör lieber, was mein Vater dir durch mich sagen will.”

Als Er diese Worte gesprochen hatte, legte der Meister einen Finger auf meine Wange und nahm eine Träne damit auf. Er sah sie einen Moment lang an und führte sie dann zum Mund, bevor Er die Augen schloss.

“Weißt du”, sagte Er nach einer Weile, “wir machen unsere Bitterkeit immer selbst. Das Leben ist nicht schuld daran. Das Leben ist niemand ... Es hängt alles davon ab, welche Form wir ihm in uns geben wollen. Das ist unsere Entscheidung. Wenn du es in Sprödigkeit führen willst, so wird es spröde sein ... Denn ich muss dir sagen, du hast eine bittere, schroffe Ausstrahlung.”

Da ich Ihn mit weit aufgerissenen Augen ängstlich anstarrte, fügte Er hinzu: “Du wünscht dir Sanftmut, kleine Frau? Dann gib sie erst selbst den Rosen, die dir gereicht werden.”

“All das siehst du in einer Träne?”

“Und noch viel mehr ...”

“Und wo sind diese Rosen? Ich kann sie nicht sehen ...”

“Ich weiß ... Du siehst sie nicht, weil du immer nur “ich” sagst. Nimmst du dein Leben vielleicht nur ganz oberflächlich wahr? Betrachtest du womöglich nur die Maske von Jakobea?”

Ich weiß noch, wie bestürzt ich war, als ich diese Worte hörte. Waren das Fragen, auf die ich antworten sollte oder nur Behauptungen, die keine Aufforderung enthielten?

“Man glaubt immer, dass man sich im Hellen aufhalten muss, um klar zu sehen, in der Sonne ... Doch in Wahrheit muss man, um die Sonne und ihre Strahlen, die alles bloßlegen, überhaupt zu ertragen, den Schatten gehegt haben, bis man keine Angst mehr davor hat. Es gibt da eine Grotte, die ich dir gerne zeigen würde. Folge mir ...”

Während Er diese Worte mit besonderer Intensität aussprach, spürte ich, wie seine Hand sich genau auf die Mitte meiner Brust legte, eine Geste, die sich ja bei uns, wie ihr wisst, nur ein Ehemann erlauben darf. Ich machte einen Satz, das könnt ihr euch sicher vorstellen. Doch der Druck seiner Handfläche erwies sich als so ... betäubend, dass ich nichts weiter tat. Ich rührte mich nicht mehr. Dann schob sich ein milchiger Schleier vor meine Augen.

Alles wurde verschwommen ...

Habe ich meinen Körper sofort verlassen? Ich weiß es nicht, aber die Stimme des Rabbis wurde von da an mein einziger Halt, der einzige Punkt, an dem ich mich festhalten konnte. Niemals werde ich die Worte vergessen, die sie meiner Seele einflößten, denn diese führten mich auf die andere Seite, zu dem, was hinter mir verborgen lag.

"Schau, kleine Frau ... schau ... dein Herz ist wie ein Brunnen, der hinunter in die Erde ragt, in deine Erde. Spürst du nicht in deinem Inneren die Stufen, die dich einladen, in deine Mitte vorzudringen?"

Ja, meine Freundinnen, meine Schwestern, ich versichere euch, dass ich diese Stufen sogleich spürte. Ich sah sie sogar vor mir, deutlicher als ich heute Nacht eure Gesichter sehe. Ich war wirklich dabei, in einen breiten Brunnen zu steigen, dessen Wände und Treppen aus mächtigen Steinen gebaut waren ...

Schneller als ich es sagen kann, war der Meister aufgestanden, hatte mich bei der Hand genommen und mich vor Sich her zu einem Loch geschoben, das im Boden aufging, ein riesiges Loch, das ich nicht bemerkt hatte, als ich ins Zimmer getreten war. Drinnen herrschte ein seltsames Licht, sanft und einladend. Ich hatte keine Angst als ich hineinging, im Gegenteil, obwohl die Stufen der Treppe, die ich langsam herabstieg, nicht ungefährlich aussahen. Einmal drehte ich mich um ... Der Meister war da. Er drang gemeinsam mit mir in die Tiefen der Erde vor ... Wie lange unser Abstieg dauerte, weiß ich nicht. Nicht, dass er mir endlos vorkam, ich hatte eher das Gefühl, dass die Zeit nicht mehr existierte. Wie soll ich euch das erklären? Es war, als sei sie auf einmal bloß noch eine Erfindung, eine Art Falle und nur ein bestimmter Zustand unserer Seele könne die Umklammerung ihrer zupackenden Zähne lösen.

"Geh weiter, kleine Frau und pass gut auf ..."

Die Stimme des Meisters kam zu mir. Sie unterbrach den Strom dessen, was nicht einmal mehr Gedanken waren ... Es war, als wolle sie mich aus einem Zustand wecken, der doch kein Schlaf war, eher eine Art Hellsichtigkeit, die ich nie zuvor gekannt hatte.

"Ja, schau ... Sieh dir diese Mauern an, über die deine Hände hinstreichen ..."

Ich hob die Augen von den Stufen, die eine nach der anderen den Tritt meiner Füße empfingen und suchte die Mauer. Es war nicht mehr ganz dieselbe. Nun war sie zum Teil von Mooslappen bedeckt.

"Schau genauer hin ..."

Ich blieb stehen oder wenigstens kam es mir so vor ... Zwischen dem Moos oder den Flechten, sah ich nun eine kleine Nische. Eine Höhle grub sich in die Steinmauer, meinen Augen genau gegenüber. Ich fühlte mich durch und durch von ihr angezogen, ohne dass mein Wille irgendetwas dagegen tun konnte. Auf ihren Wänden, die sich auffalteten wie Palmblätter, befand sich ganz am Ende eine Welt ...

Es war ein vollständiger Kosmos. Alles drehte sich um das Leben einer Frau, einer armen Frau, bar jeglicher Schönheit. Ich sah ihre Augen, ihre Falten, ihr unmögliches, verkrampftes Lächeln. Ich sah, wie sie sich in tausenden von Situationen durchkämpfte, wie sie Schläge bekam und bettelte, um etwas zu essen zu haben.

Dann sah ich, wie sie von Männern bedrängt und wieder abgewiesen wurde. Ich spürte ihre unzähligen Ängste. Eine nach der anderen konnte ich sie mitzählen. Sie gruben sich mir geradezu unter die Haut. Ich berührte ihr Opferherz mit Bitterkeit, aber auch mit einem seltsamen, unerklärlichen Genuss ...

Dann riss sich mein Inneres plötzlich von alledem los. Ich fühlte mich nach hinten gezogen und übergangslos an eine andere Stelle der Mauer geworfen, ein wenig tiefer ...

Meine Füße gingen eine Stufe weiter nach unten und meine Seele wurde von den Tiefen einer anderen Höhle angesogen.

Hier lebte eine andere Welt, eine andere Zeit ... Es war die eines Mannes. Arm auch er, doch stämmig und mit arrogantem Gang ... Ein Mann, der Aufruhr in sich hatte. Ein männliches Wesen, an der Spitze anderer Männer, die genau so arm waren, wie er. Er trug ein großes Messer in der Faust ... Er stahl und brachte anderen das Stehlen bei. Es gelang mir, seinem Blick zu begegnen, denn wie ich seinen suchte, so suchte er meinen. Er sprach von Aufsässigkeit und Rache. War es etwa meine?

Es ereignete sich ein Moment der Stille im Zentrum des Höllenlärms, der ihn erfüllte und dann spürte ich, wie sich eine Hand an meinen Rücken legte. War es die des Meisters? Ihn hatte ich ganz vergessen ...

Ohne es zu wollen, ging ich weiter nach unten, immer tiefer und tiefer. Von Schwindel erfasst, ließ ich mich vom Universum einer anderen Höhle verschlingen. Wie intensiv erinnere ich mich an ihre funkelnden Wände! Es war wie Balsam im Herzen ... Sie war so schön, diese junge Frau, die ganz hinten stand. Und sie hatte Macht, auf völlig natürliche Weise, kam mir vor, Macht, ohne jede Anstrengung. Das war erholsam.

Einen Moment lang nahm ich sie und machte sie mir zu eigen. Ich sagte mir, dass mir das guttat. Und sogleich nahm ich den Stolz wahr, der dadurch in mir aufstieg. Alles war schön, weil mir alles gehorchte, Männer, Frauen. Es war einfach und gleichsam normal.

Dann hob ich den Blick und ich betrachtete die Wunden, welche die Lehre der Verachtung verursacht. Diese Stigmata gruben sich in mein Herz und ich bat darum, von da weggehen zu dürfen ...

Doch wen sollte ich fragen? Schrie ich etwa? Davon bin ich überzeugt, meine Schwestern. Nur leider gab es keine andere Antwort als den Hall meiner Schritte, die mich noch drei oder vier Stufen tiefer hinabzogen ... bis ich endlich eine andere Welt in der Vertiefung der Felsenhöhle entdeckte.

Hier gab es Sand, sehr viel Sand, Wärme und einen majestätischen kleinen Tempel. Sein Anblick erleichterte mich dermaßen! Ach, wenn ihr wüsstet ... Ich sah darin eine Frau, eine Frau, wie ich hoffte, eine zu sein ... eine, wie ich sie in mir trug. Es war eine Frau, die völlig in einen blauen Umhang gehüllt war. Sie meinte demütig und gut zu sein und behauptete, sie sei einfach und liebend ... Doch ich wusste, dass sie vor allem eines begehrte, nämlich, dass diese Haltung nach außen drang. Sie pflegte den Geist ... wie man eine Blume pflegt, die man dann abschneidet und in eine schöne Vase stellt, damit sie gesehen und bewundert wird.

Oh wie gebildet und höchst offiziell weise sie war, diese Frau. Ich durchdrang ihren blauen Umhang, der mich einhüllte – und liebte es ... Es war die Atmosphäre des Geistes, der sich selbst bespiegelt und sich an seiner Überlegenheit weidet. "Der Stolz der Demut ist angenehm, nicht wahr?", dachte ich. Und da begann etwas in mir beim Anblick dieser Frau, die ihr gleichmütiges Lächeln einstudierte, zu schluchzen.

"Geh weiter, kleine Frau ... nach unten!"

Die Stimme des Meisters rüttelte mich heftig auf, beinahe brutal. Sie trieb mich schonungslos zu einer anderen Höhle in der Mauer. Auch diese entfaltete sich wie eine Epoche der Seele.

Sie erzählte von einem Dinkelfeld, einer Bruchbude aus getrockneter Erde als Behausung und einem Wesen, das nicht genau wusste, ob es Mann oder Frau war. Sein Körper war ganz derb und stämmig, doch sein Blick und sein Herz so schwächlich, dass es mir weh tat. Ich begriff, dass dies Wesen völlig allein war. Seine Existenz war auf Schritt und Tritt bedroht. Es hatte seine Bedürfnisse stillgelegt, wie man ein Stück Land brachlegt, um ihm Ruhe zu gönnen und auf bessere Zeiten zu warten. Was soll man manchmal auch sonst tun?

Und warum war das so? Woraus war es entstanden? Alles an diesem Wesen zeigte, dass es voll von Ängsten war. Sie stiegen aus seiner innersten Seele auf, wie giftige Schwefeldämpfe aus der Erde. Es war die Angst, nicht zu gefallen, es nicht gut genug zu machen, überhaupt niemals gut genug zu sein, Angst, sich zu irren, sich selbst beim Leben zu beobachten, Angst zu sterben und noch Hunderte andere mehr. Es war einfach die Angst, zu existieren.

In völliger Stille und doch wie unter einem schweren Sturm, bekam ich alle Wellen seiner Enttäuschungen und Verzweiflungen mit.

In welche Tiefen musste ich da hinabsteigen? Zu welchen Gipfeln von Eitelkeit und Illusion und zu welchen Wurzeln an Bedeutungslosigkeit wurde ich noch geladen? Wieder fühlte ich die Treppe unter meinen nackten Fußsohlen. Ihre Stufen waren zu Moos geworden. Sie gaben unter mir nach. Ich stürzte ein paar hinab ... Wo befand ich mich?

Im flirrenden Dämmer eines unbestimmten Lichts, war ich endlich auf den Grund des Brunnens gestoßen. Ich stand auf einer kleinen Plattform aus Stein und da war das Wasser, direkt neben mir, völlig unbewegt wie ein schwarzes Loch.

Ich erinnere mich, dass Panik in mir aufstieg. Es schien unmöglich, den Faden meiner Erinnerung zurückzuverfolgen, um zu begreifen, was ich hier in diesem feuchten Bauch der Erde suchte. Wer hatte mich hineingestoßen? Hinter mir war niemand. Da schrie ich wieder, glaube ich. Ich schrie, als könne das der Schlüssel sein, um mich aus diesem Albtraum zu befreien. Ich weiß nicht, wie ich das ausdrücken soll ... Ich spürte ... wie mein ganzes Wesen sich aus mir herausschrie, ich meine, diese geradezu animalische Wut, die von allem Anfang an in mir geherrscht hatte ... Doch welcher Anfang, meine Freundinnen? Wenn ich einmal im Leben den Hauch des Nichts gespürt habe, dann in diesem Moment ..."

Ich schaue Jakobea an ... Sie hat ihre Erzählung plötzlich unterbrochen. Die Gefühle sind einfach zu stark. Um unsere Blicke von ihrem Gesicht abzulenken, stochert sie mit einem langen Stock, der im Sand gelegen hatte, in der Glut des Feuers herum. Es knistert und riecht gut ...

Schließlich rinnt eine Träne aus ihrem Augenwinkel. Auch Miriam hat es gesehen ...

"Oh meine Schwester ...", sagt sie zärtlich, "darf ich auch mal kosten?"

Wir lachen alle drei ...

Es gibt diese Momente, die Zeiten überbrücken, so völlig frei von menschlichen Begriffen, dass sie zu Gesang werden.

"Also gut, ich erzähle weiter ... ihr hab es ja so gewollt", stößt Jakobea schließlich hervor, mit zitternder Stimme, aber glücklich.

"Ja ... Ja, da gab es also diesen mit schwarzem, beinahe zähflüssigem Wasser gefüllten Abgrund. Ich glaube ich starrte lange nur fasziniert hinein.

"Spring! Tauch ein!", hörte ich plötzlich etwas in mir rufen. Wer gab mir diesen Befehl?

"Spring!", wiederholte die Stimme. Springen? Das war undenkbar. Das war der sichere Tod! Ich wäre von diesem Bauch verschlungen worden. "Der Tod?", antwortete die Stimme. Bist du denn nicht schon tot? Was glaubst du denn, was das Leben ist? Die frostige Sonne in deinem Herzen? Das Gefrieren der Gefühle und Emotionen in deinen Eingeweiden? Das Ersticken deiner Hoffnungen und auch der Ängste in deinem Kopf? Wenn es das ist, wenn es nicht einmal mehr darum geht, hinzufallen und sich weh zu tun, dann gleicht dein Leben auf seltsame Weise bereits dem Tod ... Also spring und lerne, nicht mehr an Austrocknung zu sterben. Hör auf zu lügen und ... spring!"

Und da ich, völlig unfähig, die kleinste Entscheidung zu treffen, am Rande des Entsetzens erstarrt war, legte sich eine Hand auf meinen Rücken und stieß mich mit einem Stoß hinein. Ich kippte und ging sogleich in dem Loch voll schwarzen Wassers unter wie ein schwerer Stein. Ich fiel und fiel ... und hatte den Eindruck, das Wasser völlig auszutrinken, überzeugt davon, dass es keine Möglichkeit gab, aus diesen Tiefen je wieder aufzutauchen.

Stille in meiner Seele ... ich konnte es annehmen, und dieses Annehmen war wie ein Fäulnisprozess, ein Verfaulen all meiner Unreinheiten ... Ich starb, doch alles wurde hell ... Und während es heller wurde, konnte ich auf einmal weit sehen, sehr weit, ganz unten, tief unter mir, war ein Lichtpunkt, wie ein Fleck Sonne, der größer wurde und mich zu sich rief.

"Bist du es?", hörte ich mich rufen. Doch ich wusste nicht, wen ich eigentlich meinte. Wer war dieses "du", das doch so vertraut war, dass es mir ganz von selbst über die Lippen kam?

Und dann ... kam der Lichtfleck so viel näher oder ich ließ mich so sehr von ihm anziehen, - ich weiß es nicht - dass ich den Eindruck, ja sogar die Gewissheit hatte, zu ihm aufzusteigen, mich in sein erhabenes Reich emporzuheben.

Und das ist auch wirklich passiert, Miriam, Salome ... Ich schoss hinauf in sein Licht wie an die Oberfläche einer wunderbaren Wasserfläche. Endlich konnte ich atmen ... aus vollem Herzen! Wenn ihr wüsstest, wie ich aufgeatmet habe!

Auf einmal kam mir die dumme Idee, dass ich ja nicht schwimmen konnte und wieder unter Wasser tauchen musste ... aber es gab kein Wasser mehr ... es gab ... nur den Blick des Rabbis, fest auf mich gerichtet. Er war beherrscht von einer ... strengen Milde.

Wie ihr euch denken könnt, brauchte ich einige Minuten, um zu begreifen, dass ich die ganze Zeit auf meinem Kissen gesessen hatte und es keinen anderen Brunnen gab, als den unter der hohlen Hand des Meisters. Diese lag nun nicht mehr mitten auf meiner Brust, sondern auf meinem Bauch, da, wo ich meine Kinder getragen hatte und meine Muskeln sich noch immer oft spannten.

"Na, was macht deine Geburt?", flüsterte mir jemand ins Ohr.

Der Meister schenkte mir ein breites Lächeln. Dann nahm Er meine beiden Füße in seine Hände und sagte:

"Jeder ist einmal dran."

"Rabbi", stammelte ich, "Rabbi ... du hast mir die Ewigkeit gezeigt."

"Ich habe dir die Schatten deiner Schritte gezeigt, und es stimmt ... das kommt der Ewigkeit schon recht nahe."

Während Er diese Worte sprach, malte der Meister irgendein Zeichen auf meine Fußsohlen. Dann setzte Er sie sanft auf den Boden.

"Die Ewigkeit", erklärte Er dann, indem Er mit dem Finger auf mich zeigte, "die Ewigkeit, das ist mein Vater, meine Mutter und es ist auch Das, was durch mich hindurch zu dir spricht. Wir drei in Einem - das ist es, was du wiederfinden musst. Du musst nicht unbedingt versuchen, es zu verstehen. Dein Leib muss sich zu eigen machen, was deine Seele erfahren hat ...

Geh nun ... ich verlange nur eins von dir: Sei anwesend, sei wirklich da. Und sei wie eine Mandel ohne Schale - gib das Beste."

Ich sagte nichts, fragte auch nichts. Ich war im Frieden. Dann stand ich langsam auf und verabschiedete mich ebenso langsam von Ihm. Ich wagte nicht einmal mehr, seinem Blick zu begegnen.

Nun war ich vollkommen gereinigt. Jeshua hatte mein Leben ... Ich habe es Ihm in diesem Moment gegeben. Gesagt habe ich Ihm das nie, doch Er wusste es und das genügt.

Kapitel 3

Einweihungen in Galiläa

Ich lausche den Brandungswellen, die sanft am Ufer zergehen. Seltsam, heute Nacht erinnern sie mich an die Wellen des Jam Kinneret.[12] Man könnte fast sagen, sie haben genau dieselbe Seele.

Auch Miriam und Jakobea scheinen eingenommen zu sein von ihrem Gesang. Mir fällt ein Wort Jeshuas ein. Die Weise, wie das Wasser den Strand berührt, so sagte Er, reinigt unsere Herzensohren, noch bevor es uns einlädt, unsere Körper zu waschen. Wie wahr ...

Der Ewige weiß, mit welcher Klarheit mein Herz in diesen gesegneten Stunden lauscht ... Ich fand schon immer, dass die stärksten und schönsten Worte manchmal wie ein Feuer sind, das uns verbrennt. Vielleicht ist es also das gebieterische Bedürfnis, diesem Meer zuzuhören, das uns alle drei heimsucht. Feuer des Meeres ... so etwas muss es geben ...

Auch Jeshua war an jenem Ort, nicht weit von Genezareth, wo die Kiesel so sanft rollten, gerne schweigsam. Er lud uns ein, Seinem Beispiel zu folgen. Gewiss beschwört die vom Gesang des Wassers erfüllte Stille auch diese Erinnerungen herauf. Dazu kommt noch, was vorhin geschah, kurz nachdem Jakobea ihre Erzählung beendet hatte.

Zunächst sahen wir nur Formen aus der Dunkelheit auftauchen. Sie bewegten sich am Strand entlang und kamen auf uns zu. Es waren zwei Männer auf ihren Pferden. Wir dachten sofort an römische Soldaten, eine Art tief verankerter Reflex. Und wirklich, wir hatten recht. Wir sprachen nicht, nicht einmal ein Flüstern kam von unseren Lippen. Die beiden Reiter blieben gut dreißig Schritte vor uns stehen und betrachteten uns lange. Was machten sie hier, um diese Zeit? Üblicherweise nahmen Soldaten aus Rom nicht den unsicheren Weg am Ufer entlang. Die solide, gepflasterte Straße, die sie schon längst in dieser Gegend gebaut hatten[13], war ihnen lieber. Es war wohl unser Feuer, das sie von weitem angelockte. Ganz kurz hatte ich große Angst, obwohl uns die Römer, seit wir hier wohnen, noch nie etwas getan haben.

Schließlich warfen die beiden Männer sich einen raschen Blick zu und ritten weiter. Sie lenkten ihre Pferde nach Osten, zwischen dem Ufer und uns hindurch.

Keine von uns sagte etwas dazu. Wir kannten solche Situationen nur allzu gut. Unzählige ähnliche Momente, zuweilen weit weniger friedlich als dieser, haben sich uns ins Gedächtnis gegraben.

Das war damals, als wir noch dort waren, mit Ihm und ein paar anderen, alle ausgehungert nach Hoffnung.

Zwanzig, dreißig, fünfzig, manchmal mehr, die von seiner Sicherheit berührt und entzündet werden wollten ... Wo sind sie hingekommen, all diese Gefährten, die einst vereint waren, durch das Geheimnis der Liebe?

Verschwunden in der Zeit ... hierhin und dahin zerstreut von den Winden des Lebens oder im Tod noch lebendiger als wir ...

Es sind wohl diese Gedanken, die uns verbinden, ohne dass auch nur ein Wort gesprochen wurde, und uns nun alle drei dem Gesang des Meeres lauschen lassen.

Mein Körper ist einfach so da. Die Augen fallen mir zu. Vielleicht soll unser Wachen nun ein Ende haben ...

Doch da steht Jakobea plötzlich auf. Von neuer Energie erfasst, sammelt sie ein paar herumliegende Zweige.

Miriam lächelt mir amüsiert zu, als wolle sie mir klarmachen, dass wir heute Nacht nicht schlafen werden. Jakobeas Geste spricht für sich. Vor allem in ihr will das Feuer noch nicht ausgehen ...

"Erinnert ihr euch?", sagt sie, indem sie die Flammen heftig anfacht. "Erinnert ihr euch an die erste Zeit, in der ihr Ihm folgtet? Also ich habe immer das Gefühl, als sei das erst gestern gewesen. Es war die intensivste Zeit meines Lebens.

Nach der Erfahrung, von der ich euch vorhin erzählt habe, ist alles ganz klar geworden: Ich konnte nicht mehr leben wie bisher, einfach zu Chalphi zurückkehren, zu meinen Söhnen, meinen Schafen und meinem Gemüsegarten, so tun, als sei nichts geschehen, im Dämmer zwischen Nostalgie und Exaltiertheit leben, den Weg meiner Frustrationen fortsetzen ... Ich war zu tief ins Innerste meines Herzens vorgedrungen, um das auch nur einen Moment lang in Betracht zu ziehen. Ich musste dem Rabbi folgen, wohin Er ging und auf seinen Spuren den Frieden finden.

Chalphi hielt sein Versprechen. Er verstand es und ließ mich ziehen. Jakob war erst wütend, er weinte, dann küsste er mich, wie man eine Sterbende küsst ... Doch ich würde aufleben oder vielmehr lernen zu leben, da war ich mir ganz sicher.

Anfangs wusste ich allerdings nicht, wie ich überhaupt überleben sollte. Ich musste ja essen und schlafen und brauchte Kleidung. Aber im Grunde machte ich mir keine allzu großen Gedanken darüber. Meine einzige Sicherheit war Chalphis Bereitschaft, mich wieder aufzunehmen, falls ich eines Tages zurückkehren wollte. Das war schon sehr viel! Was die Leute reden würden, war wirklich meine allerletzte Sorge. Ich lebte längst in einer völlig anderen

Welt. Mir war nicht klar, dass mein Mann und meine beiden Söhne diese ganze Last zu tragen hatten.

Ich schloss mich dem Meister direkt in Bethsaida endgültig an. Als Er mich kommen sah, sagte Er nichts. Er schien das ganz normal zu finden. Ich muss schon sagen, das gab mir einen kleinen Stich. Er hatte jedoch recht, denn ich hatte alles getan um möglichst auffällig in die kleine Gruppe hineinzuplatzen, während Er gerade lehrte. Schon sehr bald begriff ich die Lektion ... Ich hatte gehofft, Meryem anzutreffen um sie um Rat zu fragen. Doch sie war nicht da ...

Ich erinnere mich, dass ich tagelang fast wie eine Bettlerin lebte. Niemand schien viel Aufhebens von meiner Ankunft zu machen. Die Gruppe aber erschien mir schwer zugänglich, ja, eher geschlossen zu sein ... So hielt ich mich abseits, wenn Essen verteilt wurde und wusste auch nicht recht, wie ich es anstellen sollte, um einen Platz zum Schlafen zugewiesen zu bekommen. Schlimme Stunden waren es, die ich da durchlebte, das kann ich euch versichern. Ich grübelte lange herum, warum "man" mich schon wieder auf die Probe stellen wollte.

Eines Morgens, als ich gerade dabei war, Staub und Stroh aus meinen Haaren zu schütteln, begegnete mein Blick dem eines Mannes. An den Tagen zuvor war er mir gar nicht aufgefallen. Nach kurzem Zögern kam er auf mich zu. Da erkannte ich ihn. Es war jener, der mich im Haus des Römers zum Meister geführt hatte, dort also, wo mein Leben in seinen Grundfesten erschüttert worden war.

Er hockte sich mir gegenüber und fragte: "Geht es dir nicht gut? Warum hältst du dich so abseits?"

"Abseits?"

"Ja ... ich beobachte schon seit einer Woche, dass du dich nicht zu uns gesellst. Du nimmst kaum teil, wenn das Essen verteilt wird, wenn wir einen Unterschlupf gefunden haben, erweckst du den Eindruck, anderswo schlafen zu wollen und wenn der Meister lehrt, scheinst du dich ständig hinter irgendeinem Baum, einer Mauer oder Säule verstecken zu wollen, wenn du nur eine findest ..."

Es verschlug mir im ersten Moment die Sprache, dann murmelte ich mit schwacher Stimme: "Aber nein ..."

"Ich heiße Simon, erinnerst du dich?", gab der Mann zurück. Er machte keinen Versuch, mir zu widersprechen. "Weißt du, wenn du denkst, dass der Meister dich abholen kommt, denkst du in die falsche Richtung. In Wahrheit, ... so meine ich, hat Er dich schon längst abgeholt, wenn du hier bist. Streite das nicht ab ... Wir haben das alle durchgemacht! Nur weil der Rabbi uns eines Tages einen immensen Sonnenstrahl mitten ins Herz gesetzt hat, soll Er jetzt jeden Morgen kommen, uns bei der Hand nehmen und uns in die erste Reihe setzen."

Schon bald gestand ich Simon, dass er Recht hatte ... ein Akt der Demut, zu dem ich einst unfähig gewesen wäre. War es das, was der Meister "eine Schutzschale verlieren" nannte?

Mit einem Schlag sprang mir das perfide Spiel in die Augen, dem ich in die Falle gegangen war. In Wahrheit hatte ich es nur auf eines angelegt: aufzufallen. Da mein allzu offenkundiges Auftreten im Kreis der Schüler des Rabbis keine Wirkung gezeigt hatte, versuchte ich mich auf andere Weise hervorzutun. Ich musste den Anschein erwecken, völlig allein zu sein, losgelöst von allem, mittellos, ja fast schon leidend, damit man sich für mich interessierte und sich - vielleicht - fragte, welch großartige Einweihung ich wohl erlebt hatte, um einen solchen Blick zu haben ...

Denn ich hatte ihn einstudiert, meinen Blick, liebe Schwestern, das kann ich euch sagen ...

Ich hatte ihn mehr oder minder bewusst komponiert, um hineinzulegen, was ich für die Signatur einer bestimmten Tiefe der Erleuchtung hielt. Denn Erleuchtung ist etwas Tiefes und Ernstes, nicht wahr? Und meine, ... nun ja, etwas in mir wollte, man möge sie mir schon an den Gesichtszügen ablesen.

Simons Bemerkung rüttelte mich auf. Etwas zerriss in meinem Kopf wie ein großer Vorhang. Hatte der Meister in seinem Feingefühl diesen Menschen zu mir geschickt, um mich wieder zur Vernunft zu bringen? Das werde ich wohl nie erfahren. Doch wie viel heilsames Bewusstsein gewann ich durch ihn!

Als Simon mich beim Arm nahm, um mich an den Ort zu führen, wo gerade die Fladen verteilt wurden, stand mir das heimtückische Gefängnis, in das ich mich selbst eingesperrt hatte voll vor Augen. Es war dies anmaßende Schmollen, in das man zuweilen verfällt, wie in ein Fieber, wenn man sich in Wahrheit intensiv nach Aufmerksamkeit sehnt.

Dieser Tag markierte meinen wahren Eintritt in den Kreis der Jünger des Meisters. Von jenem Tag an begann ich, seine Lehre erst eigentlich zu hören ... Ich meine, seine Worte begannen nun wirklich in mich einzudringen und in mir zu leben.

Nach und nach verschwand die Kluft, die mich von den anderen trennte, wie von selbst, und das Gejammer, das mir stets allzu leicht von den Lippen gekommen war, wurde seltener.

Ich glaube, es verging nicht einmal eine Jahreszeit ... bis ich zum ersten Mal im Leben das Gefühl hatte, am richtigen Ort, - ja, sogar glücklich zu sein. Und das, obwohl unser Leben, wie ihr wisst, gar nicht so leicht war. Wir mussten ja ständig von Ort zu Ort ziehen, bei jedem Wetter, ohne zu wissen, was der Abend oder der nächste Tag bringen würde und waren überdies auf den Plätzen und in der Umgebung der Synagogen regelmäßig Feindseligkeiten ausgesetzt, manchmal sogar von Seiten der Soldaten, die dem Rabbi als Andersdenkendem misstrauten. Ihr erinnert euch sicher ... Wie oft haben uns nicht versprengte Legionäre angepöbelt, um uns auseinanderzutreiben?

Ich war nicht auf dieses Leben eingestellt, ich, die ich so viel Zeit damit verbracht hatte, mich selbst zu bespiegeln und zu jammern. Dennoch ... es lag ein Glück für mich in dem 'heiligen Umherirren', das wir da praktizierten. Auch wenn mich immer wieder Angst und Schrecken überkamen, machte ich mir dieses Leben doch völlig zu eigen. Es war natürlich der Meister, der das ermöglichte. Manchmal fand ich es fast überflüssig, dass Er überhaupt mit uns über die Dinge der Seele sprach. Es genügte ... Es genügte mir, dass Er da war und ich spürte, wie ich meine letzten Widerstände aufgab.

Einmal jedoch hatte ich große Angst. Wir waren etwa dreißig Leute und wurden sehr heftig von einer Gruppe von Sadduzäern angegangen, die von unserer offenen, revolutionären Art irritiert waren. Bald wurde es so laut, dass Soldaten einschritten. Man wurde sogar handgreiflich, es hagelte Schläge ... selbst der Meister wurde von einem berittenen Zenturio angerempelt.

Ich war nicht weit von Ihm weg, sah ihn stolpern, sich wieder aufrichten und beobachtete genau, wie reglos sein Gesicht geblieben war. Er sah den Römer, der so roh mit Ihm umgesprungen war, ganz direkt an. Mir schien, dass Er ihm zuletzt sogar ein Lächeln schenkte.

Also wisst ihr, an diesem Abend war ich fassungslos! Ich verstand einfach nicht, warum der Rabbi uns den Rat gab, in solchen Fällen nicht etwa zu fliehen. Warum ermutigte Er uns, die Gegenseite so zu sehen, als sei sie gar nicht aggressiv. Ich fand das ... schlichtweg absurd. Wem konnte denn das nützen? Ich war dem Meister gefolgt, weil Er uns beibrachte, unsere Mitte zu finden ... weil Er ganz klar eine Quelle der Liebe war und ... weil ich überzeugt war, dass wir uns alle, absolut alle, mit ihm verbinden müssten. Aber das ...

Einige Tage vergingen und ich bemerkte, dass ich nicht die Einzige war, die sich über die Gewalt, die uns zuteilwurde und der wir so passiv wie möglich entgegentreten sollten, Gedanken machte. Unmut und schlechte Laune hatten sich bei einigen von uns breitgemacht. Das war ungewöhnlich. Du warst ja dabei, Miriam, du erinnerst dich doch gewiss noch ..."

Miriam wendet den Blick vom Feuer und legt nachdenklich den Kopf in den Nacken, als krame sie in ihren Erinnerungen. Ein Lächeln erscheint auf ihrem Gesicht. Schließlich richtet sie sich wieder auf ...

"Wirklich, wie könnte man das vergessen? Es war in Beth Shean, scheint mir. Es war beschlossen worden, dass wir einige Tage rasten sollten. Nicht weit vom Dorf befand sich ein recht großes Betsaid, das zur Bruderschaft gehörte. Man sagte, dass dort viele Arme und Kranke schon lange auf Jeshua warteten, um behandelt und geheilt zu werden ... Aber erzähl du das alles selbst, Jakobea. Was uns interessiert ist, wie du die Worte des Meisters mit deinen Ohren und in deinem Herzen aufgenommen hast. Es geht jetzt nicht um meinen Blick auf die Dinge, der zwingend ein anderer ist."

Als Zeichen der Zustimmung drängt es mich, Jakobea ein wenig Sand auf die Füße zu werfen. Sie kennt meine zuweilen recht humorvolle Art, mit ihr umzugehen.

"Ja ...", fährt sie ziemlich ernst fort. "Ich muss wohl wirklich einen beunruhigten Eindruck gemacht haben, denn als der Meister uns, wie so oft, bei Einbruch der Dunkelheit alle versammelt hatte, setzte Er sich ganz nah zu mir auf den Boden, nachdem Er mir ein wenig Sand zugeworfen hatte, ganz ähnlich wie du gerade, Salome.

"Ich werde euch von Widersachern erzählen, meine Freunde", begann Er, indem Er mich intensiv ansah.

Natürlich senkte ich den Kopf, weil ich nicht den Eindruck erwecken wollte, als sei ich gemeint. Da sprach Er weiter: "Manche von Euch verstehen nicht, welche Kraft es ist, die in mir angesichts von Widersachern lebt ... und auch nicht, welche ich versuche, in ihnen hervorzurufen.

Und doch ist es, wenn ihr mit dem Herzen beobachtet, wie ich meine Schritte in dieser Welt setze, einfach zu verstehen.

Euch wurde immer gepredigt, dass der Allmächtige, unser aller Vater, es billige, auf Schläge mit Schlägen zu reagieren, und dass darin die Gerechtigkeit des Lebens zum Ausdruck käme.

Man hat euch gleichsam eingeschärft: "Wenn Du einen Kiesel auf mich wirfst, so ... habe ich das Recht, einen Stein auf dich zu werfen."

Doch ich scheue mich nicht, euch allen, die ihr mir zuhört, zu verkünden: Man hat euch belogen. Nicht Gott hat ein solches Gesetz ausgesprochen, sondern sein Schatten unter den Menschen.

Ich sage euch, es gibt viele, die sich widerrechtlich den Platz aneignen, der nur dem Ewigen zukommt.

Weil sie sich nicht wirklich aufrecht halten können, nackt und bloß wie sie sind, suchen sie einen Thron, um das Gewicht ihres eigenen Herzens zu ertragen. Der einzige Horizont, den sie mit ihrem Blick umfassen können, ist der des Widerstandes, der Schläge und des Blutes, und diesen versuchen sie ins Recht zu setzen.

Sie wissen noch nicht, dass der Wind des Leides ohne Ende um sich selbst kreist, wenn man ihn zwischen die vier hohen Schutzmauern der Rache sperrt. Sie wissen auch nicht, dass der aus sich selbst gespeiste Windstoß bald zum Sturm wird. Facht diesen Sturm noch weiter an, so wird er euch bald hinwegfegen ..."

Als ich das hörte, hob ich sogleich das Kinn und sprach den Meister an. Noch nie hatte ich gewagt, so zu handeln, noch dazu vor allen anderen.

"Ich verstehe, Rabbi, ich verstehe ... Blut fordert Blut und ein Bach wird leicht zum Fluss ... aber wenn wir den Angreifer uns einfach attackieren lassen, was wird dann von uns übrig bleiben, von dem, was wir sind, von unseren Familien und von dem, was wir in uns tragen? Wie kann dein Wort da leben?"

Hinter mir hörte ich beifälliges Gemurmel.

"Eure Familien haben eure Seelen angenommen, für das, was sie sind und verwirklichen sollen ... Und was mein Wort betrifft, macht euch darüber keine Sorgen. Es gehört mir nicht und ist jenseits der Zeit. Ihr sollt wissen, dass es aus der Ewigkeit kommt und von mir nur vermittelt wird. Es kann nicht sterben, weil es keinen Anfang hat.

Den Angreifer frei attackieren lassen? Nein, meine Freunde, darum geht es nicht. Wenn ich den Schlag, der mich trifft, nicht erwidere und den Blick dessen suche, der mich verletzt, dann stellt der Geist des Lebens den Aggressor durch mich vor eine Herausforderung.

Während meine Maske als Mensch untätig erscheint, erhebt sich mein inneres Wesen und beginnt zu lehren. Es schafft jenen Unterschied, der das Herz des anderen prüft und ihn früher oder später auf sich selbst zurückweist.

Hab ihr nicht begriffen, dass der Trieb des Angreifers letztlich keinen anderen Zweck verfolgt, als umgekehrt die gleiche Regung auszulösen? Davon lebt er. Viele von denen, die beleidigen und schlagen, hoffen heimlich ihrerseits geschlagen und beleidigt zu werden, weil die Gesinnung der Konfrontation die einzige Nahrung ist, die sie kennen. Wenn man sie ihnen indes nicht gibt ..."

"... bleiben sie hungrig und werden dadurch nur noch wilder, meinst du nicht, Rabbi?"

Irgendwo hinter uns hatte sich eine Stimme in unserer kleinen Versammlung erhoben. Ich hatte Lust mich umzudrehen, doch meine Augen konnten sich nicht von denen des Meisters lösen.

"Ja, Levi, das stimmt ... Es ist möglich, dass sie noch ein wenig rabiater werden, doch wisse, dass derjenige, der von sich aus geschlagen hat, eines Tages unausweichlich in tiefster Seele, dem

Geist und Anblick dessen, was in ihm so gehandelt hat, nicht mehr gegenübertreten kann. Die Kraft seiner Aggression hat sich erschöpft, sich ihrer Absurdität entledigt. Nun kann er beginnen sich aufzurichten ... und zwar gerade weil er den Mechanismus seines Abwärtstriebs bis zu Ende verfolgt hat."

"Willst du damit sagen, dass wir ein Weg sein sollen ... auf dem das Böse bis zum Ende seiner selbst gehen kann?"

"Ich möchte sagen, dass wir ein anderer Weg sein sollen, ein Weg, der einen Unterschied macht - der also versucht, weit über den gegenwärtigen Moment hinauszuwachsen und durch die Herausforderung, die er darstellt, lehrt. Ich sage euch nicht: "Wehrt euch nicht", und ich sage auch nicht: "Setzt euch Schlägen aus." Ich sage euch Folgendes: "Lernt, euch so zu geben, dass der Friede, der aus eurer Anwesenheit strömt, einen Fels aus euch macht, auf dem die Saat des Grolls keinen Fuß fassen kann.

So werdet ihr diese Welt von jedem Rachegedanken reinwaschen und sie wieder mit ihrem Gedächtnis verbinden.

Ich verkündige es euch, meine Freunde, wir handeln nicht für jene, die wir heute sind, sondern für die, welche wir werden wollen. Etwas in euch hat mich erkannt, weil ich das, was die Welt Schwäche nennt, Herausforderung nenne."

Nachdem Er diese Worte gesprochen hatte, stand der Meister auf. Wir sahen, wie Er eine Fackel ergriff, die in der Wand des Hauses steckte, das uns gegen den Abendwind schützte. Blitzschnell schwenkte Er sie in unsere Richtung, als wolle Er den Ausdruck unserer Gesichter besser sehen.

"Gut", meinte Er dann, "ich sehe, dass euch die Frage noch immer beschäftigt ... "

Daraufhin erschien ein breites Lächeln auf Seinem Gesicht und wir sahen, wie Er fortging.

In dieser Nacht konnte ich nicht schlafen. Ja ... auch mich trieb die Frage noch immer um. Allerdings machte ich mir nicht eigentlich Gedanken, denn mir war schon klar, dass die Haltung des Meisters nicht von einer Reihe von Argumenten abhing, die sich ineinanderfügten, um so etwas wie eine Philosophie zu bilden. Sie kam von ganz anderswo her. Damals war ich nicht fähig, dies "andere" zu definieren. Ich sah darin die göttliche Gnade, denn sie war ein Prinzip, das mir alles zu enthalten schien.

Doch nun, da Zeit vergangen ist und so viele Bewährungsproben mich haben reifen lassen, kann ich sagen, dass diese Gnade in Ihm erschien, um eine Brücke zu schlagen.

Während Er beobachtete, wie wir uns Fragen stellten, dachten und handelten, nahm der Meister uns schon zukünftig wahr. Er sah die Früchte, die aus den vermeintlichen Irrwegen unserer Gegenwart hervorgehen würden. Es war unser Werden, das Ihn interessierte. Nicht, was wir im Moment von Ihm dachten und auch nicht, wie wir im Einzelnen fähig waren, sein Wort zu erfassen. Und der Ewige weiß, dass keiner von uns den Sinn seiner Worte genau verstand!"

"Das stimmt, meine Schwester", kann ich nicht umhin, einzuwerfen. "Als die Sprache auf diese unglaubliche Herausforderung kam, die der Meister verkörperte, hörte ich manche sagen, wir sollten uns Schlägen aussetzen, ganz so, als würde Leid uns wachsen lassen. Doch das war nicht, was wir gelehrt worden waren ... Aber entschuldige, erzähl weiter, lass uns an deinen Erinnerungen teilhaben ..."

"Wie ich euch schon sagte, schlief ich in dieser Nacht nicht. Wie so oft, war eine Scheune unsere Herberge. Ich wollte nicht unterm Dach bleiben. Also schlüpfte ich zwischen den Körpern meiner Freunde und den großen Tonkrügen, die da gehortet wurden durch, denn ich wollte hinaus zu den Olivenbäumen. Sie zogen mich an. Ich hatte das Gefühl, sie zu brauchen. Es war, als könne ich unter ihren Wurzeln besser atmen.

In der Tat stellte ich mir viele Fragen, doch meine Schlaflosigkeit kreiste nicht um das, was der Rabbi uns zuvor gesagt hatte. Was mich umtrieb und gleichsam eine tanzende Flamme hinter meinen geschlossenen Augenlidern bildete, war das Wesen des Meisters selbst. Es war die Essenz dieses Etwas, das ihn durchdrang. Und dann die Frage, Wie Er dazu gekommen war. Und schließlich Wer Er überhaupt war.

Darauf hatte ich keine Antwort. Ja, Wer war Er denn, dass wir von Seinem Licht geradezu ... gefangen waren, wo er uns doch ganz frei ließ? Aus welcher Art von Menschheit war seine Seele hervorgegangen, um fähig zu sein, uns ein Lebensmodell vor Augen zu führen, das so durch und durch ... übermenschlich war?

Die Worte, die aus seinem Munde kamen, dessen war ich mir sicher, suchten Ohren hinter unseren Ohren. Ich wusste nicht, ob ich einen einzigen Moment lang das Glück hatte, sie wirklich zu hören, doch alles wies drauf hin, dass eine Verwandtschaft mit dem Göttlichen aus ihnen sprach, zu der niemals zuvor ein Mensch gelangt war ...

Als der Morgen dämmerte, merkte ich, dass ich schließlich eingeschlafen war. Es war wohl der Gesang eines Vogels, der mich aus meinem Schlummer weckte. Mein Nacken schmerzte und mir war ein wenig kalt. Ich schmiegte mich also enger an den Baumstamm, an den ich mich gelehnt hatte, doch was war das? Hörte ich etwa Schritte? Dann war alles wieder still. Erneut fielen mir die Augen zu. Aber das Geräusch war gleich wieder da, diesmal begleitet von etwas wie dem Rascheln eines Stoffes. Ich schreckte hoch ... Der Meister war da. Er hockte vor mir. Ich hielt den Atem an und Er lächelte.

“Na, kleine Frau?”, meinte Er in dem sanften, schelmischen Ton, den Er zuweilen gerne anschlug.

“Ja, Rabbi ...”

“Ja und?”

Ich war überrascht, furchtbar verlegen und hatte keine Ahnung, was Er wollte. Auch was mich dazu trieb, etwas zu Ihm zu sagen, verstand ich nicht. Es waren undeutliche Worte. In der Kühle des frühen Morgens hatte ja nichts Zeit gehabt, in mir zu reifen.

"Wer bist du, Rabbi?"

"Ich bin der, der sich erinnert ..."

"Aber ... wie hast du gelernt dich zu erinnern?"

"Es ist schon sehr, sehr lange her, weißt du ... Meine Seele hat es gelernt ... so wie du es auch eines Tages lernen wirst ... indem man aufhört, sich in die Gefangenschaft von Rollen zu begeben ... Und dann, indem man nichts anderes mehr ist, als eine offene Türe ... und Ihn einfach bittet, durch sie durchzugehen, Ihn, meinen Vater, unseren Vater.

Weißt du, es zieht die Gegenwart des Geistes an, wenn die Seele ganz nackt und bloß ist, es enthüllt sie. Ihre Blöße ist die Pforte der Erinnerung, der einzigen Erinnerung, die es gibt und diese ist eins mit der Ewigen Gegenwart.

Ich war immer so, von Anbeginn der Zeiten, weil ich mich an einem Tag der Sonne so gesehen, verstanden und wahrgenommen habe. Das ist kein Geheimnis. Es ist nur eine Gabe für deine Morgenmeditation."

"Ja, Rabbi ... aber all das ist kompliziert. Du sprichst von Erinnerung, doch ich weiß nicht, was ich mir unter diesem Wort vorstellen soll. Ich wollte nur ganz einfach wissen, was du getan hast, um du selbst zu sein oder vielmehr, Wer du bist, so wie wir dich sehen."

"Du hast recht ...", gab Er mir zur Antwort. "Es ist kompliziert, oder zumindest scheint es so. Ich mag deine Frage, weil niemand sie mir stellt. Also gut ...

Ich bin, der ich bin, weil ich niemals halbherzig war, weil ich mich dran gemacht habe, meine Angst, zu fallen, zu überwinden, und weil ich beschlossen habe, dass ich nichts mehr beweisen muss, nie mehr. So habe ich begonnen, die Gegenwart zu ergreifen, indem ich aufhörte, die Bürden der Vergangenheit zu tragen und auch die Tyrannei des Zukünftigen von mir wies.

In Wahrheit habe ich gar nichts gemacht, verstehst du? Ich habe aufgehört zu machen ... Das heißt nicht, dass ich nicht gehandelt hätte. Aber ich gestikuliere nicht mehr herum. Sobald man Sklave einer Rolle ist, und sei sie noch so klein, fängt man an, zu gestikulieren, weil man überzeugt davon ist, dass erst diese einen "sein" lässt. Doch das ist ein Irrtum. Es ist die Sackgasse, in die alle zwangsläufig geraten. Sein, das heißt ... einen Weg für die Transparenz zu bahnen. Es ist, eins sein mit dem Wind ..."

"Wieso mit dem Wind, Rabbi?"

"Weil der Wind alles Dasein gleichermaßen umfasst und durchdringt, das Menschliche, das Tierische, die Pflanze und den Stein. Er lebt bis ins Herz der Erde, des Wassers und des Feuers hinein.

Versuch dir vorzustellen, Jakobea, dass du keine Grenze mehr zwischen dir und diesem Baum spürst, an den du dich lehnst, auch nicht zwischen dir und dem Vogel, den du singen hörtest, zwischen dir und dem steinigen Boden ... zwischen dir und mir ... Dann wirst du wissen, was Sein ist, wie ich das Leben in dieser Welt auffasse, und schließlich, wer ich bin."

Ich war starr vor Staunen, liebe Freundinnen. Mich in den Baum hineinzuversetzen, in irgendein Tier oder auch in die Erde, das konnte ich mir vielleicht gerade noch so vorstellen ... aber zwischen dem Meister und mir nicht den kleinsten Unterschied zu spüren, das war mir zu hoch.

Ich sagte nichts, doch mein erstaunter Blick sprach wohl für sich, denn der Meister fuhr sogleich fort: "Ich habe nicht gesagt, dass du dir vorstellen sollst, der Baum oder irgendetwas anderes zu sein ... Ich habe gesagt, du sollst versuchen, jede Grenze zwischen deiner und seiner Wirklichkeit aufzuheben.

Denk mal nach ... Gelingt es dir, eine Grenze zwischen Wasser und Dampf wahrzunehmen? Nein ... ihre beiden Wirklichkeiten sind innig verbunden. Es ist dieselbe Form von Leben, die beide beseelt und bewirkt, dass sie ineinander übergehen können. Ich meine, kleine Frau, der Unterschied zwischen diesem Olivenbaum oder diesem Vogel und dir besteht lediglich in der Maske, die ihr tragt. Im Grunde gibt es also keinen. Eure Essenz ist dieselbe.

Fürchte also nicht, dich in mir zu fühlen, ebenso wie auch ich weiß, dass ich ständig in dir lebe. Nur du erfindest die Grenze und erhältst sie aufrecht. Du entscheidest dich für die Trennung. Verstehst du?"

"Ich weiß nicht, Rabbi ... Nun ja ... ich verstehe natürlich deine Worte, aber ich bin mir keineswegs sicher, dass ich sie so höre, wie du sie meinst und vor allem, wie du sie lebst. Wie kann man das Nichtvorhandensein der Grenze leben? Das heißt doch, dass man nichts mehr einander entgegensetzen kann. Schau mal ... meine rechte Hand ist doch nicht meine linke Hand. Da fängt die Trennung schon an."

"Die rechte ist vielleicht nicht die linke, aber beide haben eine gemeinsame Funktion und sind in deinem Herzen verbunden. So spricht alles, was existiert, in seiner tieferen Wirklichkeit dieselbe ursprüngliche Sprache, denn alles, was ist, verbindet sich im Herzen des Namenlosen."

"Da muss ich noch lange wachsen, um so wahrzunehmen, wie du wahrnimmst."

"Lange bedeutet im Grunde nicht viel, Jakobea. Merk dir das eine: Alles Lebendige drückt sich stammelnd aus, bevor es eine einzige, schön geschmeidige und klar geschwungene Linie bildet. Alles muss sich zunächst im Körperlichen erleben und bewähren, bevor es sich selbst im Innersten versteht. Erst dann können die Worte, die man ausdrückt und empfängt, erblühen und sich entwickeln.

Und so ist die Erkenntnis, Lehrling des Lebens zu sein, ein Zeichen des Erblühens einer Knospe der Seele.

Reife zeigt sich nicht unbedingt durch große Ideen und Worte. Es gibt geschwätzige Leben und andere, die kein großes Aufhebens machen. Es gibt Leben, die nur angedeutet und keineswegs gradlinig sind, andere wieder sind ein einziges Fragezeichen."

"Und wo steht meines, Rabbi? Ich würde mir so sehr wünschen, dass es ein Ausrufezeichen ist."

"Es hinterfragt den Ausruf, der sich bereits in ihm manifestiert hat. Mehr möchte ich im Moment nicht dazu sagen."

Daraufhin stand der Meister auf und legte mir lange die Hand auf den Kopf. Dann sah ich Ihn fortgehen. Wie soll ich die Kraft aufbringen, so fragte ich mich, jemals die Mulde in diesem Olivenbaum zu verlassen, in der ich eben so viel empfangen hatte.

Kann man einen Ort in sich tragen, ihn zu einem Teil seines Herzens machen? Ich glaube ja. Gewiss ist das auch geschehen. Es half mir, zu leben, während ich den Himmel anflehte, das Wort "trennen" für immer aus meinem Gedächtnis zu tilgen.

Ich sah dem Meister nach, wie Er sich im goldenen Nebel des Morgenlichts entfernte, so lange ich nur konnte. Er verschwand hinter einem Lorbeerbaum an der Ecke der Scheune, wo die anderen schliefen. Ich dachte nur noch an eins: Seine Nachfolge wieder aufzunehmen, - war ich doch nun noch intensiver mit Licht übergossen denn je. Würde ich jetzt ruhiger sein? Oder wäre ich, im Gegenteil, noch ausgehungerter und schlafloser im Angesicht der Erweckung, nach der ich mich so sehr sehnte?

Vermutlich ist das auch der Grund, warum wir drei damals recht wenig miteinander kommunizierten. Ich war entflammt vom Begehren nach Ruhe und Abgeklärtheit, aber auch berauscht von dieser neuen Freiheit des Seins, die ich eben entdeckte. Und so musste ich reden und zwar reden, um zu überzeugen ... auch wenn keiner von uns mehr überzeugt werden musste. Große Erklärungen strömten aus mir hervor wie ein zu starker Wein. Und sie machten den einen oder anderen wohl auch betrunken. Der Meister hörte mir manchmal von weitem zu, sagte aber nichts.

Erinnerst du dich, Salome? Du warst die Erste, die mein anmaßendes Spiel mystischer Glut in seine Schranken verwies. Du sagtest ja fast nie etwas ... Und so kam es mir an jenem Tag, als du mir deinen Pfeil entgegengeschleudert hast, fast vor, als hätte der Meister selbst mich geohrfeigt."

"Also Jakobea, du hast wirklich gar nichts verstanden! Wie kannst du nur begierig nach Ruhe sein? Begierig! Siehst du denn nicht, was für ein Unsinn das ist?"

Mehr sagtest du nicht, doch darin lag auch schon alles ... In groben Zügen hattest du soeben meinen Bekehrungseifer und seine Widersprüche aufgedeckt. Erinnerst du dich daran?"

Jakobea lächelt mir sanft zu, als sie das sagt. Im Schein des knisternden Feuers blickt sie mir tief in die Augen ... "Oh ja, wie gut ich mich daran erinnere, meine Schwester, meine Vertraute der ersten Stunde! An diesem Tag war ich außer mir ... Ich hatte noch nicht ganz verstanden, dass es nicht nur eine Erleichterung ist, wenn man seine Schutzschichten verliert, sondern auch wehtut. Es gibt in der Seele einen wunden Punkt, den das direkte Sonnenlicht noch verschlimmert. Das war es, was du durchgemacht hast."

"Ja, ich erinnere mich. Wie könnte ich das vergessen haben. Verzeih ..."

"Aber was soll ich dir denn verzeihen, meine Schwester? Es war ja keine Spur Boshaftigkeit in dir. Es war der Meister, der aus dir sprach. Wenn ich das nicht sogleich begriff, so stieß Er mich doch wenig später mit der Nase darauf.

Nach langem Gehen am Seeufer nahm Er mich beiseite.

“Kleine Frau”, sagte Er mit dem größten Ernst, “es kann sein, dass deine Seele morgen noch mehr brennt als gewöhnlich. Darf ich dich darum bitten, die Regungen deines Herzens zu beherrschen und deine Äußerungen zu bezähmen. Mach dir dies Geschenk ...”

Ich verbeugte mich, versprach es, und tat, als sei ich nicht neugierig.

Mit den Beinen im Wasser saß ich da. Die Sonne ging gerade unter, und ich war natürlich nur noch eine einzige, lebende Frage. Was würde wohl so Wichtiges geschehen, dass der Rabbi sich eigens an mich wandte? Denn selbstverständlich, das habt ihr sicher verstanden, fühlte ich mich durch seine Worte ins Vertrauen gezogen und nicht etwa in meine Schranken verwiesen oder gebeten, mich zu zügeln. Wie dumm ich doch war, wenn ich heute Nacht nur daran denke! Ich trieb den Unsinn sogar so weit, die Neuigkeit ganz spontan dem Erstbesten zu erzählen, der vorüber kam und sich zum Ausruhen neben mich setzte. Auch er hängte die Füße ins Wasser: “Weißt du schon, dass morgen etwas Wichtiges passieren wird?” Wie köstlich war es doch, sich so privilegiert zu fühlen.”

Die letzten Worte brechen lustig aus Jakobea hervor und wir können nicht anders, als mitzulachen.

“Jakobea”, ruft Miriam, “wir verlangen nicht von dir, dass du dich dermaßen entblößt.”

“Aber das tut mir gut ... Schließlich steigt man nicht alle Tage in den Keller, um die Spinnweben zu entfernen.”

Da brechen wir alle drei in ein noch lauteres gemeinsames Gelächter aus. Der Klang unserer Stimmen tönt über den Strand und scheint, von den Wellen zurückgeworfen, fast wie Steinchen übers Wasser zu hüpfen.

“Hört also, hört zu ...”, fährt Jakobea endlich fort. “Der nächste Tag begann nicht so lustig, das könnt ihr mir glauben.

Während ich die Decke aufrollte, in die ich mich gehüllt hatte, kam der Meister, um vertraulich mit mir zu sprechen.

"Also, Jakobea, ich habe gehört, dass wir heute etwas Wichtiges erleben werden?"

Ich muss weiß geworden sein wie die Wand ...

Ich stammelte nur "Rabbi ..." und fühlte mich einem Schwächeanfal nahe.

"Ja ...", antwortete Er, indem Er die Augenbrauen zusammenzog, "ich habe gehört, dass du heute schweigen wirst, und dass das ein großer Moment sein wird. Ist das richtig?"

Ich konnte nur die Augen niederschlagen und nicken. Als ich wieder Luft bekam und es wagte den Blick zu heben, war der Meister schon verschwunden. Ich sah nur, wie seine Absätze sich auf dem trockenen Gras entfernten. Ich blieb den ganzen Morgen voller Scham stumm in meiner Ecke. Es war mir unmöglich, an irgendeiner Aktivität teilzunehmen ...

"Warst du beleidigt?"

"Nein, nicht einmal das ... Ich wusste nur nicht mehr, was ich mit mir anfangen sollte. Zugleich aber war alles um uns in Bewegung. Der kleine, gewölbte Abhang, der zum See hinunterführte und auf dem wir unser Lager aufgeschlagen hatten, war zum Lehren gut geeignet. Der Meister hatte es verkündet und die Botschaft, dass der Rabbi Jeshua sprechen würde, hatte sich bis in die Nachbardörfer verbreitet. Wie ihr wisst, genügte das ja, um von allen Seiten Grüppchen von Männern und Frauen herbeiströmen zu lassen. Oh, inzwischen ist uns längst klar, dass sie nicht an erster Stelle den Schatz seiner Worte suchten, sondern eher das Schauspiel etwaiger Heilungen. Das wusste Er natürlich auch.

An diesem Morgen, als sich der gewohnte Menschenauflauf bildete, schien Er sich besonders darüber zu amüsieren.

“Na und, was erwartet ihr genau?”, rief Er in scherzhaftem Ton einer Gruppe von Fischern zu, die ihr Boot rasch an einem eigens dafür durchbohrten Stein festgemacht hatten. “Warum seid ihr hergekommen? Wollt ihr mit uns essen oder euch an etwas anderem laben als an dem bisschen Nahrung, das wir haben?”

Wie gesagt, saß ich festgenagelt auf meinem Stück Gras, recht weit weg von der Szene, die sich da abspielte. Doch der Meister sprach so laut, dass ich keinen Augenblick zweifelte, dass Er begonnen hatte, zu lehren.

War das nicht genau seine Art, es zu tun? Irgendetwas, irgendjemanden oder einen Vorwand aufzugreifen und flugs ein irritierendes Argument daraus zu machen, es durchzukneten wie Ton und schließlich ein ebenso strahlendes, wie unerwartetes Licht daraus hervorquellen zu lassen.

Nach wie vor in meine Scham gehüllt, wagte ich nicht, mich zu nähern. Von diesem Moment an drängten sich ohnehin Massen um Ihn und die Fischer, die Er angesprochen hatte.

“Es ist wahr, meine Freunde ... ich frage mich, was euch wirklich hergeführt hat. Nun gut. Man hat euch gesagt, dass ich hier Halt machen werde, doch genügt das? Seid ihr aus Neugier hier, oder um euch von dem zu nähren, was euer aller Vater euch durch meinen Mund sagen möchte?”

Ihr erinnert euch bestimmt noch genauso gut daran wie ich: Niemand hat geantwortet. Es war ja auch wahrlich nicht leicht, Ihm zu antworten, wenn Er so sprach. Seine Autorität wirkte auf so natürliche, schlichte und direkte Weise, dass es unmöglich war, nicht eingeschüchtert zu sein.

“Ja, meine Freunde”, fuhr Er fort, “das ist das Problem ... Ihr wisst nicht genau, was ihr hier eigentlich sucht! Den Anblick eines seltsamen, von Gerüchten umwitterten Rabbis, das Spektakel einer Heilung oder bloß ein paar gute Sprüche. Vielleicht alles zugleich, also ... recht wenig. Kurz gesagt ... alles, außer dem, was ich euch geben will. Und was will ich euch denn geben? Meine Art zu lieben!"

Als ich Jakobea diese gemeinsamen Erinnerungen heraufbeschwören höre, kann ich die Tränen nicht mehr zurückhalten, die sich seit einigen Minuten in meinen Augenwinkeln sammeln.

"Oh, Jakobea ... Es kommt mir vor, als würde ich noch immer das Gemurmel hören, das da aus der Versammlung aufstieg. Der Meister hatte gesagt: "Meine Art zu lieben ..." Nie, niemals riskierte ein Rabbi solche Worte. Ein Rabbi, der legte das Gesetz aus, der erinnerte uns an Pflichten und Verbote. Zwar waren alle Rabbis dazu angehalten, uns von Liebe zu erzählen, doch so wenige wagten sie beim Namen zu nennen. Es war, als sei dieser Name ... vielleicht zu weiblich."

"Ja, das ist es, kleine Schwester, zu weiblich!", wiederholt Jakobea. Dann erzählt sie weiter. Was uns am meisten umwarf, sobald Er zu lehren begann, war diese ungewöhnliche Sensibilität. "Meine Art zu lieben." Damit hatte Er alles gesagt. Dennoch ... fand sich mindestens einer, der es nicht verstanden hatte. Der hob die Hand, um zu sprechen. Es war ein alter Mann. Er hockte auf einem Haufen Netze. "Und was ist deine Art zu lieben, Rabbi?"

Der Meister ging sofort auf ihn zu, beugte sich herab und legte einen Augenblick lang seine Stirn auf die des Mannes.

"Meine Art zu lieben ... das ist die Tatsache, Liebe zu wagen. Nicht nur den Mut zu haben, das Wort Liebe auszusprechen, sondern auch, es durch mein ganzes Wesen zu verkörpern.

Ich mache aus der Liebe kein Geschäft, weißt du. Ich sage dir nicht: "Verehre mich, liebe mich, dann werde ich dich auch lieben ..." Ich sage dir: 'Ich liebe dich', weil lieben für mich so leicht ist wie atmen. Das ist es, was mein Vater mir aufgetragen hat, euch zu sagen.

Es stört dich natürlich, dass ein Mann dir verkündet: 'Ich liebe dich', ... weil ein Mann, wie man sagt, ein Schutzschild tragen muss. Doch ein Schutzschild ist schwer, Isaak, es dient dazu, sich zu schützen ... Und ich frage dich, warum sollte man sich vor unverhüllter Natürlichkeit schützen?"

"Auch ich habe das Bild dieses alten Mannes in mir bewahrt", warf Miriam ein. "Er begann zu zittern. Ich stand direkt hinter ihm. Er war schrecklich aufgeregt. Während Jeshua sich wieder den Booten zuwandte, mussten die Umstehenden ihn wenig später auf den Boden legen."

Jakobea erzählt weiter: "Ja ... und ich wagte endlich aufzustehen, um Ihn besser zu hören. Da rief Er: "Ihr habt mir nicht geantwortet ... Was ist das für ein Hunger, der euch antreibt und euch meine Gegenwart suchen lässt?"

Da Er noch immer keine Antwort bekam, und der Wind vom See her nach und nach auffrischte, setzte der Meister sich auf einen Stein und bedeckte sein Haar mit einem Leinentuch. Dann verfiel Er in tiefes Schweigen. Das dauerte lange, wie ihr wisst ... So lange, dass einige der Anwesenden fortgingen. Andere begannen zu murren. Erst als Ihn einer im Weggehen anpöbelte, wurde Er aus seinem Schweigen oder vielleicht seinem Gebet gerissen.

"Rabbi, es gibt Reine in Jerusalem, im Tempel und selbst in den Straßen, die sich nicht scheuen, uns die Schriften auszulegen. Sie wissen, wie wir uns an Adonai wenden sollen. Ich gehe lieber zu ihnen."

Da stand der Meister auf und antwortete allen, als habe Er nur auf diesen Augenblick gewartet: "Schande über die, welche, indem sie sich rein unter den Reinen nennen, durch Überheblichkeit und Arroganz unrein geworden sind. Die allzu gelehrten Reden, die nichts sind als leere Worthülsen, ziehen bloß Taube an. Ihr Strahlen berührt nur die Blinden. Ich sage es euch allen: Die Einfachen haben den Schlüssel. Ihr, Frauen und Männer des Erdbodens und des Sees, ihr kennt den größten Teil der Schriften nicht. Man sagt euch daraus nur das, was ihr nach Meinung gewisser Leute verstehen sollt. Und nun fürchtet ihr den Ewigen und verehrt jene, die den Kopf voller Wortgeklingel haben.

Schaut euch selbst an. Erforscht euer Herz. Was ihr hier durch mich zu finden hofft, ist das Wesen der Stille, die in euch herrscht, wenn ihr mit euch allein seid ... Denn die wahren Schriften, das versichere ich euch, sind in euch selbst verborgen."

Der Mann, der diese Überlegungen Jeshuas ausgelöst hatte, kam nicht in den Genuss der Antwort. Er war mit ein paar anderen davongeeilt. Heute glaube ich, dass der Meister dies Weggehen einkalkuliert, ja, erwartet hatte.

Wenn Er die Massen um Sich versammelte, gab es immer einen Moment, schien mir, in dem Er eine Art Mauer aufbaute, ein Hindernis, das es zu überwinden galt. Entweder man war bereit, durch diesen Engpass zu gehen ... oder eben nicht. Dann ging man fort.

Wie ihr bestimmt auch noch wisst, ließ Er sich erst, nachdem die Menge zur Ruhe gekommen war, zwei Körbe bringen, die im Bauch des einen Schiffes gewartet hatten.

"Es soll nicht heißen, dass ich hier nur eure Seelen genährt habe, meine Freunde. Eure Seele braucht euren Körper, um zu lernen, denn euer Körper ist der Tempel des Allerhöchsten ... also müsst ihr ihn ernähren und respektieren. So nehmt diese Fische und diese Brote, die ich habe kommen lassen, und teilt sie. Dann werden wir zusammen beten ..."

Ihr wisst ja, wie es weitergeht ... Ein Fischer rief: “Es reicht nicht für alle, Rabbi ... wir sind viel zu viele!”

Doch der Meister gab nur einen Wink ... und man brachte Ihm die Körbe, die Er verlangt hatte. Ich hatte mich inzwischen genähert und konnte genau sehen, was geschah. Er sammelte sich einen Moment und murmelte etwas Unhörbares. Daraufhin nahm Er den ersten Fladen Brot und verlangte, man solle ihn nicht brechen, sondern herumgehen lassen. Dann nahm er einen zweiten, einen dritten, einen vierten und so weiter ... Erst da begriffen wir langsam, was geschah. Jedes Mal, wenn Er einen Fladen nahm, sah es aus, als hebe Er nur eine dünne Schicht Brot wie eine ganz feine Haut aus dem Korb.

Das war uns zu hoch ... So wurde die Nahrung, die Er austeilte, nie weniger. Es war, als habe der Korb keinen Boden, als stiegen die Brote aus der Erde selbst herauf.

Als ich meins erhielt, begann ich, während ich es von allen Seiten betrachtete, in der Hand wog und dran roch, zu zittern. Es war noch lauwarm und duftete nach frischem Mehl ...

Und da haben sich unsere Blicke spontan gesucht ... und gefunden. Ich glaube, es war das erste Mal, dass eine ganz enge Verbindung zwischen uns dreien entstanden ist, etwas zwischen uns besiegelt war. Eine Art gegenseitiger Anerkennung oder etwas wie ein Pakt, ich weiß es nicht.

Es war auch das allererste Mal, dass ich den Rabbi Jeshua direkt neben mir ein echtes Wunder vollbringen sah ... Wirklich, auf meinem Handteller lag die Frucht eines vollkommenen Wunders. Ich berührte es. Ich konnte sogar dran schnuppern. Konnte ich wirklich wagen, es zu essen?

Ich war völlig verblüfft und du, Salome, hast geweint. Es war schön, dich so zu sehen, weißt du, mit so sanft geöffnetem Herzen! Ich erinnere mich, dass der Meister deine Tränen sah und dir mit dem Kinn zunickte. Da begann Er gerade, dasselbe mit den Fischen aus dem zweiten Korb zu tun. Den ersten gab er dir, Miriam ... und du gabst ihn sofort weiter an Salome.

Nach wenigen Minuten des Schweigens geriet hinter uns und überall um uns herum die Menge in Ekstase. Jeder hatte sein Brot bekommen, der Korb auf dem Boden war noch immer voll und da begannen die Fische des Sees ebenso herumzugehen!

Hier und da machte man Feuer, und der Duft gegrillter Speisen begann die Luft zu erfüllen. Hatte vielleicht jemand eine Hand voll Salz oder Kräuter in der Tasche?

Was nach dem Freudenausbruch geschah, weiß ich nicht mehr so genau, doch ich hatte das Gefühl, dass wir uns in einem Tempel unter freiem Himmel befanden. Allmählich begannen wir zu flüstern. Jeder Moment, der verging, war heilig, das spürten wir.

Ich ... war unfähig meine Augen vom Meister abzuwenden. Er aber kehrte mir den Rücken, saß neben dir auf dem Boden, Miriam, und aß sein Brot mit dem Ihm üblichen Gleichmaß.

Ich erinnere mich nicht mehr an das Gebet, dass dann über Seine Lippen kam, und dass Er uns bat, Ihm nachzusprechen. Es ist vielleicht zu weit oben in mein Gedächtnis eingedrungen, als dass ich es noch finden könnte. Ich spüre aber, dass es da ist, in mir ..."

Jakobea ist tief gerührt. Sie hüllt sich in ihren langen Schleier und scheint hier mit ihrer Erzählung enden zu wollen.

Aber sie muss weitermachen ... Sie ist zu weit gegangen, um nicht fortzufahren, und ich weiß gut genug, was auf dieser Seite ihres Lebens geschrieben steht, um auch zu wissen, dass sie die Worte ohne Rest in die Zeit einschreiben muss. Miriam sieht das genauso. Schon fragt sie: "Und dann, meine Schwester ... und dann ...?"

“Dann ... kam ... mein Moment, sozusagen. Gerade als die Menge sich zerstreute, kam der Meister auf mich zu. Ich wusste nicht mehr, wie ich Ihm entgegentreten sollte. Ich stand vor einem göttlichen Berg, sprachlos ..., nicht einmal sicher, ob ich ein einziges Wort an Ihn richten durfte.

“Rabbi, ...”, wagte ich schließlich zu murmeln.

“Sag nichts ... Gib mir einfach deine Hände.” Da ich erstarrt war, nahm Er sie sanft, eine an die andere gelegt, zwischen Seine Handflächen. Er näherte sie einen Augenblick seiner Brust, gab sie mir dann wieder und sagte, ich solle aufpassen. Langsam löste ich die eine von der anderen. In meinen Handflächen lagen drei kleine runde Dinge ... drei Oliven. Sie sahen aus wie frisch gepflückt.

“Ja, ich gebe dir drei davon”, sagte Er, während ich den Atem anhielt. Eine für diese Frau aus Fleisch und Blut, die Jakobea heißt, eine für die Seele von Jakobea und schließlich eine letzte für den Frieden meines Vaters, der sie verbinden wird. Gib jedes Mal auf sie Acht, wenn du zweifelst.” Noch am selben Abend riss ich ein kleines Stück aus meinem Leinenschal und machte eine Tasche daraus. In die legte ich sogleich meine drei Oliven und hängte mir das Ganze um den Hals, damit es mein Herz berührte. Und ich sage euch, meine Freundinnen, es ist seit dem kein einziger Tag vergangen, ohne dass ich an diese Stunden gedacht hätte, die so ...”

Das gesuchte Wort kommt nicht über Jakobeas Lippen.

“Schaut lieber mal her”, sagt sie dann und tastet mit der Hand unter dem Kragen ihres Kleides nach einem unauffälligen schwarzen Täschchen. “Schaut mal, sie sind noch da ...”

Und da sind wir beide, Miriam und ich, Gesicht an Gesicht, mit großen, staunenden Augen voller Bewunderung direkt über der weit geöffneten Hand von Jakobea.

Aus dem abgenutzten Beutel sind drei kleine Kugeln herausgerollt. Sie sind ganz verschrumpelt, schwarz wie Pechkohle und schimmern seltsam im Mondlicht.

"Schaut", sagt Jakobea nun wieder, "sie sind so hart geworden wie Gestein ... doch sie verströmen ein Öl ... Noch immer ..."

Kapitel 4

Um Golgatha

Ein frischer Lufthauch spielt ein wenig mit unseren Schleiern und Haaren. Er lässt mich aufblicken, drängt mich, aufs Meer zu schauen. Es hat sich leicht silbrig verfärbt. Sollte das etwa schon die allererste, sanfte Berührung des Morgens sein?

Diesmal haben wir kein Holz mehr, um uns zu wärmen und unseren Blicken zu ermöglichen, sich zu begegnen. Und wenn schon! Die anfangs zarte, schüchterne Flamme Jakobeas hat sich in eine wahre Feuersbrunst verwandelt, die uns alle körperlichen Unannehmlichkeiten vergessen lässt.

"Willst du hier schon aufhören, meine Schwester?" Jakobea scheint Miriams Frage, die durch den Wind zu ihr dringt, gar nicht zu hören. Ich ahne, wie gedankenverloren sie ist ... oder aber mit dem Tiefsten in sich verbunden, gemäß dem Versprechen der drei Oliven.

Ein paar Schritte hinter uns ist auf einmal ein Hecheln zu hören. Es ist das eines Hundes. Ich sehe seinen Umriss zögerlich näherkommen. Es ist unser Hund. Wir haben ihn an einem

Wegesrand gefunden und noch immer keinen Namen für ihn. Er hat beschlossen, unser treuer Begleiter zu sein, wenn wir unterwegs sind, um Kranke zu heilen und in den umliegenden Dörfern von Jeshua zu erzählen.

Ich liebe diesen Hund ... Er erinnert mich an jenen, der in Kapernaum jedes Mal gleich bei den ersten Häusern schwanzwedelnd auf Ihn zurannte. Er musste Ihm unbedingt immer ein Stück Holz zum Spielen bringen ... und das funktionierte! Viele waren davon schockiert. Wie konnte sich ein Rabbi nur dazu herablassen, mit einem Tier zu spielen, das man als unrein betrachtete. Wenn ich den beiden beim Spielen zusah, fiel so manche meiner eigenen, inneren Schranken von mir ab. Daran erinnere ich mich lebhaft. Erst heute wird mir recht bewusst, wie kostbar jene scheinbar so schlichten Momente waren.

"Reinheit!" hatte der Meister eines Tages ausgerufen. "Nur unser Herz bewirkt sie oder verwirft sie." Wir verstanden das nicht, unwissend wie wir waren, gewohnt noch immer über alles zu urteilen ... vor allem als Er dann noch hinzufügte: "Seht ihr nicht, dass manche Menschen noch das Tier in sich haben, während es Tiere gibt, die in ihrer Seele schon den Keim des Menschlichen tragen?"

Während der Hund sich neben uns in den Sand wühlt, erwacht Jakobea plötzlich aus ihrer Träumerei.

"Wird es etwa hell? Dämmert schon der Morgen? Aber es gibt noch so vieles, von dem ich mich befreien muss. Wenn die Sonne zu hoch steigt, werde ich keine Kraft mehr dafür haben."

Miriam und ich lächeln. Wahrhaftig, vieles kann nur im Schutz der Dunkelheit zum Vorschein kommen und wachsen. Der Tag braucht die Nacht ...

"Ich bräuchte ein ganzes Leben in der tiefsten Stille der Erde, um die Sonne dieser wenigen Jahre mit Ihm auszudrücken. Werdet ihr mir noch zuhören?"

In Wahrheit, finde ich, hören wir Jakobea gar nicht zu. Wir leben mit ihr in einem Raum, der bereits in der Tiefe der Ewigkeit seinen Platz gefunden hat.

"So, also ...", hebt sie wieder an und richtet sich auf. "So sind die Monate und dann die Jahre vergangen. Genau wie ihr, bin ich Ihm überall gefolgt ... überall, wo Er meine Anwesenheit akzeptierte. Denn ihr habt gewiss auch bemerkt, dass Er uns fern zu halten wusste, wenn das Fernbleiben selbst zur Lehre werden konnte. Ich erinnere mich, wie ich tagelang, und manchmal über Wochen, einfach beiseite gelassen wurde, wie ein Stück Brachland. Der Rabbi fand stets irgendeinen Vorwand, um die Blase aus Stolz, die sich noch immer regelmäßig in mir bildete, zu durchstoßen.

"Geh morgen nach Hause zurück, Chalphi braucht dich bei der Ernte ..." Oder: "Du bleibst hier, während wir nach Jericho gehen. Es ist dort zu heiß für Dich ..." Solche Äußerungen machten jedes Mal meine Überheblichkeit zunichte. Noch immer konnte ich nicht umhin, sie auf subtile Weise zu nähren, wenn auch meist unbewusst. Da war etwa die Vermessenheit, in Seinem Herzen erstrangig zu sein, erwählt unter tausend anderen. Dann aber auch die Art, wie ich mich selbst für meine vermeintlichen Fortschritte bewunderte.

Indem Er mir immer wieder eine Abfuhr erteilte, mich zurechtwies, oder beiseitestellte, gelang es dem Meister, die fleischliche Jakobea aufzulösen.

Während wir in den Marktflecken verweilten, wurde mir jede nur denkbare kleine Aufgabe übertragen. Und so betrachtete ich abends meine drei Oliven ... versuchte mich an ihnen festzuhalten und fragte mich zuweilen, ob ich den Augenblick, in dem sie in mein Leben getreten waren, nicht nur geträumt hatte. Es gab wirklich zahllose Momente, in denen ich mich völlig verloren fühlte. Ich war hin- und hergerissen, glücklich über die Sonnenstrahlen, mit denen Er mich immer wieder einholte, zugleich aber verwirrt vom Schlamm, der weiterhin aus den Tiefen meines Wesens aufstieg.

Ein bestimmter Satz half mir dann immer. Es war ein Wort, das Er an einem regnerischen Morgen vertraulich zu mir gesagt hatte: "Die Suche nach dem Frieden, kleine Frau, schafft zunächst eine Leere, bevor sie die absolute Fülle hervorruft. Vergiss das nie ... Man verlangt stets viel von denen, die viel geben können."

Zu jener Zeit war ich so sehr davon eingenommen, was ich selbst erlebte, dass ich gar nicht mitbekam, was um uns herum geschah. Auch die Ränke, die sich hinter dem Rücken des Meisters und bis in unsere Gruppe hinein spannen, bemerkte ich nicht.

Mir war nicht klar, wie sehr derjenige, der uns so wachsen ließ, die Sanhedrin und selbst die Römer störte. Erst bei unseren letzten Aufenthalten in Jerusalem bekam ich es mit der Angst zu tun. Die Menge, die sich versammelte, um Ihm zuzuhören - oder auch aus purer Neugier, - konnte ebenso enthusiastisch wie feindlich sein. Sie reagierte in unvorhersehbaren Wellen. Auch der Meister selbst war immer ernster geworden ... daran erinnere ich mich noch. Jedoch, dass ich geahnt hätte, was geschehen würde ... Niemals!

Und so brach für mich eine Welt zusammen, als uns eines Morgens, ganz früh, jemand aus unserer Gruppe seine Verhaftung in Gethsemane mitteilte. Ich hatte mir so sehr eingeredet, dass ein solches Wesen, das Himmel und Erde zu befehligen schien, von der Ordnung der Menschen nichts zu befürchten hatte, dass ich plötzlich gar nichts mehr verstand ... Als Simon mir nun mitteilte, welch schwere Anschuldigungen auf dem Meister lasteten, war ich am Boden zerstört. Und so stiegen bald Wut und Auflehnung in mir hoch. Es war eine Revolte gegen alles ... sogar gegen Ihn. Vielleicht gerade gegen Ihn ..."

Mit einem Seufzen unterbricht Jakobea ihre Erzählung. Sie schluckt und wirft eine Hand voll Sand in die letzte Glut des Feuers. Endlich findet sie die Kraft fortzufahren ...

"Es fällt mir schwer, euch all das zu gestehen, versteht ihr? Ja, ich klagte innerlich sogar den Meister an, als wolle ich mich davon überzeugen, dass Er uns belogen hatte, indem Er uns auf einen Weg brachte, der nicht gangbar war.

Heute, nach all den Jahren, sehe ich in dieser Verneinung etwas wie ein improvisiertes Floß, das ich brauchte, um nicht unterzugehen.

Oh, ich weiß schon ... ich war nicht die Einzige, die sich verraten fühlte. Der Meister hatte so nachhaltig den Eindruck erweckt, unbesiegbar zu sein! Alle Türen hatten sich stets vor ihm aufgetan.

Und jetzt konnte man Ihn verhaften wie den letzten Straßenräuber, und mehr noch - die schlimmsten Drohungen lasteten auf Ihm.

Während einiger fürchterlicher Stunden dachte ich bei mir, dass ich so schnell wie möglich aus meinem Traum erwachen müsse ... in der Hoffnung, dass Chalphi mich noch wollte.

Und dann, als der Morgen graute und ich sah, wie jeder in eine andere Richtung rannte, fiel ich in den tiefsten Schlaf, benommen von Not und Hilflosigkeit.

Nicht ein einziges Mal war es mir an diesem Tag gelungen, einen von uns anzutreffen, der seine Sinne noch beisammen hatte. Auch von euch war niemand zu finden, weder im Betsaid noch irgendwo in den Gassen! Es sah ganz so aus, als sei wieder alles so eingerichtet worden, dass ich meine Einsamkeit bis zum bitteren Ende austrinken musste. So wälzte ich mich des Nachts mit gekrümmtem Körper hin und her.

Wenn ich euch all das jetzt erzählen muss, Miriam, Salome, so nicht nur um mich von etwas zu befreien, das mich lange voll Scham verfolgt hat, sondern vor allem, weil diese Momente für meine Seele wichtig waren. Tatsächlich habe ich in ihrer Düsternis die Sonne gesehen, dort, wo ich nie gedacht hätte, dass Er auftauchen könnte ...

Mitten in der Nacht wachte ich plötzlich auf, erschüttert von dem leuchtenden Traum, den ich gehabt hatte. Ich erinnere mich, dass mein Körper eiskalt war. Ich musste mich auf meiner Matte aufsetzen, um meine Gedanken zu ordnen und sicher zu sein, nichts zu vergessen. Es war so kraftvoll und mächtig und machte mich so glücklich! Ich hatte den Meister gesehen, wie Er in aller Ruhe auf mich zukam, das Haar geordnet, die Brauen wohlgeformt, mit dem so sanften Lächeln, das wir alle an Ihm kannten ... Wir waren in einem großen, weißen Zimmer voll Licht, doch ich spürte oder sah nicht den geringsten Teil meines Körpers. Ich war nur da, wie eine in der Luft hängende Seele. Der Meister Selbst setzte sich gleich auf den Boden. Er wandte keinen Blick von mir ... Dann begann Er zu mir zu sprechen ... doch ohne, dass seine Lippen sich bewegten. Seine Stimme, noch durchdringender denn je, begann in meinem Inneren zu vibrieren und lehrte mich."

"Bist du enttäuscht? Bist du wütend? Lehnst du dich auf? Das ist gut so. Du musst alles durchmachen und den Weg, der sich hier auftut, hattest du noch nicht ganz durchlaufen. So erschöpfe ihn in dir. Betrachte die Furche genau, die sich gerade in deine Seele gräbt. Weißt du, wovon sie spricht? Von deiner Befreiung ...

Ja ... vom Ende deiner Abhängigkeit vom Rabbi, in dessen Gewand mein Körper erscheint.

Ich weiß ... du fühltest dich freier denn je, Jakobea. Aber in Wahrheit warst du von meiner Anwesenheit abhängig. Wenn ein Herz beginnt, das Licht zu spüren, bis es immer mehr davon will, kann es nicht mehr allzu lange im Halbschatten verharren.

Darum sage ich dir, überwinde den Menschen Jeshua, wenn du seinem Geist folgen willst. Denn wenn auch sein Leib geschunden werden kann, so ist doch sein Wort von Dauer. Es ist wie der Wind. Es gibt sich als Freiheit, es hängt an keiner Form.

Dein Heimathafen, Jakobea, ist nicht, was du von mir siehst. Es ist meine Essenz in dir, der Odem des Lebens. Du hattest ihn einschlafen lassen. Es war ein wenig Salz nötig, um ihn zu wecken.

Erinnere dich, was ich dir einmal anvertraut habe: Wenn dein Leben dir fad vorkommt, hast du es nicht genug gewürzt. Geh Risiken ein! Und das Risiko ist die Liebe zum Atem des Lebens. Wolltest du nicht sein volles Aroma auskosten? So öffne dich allem, freue dich über alles, was geschieht."

Nach diesen Worten kam ich zitternd, doch erstaunlich glücklich mitten in der Nacht wieder zu mir.

Ich fühlte mich gerettet - gerettet vor dem Ertrinken, dem Ersticken, der Verlassenheit und Einsamkeit ... ich weiß nicht. Natürlich wollte ich diese Erfahrung weitererzählen, alle an dem Zeichen des Meisters teilhaben lassen. Doch bald begriff ich, dass viele unter uns ihr Zeichen bekommen hatten, ich mein Privileg also für mich behalten musste, weil es gar keines war.

Und dann, ihr wisst es ja, wurden alle von hektischer Betriebsamkeit erfasst, um zu versuchen, Jeshua zu befreien. Wir schlugen uns mit allem möglichen herum, hatten Angst, hofften und beteten ...

Eines Abends schließlich, warst du da, Miriam ... Du hast das schmerzliche Schweigen, das auf uns herabgesunken war gebrochen und verkündet: "Wir wollen Ihn alle befreit sehen ... doch was wissen wir schon von der Freiheit, nach der Er verlangt und die auf ewig Sein ist?"

Da hoben Johannes, Thomas und die meisten anderen fieberhaft zu reden an ... Sollte man denn nichts mehr tun? Sollte man die "Dinge" einfach sein lassen?

Jeder suchte in sich selbst nach Worten des Meisters, die ihn leiten konnten. Wir waren hin- und hergerissen. Die einen waren voll Feuereifer, die anderen plädierten dafür, den Widerstand aufzugeben.

Unsere Erinnerungen schweiften zwischen vermeintlichen Widersprüchen umher. Ich selbst ... schwankte zwischen Erregung und Abgeschlagenheit, wie vermutlich viele.

Ihr erinnert euch ja bestimmt ... Eine ganze Woche lebten wir im Zwiespalt zwischen Aufruhr und Vertrauen. Es war die tragische Selbstbefragung derer, die sich entschieden hatten, ihr Leben der Suche nach der unendlichen Weisheit des Göttlichen zu widmen. Bestand die rechte Haltung darin, gelassen zu akzeptieren, was geschah? Oder ging es darum, tatkräftig auf die höchst ungerechte Ordnung unserer Welt zu reagieren. Die ewige Frage ...

Vielleicht sollten wir beides im Leben miteinander in Einklang bringen. Das erschien mir indes unmöglich. Was war denn das Leben genau?

Ich erinnere mich, dass Meryem, die Mutter des Meisters, mir ansatzweise eine Antwort nahe brachte, indem sie vor uns allen verkündete: "Was wir Leben nennen ist der Traum, den unsere Seele träumt, indem sie jeden Morgen in einem Körper aufwacht. Lasst uns das nie vergessen ..."

Ihr Sohn war vom Schlimmsten bedroht und da kam gerade sie an und gab uns den Impuls, die Sache von einem höheren Standpunkt aus zu betrachten, einen anderen Blick auf unsere Existenz und unser Schicksal zu werfen.

Ich glaube, wir haben sie alle bloß angestarrt. Wer war sie denn - auch schon allein sie? Sie lebte weder im Glauben an schöne Prinzipien noch einfach nur im Vertrauen ... Sie stand schon in jenem Leben, das im Herzen des Lebens wohnt, dem einzigen, das Er, ihr Sohn, je meinte, wenn Er zu uns sprach.

Das Leben im Leben ... An jenem Tag erinnerte ich mich wieder an den Anblick eines kleinen, von Licht durchströmten Steins, den ein Kameltreiber aus dem Osten mir gezeigt hatte, als ich ein Kind war. Noch nie hatte ich etwas so Schönes gesehen ...

"Schau ihn dir genau an", hatte er zu mir gesagt. "Tauche mit deinem Blick tief in seine Durchsichtigkeit ein ... Und, siehst du nichts?" Da sah ich wirklich etwas, in der Mitte des zarten Blaus des Steins, gab es eine kraftvolle Nuance, einen Reflex oder vielleicht sogar den Keim einer blauen Sonne, ich weiß es nicht. "Das ist sein Herz", meinte der Kameltreiber mit sanfter Stimme ... "es schlägt ... und manchmal bewegt es sich ... Es ist sein Leben!"

Indem ich mir Meryems Worte immer wieder durch den Kopf gehen ließ, kam ich zu der Einsicht, dass sie wohl davon sprach, von dieser Art Herz, das im Inneren des Lebens verborgen ist und bei dem wir so selten verweilen. Das war er und sie, das Leben im Leben. Der feste Punkt, die Achse, das Göttliche in uns, hätte der Meister noch hinzugefügt. Sein Vater, unser Vater oder unsere Mutter im Unendlichen! Oh, wie klein und unbedeutend erschienen mir all die Sorgen, die mein Leben vergiftet hatten, angesichts dessen, was sich da abspielte ...

Ich ging in mich, blickte so gut ich konnte auf mein Leben, wie ich es bisher geführt hatte und musste feststellen, dass es mir, was das Erlernen der Liebe betraf, vor allem um Bequemlichkeit und mein eigenes seelisches Wohlbefinden gegangen war.

Ich war dabei, das, worum es wirklich ging, zu verpassen. Und das war nicht etwa mein eigener Seelenfrieden oder der von irgendjemand anderem, den es durch die Suche nach einer vollkommenen, idealisierten Liebe zu erreichen galt. Es war vielmehr ... die Versöhnung der gesamten Menschheit mit ihrem einzigen, lichtvollen Ursprung.

Gewiss war der Meister aus keinem anderen Grund erschienen ... und wir hatten es noch immer nicht verstanden! Verstand ich es denn selbst - in der Intimität dessen, was ich für den Extrempunkt meiner äußersten Hellsichtigkeit hielt?

Und Johannes und Joseph, die anscheinend so weise waren, sahen sie es? Es schien, als wüssten sie sehr viel, könnten aber nichts teilen ... zumindest nicht mit mir. Vielleicht weil ich eine Frau war!

Also komm! Ich wollte doch nicht schon wieder neidisch sein, nach so langer Zeit und all den Schlägen, die ich eingesteckt hatte.

Als ich erfuhr, dass der Meister zum Kreuzestod verurteilt worden war, reagierte ich im ersten Moment gar nicht. Irgendetwas in mir musste es schon gewusst und sich darauf vorbereitet haben. Ich war bereits mit dem Gefühl einer Art Schicksalsergebenheit aufgewacht. Außerdem ... waren da diese Worte, die Er in meinen Traum geschleust hatte und die ich mir unablässig wiederholte: "Sei glücklich über alles, was geschieht."

"Sogar über Deinen Tod?", rief ich - innerlich im Dialog mit ihm, während ich ziellos durch eine Gasse ging. Nichts und niemand hat mir geantwortet.

Im Gegensatz zu den tausend Fragen, dem Lärm und Getöse, die mein Inneres hätten bevölkern müssen, herrschte in meinem Kopf eine eigenartige Stille.

Genau wie euch, ließen die Soldaten auch mich am Morgen seiner Hinrichtung bis zu jenem steinigen Winkel durchschlüpfen, wo alles stattfinden sollte. Ich sagte ihnen, ich gehöre zu seiner Familie, und sie glaubten mir, ohne weiter zu fragen.

Wenn ich diese furchtbaren Stunden mit euch wieder heraufbeschwören muss, so nur, weil da etwas für mich Unglaubliches passiert ist, etwas, worüber ich seltsamerweise nie mit irgendjemandem gesprochen habe, nicht einmal mit dir Salome, obwohl wir doch so viele Jahre miteinander verbracht haben ...

Als ich den Meister mit seinem Kreuz auf dem Rücken den Weg heraufkommen sah, umringt von Soldaten mit Lanzen in der Faust, nahm ich mir vor, seine Augen zu suchen, um Ihm meine ganze Liebe entgegenzurufen ... Doch als sein Gesicht vor mir erschien, dann seine ganze Gestalt, mit dem zerrissenen Gewand, geriet ich in einen Zustand ... der schwer zu beschreiben ist.

Zunächst einmal - es war nicht wirklich Er, den ich sah. Ich meine, nicht der Mensch, mit den bekannten Gesichtszügen. Stattdessen nahm ich nur eine riesige Silhouette wahr, die sich als Dunst aus reinem Licht nach oben erstreckte ... Doch nicht darüber will ich mit Euch sprechen. Denn diese Vision war flüchtig. Was mich vor allem ergriffen hat und woran ich mich ganz genau erinnere, ist, dass meine Aufmerksamkeit sich sogleich auf alle Anwesenden ausdehnte.

Die Vorstellung, dass ich sie alle kannte, absolut alle, drängte sich mir mit beunruhigender Macht auf. Doch das war viel mehr, als eine bloße Vorstellung ... Es war die Gewissheit, dass sie alle zu einer Seelenfamilie gehören, mit der ich selbst tief und innig verbunden war.

Manche beteten natürlich, manche weinten, wieder andere waren mit entgeisterten Blicken erstarrt, doch es gab auch welche, die Grimassen schnitten, johlten und schimpften ... Dennoch gehörten auch sie zu meiner Verwandtschaft, ich wusste es, wie ein unumstößliches Faktum. Ich schämte mich nicht einmal und verfluchte sie auch nicht wegen ihrer traurigen Rolle in diesem Moment. Das ist es ...

Im Grunde sah ich sie, sah ich uns alle eine Rolle spielen, in der jedes Wort, jedes Detail, jede Regung des Herzens bis hin zu jedem Täuschungsmanöver von jeher festgelegt war. Jeder hatte seinen Platz und wirkte, ohne es zu merken, mit dem anderen zusammen. Wir alle bildeten ein einziges Wesen, das sich vervielfältigt hatte. Und wisst ihr, das Beeindruckendste war, dass diese Gewissheit sich in meinem Bewusstsein rasch auf ganz Jerusalem ausdehnte und dann auf das ganze Land ... weiter konnte ich nicht gehen ... denn weiter reichte mein Vorstellungsvermögen nicht.

Ja, meine Freunde ... und dies Gefühl der Zugehörigkeit, der tiefen Einheit, ließ in mir eine solche Welle von Mitgefühl aufsteigen, dass ich zu schluchzen begann.

Da nahm mich eine alte Frau, die ich nicht kannte, in die Arme. Sie war wohl überzeugt, dass der Anblick des Meisters, der so übel zugerichtet war, mich umwarf. Aber nein ... unerklärlicherweise war es das nicht.

Ich entdeckte zum allerersten Mal Mitgefühl, echtes Mitgefühl, das Er immer versucht hatte in uns zu wecken. Und so kamen meine Tränen gar nicht vom Schmerz. Sie schrien auf ihre Weise das Gegenteil des Leids heraus, bezeugten die ungeheure Seligkeit, die ich plötzlich entdeckt hatte, ... hier am Gipfelpunkt des Schreckens.

Oh, wie überraschend, wie wunderschön dies Gefühl war – das Gefühl, mit der gesamten Menschheit eins zu sein! Warum hatte ich es vorher nicht gespürt? Also hatte ich nicht gewusst, was leben heißt. Ich muss gestehen, dass ich nicht einmal sah, wie der Meister sich hinlegte, um ans Holz geschlagen zu werden. Ich war davor geschützt durch die Art, wie der Blick meines Herzens alle Anwesenden umarmte.

Hatte Er es so gewollt? Machte Er meiner Seele damit ein letztes Geschenk der Erleuchtung? Ich hatte das Gefühl, in die Geschichte eines jeden eindringen zu können, eingeladen zu sein, Leiden und Freuden von innen zu berühren, Scheitern und Ängste, aber auch Glücksmomente, durch die Zeiten hindurch, von Leben zu Leben ...

Ja, die Zeit selbst schien kein Hindernis mehr zu sein. Ich durchschaute ihr Prinzip, weil es keine Konsistenz hatte. War sie es, diese Komplizin des Vergessens, die uns blind machte, so dass wir das große Spiel, das uns alle verband, nicht mehr wahrnehmen konnten ...?

Ich erinnere mich an den heiseren Schrei, den der Meister ausstieß, als man ihm den ersten Nagel ins Fleisch rammte. Er vertrieb das verklärende Verständnis, das mich wie ein schützender Schleier eingehüllt hatte. Ich schreckte hoch, kam wieder zu mir und konnte nicht glauben, was da geschah. Es war zu unwahrscheinlich, zu schrecklich und stand in zu großem Widerspruch zu dem, was ich eben erlebt hatte. Als ich begriff, dass man Ihn inzwischen auf den Pfahl aufgezogen hatte, brüllte ich – vielleicht wisst ihr es noch. Dann drehte ich mich um, ich musste weg aus der Masse. Ich war unfähig, an diesen Alptraum zu glauben. Warum war das Licht fortgegangen? Warum hatte man mich davon kosten lassen, um es mir gleich wieder wegzunehmen?

Ein wenig unterhalb des engen Vorplatzes, wo sich alles abspielte, gab es ein großes, dürres Gebüsch. Ich kauerte mich dahinter und wartete auf irgendetwas, ohne zu wissen worauf – vielleicht auf das Ende allen Denkens. Nach und nach kam Wind auf, als käme er aus der Erde selbst und ich hatte das Gefühl, allem gegenüber taub zu werden.

Dann, nun ja, wir wissen, was nach ein paar endlosen Stunden geschah ... Ein seltsames Gewitter brach herein und es entstand ein Durcheinander, dem ich blind und taub gegenüberstand. Dann nahm mich jemand am Arm und schließlich fand ich mich, mit vom Regen durchnässten Kleidern, im Betsaid wieder, ohne zu wissen, wie ich da hingekommen war. Wo ihr beiden wart, wusste ich auch nicht. Vielleicht bei Meryem und den anderen ...

Bald erfuhr ich all die entscheidenden Dinge, die sich abgespielt hatten, während mein Wesen nicht anders konnte, als sich zurückzuziehen. Grausame Tage lang warf ich mir meine Passivität vor ... Nur die unaussprechliche Sanftheit einer neuen Welle von Mitgefühl nahm das Schuldgefühl von mir, das bereits an mir nagte. Vermutlich hast du das ermöglicht, Miriam. Weißt du noch?"

"Gewiss ... Es gibt Stunden, die sich nicht auslöschen lassen, meine Schwester ..."

Miriam hat soeben Jakobeas Hand ergriffen. Ich kauere neben ihr und kann nicht umhin, es ihr gleichzutun. Es tut gut, unsere drei Hände vereint zu fühlen. Ich glaube, das haben wir noch nie gemacht. Warum eigentlich? Angst sich zu berühren? Dabei hat der Meister uns doch so viel von der zarten Nähe von Seele und Körper erzählt ... Hatten wir noch immer Angst vor ihr, bis jetzt? Es gibt noch so viel zu tun ...

"Ja", fährt Jakobea nach einem langen Seufzer der Erleichterung fort. "Ich lag mit der Stirn auf meiner Matte in einer Ecke des Gemeinschaftsraumes, in dem sich einige von uns zusammendrängten. Plötzlich spürte ich die Wärme einer Hand oben an meinem Nacken, dann in der Mitte meines Rückens ... Ging es darum, mir zu sagen, dass ich aus meinem Kopf bis zum Herzen herabsteigen sollte, etwa so wie Jeshua es mir ohne Umschweife klargemacht hätte?

Ich begriff nicht sofort, dass du es warst, Miriam, die mir helfen wollte, und ich weiß noch immer nicht, was du gemacht hast. Jedenfalls hatte ich den Eindruck, dass die Hand, die sich auf meinen Rücken legte, in ihn eindrang, um mein Herz zu streicheln ... Und es ist ihr gelungen, weißt du, jenseits aller Worte, die ich dafür finden könnte.

Erneut stieg dieses unglaubliche, zutiefst berührende Mitgefühl, in mir auf. Es dehnte mich genauso aus wie beim ersten Mal, vielleicht sogar noch weiter, da der Weg in mir dafür bereits geebnet war, vom Kopf bis zu den Füßen.

Dies Gefühl hatte nichts Nebulöses. Es stützte sich auf meinen Leib, das war mir bewusst. Das machte sogar seine Kraft aus, denn ich fühlte, wie mein gesamter Körper sich ins Unendliche verlängerte ... nicht nur zu den anderen hin und auch nicht zu allem, was auf der Erdoberfläche lebte ... Es war deutlich mehr! Ich war ... in allem! Sogar in dieser winzigen Spinne, deren Netz in der Ecke ich jeden Morgen so beharrlich zerstörte. Mit einem Mal war sie nicht mehr unbedeutend. Sie war ein Teil - nicht meiner Umgebung, der Kulisse meiner Welt -, sondern von mir. Sie war zu einem anderen Ausdruck des Lebens geworden, das mein Wesen durchpulste, gehörte zu meiner Verwandtschaft - unter Jerusalems Sonne und in der Welt!

Doch damit nicht genug, meine Freundinnen. Ich hatte das Bedürfnis, den Kopf zur Seite zu legen, als wolle ich mich davon überzeugen, dass ich die gegenwärtige Fülle nicht nur träumte. Da nahm ich mit weit geöffneten Augen die Füße der vier oder fünf Leute wahr, die in unserem gemeinsamen Zimmer waren. Die Füße! Schon wieder! Was haben sie mir nicht alles offenbart in diesem Leben. Nun gut, diese Füße, seht ihr, kamen mir vor wie Gesichter. Ihre Geschichte war in ihre Falten und Schwielen eingeschrieben. Und dann begann ich - ohne das kleinste Begehren von meiner Seite - von diesen Füßen ausgehend, in der Zeit deren, zu denen sie gehörten, zurückzugehen ...

Ich kann euch versichern, ich sah durch sie hindurch tausend verschiedene Blicke, Blicke die sich kreuzten - sich gegenseitig befruchteten - mit den Horizonten, die sie gesehen hatten und mit all ihren unglaublichen Wanderschaften. Ich entdeckte ihre Lieben, ihre Verzweiflungen, auch ihren Hass, ihre Freuden und Gnaden ... All das bis hin zu den kleinsten Irrwegen, in einer so unabänderlichen Logik, dass ich auch das 'Wie' und 'Warum' verstand.

Und dann ... und dann kam das absolute Erlebnis, das allein schon mein gegenwärtiges Leben rechtfertigen könnte. Ich habe ... Es erschien mir, dass all die Menschen, denen diese Füße gehörten, am Gipfel der Pyramide ihres Lebens zusammenliefen, sich vermischten, ja, immer weiter mischten, um nur ein Einziges zu bilden ... Ein einziges Wesen oder eher eine einzige Präsenz, die sich vom Ursprung her teilen wollte, um die Facetten ihrer Wirklichkeit aufzufächern und zu verstreuen ... einfach um zu leben, um das Leben zu erfinden, die Sonne, den Mond, die Sterne, alles! ... Bis zur winzigsten Spinne.

Werdet ihr mir glauben, wenn ich euch sage, dass ich an diesem Tag, in diesen Momenten, als meiner Seele die Augen geöffnet wurden, glaubte ... dem Ewigen ein wenig näher gekommen zu sein? Ist es wieder nur eine Art von Stolz, das zu glauben? Ist es die Illusion einer kleinen Frau aus Bethsaida, die noch immer nicht verstanden hat, warum sie so viel erleben darf?"

Diesmal hat der Tag den Schleier der Nacht zerrissen. Ich nehme es nur wahr, während eine kristalline Stille in uns eindringt, wie um Jakobeas Erzählung fortleben zu lassen ... Wer würde es wagen, sie zu durchbrechen? Selbst das wehmütige Rauschen der Wellen auf dem Sand lädt zum Schweigen ein. Lange lasse ich meine Blicke über die silbrige Linie des Meeres gleiten. Eine erste

Möwe ruft, und unser Begleiter, der Hund, beschließt am Ufer entlangzuwaten.

Schließlich wagt Miriam, das Schweigen zu brechen. Nur sie konnte es tun. War sie Jeshua nicht am nächsten, seinen Tagen, wie seinen Nächten? Ihr Lächeln verrät ihre Müdigkeit, doch die Augen, unter den Fransen ihres Schleiers, funkeln.

"Ich glaube wir wissen beide, wovon du sprichst, kleine Schwester ... und auch was du uns noch sagen willst, doch wofür es niemals Worte geben wird.

Ja, du hast dich wohl der mysteriösen Gegenwart des Vaters genähert ... oder seinem Schatten, denn Sein Anblick ist jedem menschlichen Wesen verschlossen. Erinnert ihr euch, was der Meister uns eines Morgens gelehrt hat, als wir rasch den Pfad zum Gipfel von Thabor entlanggingen? Einige von uns hatten Ihn gefragt, was Er uns über seinen Vater beibringen könne. Wie war Er und wie konnte man hoffen, Ihn zu erreichen? Der Meister hatte sie erst naiv genannt und ihre Worte wiederholt. Wie mein Vater ist, euer Vater? Das ist eine komische Frage. Wie alt seid ihr? Könntet ihr mir sagen, welches Gesicht die Liebe hat und welche Farbe ihre Augen, ob sie auf zwei oder auf vier Füßen geht und was sie isst?"

Erinnert euch, wir haben alle angefangen zu lachen ...

"Mein Vater ist niemand", fuhr Er sogleich fort. Er kann das Gesicht annehmen, das ihr Ihm gebt, solange euch das hilft, die Kindheit hinter euch zu lassen, doch es wird nie Seines sein ... weil Er keines hat.

Warum wollt ihr alles nur an eurem Blick messen und daran, was ihn in euch kontrolliert? Es ist keineswegs euer Herz, das nach Definitionen dürstet, es ist euer Kopf, weil er sich ständig vergewissern muss. Ich aber wende mich an den Schatz, der in eurem Busen wohnt. Also, meine Freunde, hört mir gut zu ..."

"Ah ja, ... das hatte ich vergessen!"

Jakobea ist fast in die Höhe geschossen, als sie das rief. Und jetzt geht sie voller Freude in die Hocke, wie ein Kind, das von einem Einfall überrascht wird.

"Ich hatte diese wundervollen Momente vergessen ... Warum nur? Kannst du sie mir wieder in Erinnerung rufen?"

"Man vergisst oft, was zu groß für uns ist ... Aber du hast dich dermaßen verändert, Jakobea! Als ich hier ankam habe ich gleich gemerkt, dass die Weite der Welt in dich eingedrungen ist und begonnen hat, in dir zu wirken.

Ja, ich werde versuchen, mich so gut wie möglich daran zu erinnern, was Jeshua uns auf den Gebirgshängen noch über seinen Vater nahe gebracht hat. Wenn mir nicht genau die richtigen Worte einfallen, so doch wenigstens ihre Essenz. Diesmal wirst du es hören können, da bin ich mir ganz sicher ...

Er sagte zu uns:

"Mein Vater ist dem Wasser ähnlich, all dem Wasser, das auf Erden zirkuliert. Es quillt in unzähligen Quellen aus der Erde ... sie werden zu Bächen und dann zu Flüssen, um ... sich ins Meer zu ergießen. Dieses Wasser kreist, es bewegt sich unablässig. Es bildet Wolken, die Regen schaffen und unterirdische Ströme, es spendet Leben und nimmt es wieder weg, um es von neuem zu geben, endlos ... Es ist Eis, Schnee, Dampf und noch viel mehr, denn es nimmt bei allem, was es ist, hunderttausend Gestalten an. Aber woraus ist es denn gemacht, all dies so flüchtige, unbeständige Wasser?

Es ist der Ozean der Versprechen, entstanden aus der Verbindung zahlloser Lebenströpfchen ... Und ich sage euch, jedes dieser Tröpfchen entspricht einem von euch. Und so habt ihr ohne es zu wissen Anteil an der Wirklichkeit meines Vaters; und ohne es zu wissen, seid auch ihr ein Teil meines Vaters, der sich in jedem Augenblick offenbart.

Und so wie es unmöglich ist zu sagen, wann und wo ein Wassertropfen anfängt, und es ebenso unmöglich ist, zu verhindern, dass er sich mit den anderen Tropfen vermischt und ein Teil des ganzen Ozeans wird, kann sich keiner von euch von seinesgleichen abgeschnitten und außerhalb meines Vaters fühlen.

Manche von euch sind Dampf, andere Eis oder Schnee, andere wieder trübes Wasser oder, im Gegenteil, frisches Quellwasser ... aber ob ihr es wahrhaben wollt oder nicht, ihr seid alle Wasser und damit Teil der Realität des Ewigen. Ich versichere euch, zwischen euch und mir gibt es nur einen einzigen Unterschied und zwar: Ich lebe diese Wahrheit bis in meine Körperlichkeit hinein. Ich kenne auch nicht die kleinste Grenze. Nicht etwa, weil ich es so beschlossen hätte ... sondern weil ich die Tatsache lebe, dass es wirklich keine gibt.

Das ist der Grund, warum jeder von euch die gesamte Menschheit und das unaussprechliche Prinzip der Flamme des Lebens in sich trägt.

Und so wird sich auch keiner von euch je vom anderen lossagen können, selbst nicht von jenem, den er behauptet, nicht zu kennen, denn ihr gehört alle demselben Körper, derselben Seele und demselben Geist an.

Und eure Unterschiede, sagt ihr? Sie gleichen Zuständen, die das Wasser in seinem Kreislauf durchläuft. Sie erzählen von eurem Vater, der euch in allen Sprachen ruft und von der Gelegenheit, die ihr habt, zu lernen, Ihm zuzuhören. Und vor allem spricht aus ihnen der Traum, den ihr durchqueren müsst."

Ich erinnere mich, dass wir sprachlos waren. Wer von uns konnte sich schon rühmen, das zu verstehen? Vermutlich kein Einziger. Die Bilder und Worte versuchten sich zusammenzufügen, doch ... das war so weit weg von den Synagogen und alten Schriften, die wir doch beim Wort nehmen sollten! Aber erzähl weiter, meine Schwester, wenn du noch Kraft dafür hast und wenn dein Herz noch von Worten beschwert ist."

"Es wird immer Worte geben, Miriam", murmelt Jakobea, "immer ... Und was die Erschöpfung angeht, die mein Körper jetzt in der Morgendämmerung spürt, was ist sie schon, gemessen an der Leichtigkeit, die mir soeben zuteilwurde.

Nein ... ich werde euch nicht noch eine Nacht mit meinen Erinnerungen gefangen nehmen, wenn ihr mir nur erlaubt, mich von ein paar letzten, schweren Seiten meines Lebens zu befreien.

Ich möchte euch nicht das Glück schildern, das ich empfand, als ich mit eigenen Augen, gemeinsam mit euch, sah, dass der Meister seine Marter und seine Verletzungen überlebt hatte. Wie könnte man je vergessen, wie Er die Grabstätte verlassen hatte, früh morgens, im Regen, seinen Blick, seine Silhouette, am Hals eines Pferdes, das sich entfernte[14]? Ihr kennt dies Glück, jeder von uns hat seinen Teil davon erlebt, auf wunderbare Weise, intensiv ... vermischt mit der irren Sorge um die Zukunft.

Beim Schatz des gegenwärtigen Augenblickes zu verweilen – das war noch nicht unsere Sache, zumindest nicht meine.

Da der Meister auf wunderbare Weise am Leben war, musste Er verschwinden, oder doch fast ... Die Gründe dafür hatte ich rasch begriffen und auch den ultimativen Grund, der unser aller schlichtes Dasein weit überstieg. Und doch war sein freiwilliges Eintreten in die Stille, wie ihr wisst, unsere erste echte Herausforderung.

Es war schwer für mich, das muss ich schon sagen. Ich fühlte mich ... verwaist.

Umsonst hatte ich mir die Hacken abgelaufen, mich überall angeboten, um sein Wort fruchtbar zu machen, umsonst die Gnade dieser Momente höchsten Mitgefühls genossen – noch immer fehlte mir die Weisheit der reifen, erwachsenen Seele.

Wessen bedurfte ich also noch? Was fehlte mir nur? Da der Meister noch lebte und ich das Privileg hatte, es selbst gesehen zu haben, warum schien Er dann sein umwälzendes Wirken in mir nicht fortsetzen zu wollen? Hatte ich denn nicht alles für Ihn aufgegeben? Du warst es, meine Schwester Salome, die mir die Absurdität dieses Gedankens ins Gesicht sagte, sobald sie mir über die Lippen kam. Das war, als wir Jerusalem mit der Absicht verließen, nie wiederzukehren. Du sagtest Folgendes:

"Alles für Ihn aufgeben? Du hast gar nichts verstanden, Jakobea. Er, du ... du ... Er? Kannst du dich nicht von dir selbst lösen? Sag doch nicht, dass Du seinetwegen alles riskiert hast ... Du hast es für dich selbst getan und sonst für niemanden! Und da stehen wir immer noch, alle ... Das ist unser Problem, meinst du nicht?"

Das war wieder einmal eine gehörige Ohrfeige. Ich gab keine Antwort, weil klar war, wie unendlich recht du hattest. Ich hatte immer meinen inneren Frieden gewollt. Ohne wirklich zuzugeben, dass dieser Friede über keinen anderen Weg zu erreichen war, als über völlige Hingabe.

Der Meister suchte Menschen, die den Frieden voranbringen und verbreiten, Sämänner des Friedens ... nicht Männer oder Frauen, die einfach so friedlich um Ihn herum lebten.

Wir alle hörten, wie Er manchmal sagte, dass Er Sturm bringen würde ... Nach deiner so treffenden Bemerkung verstand ich etwas besser, was diese Worte bedeuteten: Sobald Sein Blick in uns eingedrungen war, durften wir an keiner Stelle unseres Herzens mehr einschlafen. Ich glaube inzwischen, dass der Meister der Mehrzahl derer, die Ihm jahrelang auf Schritt und Tritt folgten, erst nachdem Er fort war, in seiner ganzen Größe erschienen ist. Oft muss sich in unserem Herzen erst ein Abgrund auftun, damit wir ermessen können, was es zuvor erfüllte.

Nein ... der Rabbi Jeshua hatte gewiss nichts mit denen zu tun, die hier und da herum prophetisierten. Alle, von denen ich gehört hatte – oder denen ich Gelegenheit gehabt hatte, selbst zuzuhören, hatten nie etwas anderes getan, als Menschen anzuziehen, um ihr kleines Ego zu nähren.

Die "Suche nach dem Namenlosen" war nur ein Vorwand, um sich verehren zu lassen.

Was den Meister betraf, selbst wenn Er manchmal auf uns zuging, so hatte Er doch immer, absolut regelmäßig, alles getan, um uns von seiner physischen Anwesenheit zu befreien. Er wollte nicht, dass wir unsere Ketten um ihn herum schmieden. Sobald Er eine bemerkte – sei sie auch aus Gold gewesen – tat Er sogleich alles, ... um sie zu zerbrechen, auch zum Preis, das Gefühl hervorzurufen, abgewiesen worden zu sein.

"Ein Feuer", sagte Er, "ist dazu da, um Licht und Wärme zu verbreiten. Es ist da, um Leben weiterzugeben, nicht um es zurückzuhalten. Werdet selbst zu den Flammen, mit denen ich euch entzünde und fürchtet nicht, eurerseits Träger des Feuers zu sein."

Was mich betrifft, so war die Anstrengung, die es mich kostete, das zu verinnerlichen ... enorm, fast jenseits meiner Kräfte.

Die Abwesenheit Jeshuas zu akzeptieren – und Ihn doch noch immer irgendwo am Leben zu wissen – das war, wie von Ihm abgelehnt worden zu sein, und tauchte mich einige Monate lang in tiefste Trauer. Selbst ein Feuer zu werden, obwohl sein Blick meinen nicht mehr entfachte? Das kam mir unmöglich vor. Unfassbar.

So begann ich nach und nach niemanden mehr sehen zu wollen. Ihr habt das geduldig respektiert, ohne etwas zu zwingen ... Du hast mir sogar ein paar Wochen lang dein kleines Haus in Migdel überlassen, Miriam. Dort lebte ja niemand mehr. Es war von Brombeerhecken umrankt ...

Was ihr nicht wisst, ... hinter seinen Mauern war ich versucht, meinem Leben ein Ende zu setzen. Versucht das bitte zu verstehen.

Der Meister hatte einen Schatz in meine Hände gelegt, bis an die Schwelle des Todes, und ich ... ich konnte nichts damit anfangen! Noch immer lehnte ich mich gegen alles auf, es kam in Wellen. Das war sehr anstrengend.

Ich warf mir vor, nur eine Ameise in der göttlichen Ordnung zu sein ... umso mehr als Jener, der mir die Hand gereicht hatte, nun etwas von mir zu erwarten schien.

So war ich endlose Tage lang niedergeschlagen und betete mir immer wieder vor, dass ich spröde sei und nichts zu geben hätte.

Und dann, wisst ihr, hatte ich auch Angst ... Ich wusste ja, dass die Nachricht von der Hinrichtung des Meisters vielerorts Aufruhr entfacht hatte. Selbst unter denen, die Ihm nahe standen, gab es welche, die Zwietracht säten. Wozu also? Wenn das Feuer wärmte, so brannte es auch ... bis hin zum Verbrennen. Hatte Jeshua das nicht Selbst gesagt?

Eine ganze Nacht lang, ich gestehe es, betrachtete ich im Mondschein die vorspringenden Adern meiner Handgelenke. In meiner Tasche befand sich noch ein altes Messer, das ich auf all meinen Wegen mit mir herumgeschleppt hatte. Der Meister hatte es einmal benutzt, um einen Dorn aus der Ferse von jemandem zu ziehen. Einen Dorn! Ich sah deutlich das Symbolische daran. Meiner saß wohl entschieden zu tief und war unverrückbar. Ich weiß nicht, was mich davon abhielt, es wirklich zu tun. Vielleicht die Worte, die Er gegenüber einem von uns hatte durchsickern lassen: "Hast Du von diesen Aufführungen gehört, die man Theaterstücke nennt, die bei den Griechen gespielt werden? Das sind seltsame Geschichten, oft recht kompliziert, und alle Anwesenden tun für kurze Zeit so, als glaubten sie daran.

Nun, das Leben hat Ähnlichkeit mit ihnen. Wir spielen alle eine Rolle. Nimm keine von ihnen allzu ernst, denn die meisten vermitteln letztlich nur Unverständnis, Verrat und Ungerechtigkeit ...

Was dir im Laufe eines Lebens, an seinem Maßstab gemessen ... endlos und unerträglich erscheinen mag, ist unter dem Blickwinkel der Zeit meines Vaters ganz unbedeutend ... Und ich sage dir, das ist auch die Zeitordnung deines Geistes.

So lass die schlechten Schauspieler sich in ihrem absurden Spiel erschöpfen und kultiviere du die Abwesenheit des Spiels, also die Wahrheit deines Herzens."

Vielleicht war es die Erinnerung an diese Worte, die ihr Werk in mir vollbrachte. So war es wohl ...

Als die Sonne schließlich den Mond ablöste, fand ich die Kraft, die wenigen Dinge, die ich dabei hatte, zu packen und mich auf den Weg zu machen. Ich wollte versuchen, euch wiederzufinden.

Ich fragte einfach in den Dörfern herum. Das führte mich nach etwa zehn Tagen zur Schäferei von Beth Shean, wo ihr zurückgezogen mit einigen anderen lebtet. Ich war bis an meine Grenze gegangen, alleine, wie Er es mir immer ganz klar gesagt hatte.

Und dann ... den Rest kennt ihr. Noch ein paar Irrungen, Zögern und schließlich das Meer, die Boote und dann das hier ...

So, liebe Freundinnen ... Ich bin erschöpft, aber es fühlt sich an, als ob mein Herz aufblüht, als sei es in seinem Frühling angekommen."

Ja, so ... Nun schweigt Jakobea wieder. Und ich sehe nur noch das Blau des Himmels über unseren Köpfen. Ohne dass wir unsere Hände loslassen könnten, legen wir uns alle drei auf den vom neuen Morgen noch kühlen Sand.

Ich bete, dass niemand kommt. Kein Fischer, kein Kind ... Nur das Meer und wir ... um weiter ins Unsichtbare schreiben zu können.

Das Buch Salome

Kapitel 5

Die Geometrie des Erwachens

Ein ganzer Tag ist vergangen, seit Jakobea uns in die Geheimnisse ihrer Seele eingeweiht hat. Ein Tag, an dem wir nicht eigentlich auf Erden gelebt haben, glaube ich. Was mich betrifft, schwebe ich noch immer zwischen zwei Welten - der von damals, von der ich noch immer nicht glauben kann, dass sie vergangen ist - und der flüchtigen des gegenwärtigen Augenblicks. Das ist aber genau der Zustand, von dem Jeshua nicht wollte, dass wir darin steckenbleiben ... Wo ist nur der Schlüssel, den ich suche, den wir wohl alle drei suchen?

Auch Jakobea wirkt ein wenig verloren. Wie es Miriam geht, weiß ich nicht genau - doch sie legte Wert darauf, stundenlang den Fischern beim Flicken der Netze zu helfen.

Es ist uns nicht gelungen, die letzte Nacht gemeinsam am Strand zu verbringen, wie wir es uns vorgenommen hatten. Wir haben lediglich dieselbe Hütte geteilt, vom selben Schlaf übermannt ... Doch es war nicht nur das dringende Bedürfnis unserer Körper nach Schlaf; nach all den Erinnerungen, die wir heraufbeschworen hatten, war unser Kopf ... gleichsam zu voll von Ihm. Ist das möglich?

Das habe ich mich den halben Tag lang gefragt. Letztlich wird der Platz, den Er in uns einnimmt, so lange wir auf dieser Welt sind, nie groß genug sein, ohne, dass wir fast aus den Fugen geraten ...

Nun gut ... Gleich bin ich an der Reihe mit Erzählen. Das haben wir vorhin beschlossen, als wir unsere gewohnte Bohnensuppe aßen.

Wir hatten kurz gehofft, Sarah zu uns einladen zu können, um die Nacht, die nun heraufzieht, gemeinsam zu verbringen. Aber keiner konnte uns sagen, wo sie ist. Seit Miriam erschienen ist, wissen wir nicht, wo sie steckt ... Sie ist noch genau so seltsam wie früher, taucht auf und verschwindet wieder, ohne, dass wir wüssten, wo sie sich in der Umgebung herumtreibt. Jakobea hat mir anvertraut, dass sie ihr ein wenig Angst macht, mit ihren leise gesummten Gesängen, deren Sinn nur sie selbst kennt. Sarah stand stets zwischen uns, wie eine Stille, eine Zone des Schweigens. Während ich an unserer Stelle am Strand, die wir eben erst mit Mühe wiedergefunden haben, in den Sand starre, spüre ich, wie sich ein Lächeln auf meinen Lippen breitmacht. Zeigt sich darin etwa der Teil von mir, der bereit ist, alle Hemmungen abzulegen? Das wünsche ich mir aus tiefster Seele, denn der Meister hat lange daran gearbeitet, diesen Wesenszug zum Vorschein zu bringen. Zu lächeln ... meine ganze Jugend über habe ich geglaubt, dass mich das nur noch zarter und verletzbarer machen würde ...

Der Klang gedämpfter Schritte und das Rascheln von Kleidung lässt mich den Kopf heben. Es sind Miriam und Jakobea. Sie setzen sich mir gegenüber, doch diesmal haben sie erst nachgeschaut, ob wir genug Holz für die Nacht haben.

"Salome?"

Fast wie eine Herausforderung hat Miriam soeben meinen Namen in die Abenddämmerung gerufen.

Sie hat recht ... Es ist wirklich eine Herausforderung für mich, meine Schatztruhe zu öffnen, wie ich es vorhabe ...

"Du hast noch keine Kräuter ins Feuer geworfen, Miriam ..."

Das war die letzte mögliche Ausrede ... Kräuter ins Feuer und in die Glut zu werfen, war immer ein unumgängliches Ritual bei uns, aber heute Abend ist es vor allem die letzte Bastion meiner Scheu.

Die Kräuter fliegen, das Feuer knistert ... Miriam macht rasch ein Zeichen ins Unsichtbare. Sie zeichnet das Siegel ihrer Seele. Wir haben alle drei ein eigenes bekommen, Jeshua selbst hat es uns kurz vor seinem Weggang gegeben. Dieses Zeichen schlägt jedes Mal, wenn wir es machen, eine Brücke zwischen unserer tieferen Natur, dem Namenlosen und uns selbst in unserem Körper.

"Wie ich den Meister kennengelernt habe? Das weiß ich im Grunde gar nicht mehr genau, meine Freundinnen. Ich glaube, Er war immer ein Teil meines Lebens, schon bevor ich Ihn sah. Wie ihr wisst, bin auch ich aus Bethsaida. Ich habe meine ganze Kindheit im Herzen desselben Dorfes verbracht.

Dort hörte ich immer, Jeshua sei ein angeheirateter Verwandter meiner Mutter. So habe ich auch sehr bald erfahren, was man Seltsames über Ihn erzählte, achtete aber ehrlich gesagt nicht groß darauf.

Als wir noch Kinder waren, war Er nur ein entfernter Cousin. Wir begegneten uns selten, da Er in einem winzigen Dorf auf den Hügeln wohnte. Irgendwann sprach niemand mehr von Ihm. Ich fragte mich nicht einmal warum. Jahre vergingen, bevor ich erfuhr, dass man Ihn zum Studium in einen großen Tempel geschickt hatte und Er Rabbi geworden war. Meine Mutter und seine Großeltern waren aus derselben Gemeinschaft[15], so erfuhr ich es.

Als Jugendliche dachte ich, Er hat es gut. Lernen ... das war immer schon mein Traum gewesen ... Doch ich durfte nicht träumen. Ich war nur ein Mädchen und meine Familie lebte mehr als bescheiden.

Mein Vater arbeitete schwer, er baute oder reparierte Boote für die Fischer des Sees. Wir hatten gerade genug zum Leben.

Um uns zu helfen - zumindest dachte ich das - bot ein Onkel an, mich in seinem kleinen Laden, wo er alle möglichen Parfums herstellte und verkaufte, in den Dienst zu nehmen. Das war eine unverhoffte Gelegenheit, ein wenig Geld nach Hause zu bringen und dabei etwas zu lernen, das mir seelisch entsprach: die Kunst der Düfte.

Leider dauerte meine Ausbildung nur ein Jahr.

Während ich Stunden damit beschäftigt war, in seiner Kammer Pflanzen zu zerkleinern und einzuweichen, warf der Onkel ganz andere Blicke auf mich, als gedacht. Ich war mehr als naiv und brauchte lange, um das Wesen der beunruhigenden Art von Nähe zu begreifen, die er mir, unter dem Vorwand, mir etwas beizubringen, aufzwang.

Oh, meine Freundinnen, wenn ihr wüsstet. Noch heute steigt manchmal der schwere Geruch seines verschwitzen, ölbefleckten Gewandes in mir auf. Er lächelte wie ein Onkel, sprach zu mir wie ein Meister und am Ende ließ er mich zurück wie ein Tier.

War das "lernen"? Hieß das "ins Leben treten"?

Ich war davon auf immer gebrandmarkt und litt umso mehr darunter, als ich glaubte, was der Onkel mit mir machte, sei der gerechte Ausgleich für den Dienst, den er meiner Familie und mir erwies.

So waren also die Männer? Reduzierten sich die Lebensbedingungen der Frauen darauf? Viel zu lange war ich davon überzeugt.

Ich wehrte mich nicht. Unterwürfigkeit war Teil meiner Erziehung und Resignation gehörte wohl zu meiner Natur.

Oh natürlich, ich habe etwas über Pflanzen und Parfums gelernt, aber für eine lange Zeit lernte ich auch, jeden Hautkontakt zu vermeiden. Erst ein Überraschungsbesuch meines Vaters in dem kleinen Anbau, in dem ich arbeitete, beendete meine schändliche Gefangenschaft.

Er beobachtete ein paar Gesten hinter einem halb geschlossenen Vorhang und begriff sofort alles. Ich erinnere mich an seinen eisigen Blick, als er auftauchte, nicht aber an seine Worte. Dann nahm er mich bei der Hand und ich ging nie wieder zum Onkel.

Nun ja, seht ihr ... lange Zeit tat ich alles, um überhaupt nicht mehr von zu Hause weg zu müssen. Meine Eltern wollten wissen, was los sei ... doch ich sprach nicht darüber. Ich wollte nur noch eins: an der Seite meiner Mutter Wolle spinnen - während meine jüngeren Geschwister ein sorgloses Leben führten.

Voll Wut und Verzweiflung brachte mich mein Vater zu einem alten Rabbi, der bekannt dafür war, Gebete zu kennen, die Dämonen vertreiben, die sich manchmal an Menschen festbeißen, um ihnen das Leben auszusaugen.

Ja ... Er konnte meine Mutter schließlich überzeugen, dass es das war, worunter ich in Wahrheit litt. Niemand konnte so zurückgezogen und bedrückt sein, ohne, dass ein böser Geist in ihm hauste.

Meinetwegen mochte er recht haben. Schließlich war er mein Vater. Also ging ich mit zum Rabbi. Der schrie alle möglichen Gebete und ließ mich einen dichten Rauch aus Kräutern mehr schlucken als einatmen bis ich spucken musste. All das führte zu nichts. Krallten sich die Dämonen gar so fest an mich? Im tiefsten Inneren wusste ich, dass das nicht stimmte. Ich krankte nur an mir selbst.

Obwohl ich noch ganz jung war, war ich meines Erdendaseins schon überdrüssig. Ich meine, obwohl mein Körper fast "durchsichtig" war, wie meine Mutter sagte, hatte ich eine Art Abneigung gegen ihn entwickelt. Um ganz offen zu sein, der Onkel war nicht allein dafür verantwortlich. Er hatte nur eine Haltung und Gesinnung angestachelt, die bereits in mir angelegt war.

Ja, seht ihr ... Soweit meine Erinnerungen zurückreichen, hatte ich es stets höchst merkwürdig gefunden, zu Fuß gehen zu müssen, um von einem Ort zum anderen zu kommen. Und auch, dass mein Körper letztlich altern würde, genau wie der meiner Mutter, war keine Selbstverständlichkeit für mich.

Daher war es ein Drama, als mein Bauch, wie der von allen Frauen, zum ersten Mal der Erde Blut wiedergab. Das war in meinen Augen der endgültige Beweis dafür, dass ich kein Geist war, sondern Erdenschwere besaß ... wie alle anderen auch!

Und so spann ich, während drei oder vier mürrischer Jahre, wenn ich Wolle spann, auch an meiner Nostalgie. Frühjahr um Frühjahr zog an mir vorbei, mit dem Duft von Orangenbäumen und dem Zauber blühender Mandelbäume – umsonst, ich träumte von einer anderen Welt, die ich in mir trug und von einem Licht, von dem ich wusste, dass es existierte, das mir aber kein menschlicher Tempel bieten konnte ...

Etwa um mein sechzehntes Lebensjahr herum befanden meine Eltern, dass es höchste Zeit sei, einen Mann für mich zu finden, schon um mich von meiner "seelischen Krankheit" zu heilen. Sie meinten, ein älterer Mann, der mir Sicherheit geben würde, sei ideal ... möglichst auch ein wenig vermögend, um mich mit dieser Welt auszusöhnen.

Und so verbreitete sich allmählich die Nachricht: Die kleine Shlomit sollte verheiratet werden!

Ich weiß nicht, aufgrund welcher Verkettung von Umständen mein Vater einen Mann aus Jericho kennenlernte, der an den Ufern des Sees auf Durchreise war. Eigentlich hätte er ihm nie begegnen dürfen, denn er kam nicht aus unserem Milieu. Er war reich und hieß Zachäus. Mit Anfang dreißig war er so alt wie mein Vater, kam mir also alt vor. Er besaß anscheinend ein hübsches

Anwesen und seine Hauptbeschäftigung bestand darin, bei der Bevölkerung Steuern einzutreiben. Offensichtlich gefiel ich ihm vom ersten Besuch an, den er uns abstattete.

Nach zwei oder drei Treffen war die Hochzeit beschlossen. Genau wie bei dir Jakobea - ich hatte keine Möglichkeit, den Mund aufzumachen.

Zachäus brauchte eine junge, folgsame Frau. Also passte ich. Meine Armut machte ihm nichts aus, denn meine Figur und mein Gesicht gefielen ihm, wie er sagte.

Die Hochzeit fand in Jericho statt ... angeblich sehr großzügig. Ich kann mich kaum an etwas erinnern, denn ich war wie ein kleines Tier, das sich in seinem Gehäuse versteckt.

Ich weiß nur eins ... Zachäus durfte sich mir nie als Ehemann nähern. Mit seinem langen Bart, dem stets in aller Eile geschlungenen Turban und seinen dicken, reich verzierten, Ledersandalen kam er mir vor wie ein zweiter Onkel. Zachäus war gewiss kein schlechter Mann. Er hatte sogar große Ziele ... war aber doch getrieben von einer gewissen Gier.

Die Wahrheit ist, liebe Freundinnen, er war inkarniert und ich nicht.

Innerlich lebte ich nur für eine Sonne, deren Name ich nicht einmal kannte, während er sich vor allem um seine Orangenbäume und sein Einkommen kümmerte. Also floh ich vor ihm ...

Frustriert und verletzt, schickte er mich nach einem knappen Jahr fort. So musste ich wieder zurück in unsere bescheidene Behausung in Bethsaida. Auch ich war beschämt und zog mich, zur Verzweiflung meiner Familie, mehr denn je auf meinen Geist zurück.

Langsam war ich überzeugt davon, nicht normal zu sein. Meine Gleichaltrigen, die ich zwangsläufig am Brunnen traf, beachteten mich nicht und so nahm ich jede Gelegenheit wahr, zum Beten zu gehen, Tag für Tag, die Füße auf den Ufersteinen, die Augen auf die bernsteinfarbene Linie der Berge gerichtet. Ich träumte von einem Land, in dem man sein Herz ausschütten konnte, nicht log, nicht kämpfte und wo unsere Arme Flügel waren. Immer wieder redete ich mir ein, dass ich dieses Land kannte, dass es existierte und ich mich hier nur verirrt hatte. Vielleicht haben mich diese Gebete besänftigt, meine Scheu etwas gemildert, ich weiß es nicht ... Jedenfalls hatte mein Vater im nächsten Sommer schon einen anderen Mann für mich gefunden.

Es war ein einfacher Fischer aus unserem Dorf. Er war Witwer und hatte zwei Kinder, die etwa so alt waren, wie ich. Er hieß Zebedäus. Ich mochte ihn gleich. Er beruhigte mich wirklich, zunächst wohl, weil er sich mit Booten und Netzen auskannte, vor allem aber, weil er nicht von mir verlangte, was ich noch immer nicht geben konnte. Ich lebte etwa zwölf Jahre an seiner Seite. Es waren beschauliche Jahre, könnte man sagen. Zebedäus respektierte mich wie ich war und bot mir eine allgemein anerkannte Existenz.

Glücklich? Ich weiß nicht, ob ich das war. Meine Seele war eine Art Kompromiss mit meinem Körper eingegangen, auch wenn die Sehnsucht ihr ständiger Begleiter war. Sehnsucht ... nach Dem, was noch keinen Namen und kein Gesicht hatte. Sehnsucht, die jene erleben, die 'vergessen' haben, aber genau wissen, dass sie vergessen haben!"

"War Jeshua noch immer nicht zurück in unserem Land?" Miriams etwas heisere, doch sanfte Stimme lässt mich aus meiner Innenwelt auftauchen. Da es noch nicht ganz dunkel ist, trifft mich der Blick jener Frau, die des Meisters Begleiterin war. Sie sieht mich intensiv an. Durch welches Wunder kann im Strahlen dieses Blicks zugleich so viel Sanftmut, Kraft und Entschlossenheit liegen? Nur Er, Jeshua, kann ihn dergestalt geprägt haben ...

“Ich weiß nicht, ob Er zurück war, Miriam ... Niemand sprach darüber. Zebedäus war ein gottesfürchtiger Mann, doch jedes Mal wenn ich an den Gesprächen mit den Fischern teilnahm, die er einlud, ging es lediglich um die Sorgen unseres Landes. Man sprach selten von etwas anderem, als von den Gefechten mit den Römern oder aber den Sikariern[16] und ihren Versprechen, einen Befreier für unser Volk zu finden.

Was unser Herz und die Erwartungen unserer Seele gegenüber dem Ewigen betrifft, herrschte Schweigen. Wir rezitierten Psalmen, wir respektierten das Gesetz ... doch kaum mehr. Darunter litt ich, wie unter einem Schicksal ...”

“Wie und wann hast du den Meister denn getroffen, meine Schwester”, unterbricht Jakobea. “Merkwürdig, ich kann mich gar nicht erinnern, dass du mir je davon erzählt hättest. Heute Abend wird mir erst bewusst, dass du das Thema stets gemieden hast ...”

Wieder einmal lege ich eine Hand wie einen Schleier auf den unteren Teil meines Gesichts. Die Geste kann ich mir einfach nicht verkneifen, aber unter der Hand lächle ich. Wie gut es doch tut, so offen sprechen zu können ... Vielleicht ist es das einzige Mal ...

“Es ist wahr, Jakobea ... Das habe ich immer umgangen. Ich dachte mir, es sei nicht glaubwürdig oder nicht interessant, für wen auch immer. Aber jetzt ist der Augenblick gekommen ...

Es war so heiß, dass Zebedäus, einer seiner Söhne und ich auf der Terrasse unseres kleinen Hauses im Fischerviertel von Bethsaida schliefen. Ich hatte lange gebraucht, um einzuschlafen. Doch dann hatte ich einen Traum ... Es war einer dieser Träume, welche die Richtung eines ganzen Lebens ändern können. Ich sage es so, weil ich nicht recht weiß, wie ich ausdrücken soll, was geschehen ist.

Ich stand am Ufer des Sees auf dem großen Stein, wo ich oft betete. Da hörte ich hinter mir eine Stimme, die mich rief.

"Shlomit ... Shlomit ..."

Ich drehte mich um und sah im Gestrüpp, etwa zehn Schritte von mir entfernt, einen Mann mit langem, lockigem Haar und dichtem Bart. Er trug das lange, weiße Gewand der Menschen, die heilen. Sein Blick schien keinen Widerspruch zu dulden. Es lag eine gewisse Dringlichkeit darin.

"Shlomit", sagte er nun, "geh morgen zum Brunnen, da, wo der Jasmin blüht, zu der Stunde, wenn die Sonne am höchsten steht. Dort ..."

Ich kann mich nicht erinnern, dass ich Zeit gehabt hätte, das Geringste zu erwidern. Sofort danach wachte ich auf, schweißgebadet, mit klopfendem Herzen ... Wir kennen ja alle drei diesen Zustand ... ebenso wie diese Art von 'Traum'.

Merkwürdigerweise schien die Luft auf unserer Terrasse nach Jasmin zu duften. Wir hatten aber gar keinen, er wuchs bei uns nicht ... Ich stand leise auf und rang nach Luft.

Da saß ich nun auf der Mauer, die unsere Dachterrasse umgab, und wurde das Gefühl dessen, was ich erlebt hatte, nicht los. Es war ... dermaßen intensiv und so wahr! Wer hatte da mit mir gesprochen und mir diesen Befehl gegeben? ... Denn es war ein Befehl. Ich hatte diesen Mann noch nie gesehen.

Erst in der Morgendämmerung, als unten vor dem Haus die erste Karawane von Maultieren mit ihrer Last vorüberzog, fand ich eine gewisse Ruhe und konnte mich wieder hinlegen. Zu diesem Zeitpunkt standen Zebedäus und sein Sohn schon auf, um fischen zu gehen. Unsere Blicke trafen sich, doch sagen konnte ich nichts.

Um Mittag, zu der Stunde, als die Sonne im Zenit stand, war ich also am besagten Ort beim Brunnen. Keinen Augenblick hatte ich auch nur in Erwägung gezogen, nicht hinzugehen.

Wirklich stand da ein Mann in weißem Gewand. Bevor ich näher hinging, beobachtete ich ihn von weitem. Das war einfach, er kehrte mir den Rücken. War es wirklich der Unbekannte aus meinem Traum? Als er sich zu mir umdrehte, sah alles danach aus. Es waren dieselben dunklen Locken und derselbe, etwas wilde Bart.

Als ich wagte, ein paar Schritte näher zu kommen, lächelte er. Nun gab es keinen Zweifel mehr. Einen Moment lang fragte ich mich, ob es ein Engel sei, den der Ewige mir gesandt hatte. Natürlich nicht, ein paar Schritte weiter begriff ich es ... Der Mann war aus Fleisch und Blut. Er hatte sogar die zerfurchte Haut von Menschen, die es gewohnt sind, unterwegs zu sein oder die Erde zu bearbeiten. Als ich nahe genug herangekommen war, sagte er bloß:

“Komm mit ... Er wartet auf dich ...”

Ich widersprach nicht. Eine innere Kraft, über die ich mich heute nicht mehr wundere, hatte von mir Besitz ergriffen und trieb mich vorwärts. Mit einigem Abstand folgte ich also dem Mann in Weiß durch das bevölkerte Labyrinth der Gassen, ohne auch nur einen Gedanken daran zu verschwenden, ob jemand irgendeinen Verdacht schöpfen könnte ...

Ich habe nie verstanden, warum er mich diesen Gang durchs Zentrum des Dorfes machen ließ, denn zuletzt brachte er mich nicht weit weg von meinem Haus wieder zum Ufer.

Doch war es eine Stelle, die ich selten aufsuchte. Da sie von Wasserpflanzen überwuchert war, bekam man nasse Füße, wenn man hier hin wollte. Es war eine Art kleiner Halbinsel, gut vor Blicken geschützt.

Als der Unbekannte mich über eine letzte Barriere aus Schilf geführt hatte, wunderte ich mich schlagartig, wie ich nur so unvorsichtig sein konnte. Was machte ich bloß hier?

Doch die Angst hatte keine Zeit, von mir Besitz zu ergreifen, meine lieben Freundinnen. Ich erblickte sogleich einen Mann, der auf einem Haufen Steine saß. Er schien zu meditieren und war dabei doch ganz in die Betrachtung des Sees versunken.

"Da ist Der, der dich sehen wollte ...", sagte mein Begleiter mit gedämpfter Stimme, um sich gleich darauf diskret ins Gebüsch zu schlagen.

Ich blieb einen Moment wie angewurzelt stehen. Schließlich drehte der Sitzende sich nach mir um. Auch Er hatte langes Haar, einen Bart und trug ein weißes Gewand.

"Komm, meine kleine Schwester", sagte Er mit klangvoller Stimme. "Komm näher und setz Dich ..."

Ohne das geringste Zögern setzte ich mich Ihm gegenüber auf die Kiesel, wie Er es verlangte. Erst in diesem Moment sah ich wirklich Sein Gesicht. Oh, Sein Gesicht ... vor allem Seine Augen, sollte ich sagen. Aber ihr kennt sie ja. Ihr wisst, wie tief ihr smaragdgrünes Leuchten uns in die Seele drang. Ich verzichte darauf, euch zu beschreiben, in welchen Bewusstseinszustand sie mich sogleich versetzten, ihr habt das ja erlebt ...

Sogleich wusste ich, dass sie es waren, die ich von jeher gesucht hatte, als seien sie mir sogar noch vor meiner Geburt eingeprägt worden.

"Ich heiße Jeshua", sagte er ganz schlicht. "Kannst du dich nicht an mich erinnern? Es ist lange her ... Ich erinnere mich an dich ..."

Ich wusste nicht, was ich antworten sollte. Ich war wie entrückt.

Und er fuhr fort: "Es geht auch gerade um dein Gedächtnis. Darum habe ich dich rufen lassen, denn darunter leidest du, nicht wahr ... Ich habe es gesehen. Möchtest du geheilt werden?"

Noch immer ganz perplex murmelte ich nur ein schüchternes Ja, ohne mir vorzustellen und zu verstehen, was das bedeutete oder beinhaltete - oder wie er überhaupt davon wissen konnte.

"Warum ist dies Ja so zaghaft?, sag mal ... Bist du etwa an dein Leid gefesselt? Wenn du seiner so überdrüssig bist, wie ich es ja sehe, wieso zögerst du dann, deine Last abzuwerfen? Was genau suchst du? Den Ewigen? Weißt du denn wenigstens Wer Er ist oder wo Er lebt? Und du? Wie und wo willst du leben? Willst du lieber sterben? Sterben gibt es nicht ... Weißt du das auch? ..."

Die Kaskade seiner Fragen riss nicht ab ... Sie warf mich völlig um, wie ein schwerer Stein, der mich im Nacken getroffen hätte. Ich war noch stummer als zuvor, unfähig zur geringsten Reaktion.

Da sprach Jeshua viel sanfter weiter zu mir.

"Siehst du Shlomit - so heißt du doch, nicht wahr - sieh mal, es ist deine Seele, die sich mir gerade darbietet. Aber ich suche nicht deine Seele, verstehst du, sondern deinen Geist ... denn dein Geist hat mir viel über dich zu sagen, wenn du dich nicht in der Erinnerung verlierst, die deinen Körper leiden lässt.

Ja, deine Seele erinnert sich, das sehe ich ... aber sie erinnert sich nur undeutlich. Sie hat nicht die Erinnerung. Deshalb frage ich dich: "Möchtest du sie heilen?" Und darum brauche ich ein echtes Ja. Denn so lange deine Seele nicht in Frieden ist, wird sie dich daran hindern, deinen Geist zu erkennen."

Ich höre noch, wie das intensivste Ja, das ich jemals empfunden und ausgesprochen habe, aus meinem Busen hervorbricht. Wohin diese Zustimmung führen würde, davon hatte ich natürlich keine Ahnung und auch nicht, wer dieser Mann war, der so mit mir sprach. Ich war einfach von Gewissheit überflutet. Sie hob mich hinweg, trug mich und erfüllte mein Herz bis zum Zerspringen. Diese Gewissheit hieß ... das Licht. Es entsprang in Jeshuas Blick und strömte in mich.

Jeshua sagte an diesem Tag nichts weiter zu mir. Es war die Grenze dessen, was ich ertragen konnte.

Ich zerfloss in einem Strom von Tränen. Er legte mir sanft eine Hand aufs Haupt und hieß mich aufstehen. Dann hörte ich, wie Er nach jemandem rief, der hinter dem Schilf und dem hohen Gras sein musste und der Mann, der mich hergeführt hatte, erschien wieder. Auf dem Heimweg sagte er mir, dass er Simon heiße und aus demselben Dorf stamme wie Er, den er nun schon "der Meister" nannte. Anscheinend ist es derselbe Simon, von dem du uns letzte Nacht erzählt hast, Jakobea ..."

Mein Bericht reißt ab wie von selbst ... als sei mein Gedächtnis außer Atem. Immer und immer wieder mein Gedächtnis!

"Hier, meine Schwester, nimm das ... Es ist gut für das, was wir haben."

Jakobea reicht mir eine kleine Schale aus Ton. Ich nehme sie vorsichtig mit den Fingerspitzen. Sie dampft heftig und ist mit einem Getränk gefüllt, das in der Luft der Nacht einen kräftigen Duft nach Rosmarin verbreitet.

"Und was haben wir?"

"Sehnsucht ..."

"Das ist es doch ...", fällt Miriam ein. "Jeshua war uns noch nie so nahe und wir sprechen von Ihm, als gehöre Er der Vergangenheit an! ... Dabei war Er doch immer Der des gegenwärtigen Augenblicks ... So lange wir diese Wahrheit nicht verstanden haben, so lange sie uns nicht in Fleisch und Blut übergegangen ist, werden unsere Erinnerungen rein nostalgisch bleiben ... Und das ist nicht, was Er in uns entstehen lassen will. Salome, Jakobea – vergessen wir nicht, dass wir hier nicht bloß zu dritt sind, sondern zu viert!"

Es stimmt, was Miriam sagt, denn in mir ist ein Feuer aufgestiegen, ich bin entflammt, seit ich begonnen habe zu erzählen. Und das kommt nicht von damals. Es erweist vielmehr, was aus meinem Leben genau zu dieser Stunde geworden ist. Es ist das Prinzip des Meisters, das sich darin ausbreitet. Es bewegt mich ... und lässt die Worte geradezu auf meinen Lippen explodieren ...

"Auf dem Weg nach Hause, nahm ich mir vor, meinem Mann nichts davon zu erzählen, was ich erlebt hatte. Ich war überzeugt davon, dass er sich fürchterlich aufgeregt hätte, schon weil ich wusste, dass man peinliche Dinge geargwöhnt, und die Leute geredet hätten, wenn ich gesehen worden wäre. Doch als er erschöpft nach Hause kam, öffnete sich mein Herz vor ihm ganz von selbst. Das geschah völlig spontan, so wie ein kleines Mädchen ein Geheimnis nicht für sich behalten kann.

Zebedäus hörte mich in einer Ecke des Zimmers an, ohne zu grollen. Er wartete, bis ich mit dem Bericht meiner heimlichen Begegnung fertig war und sagte: "Dann ist es also wahr, liebe Frau, was man sich erzählt ... Seit einigen Wochen schon ist mir zu Ohren gekommen, dass man von einem Mann spricht, anscheinend von einem Rabbi, der mit ein paar Anhängern in den umliegenden Dörfern umherzieht und angeblich enorme Fähigkeiten hat. Man sagt, dass er gut vom Ewigen spricht ... aber auch sehr seltsam."

"Oh, ich glaube nicht, dass er besondere Kräfte hat", gab ich zur Antwort, um die Bedeutung meines Treffens herunterzuspielen. "Er hat bloß ein paar Worte zu mir gesagt."

"Aus dem Zustand zu schließen, in dem Du bist, hat er auf jeden Fall große Kräfte. So bist du sonst nie."

Zebedäus hatte ein gutes Gespür. Ich bebte wie ein Blatt im Wind und meine Worte überstürzten sich. Sie wurden von etwas angetrieben, das außerhalb meiner Macht lag.

Ich wollte mich entschuldigen und ihm sagen, dass es sein gutes Recht sei, böse auf mich zu sein, weil ich mich wie eine Verrückte verhalten hatte ... Aber mein Mann war ein guter Mann. Er legte einfach seine Hand auf meinen Mund, damit ich aufhörte, mich selbst anzuklagen. Dann sagte er, wir sollten gemeinsam zu ihm gehen, zum "Rabbi des Seeufers" wie er ihn nun nannte. Er wollte ihn kennenlernen. Er meinte, das dürfte wohl nicht schwer sein, da er ja von sich reden machte.

Ich weiß nicht, wie ich euch meinen Gemütszustand in den darauffolgenden Tagen beschreiben soll. Es gab da einen erstaunlichen Kontrast ... Es hatte zu regnen begonnen. Das Wasser drang sogar durch das Dach unseres bescheidenen Hauses. In mein Inneres hingegen schien etwas wie eine ungeheure Sonne eingezogen zu sein, die mich wärmte. Das war mir bewusst und ich fühlte mich fast schuldig dafür, als sei meine Freude etwas Abnormales. Zugleich fragte ich mich ständig, was der Rabbi Jeshua in mir berührt hatte, das mich so verwandelte. Im Moment hatte ich eher das Gefühl, von etwas durchbohrt worden zu sein, als dass mir eigentlich geholfen war.

Zehn Tage später warteten Zebedäus und ich inmitten einer kleinen Gruppe von Männern und Frauen gegenüber dem Haus eines alten Sadduzäers, das am Ende einer Gasse lag. Es war das Gerücht umgegangen, der Rabbi würde sich darin aufhalten und Leute empfangen, die einen Rat brauchten oder an etwas litten. Wir harrten dort einen großen Teil des Tages aus und vertrieben uns die Zeit damit, im Schatten der Lorbeerbäume, Datteln und Oliven zu essen. Die Menge der Wartenden schien dabei nicht kleiner zu werden.

Auf einmal, als wir gerade daran dachten, wieder nach Hause zu gehen, kam jemand auf uns zu und bat uns, ihm zu folgen. Im nächsten Augenblick standen wir in einem winzigen, lichtdurchfluteten Hof dem Meister gegenüber.

Und da sah ich Ihn zum allerersten Mal wirklich, ich meine, ich konnte Seine Gesichtszüge deutlich erkennen und seine Füße und Hände betrachten. Seine Hände ... seltsamerweise zogen sie zuallererst meine Aufmerksamkeit auf sich. Eine davon strecke Er uns entgegen, um uns einzuladen, auf einer Matte vor ihm Platz zu nehmen. Sein Handgelenk kam mir so zart vor! ... fast unvereinbar mit Seiner gesamten Statur.

Zunächst schein Jeshua sich nur an Zebedäus zu wenden.

"Warum bist du zu mir gekommen?"

"Ich weiß es nicht, Rabbi ..."

"Es ist ihretwegen, nicht wahr? ..."

"Ja, Rabbi ..."

Ich begann wie ein Espenlaub zu zittern. Meine Augen füllten sich mit Tränen. Noch immer waren sie von Jeshuas Hand angezogen.

"Wärst du bereit, sie mir zu geben?"

"Sie dir geben?"

"Ja ..."

Eine lange Pause entstand.

"Ich verstehe nicht, Rabbi", stammelte Zebedäus schließlich.

"Du verstehst nicht? Deine Frau braucht den Ewigen. Und zu Ihm kann man nicht nur halb aufbrechen. Wenn du sie mir gibst, wenn sie mit mir geht, wirst du fähig sein, dich für sie zu freuen?"

"Sprichst du ... für den Ewigen, Rabbi?"

"Du sagst es ..."

Und wieder, meine Freundinnen, entstand eine Stille, noch länger und bedrückender als zuvor. Nur ein Vogel unterbrach sie. Er setzte sich direkt neben meinen Fuß auf den Boden. Vielleicht war es das Zeichen, auf das Zebedäus gehofft hatte, eine Hilfe für seine Seele, um zu begreifen, denn nun wand er ein:

"Ich kenne dich nicht, Rabbi ..."

"Du kannst mich nicht 'nicht kennen', denn mein Vater gibt dir die Fische des Sees ..."

"Es ist meine Frau ..."

"Glaubst du, dass man einem Vater die Tochter rauben kann?"

"Aber der Vater überlässt sie einem doch zur Heirat, Rabbi ..."

"Ich frage dich, mein Freund, mein Sohn, bist du wirklich verheiratet?"

Da fing Zebedäus an, bitterlich zu weinen. Ich hatte ihn noch nie so gesehen.

"Verstehst du, ich bin nur ein Fischer", murmelte er, als er schließlich aus seinem Schmerz auftauchte. "Woher weißt du all das und warum fragst du mich so viel?"

"Ich spreche gerade nicht zum Fischer. Ich wende mich an sein Herz und seine inneren Augen. Ich verlange von ihnen nur, das zu sehen, was bereits da ist, und es zu akzeptieren.

In Wahrheit lebt Deine Ehefrau nicht dort, wo du denkst. Sie ist ein entwurzelter Rosenstock. Was sie braucht, ist mein Mutterboden, mein Humus."

"Dann willst du sie mir wirklich wegnehmen?"

"Oh nein, Zebedäus ... ich will nichts von dir für mich. Ich zeige dir nur ihren Weg und deinen ... Betest du täglich?"

"Ja ..."

"Aber du betest für dich, dass du einen guten Fang machst, nicht wahr? Ich bin auch Fischer, weißt du ... Ich fische ... und wenn du jetzt hier bist, so weil ich dich meine Art zu fischen lehren will. Glaub mir, sie muss nicht von Gebeten unterstützt werden. Warum? Weil sie selbst ein Gebet ist. Ich sehe dich an und es ist ein Gebet und auch wenn ich mit dir spreche ist es eines ... Ich sehe euch beide und nehme den Ruf zum selben Gebet in euch wahr ... Warum sollte man ihm widerstehen?"

"Ich kann mein Leben nicht mit Beten verbringen, Rabbi. Ich muss doch leben und meine Frau ernähren."

"Dann möchte ich dich Folgendes fragen: Ist euer gemeinsames Leben 'das Leben'? Wenn dein Leben ein Gebet wäre, würdest du es leben. Es wäre dann nicht nur eine unerbittliche Reise aufs Alter zu. Sieh dir Shlomit an ... sie will nicht altern."

Ohne zu überlegen, drehte ich mich zu Zebedäus um. Er war fassungslos. Ganz offensichtlich begriff er den tieferen Sinn von Jeshuas Worten nicht.

Und ich wäre am liebsten geflüchtet, wenn das nur möglich gewesen wäre.

"Nun, Zebedäus, ... ich rede nicht von den kleinen Falten, die sich inzwischen in ihren Augenwinkeln gebildet haben und ich meine auch nicht die Nahrung, die ihr teilt. Ich möchte euch das andere Leben nahe bringen, das in euch eingeschrieben ist. Du siehst es nicht genug, während sie nichts anders tut, als darin zu lesen ... aber sie überspringt immer eine Zeile.

Du wolltest mich kennenlernen? Jetzt kennst du mich und weißt, dass ich die Liebe habe ... eine hartnäckige Liebe. Ich zwinge sie dir nicht auf, denn die Gabe der Freiheit ist das Erste, was der Allerhöchste jeder Frau und jedem Mann geschenkt hat. Und doch verlangst du unbewusst bereits nach dieser Liebe, die ich dir anbiete, nach der Verbindung zu deinem wahren Leben. Sieh nur, wie sie in deinem Herzen am Werk ist.

Und nun frage ich dich, bist du einverstanden, dass ich mit deiner Ehefrau allein bleibe?"

Zebedäus schwieg. Im Augenwinkel sah ich ihn aufstehen und den kleinen Hof rückwärts verlassen. Es war warm, aber ich war durchgefroren ...

Der Meister nahm sogleich einen meiner Füße in seine Hände. Ich verstand nicht, warum Er das tat, denn es war eine Geste, die eines Rabbis unwürdig war. Erst heute glaube ich, dass Er ihn wohl gelesen, all seine Rätsel entziffert hat.

"Ja ...", sagte Er schließlich, warum trägst du diesen Namen? Deine Seele hat ihn gewählt, nicht deine Eltern, wusstest du das? Shlomit bedeutet "die Friedfertige ... Kannst du mir sagen, warum du dann im Kriegszustand bist?"

"Ich führe keinen Krieg, Rabbi", antwortete ich und spürte, wie mir eine schreckliche Röte ins Gesicht stieg. Ich bin nicht im Kriegszustand."

"Doch, das bist du ... Du kämpfst gegen deinen Zustand, gegen deine Vergangenheit ... und vergiftest damit deine Gegenwart."

Wie sollte ich auf eine solche Behauptung reagieren, die nur allzu wahr war. Ich senkte den Kopf. Meine Augen blieben wieder an seinen Händen hängen, die immer noch meine Fußsohle umfassten.

"Schmerzt dich die Vergangenheit? Sag nicht, dass noch Reste einer Sklavin in dir stecken ... Schau der Vergangenheit ins Gesicht, ... wie sie auch immer sei. Es ist die einzige Möglichkeit, dich davon zu befreien. Ja, ich weiß ... du wirst mir sagen, dass du sie nur allzu sehr anschaust und du genau darum unter ihr leidest. Ich aber, siehst du, sage dir, nein ... du schaust sie nicht an. Du bist auf die Wunde fixiert, die sie geschlagen hat und kratzt an ihr. Du kratzt so heftig, dass sie sich entzündet und nie vernarben kann. Dann tut sie noch mehr weh und du starrst sie mit deinem leidenden Blick an. So entzündet sie sich immer weiter.

Ich sage dir, meine kleine Schwester, das ist kein Schauen. Was du machst, nennt man erstarren. Wenn du die Vergangenheit in dir erstarren lässt, versteinerst du dich selbst darin und kommst nicht mehr weiter. Du glaubst weiterzugehen, Schritte vorwärts zu machen, doch in Wahrheit bleibst du stecken.

Also ... von nun an wirst du dich für das Glück entscheiden. Du wirst seinen Rosenstock in deine Seele einpflanzen. Das ist der erste Schritt, den du machen musst, bevor er in deinem Körper Wurzeln schlagen kann. Mein Vater wird dir seinen Humus dafür geben ... weil du Ihn immer wieder gerufen hast und ich dich gehört habe.

Du hast beinahe Angst vor dem Glück, nicht wahr? Wie vor einem Fremden, dem du zum ersten Mal begegnest ... Und doch bist du einem Unbekannten entgegengegangen. Genau das hast du getan, als du mich im Schilf getroffen hast. Du hast es gewagt.

Was ist Glück?

Weißt du, Glück ist nicht die Folge einer Anzahl von Ereignissen oder Umständen, sondern die ganz natürliche, spontan auftretende Konsequenz eines bestimmten Zustands des Seins. Es ist eine Entscheidung, die man trifft, nämlich die, noch einen Flügelschlag mehr zu machen, um höher zu fliegen als die Wolken. Du wirst sagen, nur Adler könnten höher fliegen als die Wolken und du seist nur ein kleiner Vogel vom Ufer des Sees ..."

"Ja, Rabbi, genau das habe ich gerade gedacht ..."

"Nun, Shlomit, merk dir das: Jeder Mensch kann und muss Adler werden, wenn er seinem Vater folgen will und das heißt, wenn er sich selbst folgen will in seinem Reich."

"Aber Rabbi, wie soll ich es den schaffen, aufzusteigen, wenn die Erde mich so beschwert und ich mich so nach einem anderen Leben sehne?"

"Hör mir gut zu ... du glaubst mit beiden Füßen im Schotter und Schlamm des Seeufers zu stecken, aber in Wahrheit ist es so:

Wenn ein zu kleiner Teil von dir in dieser Welt verankert ist, so deswegen, weil sich zu viel in dir dagegen wehrt. Du sehnst dich im Grunde nicht nach einem anderen Leben, sondern nach dem Weg, der diese Welt mit dem Ewigen verbindet."

"Kenne ich diesen Weg? Ist er lang?"

"Er ist jedem eingeschrieben ... selbst einem Stein, der in der stillen Dunkelheit des Wassers schlummert. Wem es gelingt, sich wirklich anzusehen, wird Herr über die Länge dieses Weges. Er kann ihn verkürzen, bis er mit dem gegenwärtigen Augenblick zusammenfließt. Ich bin gekommen, um dich das zu lehren: den rechten Blick.

Das menschliche Wesen ist ein Baum, Shlomit. Jeder möchte nur seine Blätter sehen und die Wurzeln so vollständig wie möglich vergessen. Aber in Wahrheit ist der rechte Blick, der Blick der verbindet, jener, der sich dem Stamm zuwendet. In ihm entsteht die Idee von Früchten. In ihm entwickelt sich auch die Kraft, die Versöhnung. Er ist das Herz des Baumes. Was ich bin? ... Ein Stamm! Ein Versöhner, der gekommen ist, um den rechten Blick zu lehren ..."

"Aber wie kann man sich denn wirklich anschauen, Rabbi, was bedeutet es?"

"Frag mich lieber, was es heißt, sich nicht wirklich anzuschauen ... Sich nicht ansehen bedeutet, so zu leben, wie man in dieser Welt eben so lebt. Es heißt, beim Gehen zu schlafen und dabei jeden Moment zu schwätzen, etwas zu verschlingen, zu agieren und zu gestikulieren. Es heißt, von sich selbst getrennt zu sein, während man zugleich meint, man sei das Zentrum der Welt. Kurz, es heißt, mit jedem Atemzug Grenzen zu ziehen.

Merk dir gut, was ich dir jetzt zeige."

Jeshua schwieg einen Moment und ich sah, wie Er am Boden nach etwas suchte. Schließlich fand er einen kleinen Stein, der Ihm zusagte. Nachdem Er ihn aufgehoben hatte, begann Er mit seiner Spitze ein Zeichen auf den schmalen Streifen des sandigen Bodens zu malen, der unsere Matten voneinander trennte. Das Zeichen war ein Quadrat.

"Siehst du, was ich da gezeichnet habe, Shlomit? Das ist unsere Welt in diesem Augenblick. Mit ihrer Schwere selbstverständlich, aber auch mit ihrer Stabilität und ihrem Gleichgewicht. Es ist die Materie, aber zugleich auch dein Haus mit seinen vier Mauern und mit deinem Körper, denn er ist ja der Wohnort deiner Seele. Natürlich kannst du aus diesem Quadrat ein Gefängnis machen. Es kommt ganz darauf an, wie du es siehst, welche Färbung durch deinen Blick entsteht."

Nach einer kleinen Pause, die nur dazu diente sicherzugehen, dass ich Ihm folgen konnte, zeichnete der Meister eine zweite Figur auf den Boden. Es war ein völlig regelmäßiges Dreieck.

"Auch dieses Zeichen stellt das Gleichgewicht dar. Doch diesmal nicht das der Erde, sondern das des Geistes.

Es steht zunächst für die Kraft der Wahrnehmung, dann für die des Ausdrucks und schließlich für die Kraft der geistigen Erhebung.

Aber das ist noch nicht alles ... Das Dreieck spricht auch von Mann und Frau, von der Liebe, die zwischen beiden entsteht und sie in vieler Hinsicht verherrlicht. Es erzählt vom Männlichen und Weiblichen in uns allen, von Sonne und Mond, die in ihnen wohnt und der Hochzeit, die beide eingehen müssen.

Und jetzt pass ganz genau auf ... Wenn man im Quadrat unserer Welt lebt, so nimmt irgendetwas in uns - unabhängig davon, ob man darin glücklich oder unglücklich ist - es auf jeden Fall als etwas Eingeschlossenes wahr. Jede Seite des Viereckes verweist auf die anderen. Alles daran wirft Gegensätze auf. Ist es also etwas Verhängnisvolles.

Das denken viele. Sie sehen in seiner Form die vier Stäbe eines Gefängnisses, die sie in die Horizontale zwingen. Doch ich frage dich, Shlomit ... was sind denn Stäbe in der Horizontalen, wenn nicht die Stufen einer Leiter?

Es gelingt nur sehr wenigen Menschen, ihr Leben in dieser Perspektive zu sehen. Die meisten verstehen nicht, dass man das Rätsel der Vier - also all dessen, was sich vermeintlich entgegensteht, eine fatale und ermüdende Opposition bildet - nur mit Hilfe der Kraft der Drei lösen kann.

Darum ist in den Augen meines Vaters derjenige ein Weiser, der in sich selbst das Wesen der Vier in die Drei verwandeln kann.

Und zwar nicht durch einen Kampf, sondern im Gegenteil, indem er die unwillkürlichen Reflexe und Gesten sein lässt, die von den Gegensätzen bewirkt werden. Wer das tut, stellt sich in die Mitte des Quadrats. Und anstatt seine Blicke auf die Grenzen zu richten, die er sieht, lenkt er seinen Blick direkt über sich. So bewirkt er den Übergang vom Universum des Quadrats zum Dreieck und seine Seele beginnt, sich an ihren Namen zu erinnern ... Es gibt dann nicht mehr nur die Welt und ihn - als Gegensatz, sondern auch den himmlischen Raum, der beide umspannt.

Ist das alles, meine kleine Schwester? Keineswegs! Denn indem er seinen Blick in der Höhe hält, wird jener, der in den Augen meines Vaters ein Weiser ist, selbst ein Punkt in der Höhe. Und weißt du, was er von dort oben sieht, von diesem Punkt aus, der in Wahrheit dem seines Herzens entspricht? Er sieht, dass das Dreieck, das ihm ermöglicht hat, sich in die Vertikale zu erheben, nach und nach selbst von einem anderen Zeichen aufgesogen wird ... Und zwar von diesem ..."

Beunruhigt von dieser Art zu sprechen, die mir noch nie begegnet war, suchte ich erneut die Hand des Meisters, die schon wieder ein anderes Zeichen auf den Boden malte ... Diesmal war es ein Kreuz mit vier gleich langen Balken, scheinbar ein ebenso unbedeutendes Zeichen wie die anderen.

"Ja, Shlomit, das überrascht dich, nicht wahr? Dem Anschein nach ist das Kreuz die Zwei, es ist der Himmel und die Erde - des Universums, wie auch deines Wesens. Doch das Kreuz geht aus dem Licht der Drei hervor. Die Zwei, die es dem Augenschein nach enthält, stellt keinen neuen Gegensatz dar, indem es etwa die Überlegenheit der Drei über die Vier darstellen würde. Es spricht vielmehr von ihrer endgültigen Vermählung in jenem Endpunkt, in dem die Begegnung stattfindet und das befreite Herz dessen, der meinen Vater erkannt hat, sich entfaltet.

Und nun sieh dir diesen Punkt an ... Versuch dich in seiner Mitte zu halten ... Lass ihn sich in Gelassenheit und grenzenloser Liebe in alle Richtungen ausbreiten, in die seine Strahlen gehen.

Was entsteht so? Ein Kreis. Ein einziger Faden, der alles verbindet. Darin liegt also der Weg, den jedes Wesen erkennen und dann innerlich gehen muss, um zum Einen zurückzukehren.

Das Leid des Quadrates wird durch den Ruf des Dreiecks, in die Gegenwart zu kommen, gemildert. Dann erzeugt das Dreieck die Versöhnung durch die Vision des Mittelpunktes im Kreuz ... bis diese Mitte durch ihr schlagendes Herz im Unendlichen den perfekten Kreis der Einheit bildet ..."

"Rabbi", murmelte ich ganz schüchtern. Es gelang mir weniger denn je, seinen Blick einzufangen. "Ich bin nicht sicher, ob ich dem, was du mich da lehrst, gewachsen bin. Ich bin nur die Frau eines Fischers, die viel Zeit damit verbringt, Wolle zu spinnen ... Und wenn ich doch ein wenig davon verstanden habe, was du gezeichnet hast, so zeigt doch das, was du in mir vermutest zwangsläufig, dass ich im Quadrat des Leids eingesperrt bin ... Und das stimmt auch. Denn mein Körper und dieses Leben sind ein Gefängnis für mich.

Und doch ... und doch erfüllt die Gegenwart des Dreiecks schon lange, sehr lange meine ganze Seele. Ich lebe nur in der Hoffnung abberufen zu werden, um mich mit dem Ewigen zu verbinden. Aber warum, warum nur kann mein Blick sich dann nicht erheben, um die Mauern und Gitterstäbe all dessen, was mir so wehtut, wegzuwischen?"

Durch mein Haar, das aus meinem Schleier herausgequollen war, glaubte ich wahrzunehmen, wie ein kleines Lächeln auf Jeshuas Lippen spielte. Es war sanft, schien mir, sanft wie ein Glanz aus Licht, der seinen dunklen, wohlgeformten Bart aufhellte.

"Und hast du schon um Versöhnung gebeten, Shlomit?"

"Ich bitte um Vergessen, Rabbi. Ich bete zum Namenlosen, um es zu erlangen ..."

"Weißt du, dass man niemals vergisst? Vergessen ist nicht das Ziel des Lebens. Was man manchmal vergessen zu haben glaubt, ist nur in unseren Tiefen erstarrt. Die Erinnerungen bleiben, sie werden nicht ausgelöscht. Sie bilden eine Krone, die uns allen die Stirn umkränzt und machen gerade ihre Schönheit aus. Die unter ihnen jedoch, die beim ersten Mal nach Gift geschmeckt haben, denen ist es bestimmt, sich in Juwelen zu verwandeln, sobald sie vom Gedächtnis reingewaschen wurden."

Nicht vergessen! Das Vergessen nicht einmal anstreben zu können ... das kam mir allzu schrecklich vor, meine Freundinnen. Das klang wie ein Verdikt.

Eine Form von Gedächtnis, das besänftigt, das die Erinnerungen verwandelt ... So etwas meinte ich doch verdient zu haben!

"Du verkörperst die Nostalgie, nicht das Gedächtnis, das habe ich dir ja schon gesagt", unterbrach der Meister plötzlich meine Gedanken, in die Er ganz selbstverständlich eingedrungen war. "Hör auf, dich im Kreis zu drehen. Man würde einen Esel verfluchen, der eine Furche gräbt, indem er den Mahlstein, an den er gebunden ist, im Kreis dreht. Doch dir hat niemand einen Packsattel aufgebunden. Wenn du aus dem alten Trott deines Lebensüberdrusses herauskommen willst, Shlomit, dann wirst du mir folgen ... Flügel hast du bereits ... Lass es zu, dass ich dir Füße wachsen lasse. Worauf willst du denn sonst stehen?"

Eine Art Panik ergriff mich. Der Rabbi wollte mich Zebedäus also wirklich wegnehmen? Dazu hatte er kein Recht!

Ich spürte, wie mein gesamtes Wesen sich dagegen auflehnte und dachte nur noch an Flucht. Daher blickte ich auf ... gerade genug, dass Er mit seinem Blick in meinen eintauchen konnte.

Ich muss euch gestehen, dass ich mich am liebsten hinter einem Vorhang aus Tränen verborgen und in den Winkel meiner Seele zurückgezogen hätte, in dem ich mich gewöhnlich zusammenkringelte ... doch das war unmöglich! Die Tränen kamen nicht und der Blick des Meisters ließ mich nicht los.

Und doch war dieser Blick nicht streng, ganz im Gegenteil, er war sehr liebevoll ... Gerade das war das 'Problem'! Hatte Jeshua nicht selbst gesagt, dass er eine hartnäckige Liebe habe?

"Weißt du, Shlomit, man kann sich recht lange damit zufriedengeben, nur im Quadrat zu leben oder sich im Dreieck aufzuhalten, aber es wird schmerzhaft, wenn man von jedem dieser Zustände ein wenig etwas hat, ohne in einem von ihnen verweilen zu können.

Daher kommt dein Leiden. Dein Wesen nimmt schon seit Langem immer wieder Lichtstrahlen auf, die es nach oben ziehen. Du kennst die Welt des Dreiecks. Alles ruft dich dorthin. Aber gerade weil du der Welt des Vierecks entfliehen willst, kannst du dorthin nicht völlig durchdringen, genau das hindert dich daran. Solange die Seele sich der Materie gegenüber versteift, kann sie sich nicht davon befreien. Sie bleibt daran gekettet. Sie zieht dann Prüfungen an, die sie zwingen, noch weiter über sich hinauszuwachsen. Die Welt der Drei ist kein Zufluchtsort, sondern ein Raum, den man in sich selbst über sich selbst gewonnen hat. Es gibt zwei Schlüssel dazu, Vergeben und Mitgefühl.

Verstehst du jetzt besser, was dich noch an diese Welt fesselt und warum? Von unten nach oben und von oben nach unten zu gehen, so leicht, wie du ein- und ausatmest – um dich das zu lehren, bin ich gekommen."

Ich weiß nicht, ob es diese Worte waren, die auf mich wirkten, jedenfalls fiel die Verzweiflung, die mich ergriffen hatte, plötzlich von mir ab. Ich begann, die vier geometrischen Figuren, die der Meister auf den Boden gezeichnet hatte, zu betrachten und alles wurde klar ...

Neben der unterwürfigen Frau dieser Welt, die ein Opfer war, lebte in mir auch eine Rebellin, die einen Graben um sich errichtet hatte, um sich zu schützen. Und wirklich konnte nur das Vergeben einen solchen Graben wieder zuschütten und die Einsamkeit auflösen, die damit verbunden war.

Ich glaube, ich bin sehr lange dagestanden und habe mir die vier kleinen Zeichnungen angesehen, die da nebeneinander am Boden in den Staub gezeichnet waren. Ich erinnere mich noch, dass ich mir vorstellte, wie sie den Weg beschrieben, der von der Spaltung zur Einheit führt, von den Brüchen unserer Existenz zum heilenden Wiedersehen mit dem Leben.

Die Hand des Meisters holte mich aus diesem Zustand. Sie legte sich sanft auf meine, die ich in einer Falte meines Kleides versteckt hielt. Sie ergriff und öffnete sie, um die Handfläche nach außen zu kehren.

"Zeig mir diese Hand, Shlomit ... Sie sagt mir, dass sie zu viel mehr dienen könnte, als nur die Wolle der Schafe zu spinnen. Du denkst sicher, ich versuche, deine Handlinien zu lesen ... Das ist nicht nötig. Es ist ihr Licht, das mich interessiert ... Ja, ich sage, interessiert. Denn gerade durch sie kannst du dich mit dieser Erde versöhnen. Ich werde dir beibringen, sie zu gebrauchen."

Mit diesen Worten ließ Jeshua mich aufstehen. Da er meine Bewegung begleitete, hatte ich den Eindruck, dass ich gehen sollte. So war es aber nicht ... Er bat mich hingegen, ein paar Schritte mit Ihm zu machen.

In der Höhlung eines winzigen Alkovens, der in die Gartenmauer eingelassen war, stand eine schlichte Schale aus grüner Keramik. Er nahm sie in die Hände, hob den Deckel auf und tauchte einen Finger hinein. Als Er ihn wieder herauszog, war er mit einem stark duftenden Öl bedeckt. Ich erkannte den Geruch sofort, ich hatte ihn früher oft gerochen ... beim Onkel ... Es war Myrrhe.

Der Meister strich ein wenig davon auf meinen Hals und machte dabei ein Zeichen. Dann sagte er: "Das ist für die Versöhnung. Der Anfang deines Weges mit mir ..."

Und dann, meine Freunde, bat er mich, ihm ein Gebet nachzusprechen. Es war ein altes Gebet, das man Ihn wohl gelehrt hatte, als er noch ein Kind war. Ich erinnere mich so genau daran, weil ich es ihm immer wieder nachsprechen musste und es mich seit diesem Tag stets begleitet hat. Er nannte es ... das Heilungsgebet. Vielleicht kennt ihr es schon. Aber es macht mich glücklich, es in dieser so ... befreienden Nacht für euch zu sprechen, denn ich habe es noch nie laut rezitiert. Bisher habe ich es stets nur in der Stille meines Herzens bewegt:

"Herr, richte mich auf und vertreibe die Spreu aus mir durch alle Winde des Lebens.

Entnimm den besten Samen aus mir und hilf mir ihn einzupflanzen, selbst in den steinigsten Boden.

Herr, richte mich auf und gib mir die Kraft zu lächeln – zum Regen ebenso wie zur Sonne.

Führe mich dahin, wo die Furchen der Erde mich stärken und dorthin, wo meine Schritte von Deiner Gegenwart in mir zeugen.

Herr, richte mich auf und lehre mich das Lächeln, das zu jenen spricht, die Sturm in sich tragen, ebenso wie zu denen, die weinen.

Durchdringe meine Hände, auf dass in Deinem Namen all die Wunden der Leidenden geheilt werden.

Herr, richte mich auf und mach mich zum Ohr, das Deinen Willen empfängt, zum Blick, der Deine Liebe gibt und zum Widerhall, aus dem Dein Wort erklingt."[17]

Die Zeit steht in mir still ... Während ich die letzten Worte sprach, konnte ich ein leichtes Schluchzen nicht unterdrücken. Auch Miriam ist sehr gerührt. Ich sehe, wie sie leise aufsteht und zum feuchten Sand am Uferstreifen geht, wo die Wellen sich in der Nacht auflösen.

Es ist kühl. Jakobea nutzt die Gelegenheit, unser Feuer noch mehr als sonst anzuschüren. Es knistert, Funken fliegen in die Höhe, dem stockfinsteren Himmel entgegen.

Würde ich ... würden wir bis zur Morgendämmerung durchhalten? Gefühle, auch die schönsten, zehren manchmal doch sehr an unseren Kräften ...

Doch da taucht Miriams Silhouette aus der Dunkelheit auf. Sie kommt wieder auf uns zu. Miriam klatscht kräftig in die Hände und ihre Augen funkeln im Licht der Flammen.

"Herr", ruft sie, und breitet die Arme weit zu uns aus, "richte uns auf und schenke uns Deine Freude!"

Kapitel 6

Der Anfang der Welt

„Also komm, Salome, du wirst doch jetzt nicht aufhören. Du musst uns doch erzählen, was Du sonst noch mit Jeshua erlebt hast ...", ruft Jakobea ziemlich heftig und schüttelt mich am Arm. Es ist schon richtig, dass sie mich ein wenig anherrscht, denn ich kann schon eine ganze Weile nicht weitererzählen. Nicht, dass ich nicht wüsste, wie ich fortfahren soll. Es ist nur meine übliche Schweigsamkeit, in die ich immer so schnell zu rückfalle.

Im Inneren habe ich mir meine Geschichte schon weitererzählt, rede mir aber ein, dass sie niemanden interessiert. Im Grunde weiß ich, dass ich mir etwas vormache. Meine Geschichte ... das ist eben etwas sehr Intimes ... das ist der wahre Grund. Sie ist doch alles, was ich habe.

Jakobea hört nicht auf, an meinem Arm zu rütteln. "Na los Salome." Ihr Ruf klingt durch die Nacht und Myriam stimmt mit ein.

Ja ... meine Geschichte ist alles, was ich habe. Vielleicht ist es ja darum auch so wichtig, dass ich sie aus der Ecke herausziehe, in der sie sich gerne verkriechen würde ... Man sollte diese Welt niemals verlassen ohne restlos verschenkt zu haben, was im Innersten unseres Herzens leuchtet. Der Meister hat mich das gelehrt, aber ich vergesse allzu oft, was das bedeutet. Ich richte mich also auf und schaue tief ins Herz der Flammen, als könne von dort der Anstoß kommen, den ich brauche. Sprechen ... das wird mich immer Überwindung kosten. Nun gut ... Ich werfe mich ins Feuer der einzigen Erinnerung, die mich wirklich leben lässt.

"In der Woche nach unserem Gespräch mit dem Meister mussten Zebedäus und ich uns ständig ansehen. Nicht, dass wir uns bei all den kleinen Alltagsarbeiten beobachtet hätten, nein, ich meine wir sahen uns wirklich an, blickten uns in die Augen; das heißt: Wir haben uns gesehen - und zwar zum ersten Mal. Unsere Ehe war ja arrangiert. Wir mochten uns aber durchaus ... Er hätte gern mehr gehabt, doch wie gesagt lebten wir einfach nebeneinander her.

Diese Blicke, die sich nun ganz spontan zwischen uns ergaben, waren gewiss das einzige Zeichen von Liebe, das wir je teilten. Sie wurden zu einer Art von Zärtlichkeit, die wir uns nie zugestanden hatten, weil wir im Grunde nie Gelegenheit gehabt hatten, Gefährten zu sein ...

Und nun trat Jeshua zwischen uns, um uns zu verbinden. Es war nicht unbedingt die direkte Begegnung mit ihm, sie war eher ein verwirrender Einschnitt in unser Leben. Es war eher seine subtile, unsichtbare Anwesenheit, die uns wie ein Duft umgab und verband.

Eines Abends, das weiß ich noch genau ... nahm Zebedäus meine Hand. Das tat er sonst nie. Wir saßen auf der kleinen Mauer unserer Dachterrasse. Es war mild. Wir betrachteten das Kräuseln der Wellen auf dem See im Sonnenuntergang. Das machten wir manchmal, während wir aufs Gebet warteten. Er sprach dann gerne von seinem Tag, erzählte ausführlich die kleinen Geschichten, die unter Fischern kursierten. Und ich? ... Das kam ganz drauf an. Jedenfalls erwähnte ich mit keinem Wort die allzu große Fülle in meinem Herzen, die letztlich doch nur in eine große Leere mündete.

Zebedäus nahm also meine Hand in seine und sagte: "Shlomit ... Was meinst du? Was machen wir eigentlich aus unserem Leben? Sieh mal ... mein Körper ist von der Sonne verbrannt, meine Augen werden müde und meine Hände sind so rau wie die Bootstaue. Ja ... was machen wir aus unserem Leben?

Wir arbeiten unablässig, wir essen, was es eben gibt und gehen dann schlafen, um am nächsten Tag noch mehr zu arbeiten.

Ich sehe dich ständig Wolle spinnen, Essen zubereiten, reparieren, was zu reparieren ist und suche dabei immer das Lächeln auf deinen Lippen ... genauer gesagt ... auf unseren Lippen.

Ich sehe, wie wir Tag für Tag ein wenig mehr sterben ... und das, obwohl ich mich so nach Licht und Sonne sehne ... und ahne, dass du hinter dem Schleier, der allzu oft dein Gesicht verhüllt, voll innerer Glut bist. Sag nicht, dass das nicht stimmt, Shlomit ... Deine Augen haben es mir in den letzten Tagen ständig offenbart.

Der Rabbi wollte dich ... also, Er wollte, dass du Ihm folgst. War das, ist das auch dein Wunsch? Hättest du eher das Gefühl, wirklich dein Leben zu führen, wenn du mit Ihm ziehen würdest, wie manche es ja bereits tun? Sag es mir ...

Was mich betrifft, das eine kann ich dir versichern ... Wenn ich könnte, würde ich Ihm folgen. Ich habe es satt, jeden Morgen aufzustehen und den gleichen Tag vor mir zu haben. Und in der Synagoge haben sie mir nie etwas über meine Seele beigebracht. Am Ende dachte ich sogar, sie sei vielleicht nur so eine Geschichte, die dazu dient, uns etwas zu verbieten oder uns zu etwas zu zwingen.

So war das, bis ich den Rabbi traf. Ich weiß nicht, was Er mit mir gemacht oder in meinem Inneren bewegt hat ... Aber wenn Er dich hier herausholen und dich lehren kann, freier zu atmen ... so folge ihm. Ich habe nichts dagegen."

"Und du kommst nicht mit?"

"Wer soll denn dann fischen? Wer, dir Geld für Essen und Kleidung geben? Wenn das das Glück ist, das ich dir bieten kann, so nimm es, bevor ich nicht mehr die Kraft habe, dir die Tür zu öffnen. Und außerdem ... ist das noch immer weniger schmerzhaft, als dich einen Boden fegen zu sehen, auf dem es nichts zu fegen gibt."

Am nächsten Tag verließ ich das Haus, obwohl ich nicht einmal wusste, wo der Rabbi Jeshua war. Ich hatte nichts weiter dazu zu sagen ... Es war stärker als alles andere. Ich fühlte mich wie ein kleiner Vogel, dessen Käfig auf einmal aufgeht, der nicht einmal weiß, ob er fliegen kann, und den doch alles drängt, sich ins Offene zu stürzen.

Ich weiß nicht, ob Zebedäus auch nur einen Augenblick lang in Erwägung gezogen hatte, dass ich es wagen würde ... Jedenfalls nahm er sein Angebot nicht zurück. Manchmal denke ich, er war erleichtert, meinem inneren Unmut nicht mehr ausgesetzt zu sein. Doch im Grunde überzeugte mich vor allem der Gedanke, dass er mich glücklich wissen wollte ... falls das in dieser Welt überhaupt möglich war.

Ausgerüstet mit ein wenig Geld und der bescheidenen Umhängetasche, die ich selbst gewebt hatte, verließ ich Bethsaida aufs Geratewohl über den Küstenweg, der nach Kapernaum führte.

In dieser Gegend, so sagte man, hielt sich der Rabbi Jeshua am häufigsten auf.

Ich hatte natürlich keine Ahnung, ob Er mich überhaupt in sein Gefolge aufnehmen würde und wusste auch nicht, wovon ich leben sollte ... also genau dieselben Fragen, die du dir auch gestellt hast, Jakobea!

In diesen Stunden, in denen ich gezwungen war, mich unter all die Leute zu mischen, die auf der Uferstraße unterwegs waren, all die kleinen Gruppen und Händler, wurde mir erst richtig die Glut bewusst - um das Wort von Zebedäus wieder aufzunehmen - die in mir war. Gewiss hatte ich auch Angst, genau wie ein kleiner Vogel, doch gleichzeitig berauschte ich mich an einem Gefühl, das ich bisher nicht gekannt hatte, dem Gefühl absoluter Freiheit.

Zum allerersten Mal in meinem Leben war ich frei. Noch die geringste Geste konnte ich selbst bestimmen. Und ich war frei, zu entscheiden, wo ich hinging und wann ich dort ankam oder auch nicht ankam!

Immer wieder wagte ich, meinen Schleier zu heben, um zu fragen, ob man etwas von einem Rabbi namens Jeshua gehört habe und wisse, wo er sei. Niemand war sicher, wer er war, noch wo er wohnte, aber alle hatten schon von ihm gehört.

"Willst du mit ihm ziehen?", fragte mich plötzlich eine alte Frau, die etwa eine Meile neben mir herging. Nimm dich in Acht ... Man erzählt sich alles Mögliche von ihm. Er scheint eine seltsame Magie auszuüben und außerdem ... soll er sich vor allem mit vielen Frauen umgeben. Hast du etwa schon einmal einen Rabbi gesehen, der seine Zeit mit Frauen verbringt? Nun ja ... Du findest ihn bestimmt in einem dieser kleinen Lehmhäuser, die am Ende des Dorfes Richtung Migdel stehen. Man sagt, dass Er oft da übernachtet."

Ich kam gegen Abend dort an und sah die kleinen Häuser ... Es waren eher Hütten, wie die Fischer sie bauen, um ihre Netze zu lagern und sich auszuruhen. Es wehte eine warme Brise und die Luft roch gut.

Während ich auf die Hütten zuging, sah ich, dass zwischen ihnen und dem Ufer ein paar Feuer angezündet worden waren.

Man sah Umrisse von Menschen, die sich um die Flammen gruppierten, so wie wir es heute Nacht tun. Und es waren Männerstimmen zu hören, einige davon so laut, dass meine Vertrauensseligkeit nicht gerade gestärkt wurde.

Ich bekam vielmehr Angst, liebe Freundinnen, und entfernte mich wieder. Doch wohin sollte ich gehen? Nicht weit von da hatte ich einen Olivenhain gesehen. Dorthin zog ich mich zurück, in der Hoffnung, dass mich niemand gesehen hatte. Wenn es schon kein hohes Gras gab, so war doch gewiss irgendwo ein Baumstamm, an den ich mich lehnen konnte. Was sollte ich denn sonst tun?

Es war die erste Nacht meines Lebens, die ich so verbringen würde. Völlig allein in der Natur! Eine ganze Weile dachte ich, ich musste wohl verrückt geworden sein, um einen solchen Sprung ins Ungewisse zu tun. Das war doch völlig unsinnig. War es möglich, dass Zebedäus mich loswerden wollte, indem er mir vorschlug einfach so wegzugehen?

Wie ihr euch denken könnt, nahm ich mir vor, wach zu bleiben. Bis zur Morgendämmerung musste ich durchhalten und dann würde ich mir etwas einfallen lassen.

In der Ferne verstummten die Stimmen der Männer allmählich und die nächtliche Dunkelheit erleichterte es mir, mich im Schutz eines Stammes auf den Boden zu kauern.

Ich weiß nicht, ob ich vor Kälte erstarrt, oder mir im Mantel, den ich aus der Tasche geholt hatte, eher zu heiß war. Ich erinnere mich bloß, dass mein Nacken langsam steif wurde.

Wie lange ich in diesem Zustand verharrte, ist schwer zu sagen. Ein Geräusch schreckte mich schließlich daraus auf. Es war ein undefinierbares Rascheln, begleitet von einer leichten Berührung meines Kopfes ... als hätte mir jemand ganz, ganz sachte übers Haar gestrichen. Ich fuhr hoch, weil ich dachte, es sei ein Tier und setzte mich auf. Seltsamerweise empfand ich keine Angst mehr. Ich hatte sogar das Bedürfnis aufzustehen und um meinen

Baum herumzugehen. Da bemerkte ich ein erstaunliches Licht, das hinter dem nächsten Olivenbaum aufzusteigen schien.

Ohne zu überlegen ging ich darauf zu. Ich wollte um den Baum herumgehen und nachsehen, was da ein so sanftes Licht verbreitete.

An den Stamm des Baumes gelehnt stand da ein Mann. Noch immer hatte ich keine Angst ... Seine ganze Gestalt war so hell wie der Mond. Ich war sicher, dass er nicht schlief sondern betete. Unwiderstehlich angezogen näherte ich mich ihm und da erkannte ich ihn sofort. Es war der Rabbi Jeshua in seinem langen Gewand, mit seinem dunklen, so wohlgeformten Bart ...

Bevor ich auch nur die kleinste Geste machen konnte, öffnete Er die Augen und betrachtete mich, ohne überrascht zu sein, als sei es völlig normal, dass ich da war und Er auch.

“Das ist gut, Shlomit, diesmal musste ich wenigstens niemanden nach dir schicken.” Dann nahm Er mich beim Arm und fügte hinzu: “Kommst du mit? Ich habe dir einiges zu zeigen.”

Ohne mich loszulassen drehte Er sich nach seinem Olivenbaum um und streckte die andere Hand danach aus, als wolle Er seine knorrige Rinde fassen. Dann nahm Er mit einer langsamen, gezielten Geste ein Stück davon zwischen die Finger und bewegte es nach rechts und links, wie man einen Vorhang aufmacht. Glaubt mir, Miriam und Jakobea, der Baum öffnete sich weit. Er wurde zu einem Vorhang, der sich auffaltete, um eine Art ... Eingangspforte zu bilden, die sich auf unbekannte Räume öffnete.

Ich war nicht einmal besonders erstaunt. Ich war nicht mehr ich selbst, denn mein ganzer Körper hatte auf einmal ebenfalls die Farbe des Mondes angenommen, genau wie der des Meisters.

“So, folgst du mir?”

Ich folgte Ihm ... und wir drangen in den Baum ein, der keiner mehr war. Ich kann unmöglich sagen, in was für einem Raum wir uns da aufhielten, der Meister und ich. Die Rinde hatte sich wohl hinter uns geschlossen. Vollständige Dunkelheit umgab uns.

Selbst unsere Körper hatten ihr milchiges Leuchten verloren. Schlagartig fühlte ich mich in einer Art Leere. Ich wusste nicht einmal, ob meine Füße noch auf irgendetwas standen oder ob ich mitten im Nichts hing. Einzig und allein Jeshuas Stimme zeigte mir, dass ich noch existierte.

"Setz dich", sagte sie, als sei an unserem Zustand gar nichts Ungewöhnliches. Ich setzte mich also ... Worauf? Davon habe ich keine Ahnung.

"Wir werden uns unterhalten, Shlomit ... aber du muss wirklich zuhören und mir die Wahrheit sagen." Ich hatte den Eindruck, dass der Rabbi mir genau gegenübersaß ... Doch seine Stimme schien von überall her zu kommen, vielleicht sogar aus dem Inneren meines Kopfes.

"Nicht nur so ungefähr", sagte die Stimme ... "Wahrhaftig! Also, deine Seele möge meiner ohne Fehl antworten ... Wenn du mich gerufen hast, wenn du mich gehört und gesucht hast, so heißt das, dass du leidest, Shlomit. Kannst du mir sagen, wie deine Krankheit genau heißt?"

"Ich weiß es nicht, Rabbi ..."

"Wieso weißt du es nicht?"

"Das weiß ich auch nicht ..."

"Du weißt also nicht, warum du es nicht weißt?"

"Vielleicht, weil ... ich weiß, dass es mir wehtun würde, es zu wissen."

"Und warum verkündest du, dass es dir wehtun würde? Hat man dir das gesagt?"

"Das spüre ich ..."

"Und du willst natürlich keine Schmerzen haben ... du leidest lieber weiter so wie bisher. Warum nur?"

"Vielleicht, weil ich dieses Leiden schon kenne."

"Du bist daran gewöhnt, ist es das? Es kreist in dir und du drehst dich in ihm, nicht wahr?"

"Ja ..."

"Und willst du diesen Kreis nicht durchbrechen?"

"Natürlich ... das wünsche ich mir von ganzem Herzen, Rabbi ... ich weiß nur nicht, wie ich es machen soll."

"Kannst du mir sagen, warum du nicht weiß, wie du das machen sollst?"

"Wahrscheinlich, weil ich Angst habe ... vor dem, was außerhalb dieses Zirkels liegt und mir völlig fremd ist."

"Du hast also Angst vor einem Zustand, von dem du nichts weißt ... würdest du auch eine Frucht ablehnen, die du noch nie probiert hast?"

"Ich weiß es nicht ..."

"Und warum weißt du es nicht?"

"Weil ich noch nie in einer solchen Situation war."

"Meinst du? Was machst du dann hier? Bist du nicht heute Morgen von zu Hause aufgebrochen? Kannst du mir von dem ganz neuen Gefühl erzählen, das dabei entstanden ist."

Ich weiß noch, dass ich mir Zeit nahm, um nach den richtigen Worten zu suchen.

"Es war wie ein Aufatmen, Rabbi, und seltsamerweise habe ich gar keine Angst."

"Das ist nicht seltsam, meine kleine Schwester, du hast keine Angst, weil deine Erkenntnis eingesetzt hat. Du beginnst, es zu kennen. Bis heute Morgen wusstest du den Weg. Er war bereits in deinem Kopf. Nun aber kennst du ihn. Du hast ihn in deine Beine verlagert. Du hast gewagt, ihn zu gehen. Du hast gewagt, den Weg zu gehen, der dich dir selbst näher bringt ..."

"Eher dir, Rabbi."

"Siehst du da einen Unterschied? Der Weg des Wagemutes ist derjenige, bei dem du deine Füße gebrauchst. Du wirst ihn in deinem ganzen Körper wahrnehmen und immer wiedererkennen."

"Nicht in meiner Seele?"

"Ein Weg ist zunächst aus Erde gemacht, aus etwas Körperlichem."

"Ich denke, an diesem Weg habe ich mich schon längst abgearbeitet."

"Da irrst du dich. Du hast ihn nicht einmal eingeschlagen ... Du bist ihm vielmehr stets ausgewichen. Das ist ja gerade das Problem."

Ich wollte widersprechen.

"Du kennst meine Geschichte nicht, Rabbi!"

"Glaubst du das wirklich? Ich lese sie jeden Augenblick in dir. Und sie umgibt dich auch, ist überall um dich herum eingeschrieben. Ich sehe da eine kleine Verkaufsbude ... und einen Mann, der dich alle Männer fliehen lässt. Stimmt das etwa nicht?

Mein Schweigen war die einzige Antwort.

"Natürlich war es so, Shlomit. Hast du dich einmal gefragt, warum du vor eine solche Prüfung gestellt wurdest? Wir werden nicht versuchen, das gemeinsam herauszufinden. Das 'Warum' gehört zur Geschichte deiner Seele und ich möchte dein Leid nicht vergrößern, indem ich zu sehr darin herumbohre.

Du weißt, wie es ist ... Wenn man die Erde bearbeitet, pflügt man sie, um sie von ihren großen und kleinen Steinen zu befreien, in der Hoffnung, sie fruchtbarer und leichter bearbeitbar zu machen. Doch wer den Pflug zu tief führt, findet nur Felsen. Man stößt sich dran und befindet das Land dann zu hart, um die Saat aufzunehmen.

Für den Menschen gilt das Gleiche. Sein Gedächtnis ist eine Art Erde, die vom Keimen tausendfachen Lebens zeugt. Sie hat ihr Schwemmland, ihre Kiesel und Steine und ihren Sand.

Wenn man sich intensiv daran macht, sie aufzureißen, tiefer und tiefer in ihr zu graben, um mit Gewalt etwas wie einen harten Kern daraus hervorzuholen, verwandelt man das Loch in eine klaffende Wunde, die sich entzündet. Man soll nur tief schürfen, wenn man sicher sein kann, dass ein wahrhaftiges Licht daraus hervorbricht ... wie klares Wasser auf dem Grund eines Brunnens.

Die wirklich schönen Brunnen sind kostbar und selten, weißt du ... Und so wird man nicht unbedacht in einem Gedächtnis herumbohren, wenn man es nicht entzünden will. Wenn es eine rechte Zeit gibt, um sich zu erinnern, so deswegen, weil das Vergessen seinen Sinn hat. Das Vergessen der tieferen Gründe ist nicht die Frucht des Unbewussten, sondern der göttlichen Weisheit meines Vaters. Diese göttliche Weisheit möchte uns lediglich Geduld lehren, Hartnäckigkeit und Stehvermögen sowie Mut und allem voran Vertrauen.

Ja, Shlomit, Vertrauen, dass wir genau das durchmachen, was wir brauchen, um endlich wieder wir selbst zu sein. Damit meine ich nicht eine Lehre, die den Rücken krumm macht ... Im Gegenteil, ich bin jemand, der das Rückgrat aufrichtet. Ich bin gekommen, um den einzigen Kampf zu lehren, der rechtens ist, nicht all diese Kämpfe, welche die Seele nur erschöpfen und vergiften. Ich lehre die Revolution, doch gewiss nicht die hundertfachen kleinen Aufstände jedes Einzelnen.

Wie alle Seelen, die an einer Wunde leiden, wird auch deine nur heilen, wenn du aufhörst, ständig dorthin zu starren, wo es wehtut. Offen gesagt kann ich dir versichern, dass keine Heilung bewirkt wird, indem man sich von einer Welt oder einer Zeit abwendet, ja nicht einmal indem man eine Beleidigung vergisst. Heilung erreicht man durch das Geben. Die Gabe holt das Opfer aus dem Sumpf von Ablehnung und Bestrafung, die sich endlos aufs Neue gegenseitig hervorbringen. Die Gabe macht das Wesen wieder so, wie es der Ewigkeit gegenübersteht. Sie ist Gesundheit. Sie ist Frieden.

Ja, ich höre dich Shlomit ... Du willst mir sagen, dass du doch nie müde wurdest, zu geben, zu dienen, zu ertragen. Das stimmt. Ich sehe es in deinem Herzen, dem Herzen einer Frau. Doch du hast dich allzu oft so verhalten, wie das Opferlamm sich der Grausamkeit der Welt gegenüber verhält, jenes Lamm, das von Geburt an überzeugt ist, dass es geopfert wird, weil das aufgrund der herrschenden Brutalität nun mal sein Schicksal ist.

Ich sehe das Lamm in dir, Shlomit ... Doch ich sehe auch den Widder, der sich dahinter versteckt. Ihn möchte ich nicht wecken. Weder Lamm noch Widder können Frieden stiften.

Was ich dich lehren möchte, hat noch keinen Namen unter den deinen ... Es ... ist ein lächelndes Über-den-Dingen-Stehen. Es ist die Kultur des rechten Blicks.

Nun ja ... ich habe gesagt 'unter den deinen' und dabei die Frauen und Männer dieser Welt gemeint, denn was auch immer deine Geschichte ist, sie alle gehören zu deiner Familie, genau wie du zu meiner gehörst. So weise keinen von ihnen ab, selbst wenn alles an ihnen Anlass dazu gibt, sie abzuweisen.

Jeder Lehrende kennt die Kraft einer Ohrfeige. Er hat gelernt, sie nur dann einzusetzen, wenn sie eine Lektion sein soll. Und dadurch hat er eine höhere Ebene erklommen, den Raum, wo es keine Verletzungen gibt, nur Verständnis für das, was stimmig ist.

Und so lege ich den Samen des Lehrens in dich, denn du wirst durch den Geist der Gabe, die in ihm keimt, gesund werden.

Tritt ein in die Schule derer, die vom Allerhöchsten sprechen, dann wirst du, indem sich dir der Horizont der Heilung offenbart, fähig sein, deine eigenen Wunden zu schließen."

Mit dieser Aufforderung war die Stimme des Meisters in der Dunkelheit auf einmal verstummt. Sie ließ mich plötzlich allein. In meinem Kopf herrschte Leere. Ich war unfähig zu denken und mein Herz fühlte sich dermaßen ausgedehnt an, dass es wehtat. Was sollte ich tun? Mich bewegen? Mich nicht bewegen? Beten? Gar nichts, vielleicht ... nur den gegenwärtigen Augenblick leben. Denn in Wahrheit ging es mir, auch wenn das Herz in meiner Brust zu explodieren drohte, gut, unglaublich gut sogar.

Nach und nach erschien mir die Dunkelheit, die mich umgab weniger dicht. Sie schien sich von innen heraus aufzuhellen, vermutlich war sie der Spiegel der Veränderung, die in meinem Inneren vor sich ging.

"Rabbi!", rief ich plötzlich, "Rabbi!"

Ich wollte ihm unbedingt sagen, welche Kraft ich in mir aufsteigen fühlte.

Doch da merkte ich, dass ich nicht mehr in den Tiefen des Raumes war, den der Meister mir aufgetan hatte. Ich lag zusammengerollt auf dem Boden am Fuße meines Baumes.

Der Morgen dämmerte und mein Körper tat mir weh. Ich stand langsam auf und schaute mich um. Feine Nebelstreifen hingen in der Luft. Die Natur schien ebenso erstarrt zu sein, wie ich es war. Ich machte ein paar Schritte unter dem tief hängenden, zarten Laub der Olivenbäume, ging einfach ein wenig umher, so viel weiß ich noch. Was war mit mir geschehen? Es war wohl kaum möglich, dass ich eine solche Reise, eine solche Begegnung geträumt hatte! Außerdem war noch immer diese Kraft in mir. Sie dauerte an und fühlte sich an wie Freude. Wenn ich die Mulde unter den Baumwurzeln gar nicht verlassen und mir nur im Schlaf eingebildet hätte, mit Jeshua im Olivenbaum zu sein, wie sollte man dann den Lebenshauch nennen, der mich so bewegte?

Ja, es musste Freude sein! Ich ordnete meine Kleider und mein Haar, schüttelte den Staub heraus und ging ohne lange nachzudenken zum Weg, um so schnell wie möglich zum Ufer zu kommen. Die Hütten vom Vorabend waren wieder zu sehen und mit ein wenig Glück war dort auch der Rabbi. Er war doch sicher jemand, der bei Sonnenaufgang aufstand ...

Nachdem ich über wuchernde Kräuter, Sandboden und Schotter gestolpert war, sah ich eine Gruppe von fünf bis sechs Männern, die hüfthoch durchs Wasser wateten, um zu einem wuchtigen

Boot zu gelangen. Es waren natürlich Fischer. Vielleicht konnten sie mir sagen ...

Als ich endlich in ihrer Nähe war, drehte sich einer nach mir um. Er hatte im Tosen der Brandung meine Anwesenheit wohl eher erahnt als gehört.

Mein Herz machte einen Satz ... Es war der Rabbi Jeshua Selbst. Er blieb einen Augenblick stehen, lächelte mir zu und meinte mit sanfter Stimme: "Willst du ins Boot steigen und mit uns fahren, Shlomit?"

Kein Laut hat sich wohl meinem Busen entrungen, doch ich stieg ohne das leiseste Zögern ins Wasser. Es war zu dieser frühen Stunde so kalt! Noch heute weiß ich, wie die Kälte in meine Beine biss, ein völlig neues Gefühl. Warum hatte ich das bloß in all den Jahren, die ich mit Zebedäus verbracht hatte, nie empfunden? Warum war ich nie so tief ins Wasser gestiegen? Hatte Zebedäus mir nie die Gelegenheit dazu gegeben oder hatte ich es stets abgelehnt? Das hätte ich nicht sagen können ...

Einer nach dem anderen kletterten die Männer ins Boot, dann kam Jeshua dran. Sobald sie an Bord waren, reichten mir Er und ein Fischer, dessen Gesicht mir bekannt vorkam, ihre Hände, um mir über die Reling zu helfen. Ich ließ es zu ...

Meine Gedanken standen still. Alles in meinem Kopf schien zu schweben. Es war, als hätte ich auf einmal einen ganz anderen Sinn in meinem Leben entdeckt, eine andere Art zu sein, die in ihrer Selbstverständlichkeit schon immer irgendwo gewartet hatte ...

Doch dieses momentane Glück war von kurzer Dauer, liebe Freundinnen, denn sobald ich den Fuß auf den Boden der Barke gesetzt hatte, überfiel mich ein fürchterliches Schamgefühl. Wie soll ich euch das erklären? Stellt euch vor ... das Wasser hatte den alten, verwaschenen Stoff des Kleides an meine Beine geklebt. Es sah aus, als sei ich bis zur Hüfte halbnackt. Ich schrie auf und hockte mich rasch in den Rumpf, während die Fischer anfingen zu lachen. Einen Augenblick lang dachte ich, alles Leben sei aus mir gewichen. Ich war bis ins Mark erschüttert.

Da hörte ich, wie Jeshua sehr laut ein Wort sagte, das ich zwar nicht verstand, aber alle sofort zum Schweigen brachte.

Dennoch war es mir unmöglich, meine Augen vom Boden des Kahns zu heben, als seien sie dort festgenagelt. Erst als ich spürte, wie sich die Hand des Meisters auf meine Schultern legte, erst auf die eine, dann auf die andere, gelang es mir, schüchtern aufzublicken. Seine Hand bedeckte mich mit einem großen Tuch.

"Weiß du, meine kleine Schwester ... Es gibt eine Weisheit, die im Laufe des Lebens ständig wandert und in Bewegung ist. Es ist die Weisheit unseres Vaters, des Vaters von uns allen, des Allerhöchsten. Diese Weisheit gibt uns immer genau das, was wir brauchen, um weiterzukommen. Genau dafür ist sie da. Wenn wir Ängste haben, richtet sie es so ein, dass wir damit konfrontiert werden, bis wir lernen, stärker zu sein, als sie. Wenn wir unkontrollierte Begierden und Gelüste haben, verschafft sie uns Gelegenheiten, sie zu befriedigen, bis wir die Absurdität unseres Verlangens entdecken und ihrer überdrüssig werden. So ist sie eben ... Sie lehrt uns mit Hilfe des Gesetzes der Wiederholung. Verstehst du? Du musst eines wissen, so lange du dich deines Körpers schämst, wird die Weisheit des Ewigen Umstände schaffen, die dich zwingen, diese Scham zu überwinden."

Der Meister hatte mir diese Worte ins Ohr gesagt. Als Er fertig war, hatte ich endlich den Mut, den Kopf zu heben. Er war schließlich vor mir in die Hocke gegangen. Noch nie hatte ich Ihn so ernst gesehen. Seine Augenbrauen waren zusammengezogen, als habe Er mir die wichtigste Sache von der Welt anvertraut.

Doch auf einmal kam mir eine rebellische Frage über die Lippen, ohne dass ich das Gefühl hatte, sie selbst zu formulieren.

"Aber Rabbi ... ist eine Weisheit, die so handelt denn nicht böse? Du sagst: "Da wo es dir wehtut, wird der Ewige den Finger drauflegen, um dir noch mehr wehzutun. Wo ist da die Gerechtigkeit. Wo ist da Liebe?"

"Überall Shlomit, außer dem Anschein nach. Du musst nur verstehen, dass die Augen meines Vaters nicht so sehen wie die Augen der Menschen. Momente wie der, den du gerade erlebt hast, werden dir auf deinem Lebensweg immer wieder begegnen, so lange du sie fürchtest.

Überwinde deine Ängste, gib ihnen den Laufpass, das wird dein Leben dir immer wieder sagen, benenne sie und setze dich über sie hinweg. Dann werden sie verschwinden.

Lieben ... das ist nicht nur streicheln, weißt du. Lieben heißt, wenn es sein muss, auch zu sagen: "Richte dich auf!"

Darum hat die höchste Weisheit alles für dich eingerichtet. Das ist ihre Rolle, damit du nach und nach Herr deiner Ängste und Herr deiner Selbst wirst. Es ist ganz gleich, wie lange du dafür brauchst ... Die Liebe ist eine Brücke, welche die Zeit überwindet. Kein Mensch auf dieser Welt kennt ihren genauen Verlauf, wenn er sich nicht über sich selbst erhebt. Willst du weiterhin nur kriechen?"

Ich kann euch sagen! Die letzten Worte haben mich richtig verletzt. Der Meister sah also nichts weiter in mir als ein Insekt oder eine sich auf dem Boden windende Schlange?

"Ich krieche nicht, Rabbi!", rief ich so laut, dass sich alle nach mir umdrehten. Ich weiß noch, dass unser Boot in diesem Moment begann zu schwanken. Wir waren schon weit vom Ufer entfernt und unser kaum geblähtes Segel begann im Wind hin und her zu schlackern.

"Ich krieche nicht!", wiederholte ich noch einmal.

Da sah ich, wie ein ganz anderes Leuchten in die Augen des Meisters kam. Er stand auf und sagte mit breitem Lächeln zu mir: "Gut ... dann steh auf, Shlomit!"

Ohne zu überlegen stand ich auf, denn ich war wütend. Es war eine von diesen sehr alten Arten von Wut, die in uns von sehr, sehr weit her kommen. Solch eine Wut, wie man sie vielleicht ein ganzes Leben lang erstickt hat, oder gar länger. Es war ein Freiheitsdrang.

Ich merkte, dass mein Kleid noch immer an meinen Beinen klebte. Aber keiner der Fischer schaute in meine Richtung.

Ich war allein, allein mit Jeshua, der mich aus den Augenwinkeln anlächelte. Und es war mir egal, was Er von mir dachte und wie ich wirkte.

"Es ist gut ...", sagte Er sanft. "Jetzt fängst du an zu leben."

"Wieso?"

"Zum ersten Mal hast du aufgehört, dich zu beobachten, Shlomit. Du hast vergessen, dich als Opfer zu sehen."

Ich gab keine Antwort. Er hatte vollkommen recht. Dann setzte ich mich still in den hinteren Teil des Bootes und legte den Kopf auf die Knie.

Es war seltsam ... Diese Wahrheit, die der Meister so plötzlich zu Tage gefördert hatte, hätte meinen inneren Aufruhr eigentlich anstacheln müssen, doch das Gegenteil war der Fall. Als sei ein Abszess in meiner Seele aufgestochen worden, fühlte ich mich spontan völlig erleichtert.

So handelte Er ja oft, wie ihr wisst. Er trieb ein Gefühl auf die Spitze, bis das Leid sich zeigen, der Schmerz hervorbrechen musste, und sprach dann, wenn die Maske erst einmal gefallen war, in aller Ruhe eine Wahrheit aus, die uns zu uns selbst zurückführte. Dann hüllte Er uns in seine Zärtlichkeit ...

Da kommt Jakobeas Stimme durchs Halbdunkel. Sie kommt im richtigen Moment, finde ich, denn meine Stimme begann mir gerade in der Kehle steckenzubleiben.

"Ja, Salome, genau diese Art hat mich auch so oft dazu gebracht, mich innerlich zu bewegen. Vor allem diese ausgeprägte Zärtlichkeit am Ende, die mich dazu einlud, mich mit mir selbst zu versöhnen, weil sie allein alle denkbaren Antworten enthielt."

Über die langsam erkaltende Glut unseres Feuers hinweg suche ich Miriam. Sie scheint in Gedanken versunken zu sein ... Doch da öffnet sie die Riemchen ihrer alten Leinentasche, greift hinein und holt wie gewohnt eine Handvoll jener Kräuter heraus, die sie so liebt und die, um uns die Seele zu öffnen, bald die Luft mit Duft erfüllen.

"Du schweigst, Miriam ..."

"Ja, diese Zärtlichkeit ... Ich habe mich einfach gefragt, warum wir alle, sowohl Männer als auch Frauen, unfähig sind, eine solche Zärtlichkeit zu geben."

"Du hast so viel davon in dich aufgenommen, du kannst uns doch bestimmt etwas darüber beibringen."

"Ich kann euch nur sagen, was mir jetzt gerade einfällt. Wie könnte man eine Zärtlichkeit wie seine je in irgendeine Lehre fassen. Sie war ... sie ist ... die reife Frucht eines perfekten Baumes, eines Baumes, der mit Himmel und Erde absolut eins ist.

Das ist es ... Diese Zärtlichkeit ist die Frucht der Einheit. Aus ihr spricht der Ewige in Ihm. Sie drückt die Ewigkeit in seinem Herzen aus ... ohne einen Blick auf das Gestern, ohne eine Absicht für morgen, einfach nur da ... ohne Urteil, anwesend im gegenwärtigen Moment, den wir noch unfähig sind, voll auszukosten. Sie ist ... jenseits der Wahrnehmung von Gut und Böse. Es ist eine Welle, die direkt vom Klaren Licht kommt ..."

Miriams Kräuter verglühen gerade vollends in der Glut. Ihr Duft ist ihre Seele, denke ich bei mir. Er vermischt sich mit unseren

Seelen. Zweifellos ist es dieser Duft, noch viel mehr als das Ziel, das ich mir für diese Nacht gesetzt habe, der mich nun wieder zu meinen Erinnerungen zurückführt. Er lässt Bilder vor meinen Augen entstehen.

Schon bin ich nicht mehr am Strand, höre nicht einmal mehr den klagenden Gesang der Wellen auf dem feuchten Sand. Ich bin wieder dort ... im lebendigen Hohlraum dieser Zeit, die immer noch irgendwo existiert ...

"Rabbi, wohin fahren wir?"

Ganz hinten im Boot zusammengekauert, beobachtete ich lange, wie der Meister mit den Fischern sprach und seine Befehle gab, so viel weiß ich noch. Aber musste Er denn überhaupt Befehle geben? Eigentlich nicht ... das war gar nicht nötig. Er verlangte etwas oder wünschte sich etwas und sein Wunsch übertrug sich auf jeden, wie ein Liebesdienst, den man mit Freuden erfüllt.

"Shlomit, wir fahren ... dorthin wohin man mich heute Morgen gerufen hat. Siehst du die weißen Mauern, die sich dort am Ufer hinziehen, direkt vor uns, gleich neben dem Turm? Das ist Migdel[18]. Es gibt dort eine Frau, die schon länger als einen Tag nicht gebären kann und große Schmerzen hat. Kein Arzt konnte etwas für sie tun. Wirst du mir helfen, ihr zu helfen?"

Diese unerwartete Frage des Meisters brachte mich so aus der Fassung, dass ich dachte, Er mache nur Spaß, um mich zu prüfen.

"Dir helfen? Aber ich bin ja überhaupt noch nie bei einer Geburt dabei gewesen."

"Eben ... Siehst du, wie mein Vater wieder einmal jeden deiner Schritte lenkt? Er hat an alles gedacht ..."

Wenig später legte unsere Barke an einer der vielen Bootsanlegestellen an, aus denen das Ufer von Migdel besteht. Den dumpfen Klang von Holz, das aneinanderschlägt, sowie das Knirschen flugs gelegter Stricke trage ich noch in mir. Der Rabbi war rasch an Land.

Das Dorf war noch kaum erwacht, doch da standen bereits rund zehn Personen, die ungeduldig auf Ihn warteten. Alle verbeugten sich geflissentlich vor Ihm. Ich sah sogar eine alte Frau, die ihre Stirn auf seine Füße legte.

Ich muss euch sagen, meine lieben Schwestern, dass ich bei alledem lediglich ein wenig dumm zuschaute und keine Ahnung hatte, wie ich mich verhalten sollte. Ich fragte mich, wie es möglich war, dass ich mich spontan einem Mann, den ich letztlich so wenig kannte, so nahe fühlte und der so viel Respekt und Inbrunst hervorrief. Sicher, Er war ja Rabbi. Aber war ich selbst denn so unwissend, ahnungslos oder leichtsinnig?

Es fiel mir schwer, mit unserem kleinen Trupp von vielleicht fünfzehn Leuten beim Gang durch die engen Straßen des Dorfes überhaupt mitzuhalten, denn die meisten waren Männer, die heftig gestikulierend weit ausschritten.

All diese Leute blieben schließlich abrupt vor einer winzigen Lehmhütte stehen. Gegenüber hatte sich etwa die Hälfte aller Frauen des ganzen Dorfes versammelt. Manche beteten, andere weinten, während ein alter Rabbi zwischen den Schwaden des angezündeten Rauchwerks umherschritt.

Bei unserer Ankunft herrschte augenblicklich Stille. Ohne Weiteres bahnte sich der Meister sogleich einen Weg zur Tür der bescheidenen Wohnstatt. Als Er auf der Schwelle stand, wandte Er sich plötzlich um. Seine Blicke schienen in der Menge jemanden zu suchen.

"Shlomit ..."

Als mein Name über die Köpfe hinweg erklang, reagierte ich nicht sofort. Ich konnte doch gar nicht gemeint sein ... Er musste ein zweites Mal ertönen bis ich begriff, dass hier wohl niemand anderes so hieß.

"Shlomit! Kommst du?"

Das Gesicht in den Schleier gehüllt, ging ich so schnell wie möglich vorwärts, voller Scham, so herausgehoben zu sein.

Das Beten und Weinen hatte aufgehört. Niemand sprach ein Wort. Mit gesenktem Kopf schlüpfte ich hinter dem Meister in den Dämmer des Hauses.

Im hinteren Teil lag auf ein paar Matten, die man wohl aufgestapelt hatte, um etwas wie Bequemlichkeit zu schaffen, halb ausgestreckt, den Rücken von aufgerollten Decken gestützt, eine junge Frau. Sie schien kaum bei Bewusstsein zu sein. Zwei alte Hebammen massierten ihr den Bauch ...

Obwohl der Raum nur von einer winzigen Öffnung erleuchtet war, bemerkte ich sofort ihre bleiche Haut und den Schweiß, der ihr in Strömen von der Stirn floss. Die Luft war kaum zu atmen ... Sie war staubig und übervoll vom Geruch der Pflanzen, die man angezündet hatte.

Ohne zu zögern trug der Meister selbst den breiten Becher, aus dem der Rauch aufstieg sofort hinaus und wies an, die Tür hinter Ihm offen zu lassen. Da verschwanden die beiden Alten in einer Ecke des Zimmers ... Und ich, was sollte ich tun?

Schließlich fasste ich Mut, kniete mich neben den Kopf der leidenden jungen Frau und wischte ihr mit meinem Schleier die Stirn ab. Das berührte mich sehr.

"Schau, Shlomit ... murmelte der Meister und kniete ebenfalls nieder. Schau, wie das Leben den Körper braucht und ihn liebt ..."

Das verstand ich nicht ... Der Rabbi sprach vom liebenden Leben, doch ich sah nur eine Sterbende. Meine Augen füllten sich mit Tränen.

"Komm näher ... Schau hin ... Du siehst hier den Anfang der Welt."

Ich rückte so nah wie möglich heran und sah, wie der Meister ganz behutsam, mit dem unendlichen Zartgefühl einer Mutter, die mit ihrem Kind umgeht, das armselige, fleckige Kleider der jungen Frau bis zum Nabel hochzog. Einen Moment lang, musste ich wegschauen. Nacktheit machte mir solche Angst.

Doch dann richtete ich mich auf. Mein Blick blieb gleich wieder an den Händen des Meisters hängen. Er hatte sie schon auf den geblähten Bauch gelegt, der seinen Schmerz jetzt ins Herz der Dämmerung schrie.

Was dann geschah? Das weiß ich nicht genau. Seine Hände begannen eine Art Tanz, in dem Sichtbares und Unsichtbares sich vermählten. Es war ein Tanz, bei dem der Körper ebenso geliebt zu sein schien, wie die Seele und in dem alle Wendungen, so intim manche auch waren, von der Heiligkeit des Lebens sangen ... Mehrmals glaubte ich dabei bläuliche Funken zwischen Jeshuas Fingern und der Haut der jungen Frau knistern zu sehen.

All das schien mir sehr lange zu dauern. Doch allmählich merkte ich, wie ihr Körper sich langsam entspannte. Ihre Beine öffneten sich wie eine Schale und ihr Bauch hellte sich auf.

"Schau, Shlomit ..."

Ich beugte mich herab, wie der Meister es mir zeigte und erahnte den Kopf eines Kindes, der begann, aus dem Körper seiner Mutter zu kommen ... Es schüttelte mich ... Ich erinnere mich, dass ich mir überlegte, ob das schön oder hässlich sei und wo denn der Ewige im Schmerz einer solchen Zerrissenheit zu finden war. Und ... wo kam es eigentlich her, dieses Wesen, das auf solche Weise zu uns kam?

Doch da hüllte mich ein Schleier milchigen Lichtes völlig ein und alles in mir schien sich auszudehnen, während Jeshuas Stimme mir aufs Neue zuflüsterte:

"Schau Shlomit ... der Anfang der Welt!"

"Rabouni!"[19], stieß ich hervor - ein Hilferuf, dessen Vertraulichkeit mich selbst erstaunte.

Die Ausdehnung meiner Seele war auf ihrem Höhepunkt ... Sie schien mir von der Zeit angesaugt zu werden und einem goldenen Faden zu folgen, an dem alles aufgefädelt war, was mein bisheriges Leben ausmachte. Alles war in Spiralen und mysteriösen Schriftzeichen aufgeschrieben. Alles! Mit einem Mal war ich mir ganz sicher, im Bauch meiner eigenen Mutter zu sein. Ich wurde geboren ... Ich erstickte fast und es war schwer. Ich hörte Geräusche, etwas wie ein Atmen, das Gehämmer einer Trommel. Es waren nicht meine und ich geriet in Panik. Ich war so allein mit dem ganzen Leben, das da auf mich wartete!

"... dem ganzen?" Eine Stimme war wieder an meiner Seite. Sie war unpersönlich, lag außerhalb der Zeit. "Natürlich dies ganze Leben! Freu dich! Das Leben, das da beginnt, ist ein neuer Anfang des Göttlichen in dir. Deine himmlische Mutter wird durch dich ein wenig mehr von Sich gebären. Hast du Angst davor? Schämst du dich dafür? Im Anfang deiner Welt setzt sich der Weltenanfang fort."

Ich blickte mich um, auf der Suche nach einem Halt, in der Dunkelheit, die mich einhüllte. Nach und nach wurde die tiefe Schwärze meiner Nacht heller und begann zu leben. Ich stand unter einem unendlich leuchtenden, funkelnden Himmelsbogen. Über mir und überall um mich her, waren Haufen von Sternen und Konstellationen, wie winzige, von Leben schimmernde Edelsteine.

"Schau ...", hob die Stimme wieder an. "Von da kommst du, aus dieser ungeheuren Matrix, aus dem Herzen ihrer Unendlichkeit. Wie jedes Wesen bist du einer dieser Sterne irgendwo am Firmament. Ein Leben ist ein Stern im Universum, verstehst du? Und ein Stern ist ein aus dem Bewusstsein des Ewigen hervorgesprudelter Gedanke. Sein Bewusstsein ist Seine Matrix, die Matrix all dessen, was ist. Du bist also eine Idee, ein Projekt Gottes! Oh ... seine Worte richten sich nicht etwa an die kleine Shlomit, sondern an das Prinzip, das in ihr pulsiert, an den Stern, der in ihr schlummert, und der schon viele, so viele Masken, unter so vielen, vielen Namen getragen hat ... Eine Idee, eine Facette Gottes - sollte sie etwa das Leben nicht lieben können? Sie kann nur träumen, es nicht zu lieben. Sie kann es sich hässlich vorstellen, um ihre eigene Freiheit zu erlernen, Welten zu schaffen. Bald wirst du diese Matrix verlassen. Eine andere Existenz wird dich zu sich rufen. Du wirst der Erinnerung des Sterns wieder näher gebracht und nicht mehr dieselbe sein. Du wirst in dir selbst die Mutter, die Ehefrau und das Mädchen suchen. Du wirst den Weg der Frau gehen, den Weg, der allen Farben des Lebendigen dankbar ist ..."

Die Stimme verstummte an dieser Stelle und ich hatte das Gefühl zu fallen, wie ein Vogel, dem man plötzlich die Flügel weggenommen hat. Es war ein unglaublicher Schwindel und als er zu Ende ging, fand ich endlich meine Hände, meine Augen und meinen gesamten Körper wieder.

Da war ich wieder im Dämmer dieses Hauses ... Das Baby war soeben aus dem Bauch seiner Mutter gekommen. Ich sah, wie der Meister es zärtlich in seinen Händen empfing, wie eine vollkommene Frucht, die nur in diesem Moment gepflückt werden konnte ... Sogleich hörte ich auch seinen winzigen Körper, der so faltig war, wie der einer alten Seele, einen Schrei ausstoßen, dann einen zweiten ... Es war ein kleines Mädchen.

Jeshua legte es auf den Bauch seiner Mutter, die gerade die Augen aufschlug und stand auf. Dann machte Er mir Zeichen, Ihm zu folgen, während die beiden alten Frauen, die beiseitegetreten waren, zu der jungen Mutter stürzten. Niemand sprach ein Wort.

Als ich über die Schwelle trat, empfand ich die Sonnenstrahlen fast als aggressiv, denn ich trug noch die Erinnerung des Sternenbogens meiner Seele in mir und da bekam ich Lust, vor Glück zu weinen.

Unter meinem Schleier erhaschte ich die Gesichtszüge eines Mannes, der mit ängstlichem Blick zum Meister eilte, gewiss der Vater des Kindes.

"Rabbi ...!"

"Es ist ein Mädchen, mein Freund ... Warum nennst du sie nicht Shlomit? Mir scheint, es ist ein guter Tag, um Shlomit zu heißen!"

Wenige Augenblicke später stiegen wir schon wieder, ohne noch auf irgendetwas zu warten, in unsere Barke. Sobald die Fischer, die uns begleitet hatten, sie von den Tauen lösten, legte sie auch schon ab, von den Strömungen und der Weite des Wassers angezogen. Ich sehe mich noch aufrecht auf ihrem Boden stehen, den Kopf so hoch wie möglich zum Himmel erhoben, als könne ich sein Azurblau mit den Augen trinken. Es war so unglaublich schön, da zu sein, am Leben!

Einen Augenblick lang hatte ich den Eindruck, von nichts anderem zu wissen, als dass ich existierte. In der Zeitspanne eines Tages zu Fuß, einer Nacht und eines Morgens, hatte ich die "verlorene" Zeit eines ganzen Lebens eingeholt.

Meine Seele war zwei Mal aus meinem Körper herausgetreten, um die Kreise der Liebe zu empfangen, die sie nie wieder verlassen würden, dessen war ich mir sicher. Paradoxerweise hatte sie sich aus meinem Körper herausgewunden, um mir nahezubringen, ihn zu lieben, ihm ein Loblied zu singen, das ich erst jetzt verstand. Es zeigte mir, wie nobel und edel er ist.

Dank der Geschicklichkeit der Fischer brachte uns der Wind bald nach Kapernaum. Die kleine Synagoge war beim Näherkommen an Land leicht zu erkennen. Während wir am Ufer entlangfuhren, um wieder zu den Hütten zu gelangen, wo wir abgelegt hatten, zog der Markt meine Blicke auf sich. Er war klein und bescheiden, doch quirlig und voller Leben. Es war das erste Mal, das ich einen Markt mit solchen Augen ansah und wahrnahm, wie schön das war, einfach schön.

Es gab eine Ecke für Gemüse und eine für Gewürze, die mit der Karawane frisch eingetroffen waren. Und dann waren da noch Schafe, die ihre klagenden Rufe erklingen ließen ... Ich fühlte mich zum aller ersten Mal - wie soll ich das sagen? - verliebt in all das!

"Und, hat der Meister dich im Boot noch mehr gelehrt?", fragt Jakobea. "Du warst ja ganz schön privilegiert, so lange Zeit alleine in seiner Nähe verbringen zu können."

"Oh ja ... unendlich privilegiert ... aber dieses Privileg war mir noch so wenig bewusst! Ich war viel zu entzückt von meinen Entdeckungen und dem neuen Gefühl von Freiheit. Was mich am meisten wunderte war das eigenartige Gefühl von Vertrautheit, das ich in seiner Nähe empfand. Ich kannte Ihn doch erst so kurze Zeit!

Nein ... Er hat mir im Boot nichts weiter beigebracht. Ich war ja schon so erfüllt von dem, was ich erlebt hatte! Er sprach nur zu den Fischern. Bald merkte ich, dass Er sie sehr gut kannte und sie mehr sein mussten, als einfache Fischer. Ich glaube, Er erzählte ihnen eine Geschichte. Aufgrund des Windes konnte ich sie nicht hören, doch es genügte, die Gesichter der Männer zu sehen, um zu wissen, dass sie die Seele berührte.

Als unser Boot geräuschvoll auf den Schotter des Strandes auflief, reagierte ich zunächst gar nicht, das muss ich gestehen. Mein Kopf war leer ... Gewiss, weil mein Herz so voller Dankbarkeit war, aber auch ... weil ich nicht wusste, was mich erwartete, wo ich hingehen und was ich tun sollte.

Als ich schließlich doch aufstehen musste, so brauchte ich diesmal doch wenigstens nicht ins Wasser zu steigen. Ganz spontan trug mich einer der Fischer auf seinen Armen an Land.

Er war der jüngste von allen und hieß Jude. Es war der Anfang einer Freundschaft. Bis dahin hatte ich nie Gelegenheit gehabt, solch eine Aufmerksamkeit schätzen zu lernen. Vielleicht hatte ich sie auch nie wahrgenommen, weil ich hinter meinen Schutzmauern lebte.

Ich begann zu ... ahnen, dass mein Körper, meine Glieder, meine Haut, fähig waren, etwas Angenehmes zu empfinden, etwas, das einen nicht erröten, sondern lächeln lässt.

Es war so subtil, was in mir vorging, seit ich einen Bauch gesehen hatte, der sich öffnet, um Leben zu geben!

Gewiss war ich noch weit davon entfernt, von meinen Fesseln befreit zu sein, liebe Freundinnen. Doch es war wohl eine Tür aufgegangen, ohne dass ich auch nur Zeit gehabt hätte, mich dagegen zu wehren.

Ich erinnere mich, dass ich auf dem Steinstrand ein paar Schritte machte und mein Haar schüttelte. Dann schaute ich mich um. Schließlich sah ich über mir, neben einem Lorbeerstrauch, die hohe, schlanke Gestalt des Meisters. Er stand unbeweglich da, als beobachte Er mich.

"Kommst du nicht, Shlomit?"

Da stürmte ich auf Ihn zu und verknackste mir an einigen Stellen fast die Knöchel dabei.

"Wo gehst du jetzt hin? Hast du etwas Bestimmtes zu tun?"

"Nein Rabbi ... Ich weiß nicht ..."

In meinem ganzen Leben hatte ich noch keine größere Wahrheit ausgesprochen. Es war die absolute Leere.

"Wo ist Zebedäus?"

"Bei sich zu Hause ..."

"Und ist das nicht mehr dein Zuhause?"

Da begannen meine Lippen zu zittern. Die Worte versagten mir.

"Vielleicht ist dein Zuhause jetzt hier?"

"Ich weiß nicht, wovon ich leben soll, Rabbi ... außer von Deinen Lehren. Darum bin ich gekommen."

"Und du findest, das ist nicht genug zum Leben?"

Ich fragte mich, ob Er Spaß machte, oder mir zu verstehen gab, dass ich Ihn beleidigt hatte.

"Geh voran ... wir gehen essen."

Dazu ließ ich mich widerspruchslos überreden. Ich starb ja vor Hunger. Außerdem konnte ich mich so noch etwas in seiner Nähe aufhalten und seine Ausstrahlung genießen. Nur da fühlte ich mich richtig wohl.

Als unsere kleine Gruppe sich den Hütten näherte, sah ich, wie gerade auf ein paar Ziegelsteinen über der Glut Fladen fertig gebacken wurden. Es roch so gut ... das werde ich nie vergessen ... Auch etwas Kümmel und Öl waren dabei. Der Geruch meiner neuen Geburt!

Unter den Männern, die Netze flickten, befanden sich auch drei oder vier Frauen. Eine von ihnen lief gleich auf den Meister zu, als sie uns sah. Sie nahm seine Hand, die Er nach ihr ausgestreckt hatte. Das warst du Miriam ... Erinnerst du dich daran? Es war das erste Mal, dass ich dich sah. Ich weiß nicht, wie das auf mich wirkte, Jeshua und dich so eng verbunden zu sehen. Im ersten Moment hatte ich die flüchtige Wahrnehmung, dass du Ihn mir ein wenig wegnimmst, als würde ein "kleiner Teil" von Ihm mir gehören. Das war lächerlich ... Wie hatte ich nur denken können, dass Er alleine lebe, unberührbar, fast nicht inkarniert, wie ein Eremit? Er war in der Welt ... Ein Rabbi heiratete natürlich und hatte sogar Kinder ..."

In der Dunkelheit dieser Nacht suche ich Miriams Gesicht. Alles an ihr lächelt mich an, ihre Augen, ihr Mund und auch ihre Hände, die mich einladen, zu ihr zu kommen.

Ich zögere ... Und da kommt Miriam selbst um die Glut unseres Feuers herum auf mich zu. Ich möchte mich an sie lehnen, mich ein wenig in die Kuhle ihrer Schulter kuscheln. Sie hat es gespürt und lässt es gerne geschehen.

"Oh ja ... ich erinnere mich an diesen Moment, Salome. Unsere Blicke trafen sich, und deiner hat mich gleich - das muss ich sagen - an ein kleines, ängstliches Tier erinnert. Da dachte ich sofort: "Sie gehört zur Familie ..."

Jeshua Selbst hielt es nicht für nötig, dich vorzustellen, als sei deine Anwesenheit völlig selbstverständlich ... was ja auch bald der Fall war.

Beim gemeinsamen Essen sagtest du kein einziges Wort. Du bist in einer Ecke gesessen und hast nur zugehört. Das hat mir gefallen. Bei uns herrschte damals allzu oft die Vorstellung, dass man reden musste, um zu existieren und "existieren" hieß für viele, sich vor dem Meister wichtig zu machen. Ist das nicht ein wenig ... ermüdend? Jemand, der ständig laut denkt? Und so liebte ich dein Schweigen, meine Schwester. Und Er auch. Er hat es auch geschätzt."

Bestimmt bin ich gerade rot geworden. Zum Glück ist es Nacht. In gewisser Weise hat sie mich immer beschützt, selbst in den schönsten Momenten, wie in diesem, den ich gerade erlebe.

Ich mag die pralle Sonne. Ich habe gelernt, sie zu lieben, als ich Seinen Schritten folgte und doch war die Nacht stets meine Komplizin. In ihrem Schutz wird es mir gelingen, Worte zu finden, um weiterzuerzählen ...

"Dieser Tag war entscheidend, meine lieben Freundinnen, meine Schwestern. Es war so aufregend - ich war mir sicher, meine Familie gefunden zu haben. Siehst du, Miriam, dieses Wort hat sich auch mir gleich aufgedrängt. Es war kein anderes möglich.

Eigentlich hätte ich Angst haben müssen, was mit mir passieren würde. Es gab ja nichts Greifbares, das meine Zukunft vorgezeichnet hätte. Doch das machte mir nichts aus. Ich hatte nicht einmal mehr den kleinsten Orientierungspunkt und auch das machte nichts. Meine Seele hatte nur ein Ziel vor Augen: Sich dem Ewigen zu nähern, und sie wusste, dass sie dafür zur rechten Zeit am rechten Ort war. Ja ... es war wirklich ein guter Tag, um Shlomit zu heißen!

So lebte ich etwa eine Woche auf einer Art Wolke - doch nicht in einem Zustand der Unbewusstheit. Im Gegenteil, es war ein Überbewusstsein, eine extreme Luzidität durch die Nähe, die ich aufgrund der ständigen Anwesenheit des Meisters zum Göttlichen pflegen konnte.

Was meinen Lebensunterhalt anging, nun ja ... ihr wisst ja, wie das ablief. Wie viele andere auch, übernahm ich bald kleine Aufgaben und so wartete auf wundersame Weise stets ein Essen auf mich und das Dach einer Hütte, um mir Schutz zu bieten.

Und dann ... wurde mir natürlich bald klar, dass mein Leben nicht immer so am See in Kapernaum weitergehen konnte. Der Meister wohnte nicht da, weil Er - also ihr - ja an keinem Ort fest wohntet. Im Übrigen war die Ruhe, die wir an seiner Seite genossen, letztlich sehr relativ.

Ständig kamen neue Leute, Männer und Frauen. Alle wollten "den Rabbi sehen" und selbstverständlich war es immer ganz wichtig. Was Ihn betrifft, Er kam und ging und profitierte von jeder Gelegenheit, um zu einer möglichst großen Menge zu sprechen.

Besonders gut erinnere ich mich an die erste große Menschenansammlung, der ich beigewohnt habe. Der Meister stand oben auf den paar Stufen, die zur Synagoge führten. Am selben Morgen, so sagte man, habe Er einen Mann geheilt, der von Dämonen besessen war. Daher hatten andere Rabbis sich Ihn gleich vorgeknöpft. Sie warfen Ihm vor, sich im Namen des Allmächtigen selbst an die besagten Dämonen gewandt zu haben. Das war in ihren Augen ein Skandal.

Ich weiß nicht, ob viele der Anwesenden allem folgen konnten, was gesagt wurde. Aber ihr wisst ja, wie Skandale die Menge anziehen ... Und genau das warfen die alten Rabbis dem Meister ebenfalls vor. Sie sagten, Er sei ein Unruhestifter, Er würde die Massen aufwiegeln, um seinen eigenen Stolz zu nähren.

Es tat mir weh, das zu hören. Angriffe auszuhalten, lag mir noch nie. Zum Glück spitzte sich die angespannte Lage nicht zu.

Die Leichtigkeit, mit der Er auf die heftigen Attacken, denen Er ausgesetzt war, einging, erstaunte mich.

"Ihr werft mir vor", sagte Er, "im Namen des Ewigen gesprochen zu haben, um diesen armen Mann von seinen Leiden zu befreien? Doch sagt mir, welche Kraft außer Seiner kann man anrufen, um mit dunklen Mächten fertig zu werden?

Ihr werft mir vor, den Ewigen "meinen Vater" zu nennen? Habe ich denn gesagt, dass Er nicht ebenso euer Vater ist? Verstimmt es euch nicht einfach, dass ihr nicht lange vor mir draufgekommen seid, Ihn so zu nennen?

Bevor Er der Allmächtige Herr ist, ist Er erst einmal unser aller Vater ... Können Kinder ihren Vater denn nicht um Hilfe bitten? Verstößt das etwa gegen unser Gesetz? Das soll provozierend sein? Ist es denn ein Fehler, diese Welt von ihrem tiefen Vergessen heilen zu wollen?"

Er bekam keine Antwort ...

Da wandte Er sich an die Menge, die sich auf den Treppen der Synagoge versammelt hatte. Er bat, man möge ihm eine große, leere Schüssel bringen. Ohne Weiteres reichte Ihm jemand eine und Er verkündete:

"Hier, meine Freunde, das ist, was mein Vater, unser aller Vater, mir aufträgt Euch zu geben, um Eurem Leben ein wenig mehr Geschmack zu verleihen und euch an seine ständige Anwesenheit zu erinnern."

Dann sahen wir alle zu, wie Er seine Hand über die breite Schüssel legte, die man Ihm gegeben hatte. Und reichlich floss aus seiner Handfläche eine weiße Substanz. Zum allgemeinen Erstaunen war die Schüssel bald bis zum Rand gefüllt.

Ich stand nicht weit weg, wagte aber keine Bewegung zu machen, während von überall her Bewunderungsrufe zu hören waren. Als der Meister die Schüssel schließlich weggestellt hatte, um die Steinstufen der Synagoge hinabzusteigen, wagte eine Frau als erste, die weiße Substanz zu berühren, an ihr zu riechen und sie zum Mund zu führen.

"Es ist Salz!", schrie sie. "Es schmeckt wie das Salz aus dem See!"[20]

Ich habe nie erfahren, wie es schmeckte ... Alle, die der Szene beiwohnten, hatten sich bereits auf die Schüssel gestürzt, um ein wenig von dem kostbaren Inhalt zu erhaschen.

Jenseits des Gewimmels sah ich einen Moment lang flüchtig die gestreiften Gewänder der alten Priester, die mit wütenden Gebärden abzogen.

Was mich betrifft ... meine Seele war schon nicht mehr da ... Ich musste sie so schnell wie möglich einholen, denn sie war dem Meister längst in die Gasse gefolgt, in die Er eingebogen war.

Als ich Ihn mit ein paar großen Schritten, ganz außer Atem, erreichte, drehte der Meister sich sogleich um. Sein Blick traf mich mitten ins Herz. Ich sank vor ihm nieder und legte meine Stirn auf seine Füße. Was konnte man sonst tun? Hätte ein einziges Wort noch Sinn gehabt?

Du warst ja in diesem kleinen Durchgang in Kapernaum direkt hinter Ihm, Miriam. Ich weiß noch, wie ich dein Lächeln wahrnahm, als ich mich erhob.

Du warst umgeben von Gestalten, die mir langsam vertraut wurden und von Gesichtern, die sich mir auf immer einprägten:

Levi, Jakob, Jude, Simon, Eliazar ... Gesichter, zu denen sich bald andere gesellen würden ... darunter auch deines, Jakobea ...

Seht ihr, so nahm mein wahres Leben seinen Anfang ... Da hatte ich die volle Gewissheit, endgültig angenommen zu sein und konnte mit noch größerer Inbrunst beten, damit auch nicht der kleinste Teil meines Wesens zurückfallen oder sich nach den lumpigen Fetzen meiner Vergangenheit auch nur umwenden konnte.

“Herr,” wiederholte ich mir unablässig, “richte mich auf und gib mir die Kraft zu lächeln - zum Regen ebenso wie zur Sonne ...

Mârya qûmayn(y) wehaylan(y) lmeghèk ´ap `al me Trâ we` al šemšâ dabbarayn(y) l'aykâ nhaylûnân(y) ...”[21]

Kapitel 7

Das Brautgemach

Der Hund ist gerade wieder zu uns gekommen. Er hat seine kalte, feuchte Schnauze unter meinem Arm durchgesteckt, um ein wenig Zärtlichkeit zu bekommen oder uns einfach daran zu erinnern, dass er noch da ist.

Ja, auch er braucht das, wir brauchen es alle. Das Leben, das in uns webt, sehnt sich nach Liebe und möchte wahrgenommen werden.

Jetzt sehe ich, wie er mit Jakobea spielt. Sie ist aufgestanden, um ihre Füße am Ufer in die Gischt zu tauchen, die man von hier aus nur vage erahnt.

Heute Nacht ist sie erstaunlich jung, meine Schwester ... Vielleicht bin ich das morgen auch, wenn ich die Türe zu meinen Erinnerungen ganz geöffnet haben werde.

Im Moment stürzt noch alles in meinem Kopf und meinem Herzen wild durcheinander.

Der Mond taucht eben aus den Wolken auf, hinter denen er sich schon länger versteckt hatte ... Und Miriam drückt mir auf einmal die Hand, wie um mich zu ermutigen, weiterzugehen.

Ja ..., genau ... Mir scheint, wenn wir alle drei einfach ein Stück gehen würden, dann wäre es wohl einfacher. Manchmal fließen unsere Worte beim Gehen leichter, finden im Rhythmus unserer Schritte ihre Ordnung.

Also stehe ich auf und ziehe Miriam mit. Wir schließen uns Jakobea an, und schon hinterlassen wir alle drei unsere Fußspuren im kühlen Sand des Strandes.

"Und was geschah dann, liebe Freundinnen? Ich weiß nicht recht, an welcher Stelle ich meine Erzählung wieder aufnehmen soll ... Jeshua begann mehr und mehr umherzuziehen. Er wechselte immer öfter die Orte und ich folgte Ihm natürlich! Ich wollte nichts verpassen, keines seiner Worte, nicht eine seiner Gesten. Ich war immer da ... und verstand nicht, warum die kleine Gruppe, die sich um Ihn herum gebildet hatte, von einer Woche auf die andere plötzlich größer oder kleiner wurde. Vielleicht war dieses Leben für manche einfach zu anstrengend ... zu sehr ein unruhiges Wanderleben oder zu voll von wahren Worten und bedeutungsvollem Schweigen.

Es war Simon aus dem Dorf des Meisters, der mir die Sache eines Tages erklärte, während wir am bläulichen Teppich eines Flachsfeldes entlanggingen.

"Du hast ganz recht, Shlomit ... es kommen Neue dazu und andere gehen, es gibt Versprechungen und Enttäuschungen, Schwüre und kleine Formen von Verrat. Das wird wohl immer so sein, glaube ich. Weißt du, warum all das so bewegt ist und sich so schnell ändert? Weil das Feuer so heiß und hell brennt und zwangsläufig Menschen anzieht. Aber es gibt nur wenige, die es ertragen, von ihm gebrannt zu werden ... Und außerdem ... schau, schau mal, wie wir da gehen ..."

Simon zeigte mit dem Finger auf unsere kleine Gruppe. Es waren etwa vierzig Personen, die sich um den Meister herum am Weg entlang bewegten.

"Was siehst du?"

Ich verstand nicht, was er mir zeigen wollte. Ich sah lediglich vollkommen verschiedene Gestalten, manche davon waren sehr ungewöhnlich. Diese Menschen bildeten meine neue Familie, auch wenn sie so beweglich war wie Wasser.

"Siehst du denn nicht, wie viele Frauen den Rabbi umgeben? Bald werden es mehr sein als Männer. Das macht Angst. Es ist beunruhigend, was aufgrund ihrer Anwesenheit alles über den Meister gesagt wird. Hast du nichts davon gehört?"

Nein, ich hatte nichts gehört. Ich war natürlich auch erst gut zwei Monate dabei. Der wahre Grund war jedoch, das wird mir erst heute klar, dass sich nichts in mir festsetzte, was nicht vom Meister selbst kam.

"Nun ja, weißt du, Shlomit, viele Leute sagen, dass ein Rabbi, der so viele Frauen anzieht und in seiner Nähe duldet, kein Vertrauen verdient und vermutlich unlautere Absichten hat. Das musst du doch wissen ... Es wird so viel schmutziges Zeug geredet. Diese Bedrohung schwebt ständig über Ihm ... und natürlich auch über uns. Das macht den Leuten Angst und beunruhigt sie, jenseits seiner Worte."

"Ist das alles?"

Ich erinnere mich, dass ich diese Worte in herausforderndem Tonfall, mit einer leichten Spitze versehen sagte, als wolle ich zeigen, dass ich das lächerlich fand und es mich keineswegs beeindruckte.

Simon lächelte mich verschmitzt an ... und sagte nur:

"Shlomit, du hast dich ganz schön verändert."

Es stimmte. Ich hatte mich verändert. Zu schnell vielleicht. Jedenfalls fielen mir Simons Worte am Abend, als ich in einem Schafstall den Kopf in meine Decke kuschelte, wieder ein. Die Angst überkam mich nun doch. Einen Teil der Nacht hatte ich fast so etwas wie Zweifel. Die alten Vorstellungen und Glaubenssätze meiner Vergangenheit drängten wieder herauf ...

Vielleicht war es ganz richtig, dass wir Frauen uns weder mit den heiligen Texten noch mit 'geistigen Dingen' zu beschäftigen hatten ... Unsere Tradition bestand schon lange und war gewiss richtig ... Wie kam es also, dass ein einziger Mann einfach ihre Gesetze überschreiten und ihre Grundsätze völlig über den Haufen werfen wollte. Ja, wozu all diese Frauen? Lag nicht ein Körnchen Wahrheit in dem, was man sich anscheinend erzählte? Letztlich war es doch gut möglich, dass ich, genau wie eine Menge anderer Frauen, lediglich dem Charme eines Rabbis erlegen war. Er verstand es, zu reden, einen mit tiefen Blicken anzusehen und im Übrigen ... Wer sagte denn, dass Er nicht einfach ein paar 'Tricks' gelernt hatte?

Ich wusste nicht, ob ich Simon dafür verdammen oder danken sollte, dass er mir von diesen Gerüchten erzählt hatte ... Mitten in der Nacht begann ich zu zittern und zu schlottern. Ein kurzes, heftiges Fieber hatte mich überfallen.

Ob der Meister meine Seele während dieser Zeit besucht und die tiefe Abgründigkeit meiner Fragen ermessen hat? Ich weiß es nicht. Im Grunde zweifelte ich nicht wirklich, aber ... das alte Bewusstsein derer, die nur Frauen sind, das Generationen geprägt hat, wühlte in mir und rief lauthals nach einer Antwort.

Nein, ... wie gesagt, ich weiß wirklich nicht, ob der Meister in mein Inneres schaute, doch als Er am nächsten Morgen in einer Ecke des Platzes von Beth Shean die Aufmerksamkeit der Menge auf Sich zu zog und zu sprechen begann, war ich überzeugt, die Hauptbetroffene seiner Worte zu sein.

Ich sehe Ihn noch vor mir ... Er saß auf dem Rand eines Karrens und ein dicht gewebter weißer Schal war sehr ordentlich um sein langes Haar gelegt.

Als etwa hundert Personen sich um ihn herumgesetzt hatten, rief Er auf einmal: "Man sagt ... ich sei ein Frauenliebhaber."

Die Menge lachte schallend auf, doch Er schien nicht zu scherzen.

“Ein Liebhaber der Frauen? Ja, ich bin es, meine Freunde ... doch sicher nicht in dem Sinne, in dem böse Zungen es vermuten lassen. Ja, ich sage es euch, ich liebe die Frauen ... für das, was die Männer nicht sind ... oder allzu selten. Ich liebe die Frauen, weil sie dazu bestimmt sind, Gefäße zu sein, in die der Wein meines Vaters leicht gegossen werden kann. Das Herz einer Frau ... die es versteht, Frau zu sein, ist ein Behälter, seht ihr. Es ist geschaffen, um die Kräfte dessen zu empfangen, wovon man sagt, es sei unsichtbar, unhörbar - und das doch in Wahrheit die Schrift und die Sprache der Ewigkeit ist.

Eine Frau, die es versteht, eine echte Frau zu sein, kann vor allem zuhören ... Sie ist in der Lage, eine Anwesenheit im Herzen der Wüste ebenso sicher zu erkennen, wie die Abwesenheit inmitten einer Menschenmasse.

Sie erkennt den Duft der Wahrheit und den Geruch der Lüge, die Kraft des Zarten und die Schwäche der Stärke. Ihre Krone ist die Sensibilität, ihr Szepter die Gabe und ihr Thron die Geduld.

Diese Worte gefallen euch nicht, liebe Freunde, ich merke es schon ...

Dann wähle ich andere ...

Es war einmal ein alter Mann. Er lebte einst in Joppe. Der Herr hatte ihm nur einen Sohn geschenkt. Als seine Stunde geschlagen hatte, rief er ihn zu sich, um ihm das Stück Land anzuvertrauen, das er besaß und das stets fruchtbar gewesen war.

“Mein Sohn”, sagte er zu ihm, “ich weiß, du bist Kaufmann geworden, doch meine Zeit geht zu Ende. Hier ist mein Land. Es gehört nun dir. Pflege es gut und lass es fruchtbar sein, dann kannst du die Ernte verkaufen und reich werden.”

Der alte Mann starb und der Sohn sah sofort, wie er aus seinem Erbe Profit schlagen konnte.

Er sagte zu seiner Frau: "Geh zum Markt und kauf zehn Säcke Korn. Wir werden sie einpflanzen und damit hundert volle Säcke Weizen ernten."

"Der Weizen wird nicht wachsen, mein lieber Mann", antwortete sie ihm. Die Frau hatte eine Schwester. Auch sie wollte ihre Meinung dazu sagen: "Verkauf doch lieber das Land. Dann hast du gleich etwas davon."

Der Mann hörte auf keine von beiden und ließ den Weizen pflanzen, wie er es vorgehabt hatte. Leider schlug der Samen nicht aus und es gab keine Ernte.

"Ich weiß, warum ...", sagte seine Frau zu ihm. "Ich hatte es dir gesagt, aber du wolltest ja nicht auf mich hören."

"Wieso sollte eine Frau mehr von den Feldern verstehen als ein Mann?", antwortete er ihr. "Ich hätte lieber auf deine Schwester hören sollen. Ich werde das Land verkaufen und einen guten Preis dafür bekommen. Dann spare ich mir die Mühe und gehe kein Risiko ein." Gesagt, getan.

Als die Zeit der nächsten Ernte nahte, begab es sich, dass der Mann mit seinem Maultier an dem Feld vorbeiging, das er verkauft hatte. Es war mit einem wundervollen blauen Teppich bedeckt. Da sah er den Bauern, dem er sein Land überlassen hatte.

"Was für eine Magie hast du angewendet?", fragte er ihn. "Hier waren doch nur ein paar Morgen unfruchtbares Land."

"Geh zu deiner Frau", gab ihm der Bauer zur Antwort. "Sie weiß es ..."

Verärgert fragte der Mann zu Hause sogleich seine Frau.

"Woher wusstest du das? Verrat' mir das Geheimnis, das dem einen Freude und dem anderen Ärger bereitet."

"Das Geheimnis", mein lieber Mann, vertraute sie ihm an, "ist das Lauschen, es ist das Schauen. Wenn du auf dein Stück Erde gehört und es angeschaut hättest, hättest du dich nicht mit ihm herumschlagen müssen. Dann hättest du verstanden, dass es dich um Flachs bittet und nicht um Weizen. Dann hättest du verstanden, dass du nur Fülle erlangst, wenn du deine Erde respektierst." Der Mann lernte daraus und es wurde ihm klar, dass seine Frau nicht einfach nur seine Frau, sondern vor allem eine Gemahlin war.

So ist es mit den Dingen, die unser aller Vater in diese Welt gesät hat, meine lieben Freunde ... Derjenige, dessen Herz Ohren hat, um den rechten Atem des Lebens zu hören, und Augen, um seine echten Farben wahrzunehmen, gleicht dieser Frau. Sie war nicht nur eine echte Frau, sondern auch die Gemahlin dieser Welt ...

Und so sage ich euch, meine Freunde, jene, die ihr verleumdet, die mir aber folgen, gleichen der Frau aus Joppe. Ihr müsst das so verstehen: Jene, Männer und Frauen, die fähig sind, zu spüren, was ist, nenne ich das Volk der Söhne und Töchter des Lebens. Dieses Volk kommt herbei, um mein Wort zu hören. Es versucht, das Herz der Welt darin schlagen zu hören. Lernt die Zeichen des Lebens zu erkennen und zu respektieren, denn in ihnen verbirgt sich mein Vater ...

Wagt es, still zu sein, haltet das Schweigen aus. Denn aus ihm entspringen die Worte der Liebe ...

Glücklich ist, wer die Bescheidenheit und Demut besitzt, sich dem Zarten zu öffnen, denn daraus schmiedet er sich die Schlüssel der Kraft. So lasset die Frauen zu mir kommen, die Gemahlinnen dieser Welt, denn durch sie werdet ihr euch selbst gebären."

Nachdem Er diese Worte gesprochen hatte, ließ der Meister seine Blicke lange über die Menge schweifen. Ich erinnere mich noch an den entgeisterten Ausdruck in einigen Gesichtern. Andere lächelten verblüfft ... manche zuckten bloß mit den Schultern. Nur ein einziger Mann wollte etwas sagen. Ich glaube, er verkaufte sonst Teile von Schafen in einer der hinteren Gassen.

"Willst du uns damit sagen, Rabbi, dass die Frauen uns beibringen sollen, wie man lebt?"

Das löste an einigen Ecken spöttisches Gelächter aus, weißt du noch, Miriam?

"Ich sage nur, dass es in der Frau eine Weisheit gibt, die der Mann in sich aufnehmen muss, damit seine Welt nicht austrocknet und ihm steril und leblos erscheint. Das lehren uns die Schriften nicht, und so bin ich gekommen, um es euch zu sagen ..."

Das Bild geballter Fäuste, die sich reckten, kaum waren diese Worte gesprochen, steht mir noch lebhaft vor Augen. Es gab reihenweise Proteste. Dann löste sich die Menge auf. Unter allgemeinem Gemurmel zerstreuten sich die meisten der Anwesenden.

Ich sah, wie Eliazar versuchte, einige zurückzuhalten, um ihnen zu erklären, was er glaubte, verstanden zu haben, und dass es sie nicht beängstigen musste ... Aber der Meister rief ihn sofort zurück. Er sagte zu ihm: "Wenn du säst, gehst du dann davon aus, dass du im nächsten Moment schon ernten wirst? Was mich betrifft, so sollst du wissen, dass bei mir noch nicht Saatzeit ist ... Ich pflüge meine Erde.

Wenn du dein Netz ins Wasser auswirfst, erwartest du dann, einen guten Fang zu machen, wenn du es gleich wieder einholst? Schau mich an ... Was tue ich? Ich lasse gerade einmal mein Boot zu Wasser ..."

Wir verließen Beth Shean unter den Blicken einer kleinen römischen Einheit. Der Zenturio an seiner Spitze verzog den Mundwinkel zu einem aufgesetzten Lächeln und ich fragte mich, während ich mir ansah, wie diese von Staub bedeckten Männer ausstaffiert waren, ob da nicht irgendwo ein Irrtum vorlag. Gehörten wir wirklich ein und derselben Welt an?

Was machte ich eigentlich hier? Unterm Strich hatte ich doch ein recht beschauliches Leben geführt, am Ufer des Sees. Nun plötzlich war ich bei jedem Wetter unterwegs, und das bloß, weil ein Durst in mir brannte, den ich nicht löschen konnte. Nur, weil ich dem Blick eines Mannes begegnet war, einem Blick, der war wie eine Quelle. War es möglich, dass aus dieser Quelle ein Wasserfall wurde, in dem ich am Ende mit einigen anderen untergehen würde?

Ein paar Meilen vom Dorf entfernt blieben wir stehen und aßen Datteln, ohne recht zu wissen, was wir sagen sollten. Schließlich erschien auf dem Weg, den wir eingeschlagen hatten, der Umriss eines Dromedars. Das Tier wurde von einem prunkvoll gekleideten Mann mit Turban geführt. Es zog eine Tragbahre hinter sich her, auf der ein Körper ausgestreckt lag.

Als das Gespann in unserer Reichweite war, beeilte sich der Mann mit dem Turban, sein Tier zum Liegen zu bringen, und warf sich sogleich dem Meister zu Füßen, um mit klagender Stimme ein paar Worte an ihn zu richten.

Jeshua ging direkt auf die Tragbahre zu. Einige andere und ich folgten Ihm. Da lag ein sehr junger Mann mit ganz dürren Beinen, kaum fünfzehn Jahre alt.

"Es ist mein Diener", beeilte sich der Mann mit dem Turban mit zitternder Stimme zu erläutern. "Ich beherberge ihn schon lange, denn er hat keine Eltern mehr. Letztes Jahr ist er von einer Leiter gefallen und kann seither nicht mehr gehen, seine Beine sind gelähmt. Er ist zu nichts mehr nutze. Nun bin ich ganz auf mich gestellt, muss ihn noch durchfüttern und alles alleine machen ...

Man sagt, dass du Wunder tust und die unsichtbaren Kräfte dir gehorchen. Ich glaube es ... und so bitte ich dich, Rabbi ... Kannst du ihn heilen und es möglich machen, dass er seine Beine wieder gebrauchen kann?"

Als der Mann seine Bitte vorgebracht hatte, blieb der Meister eine ganze Weile stumm und betrachtete den jungen Behinderten, der seine Augen unter seinem Arm verbarg. Schließlich ergriff Er das Wort ...

"Sprich und sage mir die Wahrheit ... Was willst du genau? Möchtest du, dass er gesund wird oder bloß deinen Diener wiederhaben?"

Seine Stimme war sehr schroff geworden.

"Aber ... ich verstehe nicht ... das ist doch dasselbe, Rabbi."

"Glaubst du? Was bist du mir im Tausch gegen seine Beine bereit zu geben?"

"Ich habe einige Talente in meiner Geldbörse. Wie viel willst du?"

"Rede ich etwa davon? Hast du so lange gelebt und doch nicht begriffen, dass man das Leben nicht kaufen kann? Sag mir lieber, was du bereit bist, mir zu geben, damit ich ihn meinem Vater übergeben kann."

Der Mann mit dem Turban war sprachlos. Sein Blick schweifte zwischen dem Meister und der Trage hin und her, auf welcher der gelähmte junge Mann lag. Dann starrte er auf den Boden.

"Bist du bereit, ein wenig von deinem Herzen zu geben, ein wenig Ehrlichkeit und Demut? Ich sehe, dass du weder Frau noch Kinder hast ... Bist du bereit, ihn zu adoptieren, ihn, den du deinen Diener nennst und der dir vom Ewigen gesandt wurde, um deine Seele zu öffnen? Schon all die Jahren verdient er, dein Sohn zu sein und nicht mehr wie ein Packesel zu leben."

Da der Mann nicht antwortete und noch immer auf den Boden starrte, sagte der Meister nichts mehr. Er machte kehrt und ging zurück unter die schützenden Palmen, woher Er gekommen war. Hier warteten noch einige Datteln auf ihn. Er begann sie zu essen.

Es war so heiß ... Da standen wir ratlos auf dem steinigen Boden in der prallen Sonne einer Situation gegenüber, die ausweglos schien. Damals trafen sich unsere Blicke, Miriam ... Was konnten wir Besseres tun, als dem jungen Mann, der seine Beine nicht mehr benutzen konnte, ein wenig Mitgefühl zu bezeugen. Du nahmst seine Hand und ich begann ihm mit einem Öl, das ich stets bei mir trug, ein wenig die Füße zu massieren.

Ich weiß wirklich nicht, wie lange das dauerte. Der Mann mit dem Turban stand noch immer, den Blick auf den Boden geheftet, wie versteinert da ... neben seinem Dromedar.

Doch auf einmal atmete er heftiger, dann brach er in Schluchzen aus und ließ sich auf die Knie fallen.

“Ich verspreche es dir, Rabbi! Ich verspreche es dir!”, rief er unter Tränenströmen.

Da stand Jeshua auf, legte eine Hand auf seine Schulter und sagte: “Nicht mir musst du es versprechen. Dein Versprechen gilt meinem Vater und auch dir selbst, deiner Seele. Denn sie hat dir endlich ermöglicht, das Wahre zu sehen und du wirst sie nicht betrügen können. So sei es also ...”

Mit diesen Worten machte Er ein paar Schritte auf die Bahre zu und wir sahen alle, wie Er sich leicht zu dem jungen Mann herabneigte.

“Wie heißt du?”, fragte Er mit lauter Stimme.

“Saul ... “

“Gut Saul ... Worauf wartest du? Steh auf!”

Den Rest kennt ihr natürlich, meine Freundinnen. Ihr wisst ja, wie das in solchen Fällen ablief ... Er ergriff den jungen Mann bei der Hand und zog ihn energisch zu sich, wie um seine Zögerlichkeit und Ungläubigkeit zu durchbrechen ... Schließlich gelang es Saul, ein paar Schritte zu gehen ... Er war geheilt. Es wird niemals Worte geben, um das zu beschreiben. Wenn man welche finden würde, so wären sie doch armselig und dürftig ...

Unser Nachmittag war ein einziges Fest, um dies Ereignis herum. Am Ende beschlossen wir, hier auch unser Lager aufzuschlagen ... oder etwas Ähnliches, denn keiner von uns hatte etwas, um sich zu schützen ... Doch das war unwichtig. War nicht inmitten dieses Fleckens wüster Natur der Himmel zu uns herabgestiegen?

Ihr wundert euch, dass ich euch das heute Nacht erzähle, nicht wahr? Ihr denkt bestimmt, es sei nichts allzu Persönliches. Viele haben ja solchen Szenen beigewohnt ... Das stimmt ... Aber wenn dieser Tag mir besonders in Erinnerung geblieben ist, so weil ich spät in der Nacht, als die Feuer ausgingen und die Gespräche versiegten, noch Gelegenheit hatte, eine ganze Weile mit dem Meister allein zu sein ...

"Ja, sprich nur, meine Schwester", murmelt Jakobea, indem sie sich an mich schmiegt. "Du musst dich nicht dafür entschuldigen. Wäre es nicht schrecklich, wenn wir solche Erinnerungen in die Schublade der Banalitäten unseres Lebens stecken würden? Manche würden das sicher tun ...

Jemand, der noch nicht ganz Mensch in uns ist, läuft Gefahr, wenn er in die Nähe des Übermenschlichen kommt, die Blumen, die ihm gereicht werden, nicht mehr sehen zu können. Es gibt in unserer Welt eine merkwürdige Tendenz, das, was am Schönsten ist, verwelken zu lassen oder zu entstellen."

"Deshalb konnte auch nichts anderes geschehen, als was geschehen ist", fügt Miriam hinzu. Sie geht ein paar Schritte voraus. "Wer noch nicht ganz menschlich ist, zerstört oder verleugnet am Ende stets jene, die er beteuerte zu lieben.

Zu viel Licht macht blind und neidisch. Wie ihr wisst, ist Neid für manch einen etwas Nährendes. Es gibt viele, die in Neid und Zerstörung Trost gegenüber ihrer eigenen Kleinlichkeit finden. Es ist so. Man muss schon den Meister in sich erweckt haben, um nicht darüber zu verbittern, ja, sich mit dieser Facette der Wirklichkeit erst gar nicht aufzuhalten."

Da kommt mir eine Frage ... Ich muss sie Miriam stellen.

"Meine Schwester, du musst es ja besser wissen, als jeder andere. Glaubst du, dass Jeshua gelitten hat, angesichts all des Sarkasmus, der Eifersucht oder einfach der Blindheit, aus der dann Bösartigkeit entstand?"

Miriam dreht sich nach uns um und bleibt stehen. Im Mondschein glaube ich zu sehen, dass ihre Augen voller Tränen sind. Ich habe sie selten so gesehen. Sie ist ja so stark. Für uns ist sie Sein Wort - und wie eine schützende Mutter, auch wenn sie stets mit der Demut einer bloßen Gefährtin um uns war.

"Ja, Er litt" ... antwortet sie mir schließlich. "Er hat gelitten, aber ... ich weiß nicht, wie ich das ausdrücken soll ... anders als wir. Der Mensch in Ihm weinte nicht, weil Er in seinem Menschenkostüm beschimpft oder angeschwärzt wurde, sondern über den Abgrund an Ignoranz, der sich ständig zwischen der Mittelmäßigkeit jener, die ihn beschmutzten, und dem Göttlichen in Ihm auftat.

Er würde so gerne ... Er will so vieles tun, um diesen Abgrund zu schließen. Er möchte uns so gerne uns selbst zurückgeben!

Doch erzähl weiter, Salome ... nimm deinen Bericht wieder auf. Ich weiß nicht, was Jeshua dich in dieser Nacht gelehrt hat. Ich habe geschlafen ... Ich musste Ihn tun lassen, was Er zu tun hatte, ohne ständig darauf zu warten, seinen Atem in meinem Nacken zu spüren. Setzen wir uns lieber dorthin, wo der Sand trocken ist ..."

So ... An einer Stelle, an der sich um ein paar spärliche Gräser eine kleine Düne gebildet hat, lassen wir uns alle drei auf den Boden fallen.

Unsere Kleider sind nass und unsere Füße erstarrt vom Gehen im Schaum der Brandungswellen. Doch das ist nicht wichtig ... Ich muss fortfahren ...

"Ich weiß nicht mehr, ob ich mich darum bemüht habe, diesen Moment mit dem Meister herbeizuführen, oder ob Er einen diskreten Raum geschaffen hat, um mir zu sagen, was ich hören sollte. Ich saß auf meinen Fersen, als Er kam und sich genau vor mich hinsetzte.

"Ich höre dich denken, Shlomit ... Kannst du die Worte aussprechen, die dich bewegen?"

"Ja, Rabbi ... Wie bist du ... Wie machst du all das? Meine Frage ist höchst naiv, nicht wahr?"

"Naivität ist kein Fehler. Sie erlaubt oft, ganz direkt zu sein. Im Grunde habe ich kein Geheimnis zu verbergen oder zu lüften ... Ich lasse nur das Leben durch mich hindurchgehen, ohne Vorbehalt und ohne einen Kampf zu führen.

Das Leben, das ist mein Vater ebenso wie meine Mutter. Es ist die männliche und weibliche Kraft, durch die in jedem Augenblick alles wieder und wieder neu geschaffen wird.

Es ist das Leben, das mich im Grunde meines Herzens zu Mann und Frau werden lässt. Wenn ich spreche, ist es der Mann, der sich ausdrückt, und wenn ich jemanden behandle, ist es die Frau, die heilt, verstehst du? Oft ... sind es beide zugleich.

Es ist euch allen bestimmt, so zu werden. Es ist euch eingeschrieben. Diese Hochzeit mit dem Leben, die Hochzeit des Lebens in euch, das ist euer Horizont. Selbst wenn ihr alles tut, um vor ihm zu fliehen, so zieht er euch doch ständig an. Denn es gibt keinen anderen Ausweg, keine andere Antwort auf die Hilferufe eurer Existenz.

Aber weißt du, bevor ihr Mann und Frau gleichzeitig sein könnt, müsst ihr noch lernen, ganz Mann oder ganz Frau zu sein. Das heißt, Stärke oder Zartheit voll zu akzeptieren, um schließlich eine Kraft daraus entstehen zu lassen.

Du musst im Moment lernen, der Frau von Joppe ähnlich zu werden - eine Gemahlin des Lebens. Du hast bereits ein Herz, das verstehen und lieben kann, und Hände, die heilen können. Also brauchst du einen Körper, um all das ohne Scheu und Rückhalt auszudrücken und geben zu können.

Möchtest du lernen, das Wasser durch dich fließen zu lassen? Ich brauche drei Tage und drei Nächte, um den Fels von Shlomit zu durchstoßen und die innere Quelle daraus hervorsprudeln zu lassen. Gibst du sie mir?”

Kein Laut kam über meine Lippen. Ich nickte, ohne zu wissen, ob der Meister es in der Dunkelheit überhaupt sehen konnte ...

Ich wusste nicht, was mich erwartete, doch ich war voller Hingabe für das, was Er von mir erhoffte ... In Wirklichkeit hoffte Er bestimmt gar nichts ... Hoffnung ist ein Wort für Menschen, die ihren Weg suchen. Jeshua war - ist - jenseits der Hoffnung. Also nickte ich, weil ich wusste, dass es so sein musste. Nach meiner neuen Geburt musste ich wachsen. Entweder das, oder ich würde wieder einschlafen.

Ihr wisst ja, wenn ein Schritt nicht zum nächsten führt, ist es, als habe man ihn nicht wirklich gemacht.

Am nächsten Morgen, bei den ersten Sonnenstrahlen, kündigte uns der Meister an, dass Er mit uns Richtung Jericho gehen wolle.

Einige waren ein bisschen enttäuscht, denn es war die Rede davon gewesen, dass wir zum See mit seinen sanften Hügeln zurückkehren sollten. Jericho, das war fast schon Wüste. Ich verband mit dem Namen eine kurze, aber schmerzhafte Epoche meiner Jugend. Da musste ich wohl durch ...

Die Sorgen, die ich mir darüber machte, hielten jedoch nicht lange an. Als wir am übernächsten Tag gegen Abend in die Nähe der Stadt kamen, versammelte uns Jeshua am Ufer des Flusses, an dem wir schon eine ganze Weile entlanggegangen waren und der zum Salzsee führt.[22]

Er kündigte an, dass wir uns in zwei Gruppen aufteilen würden. Die erste - zu der die meisten von uns gehörten - sollte direkt nach Jericho ziehen, um seine Ankunft vorzubereiten. Die zweite Gruppe, zu der auch ich gehörte, bestand aus nur vier Personen. Diese würde Er zu kleinen Unterschlupfen führen, um ihnen zu helfen, "besser beten zu lernen", wie Er sagte.

Daraufhin seufzten einige enttäuscht auf. Offensichtlich gab es also doch Privilegierte, aber wieso? Da bekam ich zu sehen, dass sogar die Ältesten von uns sich wie Kinder aufführen konnten. Wir waren ... die Menschheit, die auf ihrem Weg hinkte!

Ich weiß nicht, wie ich selbst reagiert hätte, wenn der Meister mich direkt nach Jericho geschickt hätte, doch eins ist sicher: So herausgehoben zu sein, als jemand, der es nötig hatte, "besser beten zu lernen", war mir unangenehm. Meinem Bedürfnis nach Diskretion wurde damit schwer zugesetzt und ich fragte mich, durch welche enge Türe ich wohl zu gehen hatte.

Vier von uns, zwei Frauen und zwei Männer, folgten also an jenem Morgen dem Meister an einen Ort, der uns für ein paar Tage zur inneren Einkehr dienen sollte.

Zum Glück hatten wir einen Esel. Er trug das bisschen Nahrung, das wir besaßen, und vor allem auf beiden Seiten einen Wasserkrug.

Links von uns lag die weiße Ebene des Salzsees spiegelnd und blendend in der Sonne und verbrannte uns fast die Augen. Rechts ragte stolz das karge Gebirge empor. Zum Fuße dieser Berge mussten wir ziehen.

Unterwegs machte Jeshua uns auf eine Ansammlung von Gebäuden und Mauern aufmerksam, die zwischen dem Gestein lagen. Hier gab es auch ein wenig Grün. Ich wusste, was das war ... Es war einer jener Orte, an die sich seit langer Zeit Eremiten oder Priester der Bruderschaft zurückzogen, der auch ein Teil meiner Familie angehörte.[23]

“Gehen wir nicht dorthin, Rabbi?”, fragte ich.

“Es ist nicht die rechte Zeit für einen Besuch. Außerdem sind Frauen bei denen, die dort leben, nicht gerne gesehen. Es ist nicht einmal sicher, dass ich dort willkommen wäre. Ich habe vor etwas über einem Jahr auf dem Rückweg meiner langen Reise ein paar Tage mit ihnen gebetet. Da habe ich gesehen, dass der Ewige ihnen wie eine Art altersloser Greis erscheint, ein Bild, von dem sie eine sehr starre Vorstellung haben ... Sie haben noch eine Wüste zu durchqueren, die nicht unsere ist ...”

Mit Staub bedeckt und schweißgebadet erreichten wir am Ende des Tages unser Ziel. In einer Gebirgsfalte entdeckten wir schließlich, mitten in diesem unwegsamen Gebiet, am Fuß der natürlichen Mauer, die vom Gebirge gebildet wurde, ein paar Behausungen aus Stein, deren Rückseite zum Fels lag. Ja, im Grunde verschmolzen sie fast mit ihm. Lediglich ihre Holztüren fielen auf und verrieten, dass da “irgendetwas” war.

“Hier werden wir drei Tage und drei Nächte leben”, verkündete der Meister und strich sich lange den Bart, wie Er es gewöhnlich tat.

Der Anblick dieses unsicheren, ausgetrockneten und trübsinnigen Ortes verwirrte mich. Ich war hin- und hergerissen zwischen dem Privileg, das mir zuteil wurde, und der Prüfung die sich bereits abzeichnete. Dieselben Fragen bewegten auch meine Begleiter. Ihre Augen, die zugleich Freude und Sorge ausdrückten, sprachen Bände.

Die einzige Frau außer mir in der kleinen Gruppe hieß Batseba. Ich kannte sie kaum. Die Männer waren Eliazar und Thomas, der Bruder des Meisters.

Von diesem Moment an erhielten wir die Vorschrift, nicht mehr miteinander zu sprechen. Nur Jeshua durfte uns noch sagen, was wir tun und wohin wir genau gehen sollten. Er wies mir den zweiten Unterschlupf an, von fünf oder sechs, die da in der Felswand lagen.

Als ich die Tür aufstieß, war ich in einem seltsamen Zustand, das muss ich euch gestehen.

Es war, als würde bereits der Ort selbst meine Wahrnehmung verändern.

Der Meister folgte mir auf den Fuß in 'mein' kleines Gemach. Es war größer, als es von außen den Anschein gehabt hatte. Es bestand aus zwei Räumen. Der eine war von menschlicher Hand geschaffen, während der andere einer kleinen, natürlich entstandenen Höhle glich. Eine roh gefügte Steinmauer trennte sie voneinander. Verbunden waren sie durch eine niedrige Tür, deren Vorhandensein von einem schweren, alten Stoff voller Staub verborgen wurde.

Ich hatte nur eine einfache Öllampe, die der Meister mir gegeben hatte. Wie er sie angezündet hat, weiß ich nicht.

Als ich das alte Stück Stoff beiseitegeschoben und den zweiten Raum entdeckt hatte, sagte er einfach zu mir: "Ich möchte, dass du hier wohnst. Denn in Wahrheit ist es das Brautgemach, dessen dein ganzes Wesen bedarf. Ich werde dir Wasser und etwas Nahrung bringen lassen und dich hier lehren. Im Übrigen stehen dort für die körperlichen Bedürfnisse Schüsseln zur Verfügung. Du musst sie nur unter dem Vorhang durch ins erste Zimmer schieben. Thomas wird sie diskret entfernen. Er ist hier, um uns zu helfen, weniger um seiner selbst willen.

Ich schämte mich und zugleich hatte ich Angst. Doch was konnte ich anderes tun, als zuzustimmen. Mehr oder weniger bewusst muss ich all das gewollt haben, ich hatte es herbeigerufen, ja, herausgefordert.

Ich setzte mich also sogleich schweigend hin. Zum Glück gab es eine einfache Strohmatte auf dem Boden. Ich dachte nicht einmal daran, noch ein letztes Mal hinauszugehen, um einen letzten Atemzug frische Luft zu schöpfen oder noch einen Sonnenstrahl zu erhaschen. Ich war da. Das war alles!

Sobald der Meister zu den anderen zurückgekehrt und ich mit dem flackernden Licht meiner Öllampe allein war, stieg eine Frage in mir auf. War ich im Begriff ... wieder in mein altes Muster der Unterwerfung zu fallen oder entdeckte ich gerade eine neue Form von Freiheit?

Ich weinte ein wenig. Nur ganz kurz ... Ich hatte beschlossen, mein Leben dem Meister und dem, wofür Er stand, zu widmen. Wenn ich hier enden sollte, indem ich Sand atmete und irgendetwas Unbekanntes entdeckte, so akzeptierte ich es. Es wäre völlig in Ordnung so. Lieber würde ich mich in blindem Vertrauen hingeben, als ohne 'woher' und 'wohin', ohne Würze und Geschmack, lau vor mich hinzuleben. Daran zu sterben, das Licht zu rufen, war kein so schlechtes Schicksal ...

Am Anfang war natürlich noch alles gut. Die Luft war sehr stickig, schwer zu atmen, doch ich gewöhnte mich daran. Ich schob meine Strohmatte halb gegen die Felsmauer und lehnte mich an, die Beine entspannt untergeschlagen. Ich wollte nur beten, danken, mein Herz öffnen. Besondere Anweisungen hatte ich ja nicht bekommen und auch keine Ahnung, wann der Meister wieder auftauchen würde.

Also sprach ich mein Gebet, das Gebet, das Er mich gelehrt hatte, immer wieder, wie einen Reigen. Es stiftete meine Verwurzelung, aber auch meinen Aufschwung zu den Sternen und Engeln, zu den Elohim, an die unser Volk intensiv glaubte.

Nur ein leises Knistern ließ mich einen Moment lang die Augen aufschlagen. Der Flamme meiner Lampe ging das Öl aus. Sie zischte seufzend und tanzte ihr letztes Flackern.

Jetzt hatte sich völlige Dunkelheit ausgebreitet, doch schien sie unendlich lebendig zu sein. Ich begann sie schützend und sogar liebend zu empfinden. Wer hatte da gebetet, an meinem Platz, genau hier, wo ich war und wie lange? Ein Eremit? Ein Mönch? Ein Magier der Wüste?

Ich wusste, dass ich darauf nie eine Antwort bekommen würde, doch eines erschien mir auf einmal gewiss: Mein Gebet würde sich als Glied in die Kette ihrer Gebete einfügen und meiner Seele widerfuhr das Glück, sich unter die subtilen, feinen Spuren zu mischen, die schon in den Felsen eingeschrieben waren.

All das war bereits ein unschätzbares Geschenk. Egal, was ich noch erleben würde, ich durfte es auf keinen Fall vergessen.

Einmal, so erinnere ich mich, drang der Klageruf unseres Esels zu mir, wie um zu bezeugen, dass die Außenwelt noch existierte, auch wenn meine innere Welt mich immer mehr einnahm, so sehr, dass ich fast vergaß, dass ich in einer Hülle aus Fleisch und Blut steckte.

Schrumpfte ich etwa im Inneren meines Körpers zusammen? Das dachte ich zuerst ... Die Wände meiner Felsenzelle machten auf mich den irrigen Eindruck, sich von mir und meiner Wahrnehmung völlig zurückgezogen zu haben. Hatte ich meinen Körper verlassen? Würde ich hier sterben? Ich hatte keine Zeit, mich weiter in meine aufsteigende Angst zu vertiefen. Ich schreckte hoch ... Die Türangeln hatten gequietscht.

"Bist du es, Rabbi?", stammelte ich. Das Gebot zu schweigen hatte ich ganz vergessen. Da hörte ich das Rascheln des dicken Stoffvorhangs, den eine Hand beiseiteschob.

"Ja, ich bin es, Shlomit ... aber hast du nicht etwas vergessen? Richte dich nun auf und gib mir deine Hand ..."

Mich aufrichten! Seit Stunden hatte ich mir ja nichts anderes vorgebetet ... Der Meister hatte aber recht, mein Rücken war eingesunken. Er hatte immer Wert darauf gelegt, dass unser Rücken in seiner Gegenwart gerade ist. Nicht seinetwegen, sondern um unser selbst willen. Unser Körper soll uns als Leiter dienen und Gott lebt, wie Er sagte, in unserem Rückgrat.

Ich richtete mich also auf und reichte Ihm in der Dunkelheit meine Hand. An der Art, wie Er sie nahm, erkannte ich, dass Er mir schon gegenübersaß.

Ich spürte seinen Atem und roch seinen Duft, Weihrauch oder Myrrhe, den er jeden Morgen auf seinen Hals auftrug und der Ihn den ganzen Tag umgab.

Glücklich über all das hätte ich, ohne zu überlegen, fast zum zweiten Mal mein Versprechen gebrochen. Sein Finger, den Er mir sofort auf die Lippen legte, hat es zum Glück verhindert ...

"Kommen wir jetzt zu deiner Hand", sagte er mit äußerst liebevoller Stimme. "Was sagt sie mir, diese Hand? Nur sie darf sich heute Nacht ausdrücken. Ja, sie, denn, weißt du, bisher hast du ihr nicht viel Gelegenheit dazu gegeben. Du bist überrascht von diesen Worten, nicht wahr. Du verstehst sie nicht, weil du denkst, die Worte einer Hand seien ihre Taten und die Art, wie sie allen dient. Du verstehst sie nicht, weil du denkst, du hast viel gearbeitet. Du hast deine Wohnung mehr als nötig in Ordnung gehalten, Wolle gesponnen, manchmal auch Netze geflickt und sogar geduldig Öle und Düfte zubereitet ... Ich weiß all das und kenne den Wert dieser Dinge.

Aber, siehst du, Shlomit, wenn ich ihnen in diesem Moment zuhöre, sagen mir deine Hände, dass es etwas gibt, was sie nicht können. Sie sagen mir, dass sie noch nicht wirklich lieben können ... Sie wissen nicht, wie sie es anfangen sollen ... Ja, sie können handeln, aber noch nicht vollständig sein ...

Du erschreckst dich, meine kleine Schwester; du wirst steif, du findest das ungerecht, denn im Gegenteil wollte diese Hand, die ich in meiner halte, gerade sehr viel lieben."

Ja, das stimmt ... sie wollte es, aber sie hat nur die Hälfte von dem gewagt, was in ihr angelegt ist. Sie wollte gewiss geben, doch sie blieb verkrampft und angespannt. Sie hoffte auch, etwas zu bekommen, öffnete sich aber oft nur wie zum Schein ...

"Kein Licht ist nötig, damit du mich siehst, während ich dich über deine Hände erspüre. Du bist in meinen Augen und du weißt, dass ich die Wahrheit sage. Du weißt, dass du noch weiter gehen musst, als nur die neue Frau zu sein, die ich bereits in dir wahrnehme und begrüße.

Eine Hand ist nicht nur zum Arbeiten und Dienen gemacht. Sie ist auch dafür da, Liebe hervorzurufen und auszudrücken. Und zwar in all ihren Facetten. Die Hand ist eines der schönsten Werke meines Vaters, deines Vaters. Deine weint und deshalb bin ich hier, um sie zu trösten. Jeder ihrer Finger ist das Kapitel eines Buches. Und das Buch ist der Körper, den deine Seele bewohnt und den du noch immer nicht als ehrwürdig erkannt hast.

Spürst du ihn, deinen Körper, in diesem außergewöhnlichen Augenblick? Ich glaube nicht. Du weißt, dass er da ist, und redest dir immer wieder ein, dass er dich mehr als alles andere belastet und behindert. Du meinst noch immer, er sei schmutzig, auch wenn du dich langsam dem Gedanken öffnen kannst, dass man ihm Respekt schuldet. Doch Respekt ist nicht das gleiche wie Liebe, weißt du! Er ist lediglich ihre Voraussetzung, ihr allererster Anfang. Möchtest du da stehenbleiben?"

Ich schüttelte den Kopf und Jeshua nahm dieses Zeichen zweifellos wahr.

"Gut ... Ich werde dich also lehren, besser zu beten, das heißt, mit deinem ganzen Körper zu beten, mit allem, was ihn ausmacht, mit allen Sinnen ... Denn die Sinne, meine kleine Schwester, sind nicht nur die Stufen einer Treppe, die uns in der Welt die Richtung anzeigen, sie sind auch nach oben geöffnete Fenster, hinauf zur

Allmacht des Ewigen. Du ahnst nicht, welche Meister sich in ihnen verbergen."

Ohne etwas hinzuzufügen, nahm Jeshua meine Hand nun anders in seine. Er legte sie mit der Handfläche nach oben in die Mitte seiner hohlen Hand, wie eine Schale.

Dann berührte Er meine Fingerspitzen mit den Fingern seiner anderen Hand. Das machte Er lange, als wolle Er mit jedem seiner Finger meinen durch die Berührung eine Woge von Energie einhauchen. Augenblicklich ging eine heftige Erschütterung durch meinen Rücken, eine Welle, die sich in meinen ganzen Körper fortsetzte.

"Es ist nicht Kälte, was du spürst", sagte er leise. "Im Gegenteil, es sind kleine Eiskristalle, die schmelzen ... Pass gut auf, was jetzt passiert. Lass dich führen und fühl' nur ..."

Kaum hatte der Meister diese Worte gesprochen, da spürte ich auch schon, wie Er einen stärkeren Druck auf meinen Mittelfinger ausübte, der einzige Finger, an dem ich stets das Bedürfnis hatte, einen Ring zu tragen. Derselbe Ruck durchzuckte mich, mit dem einzigen Unterschied, dass er diesmal wie ein Pfeil in den untersten Teil meines Körpers fuhr. Ich glaube, ich machte einen Satz. Bis heute weiß ich nicht, ob es vor Schmerz oder vor Überraschung war. Mit aller Macht unterdrückte ich einen Schrei ... Doch das Gefühl des Schocks und der Kälte verwandelte sich bald in eine unglaubliche Hitze.

Es war eine angenehme Hitze, wie ein sanftes Feuer, das nach und nach mein gesamtes Wesen erfasste. Es war eine liebende Kraft, meine Freundinnen. Ich hatte so etwas noch nie erlebt und wenn das schon alles gewesen wäre, so wäre ich doch unendlich bewegt gewesen. Doch ich kann euch sagen, was Jeshua mich erleben lassen wollte, fing eben erst an.

Als die Hitze abflaute, geschah in meinem Inneren etwas anderes, etwas viel Sanfteres. Es war, als würde ich durch eine Wand gehen - so in etwa, ich weiß nicht genau - und als würden dann alle Düfte der Welt, einer nach dem anderen, durch die Fasern des Gewebes meiner Seele zu mir dringen.

Manche davon kannte ich. Es waren die Kräuter und Blumen meiner Kindheit, Orangenblüten und Jasmin und noch hundert andere, die aus dem See oder der Wolle der Schafe aufstiegen ... Aber es gab darüber hinaus noch so viele, die ich nicht identifizieren konnte und die mich glücklich machten. Das roch so gut, so betörend!

Die Düfte öffneten einen unbekannten Raum in mir. Sie lehrten mich eine neue Sprache, die mir doch sonderbar vertraut war. Ja, ... ich kannte sie. Warum hatte ich sie nur im geheimsten Winkel meines Wesens vergraben. Nicht nur meine Seele entdeckte sie nun wieder, sondern mein ganzer Körper.

Ich jubelte, Miriam und Jakobea, ich frohlockte. Versteht ihr, was mir zu beschreiben so schwerfällt?

Die Wahrnehmung meines Körpers hatte ja im Grunde nicht aufgehört, ganz im Gegenteil, sie stand im Zentrum all dessen. Jede Pore meiner Haut atmete die tausend Düfte der Schöpfung! Mein Körper war die offene Türe zu einer Ekstase, von der ich mir nie hätte träumen lassen, dass es sie gab. Zum allerersten Mal hatte ich das Gefühl, dass er lebte, alles aufnahm und rückhaltlos alles lieben konnte.

Wie war es möglich, in einem Universum zu leiden, in dem die Seele jedes einzelnen Elements, das darin enthalten war, so gut roch? War es also der Ewige, der ganz unerwartet noch bis hier hinein wirkte, sich meinem Körper offenbarte, und ihn leben ließ?

Dies Aufblühen meines Wesens dauerte sehr lange, kam mir vor. Ich konnte mich nicht bewegen, doch ich hörte mich atmen, ich fühlte mich am Leben und weit wie nie ... Ich war so sehr da, so anwesend in meinem in Metamorphose begriffenen Körper, dass ich spürte, wie der Meister meine Hand sanft auf den Boden legte, aufstand, den Stoffvorhang hob und fortging ...

Ich tauchte aus diesem Zustand auf, wie man aus einem schönen Traum erwacht, langsam, allmählich und voller Bedauern. Es musste tief in der Nacht sein oder vielleicht war es schon fast Morgen. Ich hatte keine Ahnung und es war mir auch egal, denn das hatte überhaupt keine Bedeutung mehr.

Ich erinnere mich, wie ich kraft meines Willens die Finsternis mit den Blicken zu durchdringen versuchte, um die Umrisse meiner Gliedmaßen und meines Körpers zu erahnen. Einen Augenblick lang war ich sicher, sie zu sehen. Sie erschienen mir wie mit einer feinen Schicht aus Licht bedeckt, überfließend vom Leben, das sie bisher verweigert hatten.

Und dann, wisst ihr, ... fasste ich alles an, was ich auf mir und um mich herum finden konnte. Die Strohmatte, den Sand auf dem Boden, mein zerschlissenes Kleid, meine rauen Fußsohlen und mein Haar ... alles schien zu leben! Alles ... sogar die intimsten Partien meines Körpers, die ich vor Ewigkeiten in den Tiefen eines kleinen Verschlages wie etwas Totes zurückgelassen hatte.

Da begann ich wieder zu beten. Ich betete mein Gebet, noch immer dasselbe, unermüdlich und voller Glück. Ich hatte den Eindruck, dass der helle Tag in mich eingezogen war und mich von nun an nie mehr verlassen würde. War das wohl der Grund, weshalb der Meister diesen Hohlraum im Felsen als Brautgemach bezeichnet hatte?

Ich war noch immer in dieser Wahrnehmung von mir und der Welt, als die Türe, die nach draußen führte, wiederum knarrte.

Kein Wort fiel. Alles, was ich hörte, war das Scharren eines Tellers auf dem Boden, der mir unter dem Vorhang durchgeschoben wurde. Das musste Thomas sein, der mir etwas zu essen brachte.

Da ich überhaupt keinen Hunger hatte, betete ich weiter. Es war das Einzige, wozu ich Lust hatte. Einfach nur hierbleiben, nichts anderes, außer vielleicht der Rückkehr des Meisters. Er ließ zum Glück nicht lange auf sich warten. Denn nun brach sich die äußere Realität doch wieder Bahn. Ich wusste nicht mehr, was ich mit meinen Beinen anfangen sollte und vor allem bekam ich kaum noch Luft.

Als der Meister wiederkam, sagte auch Er nichts. Das raschelnde Geräusch seines Gewandes machte mir klar, dass Er sich mir wieder gegenübersetzte. Ich war stolz, dass ich noch immer da war, ziemlich aufrecht, und mich an das Schweigegebot hielt.

Nach geraumer Zeit hörte ich endlich dies charakteristische Schnalzen seiner Zunge, als Er zu mir sagte:

"Gib mir wieder deine Hand, Shlomit ..."

Ich reichte sie ihm in der Dunkelheit und Er legte sie in eine von seinen, genau wie zuvor. Dann hörte ich Ihn tief einatmen und diesmal übte Er auf meinen Ringfinger einen nachhaltigen Druck aus. Augenblicklich durchzuckte es mich wieder ... nur etwas weniger heftig. Diesmal verlief die Welle durch den Vorderteil meines Körpers bis zu einem Punkt, der etwa eine Handbreit unter meinem Nabel lag. Wie soll ich euch das beschreiben? Es war ... unermesslich ...

Alles begann mit einer Welle der Frische. Zunächst noch ganz leicht, stieg sie immer weiter auf, wie man es von der Flut des Meeres kennt. Sie stieg bis in die Gegend meines Herzens.

Als sie dort ankam, tauchte sie mich in ein so einladendes, so weiches Wasser, dass keine Grenze mehr zu meiner Haut spürbar war. Ich war selbst zu der erfrischenden Woge geworden. Ich empfand ihr Aroma im ganzen Körper. Es war der Geschmack des Lebens selbst, im Reinzustand. Es war ... das Aroma aller Früchte, die unsere Welt hervorbringt, aller Samen und jeglicher Nahrung, welche die Erde uns bietet. Ich erkannte ihre Art zu schmecken, eine nach der anderen. Sie waren wie lauter Facetten von Gottes Antlitz.

Und dann, versteht mich recht ... begann ich innerlich mit ihnen zu sprechen. Sie waren ja da ... wesenhaft anwesend, mir vom Ewigen in mein Inneres gesandt.

Da war der Geschmack von Trauben, Feigen und Oliven, der von Korn, wenn man es kaut, das Aroma aller denkbaren Gewürze und selbst die so salzige Würze des Meeres ...

Ich sagte zu ihnen: "Warum habe ich so lange gebraucht, um euch kennenzulernen? Ihr seid die Wonne und Lust der Nahrung, meines Vaters Opfergabe an meinen Körper ... Ihr seid mein freudiger Anteil am Leben ..."

Oh ... ich bekam natürlich keine Antwort, zumindest nicht in Worten! Doch etwas viel Besseres als das ... die unendliche Gewissheit der Vermählung des Ewigen mit allem, was zu unserem Körper gehört. Ich wusste jetzt, dass schon der Geschmack einer Frucht oder eines Weizenfladens ... gleichsam eine Liebeserklärung war ... etwas Kostbares, mit dem man nicht verschwenderisch umgehen durfte.

Erst durch die Stimme des Meisters löste ich mich nach und nach aus der Umarmung dieser Hochzeit voller feinster, zartester Nuancen.

"Shlomit? Shlomit, ... iss jetzt! Dein Leben muss nun mit Substanz gefüllt werden."

Während Er das sagte, legte Er den kleinen Holznapf, den Thomas gebracht hatte, in meine Hand. Tastend fand ich eins der Brote, die wir bei Jericho in der Sonne gebacken hatten, sowie ein wenig Kichererbsenpüree, das uns stets stärkte, wenn wir nichts weiter hatten.

Ich weiß noch, dass ich lächelte. Ja, ich hatte Hunger ... Ihr könnt mir glauben, dass ich noch nie mit solchem Appetit und Hochgenuss gegessen habe. Auf unerklärliche Weise gelang es mir nun, jede Geschmacksnuance auszuloten, die in den Speisen enthalten war. Im Grunde erkannte ich sie nicht, sondern entdeckte sie gerade erst. Ich nahm auf einmal die Kraft und Tätigkeit des Wassers und des Feuers darin wahr, aber auch des Windes, der das reife Korn gestreichelt hatte, und dann die großmütige Ruhe und Stille im Inneren der Mutter Erde.

Als ich fertig war, nahm Jeshua den Teller. Er legte eine Hand auf meine Stirn, dann ging Er leise hinaus. Es war nicht nötig, weiter auf mich einzureden, das wusste Er.

Und dann, naja ... fiel ich in den tiefsten Schlaf. Das Einzige, was ich noch weiß, ist, dass ich mich auf die Seite legte und einschlief, als ich versuchte, zu meinem Gebet zurückzukehren. Ich konnte nicht einmal mehr dem Meister innerlich danken, für alles, was Er mich wieder einmal hatte erleben und verstehen lassen.

Es gab auch keine Worte für die Dankbarkeit, die ich empfand. Es gibt sie noch immer nicht. So schlief ich ein wie ein Kind, mit nichts anderem im Sinn als dem gegebenen Augenblick.

Als ich aus diesem Schlaf erwachte, wusste ich weder, wo ich war, noch, seit wann ich hier war. Immer noch war es stockdunkel. Allein meine Strohmatte und die Felswand erinnerten mich daran, was ich gerade erlebte. Sehr schnell war da auch wieder dies strahlende Licht, diese mir voll Liebe in die Seele gepflanzt Sonne, während mein Körper vor Lebendigkeit zu platzen schien.

Da ich noch immer das tiefe Bedürfnis hatte, zu beten, richtete ich mich auf und fand zu meinem Gebet zurück. Während die Zeit verstrich, ja, sich abspulte, sah ich, vor meinem inneren Auge, inmitten des Reigens der Worte, Szenen aus meiner Vergangenheit ablaufen.

Sie kamen ganz spontan, stiegen auf, doch ohne Gefühle hervorzurufen, wie Schriftrollen, die mir nicht gehörten, mir fremd waren, die ich bloß irgendwo in einem alten Tempel gefunden hatte.

Ich fühlte mich so losgelöst von ihnen, sie waren so weit weg von mir! Ich ging sie durch, mit der Gewissheit, dass alles an seinem rechten Ort war und seinen guten Grund hatte, zu existieren oder existiert zu haben. Bekam ich etwa gerade eine Ahnung von dem, was man Frieden nennt?

Als diese Visionen langsam nachließen, spürte ich am ganzen Körper ein Prickeln. Zuletzt brannte meine Haut überall dermaßen, dass es unerträglich wurde. Was war nur los? Ich verstand es nicht ... nun, da ich doch gerade so eine schöne Ruhe erlangt hatte.

Schon bald wurde mir mein Kleid auf der Haut zu schwer. Es war nicht auszuhalten. Ich war nur noch eine einzige Brandwunde. Völlig am Ende, zog ich das Kleid aus, mit der Verzweiflung, mit der ich in den See gesprungen wäre, wenn ich in Flammen gestanden hätte. Meine Scham hatte in dieser Schicht der Erde, wo nie jemand hinkommen würde, keine Bedeutung mehr. Ich war hier, um zu wachsen, um endlich ich selbst zu werden ... Und das wollte ich so sehr!

Ich kehrte also so gut ich konnte zu meinem Gebet zurück.

"Herr, richte mich auf, richte mich auf ..."

Zum Glück wurde das schreckliche Brennen schwächer und verschwand schließlich, ebenso unerklärlich, wie es gekommen war. Sofort suchte ich in der Dunkelheit nach meinem Kleid, fand es aber nicht ... Da erfasste mich allein bei dem Gedanken, dass der Meister ja wiederkommen würde, Panik. In der Aufregung musste ich es weit von mir geschleudert haben, irgendwohin. Was würde Er denken? Würde ich seine schamlose Schülerin werden, oder etwas noch Schlimmeres?

Ihr lächelt ... meine Freundinnen, aber ... ihr müsst das verstehen. Ich glaubte wirklich den Verstand zu verlieren, als ich wieder die Außentür in den Angeln quietschen hörte. Ich durfte ja nicht protestieren, nicht einmal etwas sagen, das hatte ich ja versprochen. Zusammengekrümmt auf meine Strohmatte, hatte ich keine andere Wahl, als zu warten. War ich nun, da ich gerade auflebte, endgültig der Schande ausgesetzt?

In tiefster Finsternis hörte ich die Schritte des Meisters näherkommen. Da war seine Hand, die den Vorhang meiner Zelle öffnete, und dann Er selbst. Mit denselben maßvollen Bewegungen wie immer, setzte Er sich.

"Shlomit", sagte leise, fast flüsternd, "richte dich wieder auf ... Setz' dich und gib mir noch einmal deine Hand."

Ich wagte nicht, mich auch nur zu regen. Also sagte Er:

"Meine kleine Schwester, worin besteht deine Scham? Bist du hier nicht wie im Bauch deiner Mutter? Du wolltest so sehr neu geboren werden, wachsen und dein Wesen in ein Kleid hüllen, das ihm eher entspricht! Kannst du nicht akzeptieren, dass das Alte verbrannt ist? Du musst vom Schatten ins Licht treten, denn das Hell-Dunkel der Seele ist nichts für die Lebenden. Und dies Gemach, glaub mir, ist gemacht, um Lebende zu gebären. Richte dich also auf und gib mir deine Hand."

Wie gerne hätte ich jetzt etwas gesagt, um Vergebung gebeten, aber ich hielt durch. Mit äußerster Anstrengung gelang es mir, mich aufzusetzen, im Schutz der Dunkelheit - so viel ich davon nur zu Hilfe rufen konnte - auch wenn sie sich nun unabwendbar in Licht verwandeln würde.

Jeshua nahm also die Hand, die ich Ihm reichte. Diesmal wählte Er meinen Zeigefinger. Von ihm ausgehend, regte Er sogleich einen neuen Impuls der Verlebendigung an, der mich durchzuckte, ohne dass ich auch nur Zeit gehabt hätte, mich weiter an meiner Scham zu berauschen. Der Blitz seiner Liebe drang direkt oberhalb meines Nabels ein, genau dort, wo mein Körper so oft angespannt und leidend gewesen war. Ich weiß noch, dass ich augenblicklich einen Seufzer ausstieß, als sei ein altes, verrostetes Vorhängeschloss, das den Zugang zu meinem Haus verwehrt hatte, abgefallen.

Ich glaube nicht, dass ich fähig bin, euch genau zu sagen, was passiert ist, welchen Weg das mir eingehauchte Leben eingeschlagen hat, um mich meiner Erweckung ein wenig näher zu bringen.

Es ging sehr schnell. Alles begann zu kribbeln und ich fühlte mich von innen heraus erleuchtet. Etwa wie bei Vollmond sah ich mich von einem milchigen Licht umkleidet. Es war sehr sanft, sehr zart und doch hell genug, um die Höhle, die uns beide beherbergte, den Meister und mich, anzuleuchten.

Recht schnell wurde mir klar, dass es nicht nur von meinem Körper ausging, sondern von allem, was uns umgab: Der Felsen, meine Strohmatte, der Sand auf dem Boden und mein altes Kleid, das ich nun endlich entdeckte – es hing an einem kleinen Felsvorsprung wie eine abgelegte, alte Haut – und dann natürlich Jeshua, der mit geschlossenen Augen direkt vor mir saß ...

Was mich betrifft ... ich sah mich als Ganzes. War ich in mir oder außerhalb von mir? Es war unmöglich, das zu sagen. Meine Nacktheit störte mich nicht mehr. Meine Haut kam mir vor wie ein Kleid aus Klarheit und Helle.

Ich schaute mich ganz einfach an und entdeckte mich, wie ich es nie zuvor getan hatte. Ich fand mich sogar ... zum ersten Mal im Leben schön!

In Wahrheit sah ich mich wohl nicht durch die Augen, das muss ich schon sagen. Dieser Blick entfaltete sich ausgehend von jeder Zelle meiner Haut. Ich war ein unergründlicher Blick, der das Wesen der 'Dinge' durchdrang, ein vielfaches Auge, das die absolute Göttlichkeit von allem entdeckte. Es war das stille Staunen.

Da kam ein Gedanke und grub sich mir auf ewig in die Seele. Dieser Gedanke war es auch, der mich das Licht atmen ließ, bis es sich schließlich in die Dinge und Wesen verlagerte. "Nichts existiert, alles ist ... und es ist, weil mein Vater leise darin singt."

Als dieser Zustand zu Ende ging, war Jeshua wieder verschwunden. Ich war allein und völlig entgeistert. Ist es möglich, dass die Seele zu viel Luft bekommt, so dass sie sich daran berauscht? Konnte es sein, dass die lange Nacht, aus der meine kam, sich in einen endlosen Tag verwandelte? Vielleicht war all das nicht menschlich, ich meine, nicht auszuhalten für einen Menschen. Vielleicht musste ich sterben. Und wenn schon. Sterben, indem man wiedergeboren wird, im vollen Aufblühen zu sterben ... das war verrückt schön.

Dann stimmte es also ... mein Körper und alle seine Sinne hatten ihre Daseinsberechtigung ... Sie konnten denselben Gesang anstimmen, wie meine Seele. Sie hatten das Recht, ja sogar die Pflicht dazu. Sie hatten nur einen geeigneten Musiker gebraucht, um sich daran zu erinnern und aus ihrer Erstarrung zu erwachen.

Ich muss euch gestehen, meine Schwestern, dass ich keinen Augenblick daran dachte, mein Kleid wieder anzuziehen. Es war dort, wo es von selbst hingeflogen war, gut aufgehoben.

Ich fühlte mich so sehr von meinen Ketten befreit, dass ich mir sogar erlaubte, meine Hände über meine Beine, meinen Bauch und meine Brüste streichen zu lassen. Bisher war ich nie auf die Idee gekommen, etwas derartiges zu tun ... Doch das war nicht schmutzig, wie ich gedacht hatte! Es war einfach und klar, wie die Naturlandschaft Galiläas, die ich so sehr liebte.

Am Ende schlief ich so ein, vollkommen in meinem Körper. Und ich spürte, wie dieser Körper sich ins Unendliche ausdehnte."

"Kam der Meister danach wieder zu dir? Ich kann mir schwer vorstellen, was du darüber hinaus noch erleben konntest, Salome?"

Jakobea hat meine rechte Hand ergriffen und sucht den Ring, der immer an meinem Finger steckt. Es liegt viel Gefühl in ihrer Stimme.

"Dieser ist es, nicht wahr? Mit ihm hat alles angefangen ..."

"Ja, im Verlauf dieser drei Tage und Nächte habe ich begriffen, dass jeder unserer Finger mit einem der Feuerräder[24] verbunden ist, die wir in uns tragen. Wer die Geheimnisse der Liebe kennt, kann sie aufschließen. In der Tat ... Was ich erlebt hatte, genügte zwar tausendfach, um mich zu erfüllen, dennoch kam der Meister noch einmal zu mir. Es waren noch zwei Finger übrig, deren Kräfte Er in mir noch freisetzen wollte, das habt ihr wohl verstanden.

Zuerst nahm er meinen Daumen. Wieder ein schockartiger Ruck, dessen Zentrum ausschließlich in meinem Herzen lag, und dann die Offenbarung, die darauf folgte. Sie führte die vorige noch fort, nutzte sie wie die Stufe einer Treppe, um die Oberfläche meiner Haut noch heftiger erzittern zu lassen. Diesmal war aber kein Brennen vorausgegangen.

Es war, als bewege sich meine Seele in aller Ruhe auf der Oberfläche meines Körpers, um ihn mit Öl einzureiben und endlos zu streicheln. Umgekehrt erlebte ich, wie meine Haut meiner Seele wahrlich einen Kuss gab, ebenfalls etwas Unendliches, eine unbeschreibliche Empfindung ..."

"Die ultimative Versöhnung?"

"Noch nicht, Jakobea, ... denn Jeshua erwies mir sogleich noch eine Gnade, die fünfte. Diese drang durch die Spitze meines kleinen Fingers in mein Wesen ein. Zu allem bereit gab ich mich hin, ohne auch nur zu zittern. Die Welle setzte sich in meiner Kehle fest und stieg dann auf bis etwa in die Mitte meines Kopfes ... Dort rissen mich unendlich viele Töne und Klänge mit sich. Ich nenne es Töne, aber ... jeder von ihnen war eine Melodie in sich oder eher ein wogender Singsang, in dem sich eine Kraft, ein Wille und eine Bewegung des Lebens ausdrückten ... Woher kamen sie, von wo stiegen sie auf? Von überall, von absolut überall her! Es war nur das erste Mal, dass ich mich ihnen so öffnen und sie aufnehmen konnte. Sie wurden so mächtig, dass ich irgendwann die Augen aufschlagen musste. Es war fast zu viel ... zu schön, zu groß!

Wisst ihr, wie immens ein himmlischer Gesang sein kann, wie packend und bewegend? Natürlich wisst ihr das!

Vor allem, wenn der Himmel die Mauer ist, die einen umgibt, der armselige Teppich, auf dem man sich befindet. Vor allem, wenn Er noch in der kleinsten Bewegung wohnt, die man wagt.

Was ich damit sagen will, meine Schwestern, ist, dass alles zu Musik wurde, bis hin zu meinem eigenen Atem, und auch der Atem des Meisters.

Es ging mir wie jemand, der zu viel Wein getrunken hat. Ich war völlig berauscht von der Anwesenheit des Ewigen in allen Dingen. So verlor ich schließlich das Bewusstsein ...

Ein Teil von mir, wahrscheinlich meine Seele, löste sich von dort, wo ich war, und flog in irgendeine andere Welt. Das Einzige, was ich davon behalten habe, ist der Eindruck von Stille. Alles hörte auf – und ich glaube, dass dieses Stillstehen von Allem in Wahrheit recht lange dauerte.

Als ich wieder zu mir kam, lehnte ich an dem Felsen. Mein Körper war erstaunlich entspannt. Hatte ich etwa eine ganze Nacht in dieser Stellung geschlafen?

Jeshua war noch immer da. Er saß an derselben Stelle. Ich merkte es, als ich ein Bein ausstrecken wollte.

"Rabouni ...", sagte ich ganz spontan, selbst überrascht von der Vertraulichkeit und dem eigentümlichen Klang meiner Stimme.

Sofort legte Er mir den Finger auf die Lippen. Ich beugte mich dem ... Alles musste seinen geregelten Gang gehen. Ich musste bis zum Ende schweigen.

Also schloss ich wieder die Augen ... Doch hinter meinen geschlossenen Lidern, in meiner Mitte, war das Licht. Es war intensiver als am hellen Tag und nicht mehr von mir zu lösen.

"Drehst du dich jetzt bitte um und setzt dich schön grade hin", sagte der Meister dann zu mir in sanftem, doch bestimmendem Ton.

Ich drehte mich um und blickte nun auf die Felswand. Also war es noch nicht vorbei ... Ich konnte ein paar stumme Tränen nicht zurückhalten. Es war einfach zu viel Licht, kam mir vor, und auch zu viel Dunkelheit. Ich hatte Angst, mich darin zu verlieren, selbst wenn ein Teil meines Wesens dabei mit Glückseligkeit erfüllt wurde.

Man hörte Stoff rascheln und kurz darauf spürte ich einen Druck auf meinem ganzen Rücken. Es war Jeshuas Rücken, der sich an meinen lehnte. Ich erinnere mich noch genau an die edle Verwirrung, in die mich das stürzte. Der Rücken war bei uns immer etwas Heiliges, schon bevor ich die Lehren des Meisters empfangen hatte.

"Shlomit ... Shlomit, sag dir ganz eindringlich, dass es nie zu viel Licht gibt. Wenn es überfließt und Angst macht, dann nur, weil man es noch nicht hinreichend bezähmt hat. Aus diesem Grund, siehst du, weist auch jener Teil der Menschheit, der noch nicht reif ist, die Wahrheit zurück, wenn diese bis zur Menschheit vordringt. Die Grenze ist immer die Angst. Und die Angst beherrscht auch die tausend Tode der Existenz. Möchtest du in dieser Richtung weitermachen? Ich weiß, dass du das nicht willst, und darum lege ich dir nahe, das Licht zu zähmen.

Das Licht sind die Früchte eines Baumes, dessen Wurzeln im Herzen meines Vaters liegen. Es ist ein Baum, dessen Weisheit darin besteht, wie folgt zu wachsen: Sein Stamm ist doppelt, der eine Teil weiblich, der andere männlich und die Wurzeln und Blätter haben sie gemeinsam.

Der männliche Teil nährt sich vom Himmel, der weibliche von der Erde, die Wurzeln des einen sind wie die Blätter des anderen und umgekehrt. Der eine Teil bedarf des anderen und umgekehrt.

Wenn die menschliche Seele Sehnsucht hat und leidet, so gleicht sie einem der beiden Stämme dieses Baumes, wenn er seinen anderen Teil ignoriert, wenn er vergisst, dass sowohl das Tiefe als auch das Hohe seine notwendige Nahrung sind.

Willst du weiterhin einen Teil von dir abspalten? Ich weiß, dass du das nicht willst.

Um Sehnsucht und Leid hinter dir zu lassen, musst du zunächst einmal die Notwendigkeit des Stammes erkennen, der in diesem Leben deine Maske und dein Körper ist.

Genau darum sage ich dir auch, öffne dich für die Hochzeit in dir, damit sie so bald wie möglich vollzogen wird.

Nimm die Frau in dir an. Du sollst zu dieser Frau werden, so wie sie ihrer Essenz, ihrer grundlegenden Wesenhaftigkeit nach, ist. Sei die Erde und würdige deinen Leib, wenn du danach strebst, dich dem Himmel zu verbinden. Der Geist vermählt sich mit dem Körper nur, wenn dieser mit der Erde Frieden geschlossen hat.

Die Sensibilität der Seele ist ihr Verbindungspunkt, vergiss das nie.

Anders als du immer dachtest, sind die Sinne nicht nur aus dem Reich des Körpers hervorgegangen. Sie haben ihren Ursprung in der Seele. Ich sage dir, sie sind eine Brücke zwischen der dichten Materie und dem Feinstofflichen. Sie sind eine Sprache, die man gut oder schlecht sprechen kann. Doch auf jeden Fall muss man sich anstrengen, ihre Ausdrücke zu lernen - aber in dem einen oder anderen Moment unserer Geschichte, auch ihrer erhabene Schönheit. Sie sind der Liebesgesang, den mein Vater allem bewegten Leben entgegenbringt.

Oh, ich weiß, meine kleine Schwester ... Ich weiß, was du gehört hast, was man dir zuweilen gesagt hat und auch, wie du es verstehen wolltest. Es ist die Geschichte einer Grenze, die man mit großer Mühe errichtet hat, die aber in Wahrheit gar nicht existiert.

Manche Männer und Frauen ziehen eine klare Grenze – sowohl in ihrer Art zu sprechen als auch in ihrem Handeln – zwischen der Vereinigung der Sinne in der Sexualität und in der Liebe. Das ist die Frucht von Unkenntnis und Blindheit ... Du sollst wissen, dass diese Haltung auf eine alte Form der Erinnerung zurückgeht, die den Tieren eigen war und in unserer Welt noch nicht ganz überwunden ist. Die menschliche Verfasstheit aber ruft dazu auf, beide zu verbinden, um jene Verschmelzung zu erreichen, aus der die Erweckung hervorgeht.

Ich kann es nicht klarer und genauer sagen, Shlomit. Verzeih und geh deinen Weg. Denk daran ... ich bin der Erleuchter ..."

Über diese Worte hinaus, die Jeshua meinem Wesen auf allen Ebenen einprägte, kann ich euch vom Blitz des Lebens, der mich da in meiner Geburtshöhle traf, nichts weiter erzählen, meine lieben Freundinnen.

Licht, das zur Liebe wurde, Liebe, die zu Einsicht und Verständnis wurde und Einsicht, die wieder zu Licht wurde ... das ist alles ...

Als die Zeit gekommen war, aus meiner Verpuppung herauszutreten, hörte ich, wie Thomas etwas unter dem großen Tuch, das meine Tür war, durchschob.

"Hier", flüsterte er ... "Das ist ein neues Kleid. Es ist weiß und aus reinem Leinen ... Zieh' es an. Es ist ein Geschenk des Meisters. Er hat es eben aus dem Sand und den Steinen dieses Gebirges entstehen lassen, als hätte es schon lange darin geschlafen und auf dich gewartet."

Mir blieb nichts hinzuzufügen, nichts zu fragen. Ich zog mein neues Kleid an, in dem Wissen, dass ich nicht mehr dieselbe war und dass es wundervoll und gut war, so zu sein ..."

Kapitel 8

Das Unsichtbare berühren

Ein langes Schweigen hat sich zwischen uns dreien ausgebreitet, seit ich die Erzählung meiner so beunruhigenden Einweihung durch den Meister beendet habe.

Während ich erzählte, muss ich jedes Zeitgefühl verloren haben. Ein rosa Lichtstreifen schwebt am Horizont über dem Meer. Wir sind noch immer zu Fuß unterwegs und suchen die Reste unserer Feuerstelle. Es wird wirklich schon Tag. Ich weiß nicht, ob ich mich darüber freuen soll. Mir scheint, dass ich noch so viel zu sagen hätte. Die schützende Hülle der Nacht gab mir Kraft und nun bin ich so müde ...

Da legt sich ein Arm um meine Taille. Es ist Miriam, die mich sanft zu sich zieht.

“Ich weiß ... Ich weiß ... aber du wirst doch jetzt nicht aufhören, Salome! Dein Leben auf Jeshuas Spuren hatte doch eben erst begonnen. Wir hatten damals ja kaum Zeit, uns kennenzulernen ... Ich erinnere mich, dass ich manchmal den Eindruck hatte, dass du ein wenig Angst vor mir hast. Hast du noch genug Kraft, um uns dein Leben zu erzählen? Nur ein wenig davon! Meine Augen möchten zufallen, das gebe ich ja zu, aber mein Herz ist so weit geöffnet, dass es dich darum bittet."

Ich schaue Miriam an. Ihre Haare flattern in der frischen Brise des Morgens und ihr Gesicht ist ein einziges Lächeln.

"Willst du es wirklich? Wollt ihr es beide noch?"

"Zweifelst du daran, meine Schwester?"

Jakobea gibt mir in schelmischem Ton sofort die Antwort und zeigt dabei auf etwas, das sich etwa fünfzig Schritte vor uns lebhaft im Sand bewegt. Es sind Möwen.

"Schaut mal, was von unserem kleinen Lager übrig geblieben ist. Wir sind wieder zu Hause, doch die Vögel waren schneller als wir. Es sieht ganz so aus, als hätten wir gestern Abend irgendwo ein Stück Fladen liegen lassen."

Das war meines, ich weiß es, sage aber nichts und setze mich nur still neben die verbrannten Äste, während die Möwen mit Geschrei wegfliegen. Ich möchte meine Worte für das aufheben, was meine Seele noch in die Welt bringen soll, wenn es denn wirklich sein muss.

Sogar der Hund scheint gespannt zu warten ... Er hat sich mit einem Seufzer zwischen Jakobea und Miriam fallen lassen, die sich mir soeben gegenübergesetzt haben.

"Ja ... Es gibt viele, so viele Dinge, meine Schwestern ... Sie sind in meiner Erinnerung aufgefädelt, wie die Perlen einer Kette und ich weiß wirklich nicht, welche am schönsten sind.

Wochen, Monate und schließlich Jahre sind vorbeigezogen wie Schwaden von Licht seit diesem Ereignis, das ich immer "mein großes Erwachen" genannt habe ...

Über Hügel und Täler, durch Dörfer und kleine Marktflecken bin ich dem Meister unermüdlich gefolgt. Und uns hat das Leben immer tiefer verbunden, nicht wahr, Miriam ... Jakobea, du hast dich uns wenig später angeschlossen. Bald dachte man, wir seien

Schwestern und am Ende bildeten wir eine Familie. Gewiss hatten wir unsere Höhen und Tiefen, das ist ja klar, aber ... wir tranken Wasser aus derselben Quelle, die direkt aus der Sonne kam. Kann man es denn anders sagen?

Wie sollte man nicht auch Meryem, die Mutter des Meisters erwähnen ... die immer so diskret und doch so präsent war und es stets verstand, aus der Menge hervorzutreten, wenn es nötig war. Wie oft hat sie uns, wenn 'etwas' in uns müde wurde oder wir sinnlos rebellierten, auf ihre Weise mit einem Blick aufgerichtet, der immer angemessen war.

Und dann, ihr erinnert euch bestimmt ... ist ja auch Zebedäus wieder in meinem Leben aufgetaucht. Das war unvermeidlich, wir zogen doch so oft durch Betsaida! In seinem Haus habe ich nie wieder eine Nacht verbracht, aber er hat Wort gehalten. Er schaffte es immer, mir ein paar Münzen zuzustecken, um mir das Überleben zu erleichtern. Manchmal ist er auch in Migdel oder Kapernaum mit seinen Söhnen zu uns gestoßen, wenn sein Weg mit dem Boot ihn gerade dorthin führte. Er hörte dem 'Rabbi vom Seeufer' dann stets fasziniert und glücklich zu, erkundigte sich nach meinem Befinden und fuhr wieder zurück. Ich war froh, dass es so war. Auch er hatte seine Freude und seine Freiheit gefunden. Manchmal ... gibt es Beziehungen, die gar keine sind. Das muss man einfach ohne Bitterkeit anerkennen.

Was Zachäus angeht ... ihn habe ich einmal in Jericho gesehen. Er tat so, als würde er mich nicht sehen. Er hat es nicht verstanden und konnte es nicht annehmen, glaube ich ...

Mein Leben war natürlich ganz anders als zuvor.

Ich meine, ich konnte es nun endlich ohne Scham und Reue wirklich als meines ansehen. Sogar Wehmut und Sehnsucht hatten mich verlassen. Ich folgte innerlich, tief in meinem Busen, der Sonne – das allein zählte.

Gewiss war ich weit davon entfernt, alles aufnehmen zu können, was Jeshua lehrte. Er sprach ja, wie ihr wisst, ganz verschiedene Sprachen, je nachdem, wer seine Zuhörer waren. Dennoch ... gingen ständig neue Türen in meinem Herzen auf.

Ich lernte, dass es nicht wichtig war, sie alle auseinanderzuhalten und genau zu identifizieren, denn es sind nicht immer die großen Worte oder großen Ideen, die uns weiterbringen. Oft bewirken kleine Dinge viel mehr in unserer Entwicklung. Und so hat die Häufung einfacher Gesten und schlichter, scheinbar unbedeutender Aussagen unglaublich viele Pforten in mir aufgetan.

Eines Abends war ich gerade dabei, auf einer improvisierten Feuerstelle etwas Wasser heiß zu machen, um ein paar Pflanzen abzukochen, als Jeshua zu mir kam und sagte:

"Siehst du, Shlomit, dies Wasser ist genau wie du ... Und ich bin direkt darunter. Ich bin die Flamme. Ich treibe dein Leben bis zum Äußersten, ich bringe es zum Kochen, bis das Beste aus dir herauskommt und deine Seele aufsteigt ... genau wie dieser Dampf. Wenn Wasser aus einer Schüssel verschwunden ist, denkt man, dass nichts mehr da sei, dass es nicht mehr existiert, aber ich sage dir, seine Essenz ist noch immer irgendwo in der Luft anwesend und lebendig. So wird es auch mit deiner Seele sein. Ihr Dampf wird auf den Boden dieser Erde zurückkehren ... schwer beladen mit den Düften des Himmels ... und der Erinnerung an die, welche ich dir gerade schenke ..."

Aus meiner Sicht hatte Er mit diesem einfachen Vergleich alles gesagt. Nun war es nicht mehr nötig, mir die Angst vor Alter und Tod zu nehmen.

Meine Seele würde aufsteigen und dann wieder herabsteigen ... sie würde wiederkommen wie ein Regen, um den Durst der Erde zu stillen. Schon immer hatte ich ... Gutes säen wollen und Er zeigte mir den Weg, den ich dafür einschlagen musste.

Ganz deutlich erinnere ich mich auch an jenen Morgen, als Jeshua mir, während wir die Tür unseres Quartiers öffneten, in einer Ecke der Türöffnung ein Spinnennetz zeigte.

"Siehst du ... Die Männer und Frauen dieser Welt sind wie die Spinne, die dieses Netz gemacht hat. Sie verbringen ihr Leben damit, sich in ihren Köpfen Denkweisen oder Arten zu Sein auszuspinnen. Es sind Fallen, die ihnen ermöglichen, über ihr kleines Territorium zu herrschen. Wenn die Winde des Schicksals oder eine Göttliche Hand ihr Netz zerstört, bauen sie schnell wieder ein neues, das dem Alten ganz ähnlich ist und nach demselben Prinzip funktioniert ... unermüdlich tun sie das. So verstreichen ganze Lebensläufe und Zeitalter. Sie folgen aufeinander und sind doch meist von denselben Spinnennetzen bevölkert, die zunächst in den Köpfen entstehen und dann in alle Richtungen nach außen gesetzt werden."

"Ist das nicht zum Verzweifeln, Rabbi? Du sagst, unsere Köpfe sind voll von klebrigen Fäden und wir verbringen unsere Zeit damit, immer wieder dieselben Verhaltensweisen an den Tag zu legen ... Willst du damit sagen, es gibt keinen Ausweg?"

Jeshua lächelte mit den Augen und sagte sehr laut, so dass es alle hören konnten: "Der Ausweg? Wie jedem hier unmittelbar einleuchtet, ist eine Spinne eine Spinne. Ihre Rolle besteht darin, bis zuletzt ganz Spinne zu sein. Die Rolle des Menschen aber, auch das versteht jeder, kann nicht sein, ein Insekt nachzuahmen. Seine Rolle als Mensch besteht darin, gerade nicht immer dieselben Dinge zu tun, seine Taten nicht ständig zu wiederholen. Er ist nicht dafür geschaffen, sich im Kreis zu drehen. Um euch das zu lehren, bin ich zu euch gekommen. Ich bin der, welcher euch zeigt, wie ihr eure ausgetretenen Wege verlassen könnt ... angefangen beim alt überlieferten Reflex des Kampfes, der noch immer in eure Köpfe und Muskeln eingezeichnet ist."

Da riefen Judas und einige andere: "Und die Römer, Rabbi?"

"Die Römer? Sie sind in euch ... Wenn die, welche ihr jetzt in unseren Dörfern trefft, das Land verlassen würden, so würdet ihr doch bald neue finden. Denn die Welt, die in euerm Inneren lebt, ist noch nicht die Welt meines Vaters, sondern eine Welt von Gebieten, Revieren und Grenzen. Es ist die Welt der Kämpfe, des ständigen Rufes nach einem Gegner."

Es sind solche Worte, die mir vor allem im Gedächtnis geblieben sind, seht ihr. Meist sind sie aus ganz unbedeutenden Situationen entstanden.

Aus dieser ganzen Zeit erinnere ich mich natürlich an solche Dinge, vielleicht aber noch mehr an das, was jenseits der Beispiele, die uns das Leben in die Hände spielte, noch geschah. Ich meine, allein die Anwesenheit des Meisters selbst ... Er musste nicht unbedingt lehren oder gar Wunder tun. Bereits die Tatsache, da zu sein, nur ein paar Schritte von Ihm entfernt, hat für mich alles verändert. Ich würde sagen ... sein Strahlen erfüllte zwangsläufig alles, dem Er sich näherte. Das konnte niemanden gleichgültig lassen, nicht einmal Steine, die echten ... oder auch jene 'Steine', die manche Menschen noch immer sind.

Mehr denn je habe ich das an jenem Tag erlebt und verstanden, als Er mir die Routineaufgabe übertrug, ihm Bart und Haare zu schneiden. Er hatte wohl bemerkt, dass ich geschickt darin war, als ich es bei einigen anderen aus unserer kleinen Gruppe gemacht hatte. Ihr wisst ja, welche Sorgfalt Er seinem Körper und seiner Kleidung entgegenbrachte ... Wie habe ich gezittert, als Er mich das Erste Mal darum bat!

Glaubt mir, ich rufe euch diese Augenblicke nicht in Erinnerung, um zeigen, wie privilegiert ich war, sondern weil sie zu echter Seelennahrung für mich wurden.

Indem ich mit seinem Gesicht so vertraut wurde, musste ich mich nur umso mehr der Tatsache stellen, dass ein Teil von Ihm definitiv nicht von dieser Welt war.

In Migdel habe ich es Ihm einmal gesagt. Es war kurz bevor du so heftig dafür kritisiert wurdest, Miriam, dass du nach Hause gegangen warst, um eine Schale mit aromatischem Öl zu holen, um Ihm die Füße einzureiben. Du wusstest, dass die Woche schwierig werden würde und wolltest Ihn damit unterstützen und ehren. Er hat mir Folgendes geantwortet: "Shlomit, wir sind alle aus einem himmlischen und einem irdischen Teil gemacht, aus einem Sonnenstrahl und einem Strahl des Mondes. Alle! Der einzige Unterschied zu mir ist, dass alles an meinem Wesen es in jedem Augenblick zum Ausdruck bringt.

Lerne die Seele des anderen hinter seiner Maske zu erkennen. Lerne, dem Leben stets zu danken, wenn du einen Fuß auf den Boden setzt. Lerne die rechten, angemessenen Worte und lerne das Unsichtbare mit deinen Händen zu berühren. Dann wirst du dem Unterschied, den ich meine, näher kommen."

Zuerst dachte ich, "das Unsichtbare berühren" sei einer von diesen bildlichen Ausdrücken, die Er so gerne verwendete. Also fragte ich Ihn, was er genau mit diesen Worten meinte. Zur Antwort erinnerte Er mich an das Versprechen, das Er mir einmal gegeben hatte, mich etwas Bestimmtes zu lehren und sagte, Er käme nun darauf zurück, weil "es an der Zeit sei."

Am nächsten Morgen wurde alles klar ... Er führte mich in eine Gruppe von etwa zehn Männern und Frauen ein, denen Er die großen Prinzipien der Heilkunst nahebringen wollte.

So begann ich mit meinen Händen und meinem Herzen zugleich zu arbeiten. Ihr könnt euch meine Freude sicher vorstellen ... Nun würde ich mich wirklich nützlich machen! Ich würde nicht mehr bloß eine kleine Schale sein, die ausschließlich fähig war, zu empfangen. Von nun an würde ich auch geben, mich verströmen ... das war heilsam!

Indem ich die Kunst erlernte, das Licht mit den Händen weiterzugeben, habe ich damals etwas Wichtiges verstanden. Mir wurde bewusst, dass die meisten von denen, die sich auf krankhafte Weise über ihr Leben beschweren, ihr Schicksal verfluchen und sich in dieser Welt als Opfer fühlen, ausgesprochen egozentrisch sind. Sie leiden vor allem darunter ... dass sie im Grunde immer nur sich selbst sehen, das was sie für ihr Unglück halten.

Ich verstand es, weil ich wahrnahm, wie sehr das Erlernen der Heiltätigkeit und die Verantwortung, die sie mit sich brachte, mich erneut veränderte.

Ich hatte ja bereits einen ungeheuren Wandel durchgemacht. Doch das, was ich im Stillen 'die Schule der Hände und des Herzens' nannte, brachte mich endlich so weit, mich vom engen Blick auf meine eigene Person zu lösen.

Indem ich meine Handflächen und meine Finger auf einen leidenden Leib legte, wandte ich mich endgültig dem Leben zu. Gerade indem ich mir keine Gedanken mehr über meine eigene Verwandlung machte, veränderte ich mich zutiefst. Nichts Spektakuläres, nicht einmal mehr Ekstasen meiner Seele ... nur die stille Verschmelzung mit dieser Welle des Friedens. Endlich spürte ich, dass sie der geheime Duft des Meisters war.

Ich lernte all das geduldig, mit Disziplin, oft morgens, wenn noch Tau die Erde bedeckte. Jeshua war nicht immer dabei. Doch andere, die schon länger als ich auf diesem Weg waren, halfen mir, unter anderem Simon, mit dem ich mich bald gut verstand.

Besonders lebhaft erinnere ich mich an einen Tag, an dem der Meister uns Richtung Norden ungewöhnlich hoch hinauf führte, dorthin, wo die Berge manchmal schneebedeckt sind.

Dort zeigte Er mir, wie ich die Hände auf die Nadeln der jungen Zedern legen soll, um mit den Fingern die Lebenskraft in ihnen aufzunehmen. Das waren so schöne Momente! Ich war innerlich überzeugt davon, dass die kleinen Zedernzweige gleichsam nach uns ausgestreckte Hände waren und im Grunde auch dienen wollten. Diesen Gedanken teilte ich dem Meister sogleich mit.

"Du siehst das richtig, meine kleine Schwester ... Aber es sind nicht nur die Zedernzweige, die dienen wollen. Das betrifft die gesamte Natur. Alles, was an seinem Ort ist, strömt Leben, Gleichgewicht und Fülle aus. Nur der Mensch, weißt du, ist nicht immer - nicht oft - an seinem Platz. Darum leidet er und verschlingt sich selbst, anstatt den Strom des Lebens zu nähren."

"Warum ist er denn nicht an seinem Platz, Rabbi ...?"

"Weil er noch ein Jugendlicher ist ... und sich daher von seinem Vater abkehren muss. Er muss den Bruch, den radikalen Schnitt erleben, sich verletzen und verirren, um den Wert und die Kraft der Ausgeglichenheit zu entdecken. Gesundheit ist nur lebbar, wenn man zuvor die Phasen und Verläufe der Krankheit kennengelernt hat. Und so wird der Mensch, wenn Zerrissenheit und Zwiespalt ihr Werk getan haben, erwachsen sein, reif, für die Hochzeit mit der Schöpfung.

Was ich euch allen beibringen will, ist zu erkennen, in wie vielfältiger Gestalt der Riss, der Bruch, die Spaltung auftreten können, damit ihr fähig seid, euch davon abzuwenden. Sich vom Trennenden trennen! Ist das nicht komisch? Genau darin besteht der Unterschied, den ich machen will.

Ich bin gekommen, um den Reigen zu durchbrechen und die Kunst des wahren Tanzens zu lehren.

Darum zerschlage ich bei allen, die mein Wort empfangen, mit einem Schwert, was schlecht geordnet ist. Wenn die Frucht reif ist, ernte ich sie schneller. Man muss wissen und verstehen, was das bedeutet ... Denn für den, der beginnt, den Geschmack der Liebe zu kennen, gibt es kein Zurück."

Beim Erlernen der Heilkunst ging es weniger um ein bestimmtes Repertoire an Gesten, als um eine Art, den anderen zu inspirieren und ihm die Lebenskraft einzuhauchen, die wir kennengelernt hatten.

Nachdem ich gelernt hatte, mit meinem eigenen Körper umzugehen, näherte ich mich nun den Körpern der anderen, um mit ihnen jene Art innerer Verbindung einzugehen, die allein eine echte Heilung ermöglicht. Ich sah, mit welcher Präzision die Schwingung des göttlichen Geistes im Körper kreist und wie jeder Teil des Körpers einer Truhe gleicht, in der weitere Truhen verborgen sind. So geht es immer weiter, bis die Letzte von ihnen ihr Geheimnis preisgibt: eine ursprüngliche Wunde, die einem entgegenbleckt. Und ich sah auch, dass man mit dieser Wunde immer gleich umgehen muss: annehmen, zuhören, lieben.

Lieben ... das konnte ich lange nicht. Ich machte aus der Liebe eine Art unteilbares Ganzes. Ich sah darin etwas Lichtvolles und Globales, das irgendwie undefinierbar war, aber magisch - weil das eben so war.

Erst indem ich Jeshua in all den Jahren leben und handeln sah, begriff ich allmählich, dass all das nicht so einfach war. Aber auch nicht so verschwommen und unklar, wie ich gedacht hatte.

Ja, lange habe ich am Meister nur die Sanftheit wahrgenommen, die Er durch sein ganzes Wesen ausstrahlte – und die so offensichtliche Zärtlichkeit des Blicks. Doch eines Tages wurde mir bewusst, dass Er viel mehr war, als nur ein Streicheln für die Seele. Er konnte auch Peitsche oder Schwert werden, wenn es sein musste ...

Ungerechtigkeit war Ihm unerträglich und dann kamen Worte des Zorns über seine Lippen, anders als wir es sonst gewohnt waren.

Vielleicht habt ihr das schneller begriffen als ich ... Wenn ich es jetzt erwähne, so nur, weil es für mich eine unglaubliche Offenbarung war.

Als ich Jeshua auf Dinge reagieren sah, die Ihm unannehmbar erschienen, wurde mir klar, in wie viele verschiedene Farben sich Liebe kleiden kann, aber auch, wie wichtig es war, dass sie auf keinen Fall als faule Ausrede für naive Untätigkeit herhalten durfte.

Besonders gut erinnere ich mich an einen Morgen in Jerusalem. Es war noch ganz früh. Jeshua war eben erst aus dem Hause eines reichen Römers gekommen, dessen Sohn krank war und der sagte, dass er an Ihn glaube. In der engen Gasse hatte sich eine beträchtliche Menschenmenge angesammelt, denn Er war im Land nun schon sehr renommiert. Als sie Ihn sahen, begannen einige aus der Menge Ihn zu beschimpfen.

"Wieso heilst du denn jetzt auch die Römer, Rabbi? Gehörst du etwa zu diesen Priestern, die Geschäfte mit ihnen machen?"

Es wurde bald laut und einige aus der aufgebrachten Menge wollten Ihm in der Gasse den Weg abschneiden, um Ihn zur Rede zu stellen.

Da stieg Jeshua auf die Stufen eines Brunnes und ergriff mit heftiger Stimme das Wort.

"Ihr Schlauberger! Seit wann hat das Leid ein Land oder eine Hautfarbe? Seit wann beneiden Spatzen die Adler? Seid ihr herzensblind? Ich sage euch, für den Ewigen gibt es keine Adler, noch Spatzen. Es gibt nur Leben und Lebensformen, denen seine Liebe in dieser Welt ihre Plätze zugeordnet hat. Lüge und Wahrheit sind in allem, nebeneinander, zu gleichen Teilen, diesseits und jenseits aller Grenzen. Und so gibt es in jenem Haus nicht mehr Dunkelheit, als am Ende dieser Straße, das kann ich euch sagen."

Nachdem Er das gesagt hatte, stieg Er von dem Stein, auf den Er gestiegen war, herab und bahnte sich energisch einen Weg durch die Menge zur Ecke der Gasse. Alle waren so überrascht, dass sich Ihm niemand entgegenstellte. Ein tiefes Schweigen senkte sich auf den Ort herab. Als Er etwa hundert Schritte weiter dort angekommen war, wohin Er wollte, zeigte Er mit dem Finger auf einen Mann, der in Lumpen gehüllt war und sich auf eine Krücke stützte.

"Seht ihn an", rief Er dann. "Diese Straßenecke ist seine Wohnung, scheint mir ... Warum wohl?"

Und dann sahen wir alle, wie Er ohne zu zögern dem Lahmen mit einer schnellen Bewegung des Beines die Krücke wegschlug. Der Mann fiel natürlich hin, das könnt ihr leicht erraten und die Menge heulte laut auf.

Doch was jetzt kam, meine Freundinnen ... Überrascht und wütend stand der Mann plötzlich vom Boden auf. So wurde der Betrug offenkundig. Seine unwillkürliche Bewegung hatte ihn verraten. Er war in die Falle gegangen und verschwand voll Scham, so schnell er konnte.

Da drehte sich der Meister zur Menge um und fuhr im selben, aufgebrachten Ton fort: "Warum wohl? Ich glaube kaum, dass dieser Mann Römer war! Merkt euch Folgendes: Ja, mein Vater vermag Wahrheit und Lüge auf beiden Seiten der Grenzen zu erkennen. Er spricht nicht nur unsere Sprache. Wohin man Ihn reinen Herzens ruft, kommt Er."

Die verdutzte Menge war wie erstarrt und wir gingen hinter dem Meister, der nun ruhigen Schrittes schweigend voranschritt, davon.

Die Geschichte könnte hier zu Ende sein, meine Schwestern ... aber es war nicht so. Jeshua wusste genau, wohin Er uns führte und was Er wollte.

Es gab da in der Mitte eines winzigen Platzes einen Granatapfelbaum, der in voller Blüte stand, wie ich mich erinnere. Unter ihm lag, jämmerlich auf dem Boden ausgestreckt, der falsche Invalide. Als wir näher kamen, wand er sich mit verzerrtem Gesicht.

"Was hast du mit mir gemacht, Rabbi? Ich kann nicht mehr gehen ... meine Beine sind lahm. Befrei mich ..."

Jeshua beugte sich zu ihm hinab und ich hörte, wie Er ihm etwas ins Ohr flüsterte, während Er ihn mit einer Hand hochzog ..."

"Oh ja, jetzt erinnere ich mich ...", Jakobea hat das Wort ergriffen. Ich sehe sie an, tauche aus meiner Vergangenheit auf, schaue ihr tief in die Augen und versenke mich in ihre.

"Ich erinnere mich ... Ich war nicht dabei und sehe doch das verstörte Gesicht des Mannes vor mir. Sobald der Meister ihm seine Beine wiedergegeben hatte, folgte er euch bis zum Betsaid, in dem wir wohnten. Von diesem Tag an wich er nicht mehr von unserer Seite. Es war so unglaublich, das Staunen auf seinem Gesicht zu sehen! Man sagte von ihm, er sei geangelt worden, wie ein Fisch aus dem See. Er wurde einer der glühendsten Verteidiger des Meisters, als dieser dann wirklich angegriffen wurde. Aber wie hast denn du diese Zeit erlebt, Salome?"

"Wie ich sie erlebt habe? Zunächst einmal in gewisser Weise unbewusst ... und dann hatte ich Angst. Nein, ich habe nicht sofort realisiert, welche Resonanz jedes Wort und jede Handlung Jeshuas bis in den letzten Winkel unseres Landes hatte. Ich lebte an seiner Seite, um zu helfen und etwas zu lernen, doch obwohl ich schon merkte, dass Er oft nicht im Sinne der etablierten Ordnung handelte, konnte ich mir nicht vorstellen, dass Er gerade so beunruhigend und störend wahrgenommen wurde.

Ich brauchte lange, um das Ausmaß der Bewegung, die sich um seine Person herum formierte, kommen zu sehen. Da sich das Volk - zu dem ich ja auch gehörte - mit Begeisterung um ihn scharte, dachte ich, schockiert seien allein die Leute aus der Synagoge und die Priester im Tempel.

Erst als ich bemerkte, dass die Sikarier[25] bei den Versammlungen, die sich vor unseren Kultstätten, auf Plätzen oder irgendwo am Ufer meist ganz spontan bildeten, immer öfter präsent waren, begann ich die Dinge anders zu sehen.

Anfangs noch unauffällig, tauchten sie plötzlich aus der Menge auf, banden sich mit ein paar schnellen Bewegungen rote Bänder um die Stirn und ergriffen das Wort. Sie unterbrachen sogar den Meister und forderten den gemeinsamen Aufstand gegen die Besatzungstruppen.

Ich konnte sie ja verstehen ... Die Schilder, Lanzen und Helme, auf die wir ständig überall stießen, gingen auch mir auf die Nerven. Doch im Grunde sah ich darin eine Art Schicksal. Sie waren schon immer dagewesen und ihnen entgegenzutreten war nicht der Kampf, den ich führen wollte, nicht die Richtung, die ich meinem Leben geben wollte und musste. Und außerdem ... sollten wir aus Jeshuas Sicht nicht unseren alten Reflex des Kampfes gerade ablegen?

Wie schlimm die Lage wirklich war, wurde mir erst an jenem Tag klar, als ich unfreiwillig an einem privaten Treffen mit den Sikariern teilnahm.

Judas hatte es gewollt. Er hatte zu ihnen gehört, bevor er zu uns gekommen war.

An manchen Tagen wurde er zu einer richtigen Feuersglut, wisst ihr noch? Auch ihn konnte ich verstehen: ein tiefes Leid, viel inneres Feuer und ein Ideal, das fast nicht mehr von dieser Welt war. Ich mochte ihn ... auch wenn ich seinen Gedanken nicht immer folgen konnte.

Am Eingang einer kleinen Taverne waren wir zu fünft oder zu sechst mit dem Meister zusammen beim Essen, als er mit drei von seinen alten Freunden vorbeikam. Ich wollte aufstehen und mich zurückziehen, wie es sich für eine Frau schickte, wenn ein Gespräch zwischen Männern anstand, doch der Meister gab mir einen Wink, zu bleiben, als sei es Ihm gerade Recht, wenn ich hörte, was sie sich zu sagen hatten.

“Du hast es also noch immer nicht aufgegeben ...”, sagte er zu Judas, während sich alle zu uns setzten.

“Meine Idee, Rabbi?”

“Nein, ich spreche von deinem Messer ... Möchtest du wirklich, dass es zum Einsatz kommt?”

“Oh ... das ist nur aus Gewohnheit”, gab Judas zur Antwort. Es war ihm offensichtlich peinlich.

“Ich bin auch nicht der Einzige, Rabbi ... Schau dir die anderen an ...”

Was Judas sagte, stimmte. Viele von uns waren es noch immer gewohnt, ein Messer zu tragen, das an der linken Seite herabhing, selbst wenn es alt und schartig war. Auch ich hatte in meinem Beutel stets das kleine, in Leder gehüllte Messer bei mir, das Zebedäus mir am Tag meiner Abreise geschenkt hatte.

“Gerade deshalb ...”, antwortete Jeshua in aller Ruhe. “Ich dachte, du könntest als Beispiel vorangehen. Die anderen hören sehr auf dich ...”

“Ist das der richtige Moment dafür, Rabbi? Sie hören noch viel mehr auf dich ... und du weißt, dass ich sie deshalb mitgebracht habe, um mit dir zu sprechen ...”

Da nahm das Gespräch eine andere Wendung und ich bekam Angst.

Die Sikarier, die Judas dabei hatte, begannen hektisch, fast schon frenetisch loszureden. Ihre Worte waren oft doppeldeutig, doch ich begriff rasch, dass sie den Meister an der Spitze eines sorgfältig geplanten Aufstandes sehen wollten.

Sie sagten, das sei die Gelegenheit, die sie Ihm bieten wollten, im ganzen Land frei über seinen Vater zu sprechen. Er brauchte nur noch sein Einverständnis zu geben. Er sei “zweifellos der wiedergekehrte David” ... Ob Er denn nicht einsehen könne, dass dies seine Mission sei? Der Ewige sage es ihnen im Gebet. Und das Volk würde natürlich mitziehen, das war völlig klar.

Ich weiß noch, dass der Meister gar nicht viel dazu sagte. Er sah sie bloß an und hörte ihnen zu. Am Ende erhob Er sich und meinte nur: "Meine Freunde, ich bin nicht sicher, ob wir wirklich aus demselben Land sind. Entschuldigt mich bitte. Es ist Zeit für mein Gebet ..."

Dann stand Er auf und wir folgten Ihm. Als wir in der nächsten Gasse waren, gab Er jedem von uns eine kleine Aufgabe, die wir sofort erledigen sollten. Ich nahm an, Er wollte allein sein und vielleicht wirklich beten, wie Er es angekündigt hatte.

Erst in der Dämmerung, außerhalb der Mauern, traf ich Ihn wieder ... noch immer allein. Das zeigt schon, dass Er sich wirklich zurückziehen wollte. Wir wissen ja, wie sehr Er Menschen anzog, wie schnell sich der eine oder andere zu Ihm gesellte.

Auch du hattest ihn den ganzen Tag nicht gesehen, Miriam. Ich machte mir Sorgen, doch in dir war schon damals diese unerschütterliche Kraft ...

Ich trug einen vollen Korb mit Fenchel auf dem Kopf, als ich Ihn erblickte. Er trat gerade aus dem schönen Olivenhain hervor, der sich in Richtung des Betsaid am Weg entlanghinzieht und wirkte mehr als sonst in sich gekehrt. Ich wusste nicht einmal, ob ich mir erlauben durfte, Ihn anzusprechen. Er spürte meine Zurückhaltung und kam von selbst auf mich zu, um mit mir zu sprechen, als sei Ihm wichtig, dass ich es verstehe ... Ich werde das nie vergessen ...

"Du fragst dich, was los ist, nicht wahr, Shlomit ... Stell doch deinen Korb ab. Ich frage es mich auch, weißt du. Das überrascht dich ... warum denn? Kannst du es mir sagen?"

"Ich kann mir nicht vorstellen, dass du dich irgendetwas fragen könntest, Rabbi. Du weißt alles, du kennst alles ... Ich höre ständig, wie der Ewige durch dich spricht ..."

Er lächelte mich an.

"Glaubst du, dass damit alles gesagt ist?"

"Ich glaube, dass das Leben durch dich fließt."

"Glaubst du denn, das Leben kann sich keine Fragen stellen?"

"Aber ... du hast uns doch immer gelehrt, dass Es weiß, wohin Es geht."

"Habe ich je gesagt, dass Es nur einen Weg kennt, seinen Plan zu verwirklichen?"

"Rabouni ... das verstehe ich nicht. Deine Augen scheinen so vieles auf einmal sagen zu wollen ..."

"Sie sprechen von meiner Freiheit und meinen Möglichkeiten, in dieser Welt eine Wahl zu treffen. Es gibt meinen Vater in mir und es gibt Jeshua in mir ... Kannst du dir vorstellen, was das bedeutet?"

Nein, meine Schwestern, ich muss zugeben, dass ich mir das überhaupt nicht vorstellen konnte! Für mich war der Meister der Meister. Ich hatte so oft miterlebt, dass Er die völlige Macht über alles hatte und hätte mir nie träumen lassen, dass der Allmächtige Ihm mehrere Möglichkeiten zur Auswahl geben könnte.

War es Jeshua selbst, der es mir ermöglichte, eine Frage zu formulieren, die bis dahin in meiner Vorstellung überhaupt keinen Sinn gehabt hätte? So war es wohl, denn ich habe keinen Augenblick darüber nachgedacht, sie kam mir ganz von selbst über die Lippen ...

"Kennst du denn auch den Zweifel, Rabbi?"

"Nicht den Zweifel, Shlomit ... die Qual der Wahl. Ich weiß von jeher, wohin mein Vater mich schickt, aber ich weiß auch, dass Er mir die Freiheit hätte vorenthalten können, damit ich leichter und ganz direkt dorthin gelange. Das hat Er nicht getan und wird es niemals tun – um die Liebe noch größer zu machen.

Eine Liebe, die nicht Folge und Frucht einer Wahl ist, würde sich selbst nicht kennen, weißt du, sie würde den Keim der Verwesung in sich tragen. Der Wahl, die man hat, ins Auge zu sehen, heißt, die Angst zu überwinden.

Die Möglichkeit, zuletzt noch eine Wahl zu haben, ist meine höchste Aufgabe und Bewährungsprobe in dieser Welt, meine kleine Schwester. Wenn ich morgen früh aufstehe, könnte ich entscheiden, dass dies Land eine neue Freiheit erleben soll. Und dann würde es sie erleben. Aber meine Frage ist: "Bin ich um dieses Landes willen gekommen oder wegen jenes anderen ... wegen der neuen Erde für den Menschen? Glaub mir, der Weg, der zum ersten führt, ist leicht, doch was den zweiten angeht ..."

"Wie ist er, Rabbi?"

"Ich sehe heute Abend, dass es nicht einmal mehr ein Weg ist. Mein gesamtes Wesen muss gepflastert werden wie eine Straße, um direkt auf den Gipfel des Berges zu führen."

Das war alles, was er mir anvertraute ... Ich nahm meinen Korb wieder auf, und wir gingen schweigend nebeneinander her, bis sich in der Nähe der Herberge ein paar andere aus unserer Gruppe, die sich ebenfalls Sorgen um Seine Abwesenheit gemacht hatten, zu uns gesellten.

Es war auch gar nicht nötig, dass Jeshua mir noch mehr von den Gedanken mitteilte, die seine Seele bewegten. Was Er gesagt hatte, wirkte bereits auf mich.

Es führte mir die Unermesslichkeit seines Wesens und seiner Liebe nur noch deutlicher vor Augen.

Die Größe des Meisters kam immer daher, dass Er bis zum Schluss ganz Er selbst blieb ... Was ich damit sagen will - doch das ist natürlich nur meine eigene Auffassung - Er war nicht abhängig von einer Entscheidung des Ewigen. Er hat nichts nur leidend hingenommen ... Er hat gewählt!"

"Genau wie wir entschieden haben - auf einer niedrigeren Stufe natürlich - hier in diesem seltsamen Land zu leben, um Ihn jenseits der Grenzen weiterleben zu lassen."

Jakobea hat sich, während sie diese Worte aussprach, stolz aufgerichtet. Auch Miriam richtet sich auf. Spielerisch wirft sie ihr eine Handvoll Sand zu.

"Glaubst du, wir wären noch am Leben, wenn wir ... zu Hause geblieben wären?"

Dies 'zu Hause', das Miriam zögernd ausgesprochen hat, klingt seltsam in meinen Ohren.

"Das stimmt schon, Miriam ... Wir waren fast auf der Flucht, das muss man zugeben. Sie hatten ja begonnen, uns von überall zu vertreiben. So viel Aufruhr, so viel Durcheinander und so viele Worte! Halten wir uns also nicht mehr zu Gute, als wir verdienen."

Nicht weit von uns hat eine Gruppe von Fischern soeben ihr Boot zum Ufer geschoben. Sie winken und machen uns Zeichen. Jakobea und ich kennen sie gut. Sie sind aus unserem kleinen, über dem Wasser gelegenen Dorf. Es sind dieselben, die uns vor langer Zeit hier aufgenommen haben.

Wenn ich sie mir so anschaue, mit ihrer ganzen Sanftmut, wird mir klar, dass nicht mehr wir Jeshuas Wort weiterleben lassen, sondern sie.

Jeden Morgen zeichnen sie am Strand von oben nach unten eine Mondsichel, einen Fisch und eine Sonne in den Sand bevor sie losfahren. Und dann ... beten sie, mit den Worten, die wir sie gelehrt haben. Das Wesentliche haben sie verstanden, dessen bin ich sicher. Es war sehr einfach ... Ich glaube, sie hatten schon immer auf dies 'Wesentliche' gewartet.

"Ja, der Meister hat wirklich eine Wahl getroffen, meine Freundinnen ... Ich weiß, dass ich euch damit etwas sage, was ihr längst wisst. Doch ich will mich selbst tiefer mit der Einsicht in die Wichtigkeit des Wählens in unserem Leben durchdringen. Nur durch sie können wir wachsen. Ob wir uns nun verirren oder nicht, sie treibt uns an, echte Schritte zu machen.

Wenn ich auf mein Leben zurückblicke, wird mir klar, wie privilegiert ich war: Wenn ich zu wählen hatte, so war es nie eine schwere, eine schmerzhafte Entscheidung ... selbst wenn in der letzten Zeit alles so schlimm und grausam war ...

Zwei oder drei Tage vor der Verhaftung des Meisters, spürte ich, dass etwas Schreckliches geschehen würde. Glücklicherweise konnte ich meine Befürchtungen mit Meryem teilen. Sie vertraute mir an, dass auch sie die wachsende Gefahr spüre, sie aber nicht benennen könne.

Wenn ich an diese Augenblicke zurückdenke, kommt es mir vor, als ob zwei Wesen in ihr gelebt hätten.

Da war einmal die Mutter, die zu dieser Zeit abgemagert und erschöpft wirkte ... und auf der anderen Seite war da eine unerschütterliche Anwesenheit von Licht. Und ich traf die sehr bewusste Entscheidung, diese sehen zu wollen.

Es kam überhaupt nicht mehr infrage, in die Falle meiner alten Verhaltensweisen zu tappen. Der Meister hatte mir hinreichend beigebracht, dem Räderwerk des Leidens zu entgehen. Und dafür musste ich, sobald sich Spuren meiner alten Wahrnehmung einschlichen und mein Denken verkleistern wollten – alles, was mit Angstund Dunkelheit zu tun hatte – sofort in meine Gedanken eingreifen.

"Angst und Furcht sind klebrig", hatte Er mir immer wieder gesagt, damals, als es noch vorkam, dass ich zwischen zwei Befürchtungen hängen blieb und nicht weiterkam.

"Kontrolliere deine Einbildungskraft, deine Fantasien und lebe den gegenwärtigen Augenblick. Versuche, die unauslotbare Richtigkeit dessen, was geschieht, voll anzunehmen. Ohnehin ist dir nicht gegeben, etwas dagegen zu tun. Du musst wissen, dass es keine Schicksalsschläge gibt, sondern dass alles, was geschieht, notwendig ist. Diene allein dem allmächtigen Gott und vor allem - stell ihn dir nicht außerhalb von dir vor. Dann wird deine Kraft sich verzehnfachen ..."

Genau das versuchte ich in jener Nacht, als du mich wecktest, Miriam, um mir von seiner Verhaftung zu erzählen. Ich tat alles, um nicht innerlich zu rebellieren und in Wut und Verzweiflung zu verfallen. Es gelang mir auch, dank einer intensiven Willensanstrengung, die ich mir kaum zugetraut hätte. Schon bald half ich, so gut ich konnte, wo ich gebraucht wurde, ohne mich ins Grübeln zu stürzen, genau wie Er es mich gelehrt hatte.

Dabei klammerte ich mich an die Worte, die bei meiner eigenen Rettung so hilfreich gewesen waren: "Herr, richte mich auf ..."

Wenn ich nicht zum Regen ebenso wie zur Sonne lächeln konnte, würde das nur heißen, dass ich nichts verstanden hatte und dessen, was ich erhalten hatte, nicht wert war!

Schon die Vorstellung, dass Jeshua seine Zeit mit mir verschwendet haben könnte, war mir unerträglich. Steckte wieder der Stachel der Eitelkeit hinter solchen Überlegungen? Vielleicht, und doch gab mir dieser Gedanke einen guten Teil der Energie, die ich brauchte, um dort dienlich zu sein, wo Joseph[26] und ein paar andere es nötig fanden.

Das Einzige, was mir heute leidtut, ist, dass ich nicht genug wahrnahm, was du erlebt hast, Jakobea, und dich im letzten Moment doch ein wenig allein ließ.

Ich sah nur Ihn, verstehst du, Ihn, von dem nun alle sagten, dass man Ihn töten würde ..."

"Und ich ... sah ja alles nur aus meiner eigenen, engen Perspektive. Du hast es vorhin schon gesagt ... Selbstmitleid ist eine richtige Krankheit. Du hast dir nichts vorzuwerfen ..."

Während sie diese Worte sanft und bedächtig ausspricht, streicht Jakobea mit der Hand über meine Wangen, um die Tränen zu trocknen, die mir gerade kommen wollten.

Durch ihre tröstliche Geste steigt überraschend die Lust zu lachen in mir auf. Dieses Lachen vertreibt wohl die letzten Reste einer tief sitzenden, starken Spannung in mir.

Zum Glück haben meine Freundinnen, meine langjährigen Schwestern, genug Herz, um das zu verstehen und mitzulachen. Ist es, weil all das nun so weit weg ist? Nein ... das glaube ich nicht. Nichts ist jemals weit weg ...

"Am Morgen des Tages, an dem man uns sagte, dass der Meister bald ans Kreuz geschlagen werden sollte, war ich völlig ratlos, ja geradezu hilflos. Ich ging zu Joseph, Thomas, Johannes und einigen anderen. Keiner von ihnen hatte mir auch nur das Geringste zu sagen. So wie sie redeten, hätte man denken können, dass es an einem solchen Tag keinen Platz für Frauen gab. Auf einmal rief ich:

"Ihr habt ja gar nichts verstanden!"

Nur Simon, aus dem Dorf des Meisters, saß still in einer Ecke und konnte mitfühlen, was ich durchmachte. Als ich aus dem Betsaid trat, nahm er mich einen Moment lang beim Arm.

"Willst du dich nützlich machen, Shlomit? Der Meister hat uns gestern sagen lassen, dass Er sich nur eines wünscht - dass wir da sind. Und so ... soll Er überall auf seinem Weg unsere Gesichter sehen und auch unsere Augen, finde ich ... unser Lächeln, wenn das menschenmöglich ist."

"Unser Lächeln? Du bist doch verrückt Simon ..."

Simon erwiderte nichts zu seiner Verteidigung. Er sagte nur noch: "Du kennst Ihn Shlomit ... Er wollte nie, dass irgendetwas, das sich ereignet, in Tränen untergeht.

Mir tut es auch weh. Aber wenn Er mich sehen kann, werde ich Ihm zulächeln ... wenn es mir gelingt."

Nach diesen Worte Simons war der Entschluss gefasst. Meine Mission würde es sein, dem Meister jenes Lächeln zu schenken, das Er jeden Tag aufs Neue so geduldig in mir hatte reifen lassen. Ob ich überhaupt Zutritt zu dem elenden Hügel erhalten würde, auf dem die Soldaten gewöhnlich ihre Todesurteile vollstreckten, wusste ich noch nicht. Und so beschloss ich, alles zu tun, um mich Jeshua in anderer Weise zu nähern.

Es war nicht schwer herauszufinden, auf welchem Weg Er von seinem Gefängnis zum Hinrichtungsort geführt werden würde. Das war immer derselbe Weg für die Verurteilten, wie mir ein Sandalenhändler an der Ecke einer Gasse erklärte. Von seinem Verkaufsstand aus sah er sie stets vorbeiziehen. Ich beschloss also, mich ein paar Schritte von da entfernt aufzuhalten, so dass der Meister auf jeden Fall merken musste, dass ich da war. Dann würde ich Ihm meine Liebe zuschreien ...

Aber es ging alles sehr schnell, das wisst ihr ja. Kurz nachdem ich die Information bekommen hatte, die ich suchte, drängten sich schon Massen an dem Ort, den ich für mich ausgesucht hatte. Dennoch wollte ich unbedingt dorthin, koste es, was es wolle. Und so drängte ich mich vor ... das stiftete Unruhe, ich wurde beschimpft.

Meine Seele war zutiefst verletzt. Was machten diese ganzen Leute hier? Gab es auch nur einen Einzigen, dem bewusst war, was gerade geschah? Ich schäme mich, das zu sagen, aber ich hasste sie. Das machte mir Angst, denn es war ein eigenartiges Gefühl, das ich noch nie gehabt hatte ... ein grauenhafter Impuls des Ekels, der aus den Tiefen meiner Eingeweide aufstieg.

Wie konnten sie nur so sein? Wonach gierten sie? War es Neugier?

Es war mehr als Neugier ... eine böswillige Lust, ungestraft jemanden – und nicht irgendjemanden – leiden zu sehen. Inmitten von alledem, begann ich mich selbst dafür zu hassen, dass ich die Hoffnungen, die der Meister in mich gesetzt hatte, so enttäuschte ...

Erst als Er oben an einer Treppe erschien, wurde alles anders. Meine hässlichen, gewalttätigen Gedanken der Auflehnung ebbten ab und auf wunderbare Weise senkte sich eine Welle des Friedens auf mich nieder.

Im ersten Moment erkannte ich ihn kaum wieder ... War das wirklich Er, Jeshua, der Mann, den ich dort sah, fast erdrückt vom Gewicht des riesigen Stücks Holz, das man Ihm auf die Schultern gelegt hatte? Sein Gesicht war blutig und geschwollen. Er stolperte fast bei jedem Schritt, Er, der stets so aufrecht gegangen war ...

Was hatte man nur mit Ihm gemacht und was geschah gerade mit mir, dass ein solcher Frieden mich trotz allem durchströmen konnte. Er war so ... durchdringend, dieser Frieden, dass ich fast das Gefühl hatte, mit dem Meister allein zu sein.

Die Schreie der Menge und ihre zahllosen stumpfsinnigen Rufe erreichten mich nicht mehr. Ich hatte nur noch ein Ziel: seinen Blick aufzufangen und Ihm das Lächeln meiner Seele zu schenken ... falls meine Lippen keines zustande bringen sollten.

Plötzlich, als Er etwa fünfzehn Schritte von mir entfernt war, und ich das Leid, das sich in sein Gesicht gegraben hatte, genauer sah, kam mir der Gedanke, dass ich nicht einfach stehen bleiben konnte, wie eine Statue, auch wenn ich Ihm eine noch so schöne Liebe zu bieten hatte. Neben mir stand eine alte Frau, die kein Wort sagte. Ihr Kopf und ihre Schultern waren von einem ganz einfachen weißen Schal bedeckt. Von einer Kraft getrieben, die ohne Zweifel nicht aus mir selbst kam, riss ich ihr, ohne sie zu fragen, mit einer einzigen Bewegung den Schal weg und sprang auf den Meister zu, ohne mich um die Soldaten zu kümmern, die vorangingen.

Einen Moment lang herrschte Verblüffung. Die Legionäre stießen mich nicht einmal mit ihren Schildern zurück, wie sie es hätten tun sollen ...

Meine Freunde, ich glaube, die Hand des Ewigen war im Spiel, denn es war alles so leicht ... Ich bin fast sicher, dass die Römer sogar auseinandertraten. Ich war ... dermaßen entschlossen und so voll von Frieden. Das war nicht mehr nur ich ...

Ob alles ganz schnell ging - ob die Zeit sich dehnte? Das weiß ich nicht. Ich erinnere mich nur, dass Jeshua stehen blieb, als Er mich sah und etwas in Ihm mir zuflüsterte: "Tu es ..." Da tupfte ich Ihm, ohne weiter zu überlegen, mit dem Schal der alten Frau unendlich zärtlich Schweiß und Blut vom Gesicht.

Es war grauenhaft, was da geschah, doch ich kann euch versichern, dass dies einer der schönsten Momente meines Lebens war. Was ich erlebte war vielleicht so etwas wie ... ein kleines Stück Ewigkeit.

Ich musste meine Geste keineswegs überstürzen. Ganz im Gegenteil. Ich spürte, wie ich sie voll auskosten und all die Liebe und den Respekt, die mich erfüllten, hineinlegen konnte.

Als ich meine Hand mit dem Schleier[27] wieder vom Gesicht des Meisters hinweghob, kam ein Lächeln - das erhoffte Lächeln - ganz von selbst auf meine Lippen ... Ich weiß nicht, ob Er es erwiderte, denn in diesem Moment wurde ich vom Knie eines Legionärs heftig weggestoßen. Und so setzten sich Stumpfheit und Rohheit wieder ins Recht. Die Prozession setzte sich wieder in Bewegung, die wogende Masse tobte weiter und ich rannte schnell durch die hinteren Gassen, um auf Biegen und Brechen zur Hinrichtungsstätte zu kommen.

Als ich völlig außer Atem endlich außerhalb der Mauern war und der Platz in Sicht kam, an dem es stattfinden sollte, blieb mir nur noch die Kraft, mich einem Soldaten zu Füßen zu werfen. Ich schrie, er solle mich durchlassen und, genau wie du, Jakobea, rief ich, dass ich "zur Familie des Rabbis gehöre", was ja in gewisser Weise auch stimmte.

So konnte ich mich euch anschließen ...

Und dann, nun ja ... ihr wisst es ... Noch heute ist mein Geist an dieser Stelle wie blockiert. An all diese Stunden komme ich im Gedächtnis nicht mehr heran. Es ist zu schwer.

Du bist irgendwann weggegangen, Jakobea, doch auch das habe ich kaum mitbekommen. Ich war wie gelähmt.

Nie habe ich verstanden, wie die Grausamkeit der Menschen so weit gehen konnte. Trotz allem, was der Meister mir beigebracht hat, ist es mir bis heute unbegreiflich. Es kommt mir vor, als gäbe es auf der Welt Formen des Menschlichen, die nicht von eigentlich menschlichen Seelen bewohnt werden. Das ist meine einzige Erklärung dafür.

Ich glaube, ich habe das den Meister auch einmal zu Eliazar sagen hören, nachdem Er ihm den Namen Johannes gegeben hatte.

Unser Mitgefühl, sagte Er, solle sich auch auf diese Seelen erstrecken ... ohne jedoch aus Naivität ihr Spiel mitzuspielen und sich in den Abgrund reißen zu lassen, der sie sind. Ich kann mich vor dieser Lehre nur verneigen ... aber ich habe noch immer nicht die Kraft gefunden, sie zu leben.

Als alles vorbei war und der Meister während des Unwetters vom Kreuz genommen wurde, war ich so verwirrt, dass ich nicht wusste, was in meinem Inneren siegen würde, die Saat aus Frieden und Liebe, die in mein Herz gesenkt worden war, oder jene offensichtlich unauslöschliche Wut, die ich gerade unterdrückte.

Ich weiß wirklich nicht, was aus mir geworden wäre, wenn ich nicht, wie auch ihr und einige andere, sehr schnell erfahren hätte, dass Jeshua noch lebte. Es floss noch immer etwas Blut aus seinen Wunden. Hätten sein Blick und der Klang seiner Stimme die Oberhand gewonnen? Ich hoffe es. Jedenfalls hatte ich zu viel Feuer in mir, um mich in unfruchtbares Land zu verwandeln. Das konnte ich mir nicht vorstellen.

Wie könnte ich den Rückweg zu unserem Betsaid vergessen, Miriam, den wir, von Windstößen geschüttelt, zurücklegten.

Wir hätten uns gerne mit Joseph, Nikodemus und noch einigen Männern, die ich nicht kannte, um den Meister gekümmert, falls das Schlimmste noch abzuwenden war.

Wir wussten ja, dass sie bei dem Grab waren, das seit Kurzem der Familie von Joseph gehörte. Sie brauchten die Ruhe des Grabes für ihre Tätigkeit, wir aber spürten, dass da etwas geschah, das unsere Wahrnehmung überstieg, etwas, zu dem wir keinen Zugang hatten.

Wieder einmal dachte ich mir, dass wir eben Frauen seien und es daher Geheimnisse gab, in die man uns nicht einweihen wollte. War Jeshua wirklich der Einzige auf der Welt, der das ändern wollte und würde Er der Einzige bleiben?

Oh, meine Freundinnen ... Welch eine Nacht verbrachten wir da! Was mich betrifft, ich schlief ein, wie ein gehetztes Tier. Ohne einen Gedanken und seltsamerweise ohne jeden Wunsch, völlig dem Schicksal ergeben, das der Ewige zweifellos schon besiegelt hatte, dessen Sinn und Ziel ich nur nicht verstand.

War das etwa die erhabene Hingabe, deren Bedeutung uns der Meister so oft nahe bringen wollte?

Und dann war da das Geräusch eiliger Schritte im Zimmer, wo wir schliefen und deine Hand auf meiner Schulter, Miriam.

Es war Nikodemus, der uns holte. Wir sollten so schnell wie möglich zum Grab kommen. Jeshua sei darin noch am Leben, flüsterte er aufgeregt. Aber wir sollten uns beeilen, weil Er wegen der Soldaten nicht lange dort bleiben konnte.

Wisst ihr noch, wie wir alle drei den Pfad entlangrannten? Es fiel noch immer ein leichter Regen und wir glitten im ersten Frühlicht fast auf den Steinen aus.

Du nahmst uns alle beide bei der Hand, Miriam, als wir in der Nähe des Grabes auf ein Pferd stießen, das langsam hinter einer Baumgruppe hervorkam. Auf seinem Hals lag, halb zusammengekrümmt, ein Mann. An seiner Seite gingen zwei Gestalten in langen, weißen Gewändern. Sie kamen auf uns zu.

Wir wussten noch nicht, dass es der Meister war, dass Er die unglaubliche Kraft gehabt hatte, wieder so lebendig zu werden.

Als wir Ihn endlich erkannten, bist du auf Ihn zugestürzt und du, Jakobea, brachst in Tränen aus. Ich aber krümmte mich am Wegesrand zusammen, den Kopf zwischen den Händen, umgeworfen von zu viel Glück und Leid zugleich.

So blieb ich sitzen, einfach niedergeschmettert, bis ich das Hämmern der Pferdehufe direkt neben mir hörte und dann ... glitt die ernste Stimme des Meisters direkt in die Mitte meines Kopfes und sagte: "Mâryâ qûmayan ... Herr, richte mich auf!"

So ... Was könnte ich meinen Schwestern sonst noch sagen? Den Rest wissen sie ... zumindest soweit, wie Worte vermögen es auszudrücken.

Was sie hingegen niemals sagen können, gehört auch nicht mir. Darin spüre ich mit aller Gewissheit eine Dankbarkeit, deren Gefäß, seit jenem Tag, an dem wir die Ufer Galiläas für immer hinter uns gelassen haben, nur der Himmel sein kann.

Es ist stets das Alphabet der Seele, das die schönsten Bilder in uns stiftet und sie dem Gedächtnis des Unsichtbaren übergibt.

Ja, so ist es ... Nun kann ich meine Augen vom silbrigen Horizont des Meeres abwenden und mich wieder den Gesichtern meiner beiden Schwestern zuwenden, um einen neuen Tag zu beginnen. Es ist seltsam, wie jung diese Gesichter wirken. Und meines? Was drückt es wohl aus?

Das Buch Miriam

Kapitel 9

Zwischen Migdel und Kana

Der Tag ist vergangen wie im Flug. Meine Gefährtinnen haben es wohl ebenso erlebt. Wir waren an diesem Morgen so trunken von Gefühl und Müdigkeit, dass wir nicht einmal mehr die Kraft fanden, uns zu unserer kleinen Hütte über dem Wasser hinaufzuschleppen ...

Jakobea und ich kennen einen Unterschlupf, wo die Fischer ihre Netze und ein paar Gerätschaften aufbewahren. Er liegt im Sand, zwischen dem dornigen Gestrüpp der Dünen, nur ein paar Schritte von da entfernt, wo wir Feuer gemacht haben. Unsere Beine trugen uns nicht weiter als bis hierher.

Kaum waren wir darin, ließen wir uns zwischen die Seile und alten Segeltuche fallen, die noch immer da lagen. Das war der denkbar beste Zufluchtsort, um zu schlafen und wieder ein wenig zu Kräften zu kommen ... Und wenn die Fischer kämen? Ach, die würden es verstehen und ihrer Wege gehen.

Ich schlief wie ein sorgloses Kind. Die Kuhlen aus Sand unter meiner Schulter und meinem Kopf kamen mir so einladend vor, wie einst die Arme und der Hals meiner Mutter.

Ich erinnere mich nur an die Sonnenstrahlen, die mich wärmten und mir zuweilen, zwischen zwei Schluchten des tief Unbewussten, sanft übers Gesicht strichen.

Vorhin, als ich spürte, wie Miriam und Jakobea sich neben mir bewegten, gelang es mir endlich, mich auf die Ellenbogen zu stützen und meine Gedanken zu ordnen.

Die Sonne stand schon am Horizont und der Himmel war tiefrot. Wir haben die Vergangenheit heraufbeschworen und so sind unsere Tage zu Nächten geworden ...

Ein Duft stieg mir in die Nase und ließ mich vollends aufstehen, während meine Schwestern neben mir in begeisterte Rufe ausbrachen.

Zwei Frauen aus dem Dorf brieten vor unserem Versteck etwas Fisch für uns. Sie sahen uns an und lachten diskret.

So begann der Tag für uns ... mit dem Sonnenuntergang und dem Essen, das unsere Körper brauchten.

Wir lachten und spaßten mit den Frauen über tausend Dinge des Lebens. Dabei sprachen wir laut, gegen unsere Gewohnheit, als seien wir auf mysteriöse Weise berauscht und sie verstanden das bestimmt, da bin ich mir sicher. Sie hatten sich doch von Anfang an, seit unserer Ankunft an diesem Ufer, so offen gezeigt, gerade auch für Jeshuas Worte und die vielen kleinen Geschichten aus unserem Leben an Seiner Seite.

Als wir mit dem Essen fertig waren und der Mantel der Nacht uns wieder einhüllte, fragte ich mich, ob Miriam uns auch gleich in ihre Erinnerungen entführen würde. Ich schaute Jakobea an, einen Moment lang kreuzten sich unsere Blicke. Gewiss fragte sie sich dasselbe.

Als die Frauen der Fischer uns verlassen hatten, breitete sich ein langes Schweigen zwischen uns dreien aus. Es war wie ein Atmen, nach dem wir wohl im Stillen verlangten. Ich wollte beten, um die Ruhe des Augenblickes zu verlängern und vielleicht auch, um meine Seele vorzubereiten, auf das, was kam.

Auf einmal schüttelte Miriam ihr Haar und sagte zu uns:

“Wie wäre es, wenn wir noch ein wenig schlafen würden ... Wenn die Leiber satt und schlaff sind, öffnen sie sich nicht für das Beste und Höchste auf der Welt.

Haben wir es denn so eilig, zu Ende zu kommen? Was mich betrifft, so wünsche ich mir eher, diese Stunden auszudehnen und vor allem möchte ich sie nicht halbbewusst erleben. Ruhen wir uns noch ein wenig aus, einverstanden? Lassen wir den rechten Moment von selbst kommen.”

Weder Jakobea noch ich widersprachen. Von Anfang an hatten wir die seltene Kostbarkeit der Stimmung gespürt, die wir uns gegenseitig schenken wollten. Es ist eine Emanation der Seele, die wir mit klarem Bewusstsein, Langsamkeit und jenem Respekt aufnehmen müssen, der ihr zukommt.

Und so machten wir es uns wieder zwischen Tauen, Tüchern und Sand bequem, ohne an etwas anderes zu denken, als an die Gnade, die uns ermöglichte, uns wieder begegnet zu sein ... Wir ließen die Nacht sanft über uns aufgehen.

Und dann ... bin ich aufgewacht, gerade eben, vor wenigen Augenblicken, ganz spontan. Mein Geist ist glasklar. Endlich bin ich ausgeschlafen. Ich öffne die Augen, ahne den Mondschein draußen und höre meine beiden Schwestern flüstern ...

“Shlomit? Bist du bei uns?”

“Shlomit ...”

Mühelos richte ich mich auf, gerade genug um ihre sitzenden Gestalten im Eingang unseres Verstecks zu entdecken. Mit den Rücken lehnen sie an den dünnen Stämmen, die das Dach tragen.

“Ja”, sage ich, ohne zu überlegen, “ja, ich bin's.”

Ich weiß, der Moment ist gekommen. Es ist alles da, bereit aus Miriams Herz und Erinnerung zu strömen. Langsam gleite ich bis zu meinen Seelenschwestern vor und setze mich an ihre Seite. In einer spontanen Regung berühren sich unsere Hände. Sie verbinden sich. Meine sind eiskalt. Und doch ... spüre ich ein solches Freudenfeuer aus meiner Mitte aufsteigen! Auch Miriam trägt mehr denn je das Feuer in sich. Sie noch zu bitten, mit ihrer Erzählung zu beginnen ist nicht nötig.

"Als ich Jeshua zum ersten Mal begegnete, wusste ich nur, dass Er ein entfernter Cousin war, genau wie ihr. Mein Adoptivvater, Joseph[28] hatte mir manchmal von ihm erzählt. Es waren seltsame Geschichten, in denen er Ihn immer als sehr weise darstellte. Um noch weiser zu werden, habe Er in ganz jungen Jahren, eine lange Reise gen Osten gemacht.

Ich konnte mich kaum noch an Ihn erinnern. So viel war geschehen! Da war meine unglückliche Ehe mit Saul[29], da war Markus, der Sohn, den ich von ihm hatte, und dann meine verzweifelte Flucht aus seinem Haus, in dem ich nicht mehr leben konnte.

Ihr kennt ja mein eher rebellisches Wesen ...

Wie hätte ich mein Dasein unter dem Dach eines Mannes fristen können, der dem Wein äußerst zugetan war, zu Gewalt neigte und von Macht fasziniert war?

Als ich vor Saul nach Jerusalem floh, wusste ich, womit ich rechnen musste. Verletzt in seinem Stolz, würde er mich als Ehebrecherin oder gar Prostituierte darstellen.

In meiner Verzweiflung, aber auch aus Angst, überließ ich ihm meinen Sohn, der noch ein Kind war, um seine Wut nicht allzu sehr anzustacheln.

Zunächst nahm ich Zuflucht zu meinem Vater, der ja, wie ihr wisst, sehr angesehen war. Später zog ich in das kleine Haus, das er in Migdel besaß.

Es dauerte einige Jahre, bis es ihm gelang, Saul zu überzeugen, mir unseren Sohn Markus anzuvertrauen. Im Grunde war er wohl ohnehin eher eine Belastung für ihn. Saul interessierte sich vor allem für seine sogenannten “Geschäfte” mit den Römern.

Diese schmerzliche Episode meines Lebens brachte mich lange Zeit gegen die Männer auf. Saul war mit seinen Exzessen für mich zum Sinnbild des männlichen Geschlechts geworden. Natürlich war mir durchaus klar, wie extrem auch mein eigenes Verhalten dabei gewesen war. Dennoch erfüllte mich eine Wut, die ich nicht ablegen konnte.

Erst die Arbeit mit den Pflanzen und Kräutern half meiner Seele nach und nach, ihre Mitte wiederzufinden.

Das Haus in Migdel hatte glücklicherweise einen kleinen Garten, der von einer Trockenmauer umgeben war. Als mein Leben in diesem Haus seinen Anfang nahm, wohnte dort eine alte Frau, eine Angehörige von Joseph. Sie gehörte der Bruderschaft[30] an und hatte lange in einem ihrer Dörfer gelebt. Dort hatte sie die alten Geheimnisse der Pflanzen und Salben gelernt. Als sie zum Ewigen abberufen wurde, hatte sie schon viel von ihrem Wissen und ihren Fähigkeiten an mich weitergegeben.

Ich war an den Rand der Gesellschaft geraten, fernab von allem und es wurde sogar mit Fingern auf mich gezeigt. Doch von hieraus gelang es mir, mich wieder aufzurichten.

Allerdings muss ich euch gestehen, meine Freundinnen, dass ich kaum noch betete. Die Härte dieser Welt und die Falle, in die ich geraten war, hatten mich jenen Dornbüschen ähnlich werden lassen, die überall in unserem Land wachsen. Allenfalls war ich eine Distel, wegen ihrer lila Blüte, die dem kleinen Stückchen Seele ähnlich sehen mochte, das noch irgendwo in mir verborgen war.

Doch eines Tages wurde alles anders. Ich besuchte Joseph an seinem schönen Wohnsitz in Jerusalem und als ich über die Schwelle des inneren Gartens trat, fiel mir sofort die hohe Gestalt eines Mannes auf, mit dem er im Gespräch war. Ich wollte mich zurückziehen, um sie nicht zu stören, doch mein Vater gab mir sofort ein Zeichen, näher zu kommen. Der Mann drehte sich um ... Es war Jeshua, ihr habt es erraten.

Ich kann euch sagen ... es war ein Schock. Nicht weil ich Ihn besonders schön fand, sondern wegen der Intensität seines Blicks.

Wie Er mich in diesem Moment ansah - das war zugleich so sanft und so durchdringend. Ich konnte ihm nicht standhalten ... So senkte ich den Kopf und verneigte mich, um Ihn zu grüßen, in der Hoffnung, gleich wieder gehen zu können. Aber mein Vater redete es mir aus, und auch er selbst bestand darauf, dass ich bleibe. Er versicherte mir, sein Onkel Joseph habe Ihm soeben von mir erzählt ... So konnte ich mich also keinesfalls einfach umdrehen und gehen.

Da legte mein Vater seine rechte Hand aufs Herz und stellte mir Jeshua ganz offiziell vor, diesen Verwandten, der so etwas Besonderes war, von dem er mir schon so oft erzählt hatte und der jetzt Rabbi geworden war.

Was soll ich euch sagen? Dass Jeshua mich faszinierte und ich Ihn während meines Aufenthaltes in Jerusalem noch unzählige Male sah? Ja, natürlich ... aber das Wort "fasziniert" trifft es nicht. In der Faszination ist oft ein Anteil von Verführung enthalten. Verführt war ich aber nicht. Ich war ... im tiefsten Inneren meines Wesens ergriffen, gepackt, ja geradezu erschüttert.

Ich hatte nicht nur das Gefühl, Jeshua von jeher zu kennen, ich war auch augenblicklich überzeugt davon, dass Er der Wendepunkt in meinem Leben war. Das hatte nichts mit einem Verliebtheitsgefühl zu tun. Diese Gewissheit kam anderswo her. Sie war wie ein heiliger Hauch oder ein heiliger Schlag.

Im Übrigen begegnete ich Jeshua zwangsläufig, da wir beide bei Joseph wohnten.

Er sprach zunächst sehr wenig mit mir, das weiß ich noch. Eher schon verspürte ich ein plötzliches Bedürfnis, mich mitzuteilen, als hätte ich Angst vor der Stille zwischen uns. Also stellte ich ihm tausenderlei Fragen über seine Reisen. Seine Antworten waren kurz. Aber es lag eine Sanftheit in seiner Stimme, die mich noch immer beeindruckte.

Bei unserer zweiten Begegnung hatte ich das unwiderstehliche Bedürfnis, Seine Füße zu berühren, nicht weil Er Rabbi war, sondern weil ich längst verstanden hatte, dass Er anders war als wir und etwas Unbekanntes und unglaublich Reines ausstrahlte. Er ließ es geschehen und ich glaube, meine Geste dauerte sehr lange. Sie war für Ihn und mich eine Art Pakt oder zumindest ein Ausdruck der Anerkennung. Diese Augenblicke habe ich später noch oft mit geschlossenen Augen an mir vorüberziehen lassen und im Nacherleben empfunden, dass sie zu den schönsten in meinem Leben gehören. Wir sprachen nicht. Das war nicht nötig. Schon ein einziges Wort hätte alles ärmer gemacht.

Als ich aufstand, sagte Er nur: "Miriam ... es gibt Wege, die uns eher als andere dazu einladen, sie zu beschreiten. Erkennst du den Weg, den ich gehe, vielleicht auch als deinen?"

Ohne zu überlegen und freilich ohne ganz zu verstehen, was das bedeutete, nickte ich überzeugt mit dem Kopf. Daraufhin gingen wir bis zum Abendessen auseinander. Er wollte nicht, dass ich separat esse, wie es offiziell Brauch war[31]. Auf diese Weise erinnerte Er uns daran, dass Er sich noch immer mit unserer Essener Gemeinschaft verbunden fühlte. Mich ärgerte das fast, denn ich konnte ja seinem Blick nicht ständig ausweichen, meine Aufregung aber auch nicht verbergen.

Auch die folgenden Tage hielten immer wieder Überraschungen für mich bereit. Es stellte sich heraus, dass der Rabbi, den ich eher für etwas einsam gehalten hatte, von einer ganzen Menge Menschen umgeben war, die Ihn sehr verehrten. Sie warteten meist an der Ecke der Gasse auf ihn, in der Joseph sein Haus hatte.

Eines Morgens, als ich unterwegs zum Markt war und zur selben Zeit aus dem Haus ging, wie Er, fragte mich Jeshua auf einmal, ob ich mich ihnen anschließen wolle.

"Rabbi", sagte ich, "ich muss diese Kalebasse mit Gemüse füllen ..."

"Miriam, sag mal", antwortete Er in dieser ernsten und zuweilen etwas ironischen Art, die wir alle an Ihm kannten, "Miriam ... hast du nur Hunger auf Gemüse? Mir scheint, es verlangt dich nach einer etwas gehaltvolleren Mahlzeit, meinst du nicht?"

Ich stellte mich dumm, warf aber einen raschen Blick auf die Menschen, die dort hinten auf Ihn warteten. Allem Anschein nach waren es einfache Leute, auch wenn manche von ihnen recht schöne Kleider trugen.

"Man lebt gut bei Joseph", fuhr Er fort ... "aber ist es das Leben, das du führen möchtest? Selbst Josef strebt nach höheren Dingen ... Du gehörst zu denen, die nach einer Nahrung suchen, an der man sich nicht satt essen kann, gib es zu ..."

Das war der eigentliche Anfang von allem, diese paar Worte – die ich zunächst recht belehrend und schulmeisterlich fand. Ohne Widerspruch, aber auch ohne groß nachzudenken, folgte ich Jeshua bis ans Ende der Gasse und schloss mich denen an, die dort auf Ihn warteten.

Wir gingen zügig los, traten durch ein Tor und verließen die Stadt, um uns schließlich irgendwo, dem kargen Gebirge gegenüber, hinzusetzen. Dort hörte ich Jeshua zum ersten Mal lehren. Und ich muss sagen, meine Schwestern, ich habe nichts davon behalten, was Er sagte. Seine Worte sind nicht durch meine Ohren in mich eingedrungen, um sich in meinem Gedächtnis festzusetzen. Sie drangen gleich direkt in mein Fleisch. Auf diese Weise habe ich sie aufgesogen ... mit etwas in mir, von dem ich bisher nicht wusste, dass es existiert.

Es war eine vollkommene Offenbarung. Wer war dieser Mensch, der vom Ewigen sprach wie von seinem Vater und den Worten eine so andere Färbung gab, als wir es kannten? Das war doch kein Rabbi!

Ein paar Stunden später kam ich weinend und mit leerer Kalebasse wieder bei Joseph an. Ich war völlig umgeworfen von dem, was mich da durchdrungen hatte. Nicht nur meine Seele war berührt, selbst mein Körper war wie im Fieber. Mein Vater stellte mir keine Fragen. Er war stets taktvoll und weise gewesen. Heute denke ich, er sah bereits voraus, wie sich letztlich alles erfüllen würde.

Dieser Aufenthalt in Jerusalem dauerte mehrere Wochen und auf mysteriöse Weise kamen Jeshua und ich uns Tag für Tag ein wenig näher.

Vergeblich nahm ich mir vor, ihm nicht ständig zu folgen, um die überwältigenden, glühenden Worte des Friedens, die er überall auf seinem Weg verbreitete, aufzunehmen. Es ergab sich doch ständig, dass wir uns begegneten, selbst außerhalb des Hauses.

Umsonst auch redete ich mir ein, ich müsse zurück nach Migdel, zu meinem Sohn Markus, der mit ein paar Jugendlichen in seinem Alter gerade die Fischerei erlernte. Ich konnte mich einfach nicht dazu entschließen.

Ja, wie ich euch schon sagte, der Frieden, der von Jeshua ausging, war überwältigend. Er war ... das, worauf ich immer gewartet hatte, ohne dass es mir bewusst war. Er war Empörung und Milde, Mitgefühl, aber auch ein Schwert ... das Menschliche mit dem Göttlichen vermählt!

Eines Abends, als wir uns im kleinen Garten meines Vaters zufällig alleine begegneten, stellte Jeshua mir dieselbe Frage wie bei unserem zweiten Treffen.

“Miriam, erkennst du den Weg, den ich gehe, vielleicht auch als deinen?”

Ich erinnere mich, dass ich die Augen niederschlug, recht angespannt war und rot wurde. Was sollte ich denn antworten? Aber ich musste kein Wort sagen. Jeshua beugte sich zu mir herab und gab mir einen leichten Kuss auf beide Augenlider. Dann nahm Er mich bei der Hand. Nun konnten wir miteinander sprechen ... über den Weg, der sich auftun würde, den wir gehen wollten und was das für uns bedeuten würde, für Ihn, für mich, für uns beide.

Ich muss zugeben, dass ich in keiner Weise ermessen konnte, welche Herausforderung darin lag. Damals sah ich die Zärtlichkeit und Zuwendung, die Er mir schenkte, nur als höchsten Segen.

Ich ahnte nicht, dass sich hinter dem Schleier der Gnade der größte Kampf verbarg, den ein Wesen ausfechten kann, der des unendlichen Lichtes mit den Trieben des Trennenden.

Ihr habt es ja auf eure Weise erlebt, Jakobea und Salome, meine Freundinnen und Schwestern ... Wenn man einem Überbringer des Lichts zu nahe kommt, entfacht man sogleich das Feuer des Widerstreits. Man ruft unabänderlich die schwierigsten Einweihungen auf den Plan, solche, die zwar die Seele auf ewig reicher machen, den Körper aber vernichten können, um ihn zu zwingen 'in der Wahrheit' wiedergeboren zu werden.

Als ich Jeshua mein Ja-Wort gab, seinen Weg zu gehen, war ich noch eine stolze und rebellische Frau, ohne Bewusstsein für die Peitsche des Lebens, die hinter jedem seiner Schritte knallen würde.

Und so feierten wir ein paar Monate später in Kana Hochzeit. Anders als ihr vielleicht denkt, waren diese Monate nicht leicht. Ich bekam Angst ... Wegen meines Sohnes ging ich nach Migdel zurück. Dann begann ich zu beten, auf Jeshuas Rat und Anweisung hin. Ich musste doch die würdige Frau eines Rabbis sein ... Zugleich aber wurde ich zunehmend von Schuldgefühlen geplagt.

Was tat ich da? Dieser Mann, der mir versprochen war, jagte mir fast Furcht ein, weil Er so anders war. Außerdem fühlte ich mich noch immer unwürdig und beschmutzt durch meine Trennung von Saul, so lange sie auch her war. Es hatten sich so ehrenvolle Menschen eingefunden, um mir entgegenzuschreien, ich sei auf ewig besudelt, dass meine Seele, trotz ihrer Stärke, stumme Narben davongetragen hatte. Und diese verhinderten auch, dass ich mich wieder den Gebeten aus meiner Kindheit zuwenden konnte, den Gebeten unseres Volkes.

Jeshua hatte mir geraten, alle erlernten Worte wegzulassen und einfach mein Herz bloßzulegen ... Aber was bedeutete das, sein Herz bloßlegen? In all den Jahren hatte ich es doch mit einem so festen Panzer umgeben müssen, um überhaupt atmen zu können. Was würde ich entdecken, wenn ich ihn abnehmen würde? Womöglich eine Frau, die an kaum noch etwas glaubte. Mein Herz entblößen! Wen würde ich da genau heiraten? Endlich einen echten Ehemann oder einen komischen Rabbi? Es war ja alles so schnell gegangen!

Während ich vor meinen Kräutern und Pflanzen kauerte, begann ich an den wunderbaren Stunden zu zweifeln, die ich doch mit Jeshua verbracht hatte.

Was hatte Er in mir und um mich herum aufgewirbelt, um mich in so kurzer Zeit so völlig umzukrempeln?

Ich versuchte es also offenzulegen, dieses Herz ... genau wie es Menschen wohl zuweilen tun, die sich in ihrem Leben ein wenig verloren fühlen, weil sie eine Last auf den Schultern tragen oder allzu oft vor der Bosheit fliehen mussten.

Eines Tages, als ich wieder zweifelte, erschien Jeshua auf der Schwelle meines Hauses. Mit seinem Besuch hatte ich nicht gerechnet, Er kam ganz überraschend. Mein erster Impuls war, Ihm sehr selbstsicher, mit würdiger Mine entgegenzutreten, doch im nächsten Moment fand ich mich zu seinen Füßen wieder, die

Stirn im Staub. Es war einfach stärker als ich, viel stärker als der Stolz, den ich immer zur Schau getragen hatte.

“Bis du in der Gegend vorbeigekommen, Rabbi?”

“Ich bin bei dir vorbeigekommen ...”

Unser Gespräch begann ganz beiläufig, doch dann stellte sich Jeshua mir genau gegenüber und ich hatte das Gefühl, wir hätten uns erst gestern getrennt. Die Worte, die Er da sprach, gehören zu jenen, die man niemals vergisst. Sie waren ganz besonders intensiv.

“Warum hast du Angst, Miriam? Wenn du denkst, dass ich der Grund dafür bin, irrst du dich, denn in Wahrheit erkennst du mich. Deine Angst aber kommt von dem, was du noch nicht selbst erkennen kannst. Du sollst wissen, dass du nicht die Einzige bist, die sie empfindet. Sie betrifft jeden Menschen, für den die Zeit gekommen ist, sich seine Verwandtschaft mit dem Ewigen einzugestehen.

Heute klopft der Allerhöchste an Deine Tür - dessen kannst du gewiss sein ...

In einem Monat werde ich Dein Ehemann sein. Und zwar nicht, damit du mir die Füße wäschst oder mein Essen zubereitest. Nicht um meinen Körper zu erquicken, sondern um deine Seele, die im Kampf mit sich selbst liegt, mit sich auszusöhnen.

Und so bin ich nicht auf deinen Körper aus, Miriam. Ich suche deine Seele hinter deinem Leib und hinter deiner Seele deinen Geist.

Warum solltest du Angst haben? Mein Vater sucht eine Frau, welche die Frau werden soll. Denn Er braucht ein Gefäß für Seinen Samen des Trostes in dieser Welt.

Diesem Volk hier wurde beigebracht, dass der Mann vor der Frau erschaffen wurde ... Wenn ich dir nun aber sagte, dass die Frau vor dem Mann entstanden ist, würdest du es mir glauben? Wenn ich dir sagen würde, dass meine Mutter - die mit meinem Vater eins ist - die Matrix von allem ist, würdest du das auch glauben?

Du könntest mir glauben, denn von jeher ist das Wasser ebenso viel Wert, wie das Feuer und die Erde so viel wie die Luft. Und doch werde ich dich das nicht lehren, denn mein Vater, der auch meine Mutter ist, ist unauflöslich mit ihr verbunden, sie gehen auseinander hervor.

Und so, versuch das recht zu verstehen, haben Mann und Frau sich gegenseitig erfunden. Indem ich mich mit dir vermähle, vermähle ich mich auch mit mir selbst, und indem du mich heiratest, heiratest du auch dich selbst. Du erkennst dich endlich.

Ich bin gekommen, um dir dieses Entzücken in Erinnerung zu rufen und dir zu sagen, welchen Sinn unsere Hochzeit hat. Durch sie wirst du gebeten, alle Frauen dieser Welt zu sein. Ich werde dich lehren, im Geiste meine Mutter zu berühren, die auch mein Vater ist, denn du wirst erfahren, dass alle Frauen ein Teil meiner Mutter sind, ausgebreitet in Seiner Schöpfung.

Und du wirst durch unsere Verbindung erfahren, dass alle Männer in mir sind, aber auch ein Teil meines Vaters, der Sich im Innersten Seiner Ausdehnung wieder sammeln will."

Wie ihr euch denken könnt, blieb ich angesichts dieser Worte vollkommen stumm. Erstaunlicherweise hatte ich das Gefühl, sie im Grunde zu verstehen. So unwissend ich auch noch war, was die Mysterien des Allerhöchsten anging, war mir doch ihre Essenz und tiefste Substanz vertraut, und auch, was all das beinhaltete.

Oh ... gewiss hätte ich nicht wiedergeben können, was ich davon verstand! Dazu wäre ich ganz und gar unfähig gewesen. Damals konnte ich gerade mal zwei, drei Wörter lesen und ein paar Buchstaben in den Sand malen - meinen Namen.

Ich kann nur sagen, ich verstand ... ohne den genauen Sinn der verwendeten Wörter zu durchdringen. Warum das so war, erfuhr ich später ... Jedes treffende Wort, das mit Sorgfalt und Genauigkeit mit einem anderen treffenden Wort vermählt wird, gebiert im

Kontakt mit diesem einen Wohlklang, den unsere Alltagsintelligenz nur als etwas auffassen kann, den jedoch unsere Seele erlebt, sobald sie rein genug dafür ist.

"Ich verstehe, Meister", sagte ich, "ich verstehe ..."

Da lächelte Er mich an, nahm behutsam meine Handgelenke und betrachtete sie, als könne man von ihnen etwas ablesen.

Ich suchte seinen Blick und wollte wieder anfangen:

"Ich verstehe, Rabouni ... mein Rabouni ..."

Er legte seine Stirn gegen meine und fuhr fort:

"Die Liebe ist krank auf dieser Erde ... Das sollst du vor allem wissen: Wenn ich auf diese Welt gekommen bin, so um sie zu heilen und zu stärken. Doch glaube bitte nicht, ich sei nur hier, um die Liebe zwischen der Menschheit und dem Ewigen wiederherzustellen. Ich bin auch hier, um die zwischen Mann und Frau zu heilen.

Das ist der entscheidende Grund für unsere Hochzeit, in seiner ganzen Fülle. Es geht nicht um die Begegnung von Jeshua und Miriam, denn beides sind nur Masken. Es ist der Allmächtige Herr und seine Schöpfung, die sich in die Augen schauen wollen, um ihren Pakt im Unendlichen zu erneuern.

Mann und Frau sollen endlich keine Macht mehr übereinander ausüben, sich nicht gegenseitig beherrschen, sondern sich anerkennen, wie Himmel und Erde, die füreinander unverzichtbar sind, ein Inbild des Namenlosen und seiner Schöpfung ...

Meine Geliebte ... es ist an uns, diese Wahrheit zu verwirklichen, sie der Welt einzuzeichnen und damit im Unsichtbaren das Band der Versöhnung zu knüpfen. Leuchtet dir das ein?

Wenn wir uns wahrhaftig vermählen, wird mein Vater dir durch mich jenen Atem einhauchen, der den Körper mit dem Geist verbindet. Er wird dir die Schönheit und Größe der Welt zeigen, die in dir, wie in allen Frauen, lebt und dir die Kunst enthüllen, den Atem des Himmels in dich aufzunehmen.

Es ist die Kunst der Künste, die Kunst, die göttlich macht, weil sie die Trennungen aufhebt.

Die Kunst zu Lieben, Miriam, hat ihren Ort nicht nur in Tempeln aus Stein. Allzu oft erstarrt sie dort zum seelenlosen Absingen von Psalmen, selbst wenn deren Worte heilig sind.

Sie soll auch zwischen Mann und Frau im Tempel ihrer Vereinigung begangen werden, so dass sich beide zu etwas Höherem erheben können.

Ich bin gekommen, um dich - und alle Menschen in dieser Welt - daran zu erinnern, dass jeder Einzelne zugleich Tempel und Priester ist, himmlisches Azur und Lehm. Ich bin nichts anderes, als der Versöhner, eine Leiter, die sich bereitstellt, um alles zu vereinen. Versuche, diese Wahrheit zu ermessen ...

Und wenn ich mit diesen Worten deine Angst nur größer gemacht habe, kannst du auch noch nein sagen. Die Freiheit ist das Siegel deiner Seele.

Ich spreche zu der Befreiten, zu deinem freien Geist, Miriam ..."

Ich glaube, ich habe weder ja noch nein gesagt, meine Freundinnen ... Das war auch nicht wichtig. Als Antwort drückte ich einfach meine Stirn noch stärker an seine, als ob meine Falten zwischen ihren Linien seine aufnehmen wollten.

Sosehr ich auch nur die Kraft dazu haben würde, dachte ich bei mir, würden Jeshua und ich von nun an einen gemeinsamen Weg gehen.

Bevor Er wenig später mein Haus verließ, bat Er mich noch, Ihm zu zeigen, wo ich immer meine Fladen buk. Ich führte Ihn also direkt hinter das Haus. Hier gab es einen alten Ofen aus Ton.

"Hier, Rabouni ...", sagte ich. Im Inneren meines Ofens lag noch etwas Asche vom letzten Backen. Die hätte ich schon längst wegräumen sollen. Es war mir ein bisschen peinlich ... Doch bevor ich ein Wort sagen konnte, tauchte Jeshua seine Hand hinein und machte damit eine kleine, kreisförmige Bewegung. Dann zog Er sie vorsichtig heraus und hielt in den Fingerspitzen etwas, das wie ein kleines Stück Stoff aussah.

Ich schrie auf ... doch Jeshuas Geste ging noch weiter und aus dem kleinen Stück Stoff, das aus der Asche aufgetaucht war, wurde ein langer, weißer Schleier ...

Sobald Jeshua ihn mit einer großen, geschmeidigen Bewegung aus dem Ofen gezogen hatte, legte Er ihn mir auf eine Schulter ...

Ich befühlte sogleich den Stoff ... Er war aus dem schönsten Leinen, das ich je gesehen hatte, ganz fein gewebt und ohne die geringste Spur von Erde oder Asche.

Völlig verblüfft fand ich einfach keine passenden Worte. So stammelte ich irgendetwas, bedankte mich mit tausend ungeschickten Wendungen ... und brachte Ihn fast zum Lachen ...

Es war das erste Wunder, das ich Ihn tun sah ...

Es war seine Art, den Pakt unserer Seelen zu bekräftigen.

Diesen Schal habe ich noch immer, das könnt ihr euch ja denken. Inzwischen ist er natürlich recht abgenützt. Nachdem ich ihn so viel getragen habe, hebe ich ihn nun wie einen Schatz in den Tiefen meiner Tasche auf.

Als Jeshua an diesem Tag von mir ging, fiel mir auf, dass die ganze Zeit im Schatten jener großen Bäume mit graublauem Laub, die am Wegesrand hinter meiner kleinen Gartenmauer wuchsen, in aller Ruhe Menschen auf ihn gewartet hatten. Es waren dieselben Männer wie in Jerusalem und auch einige Frauen. Und Markus, mein Sohn, saß auf dem Boden und diskutierte mit ihnen. Das hat mir gefallen ... Es kam mir vor, als sei die Ordnung der Welt dabei, sich zu verändern, als würde eine neue Harmonie einkehren.

Und dann kam der Tag unserer Hochzeit in Kana, in Galiläa. Unsere Familie besaß hier ein recht altes, aber großes Anwesen, wo wir die meisten Gäste empfangen konnten.

Es war eine einfache Hochzeit, aber von den Eingeladenen war jeder genau an seinem richtigen Platz. Zum ersten Mal lernte ich die Menschen kennen, die nicht mehr von Jeshuas Seite wichen, vor allem Eliazar, der darauf bestanden hatte, den Ablauf der Feierlichkeiten leiten zu dürfen.

Von der Zeremonie ist mir sehr wenig im Gedächtnis geblieben. Ich erlebte sie wie im Nebel, bedeckt von Schleiern und Perlen, doch kaum in der Lage, mir bewusst zu machen, was da eigentlich geschah.

Wenn ich an all die Tage zurückdenke, die unsere Hochzeit dauerte, so ist mir vor allem der Freudentaumel in Erinnerung, von dem sie eingehüllt waren. Er hat mich ausgesprochen überrascht und verwirrt. In den Wochen davor hatte ich oft gedacht, es sei ganz anders, einen Rabbi zu heiraten, als einen anderen Mann. Ich hatte mir darunter etwas eher Strenges vorgestellt.

Josef und ein paar Mitglieder unserer Gemeinschaft hatten mich in diesen Vermutungen bestärkt.

Aber ihr kennt ja den Meister ... Die Freude war ein wichtiger Bestandteil dessen, was Er uns lehren wollte. Das wurde mir in diesem Moment so richtig bewusst. So ging es auch vielen anderen. Jeshua hat mit den Gästen gesungen und getanzt ... und Er machte Scherze.

In meiner Ecke, unter meinen Schleiern, entging mir nicht, dass einige darüber verärgert waren. Das waren natürlich jene, die Ihn schon in eine Rolle gepresst hatten und meinten, sie könnten statt seiner darüber entscheiden. Die Rolle eines Meisters unter andern, eines Weisen unter anderen Weisen, völlig konform mit dem, was man in solchen Fällen für schicklich hält ...

Aus diesem Grund stand Er schließlich auf. Auch Ihm war das Getuschel am Rande nicht entgangen, ebenso wenig wie die schockierten Blicke, von denen es begleitet wurde. Ich erinnere mich im Wesentlichen an Seine Worte, weil sie der Fröhlichkeit einen anderen Anstrich gaben.

"Meine Freunde ... Im Land der hohen Bergesgipfel, in dem ich einige Jahre lebte, bevor ich wieder hierherkam[32], traf ich eines Tages einen alten Mann. Er erzählte mir seine Geschichte ...

Von frühester Jugend an hatte er nur einen einzigen Traum gehabt: ein Weiser zu werden. Und dafür, so dachte er, musste er unbedingt erst einmal gebildet sein. So suchte er die gelehrtesten Professoren auf. Er hörte ihnen zu, merkte sich ihre Lehren und wurde in der Tat ein sehr gebildeter Mann ...

Doch weil er sah, dass Wissen nicht ausreichte, um ihn zum Weisen zu machen, suchte er nach den besten Methoden, um seinen Körper zu kontrollieren, zu beten und zu meditieren. Er besuchte die renommiertesten Meister und erlegte sich, ihrem Rat folgend, die härteste Disziplin auf. Es ging so weit, dass er kaum noch aß, damit seine Stimme 'reiner und klarer wurde, um vom Ewigen besser gehört zu werden'. So wurde er nicht nur weise, sondern auch sehr dünn und war auch noch stolz darauf.

'So ... nun bin ich ein Weiser geworden', dachte er und zählte eine wachsende Zahl von Schülern, die sich um ihn scharten. Diese waren fasziniert von seiner Askese, der unerbittlichen Strenge seiner Rede und ... seinem Haar, das ganz weiß geworden war.

Doch eines Tages, so erzählte er mir, ging während er lehrte ein schweres Gewitter nieder. Er stand auf, um seine Zuhörer an einen geschützten Ort zu bringen. Doch da stürzte er durch eine ungeschickte Bewegung in den Schmutz und zerriss dabei auch noch sein schönes Gewand. Darüber war er so wütend, dass er vor seinen Schülern in lautes, unflätiges Fluchen ausbrach. Alle waren entsetzt, wie ihr Vorbild so völlig die Beherrschung verlieren konnte.

"Es ist nicht so schlimm, Meister", sagten einige zu ihm. "Wir werden das Gewand waschen und dir sogar ein neues kaufen."

Letztlich aber sahen seine Schüler ihn mit anderen Augen an. Einer nach dem anderen verließ ihn. Denn der Meister konnte Wut und Scham darüber nicht verbergen, dass er jene Würde, die stets so unabdingbar für ihn gewesen war, verloren hatte.

Als er alleine war, so erzählte er mir, begann er zu weinen. Das Leben hatte ihn mit sich selbst konfrontiert. Was er für Weisheit gehalten hatte, war nichts als eine Illusion. Ein bloßes Gewitter konnte es hinwegfegen. Da griff er den Ewigen an und gab ihm die Schuld an seinem Unglück. Er, dem er alles gegeben, alles geopfert hatte, warum hatte Er ihm das nur angetan.

Drei Tage später schickte der Ewige ihm seine Antwort in Form eines jungen Mannes mit langen, braunen Haaren, der in jener Gegend vorbeizog.

"Warum weinst du, Alter?", fragte ihn dieser.

Der alte Mann gestand ihm die grausame Enttäuschung, die ihn an seinem Lebensabend heimgesucht hatte.

"Ist das alles?", fragte der junge Mann. "So lass dir gesagt sein ... Es wäre leicht gewesen, Abhilfe zu schaffen. Wenn du über deinen Sturz gelacht hättest oder sogar darüber, dass du einen Fluch nicht zurückhalten konntest, wären deine Schüler noch alle um dich versammelt und ihr Respekt wäre nur gewachsen. Glaub mir, alter Mann, über die tausend Missgeschicke des Lebens und über sich selbst lachen zu können, ist eine göttliche Fähigkeit. Ohne sie sind die anderen nicht viel wert. Du kannst es nun bezeugen, wer sich nicht die Freude auf die Fahne geschrieben hat, kann letztlich nichts in seinem Inneren beherrschen.

Der Ewige ist vor allem Freude. Die Freude bringt alles voran. Denn sie ist Schlichtheit und Spontaneität. Und sie ist Liebe in ihrer reinsten Form, ohne Berechnung, ohne Grenzen.

Die Freude ist kein Wissen, alter Mann, sie ist Signatur der Erfahrung, das Zeichen der Verbindung mit dem Vater allen Lebens.

Ruf sie, lass sie kommen, entdecke sie, tue alles, um dich ihr hinzugeben und du wirst die Weisheit finden, nach der du so lange gesucht hast.

Der Ernst und die Schwere, der Menschen wie du anhängen, sind nicht die ersten Eigenschaften des Göttlichen. Sie sind nur dessen Schatten in dieser Welt."

Der Weise war wie vor den Kopf gestoßen und fragte ihn: "Wer bist du denn, dass du so mit mir zu reden wagst? Deine Jugend erlaubt dir nicht, mir eine derartige Lehre zu erteilen."

"Wer ich bin? Ein mehrere Jahrhunderte alter junger Mann, der nicht müde wird, bei der Berührung mit der himmlischen Welt zu lachen und sich zu amüsieren.[33] In der Freude lebt ewige Jugend und in der Freude wurzelt auch die Weisheit.

Niemand kann sie einfach erobern, wäre er auch der gelehrteste Priester und wollte obendrein noch den Asketen spielen.

Die Weisheit baut ihr Nest in Menschen, die Raum dafür in sich geschaffen haben. Sie kommt zu dem, der keine bestimmte Rolle spielt und keinen anderen Anspruch hat, als am freudigen Tanz des Lebens teilzunehmen."

Als er diese Worte gesprochen hatte, strich der junge Mann langsam mit der Hand über sein Gesicht und enthüllte so, für einen winzigen Augenblick, das ausgemergelte, mumifizierte Gesicht eines Kadavers. Sobald er wieder sein voriges Aussehen hatte, sagte er nur noch:

"Du hast nun gesehen, wie ich aussehen würde, wenn ich nicht die Freude in meinen Körper gerufen hätte und sie noch in diesem Moment in mir leben und atmen würde. Vergiss das nicht! Befrei dich von den Masken der Weisheit und lebe!"

Dann ging der junge Mann seines Wegs und ließ den Greis mit dem schönsten aller Geheimnisse zurück ... Wenn ich euch diese Geschichte erzählt habe, meine Freunde", fuhr Jeshua in einem anderen Tonfall fort, "so deshalb, weil auch ich dem jungen Mann mit den langen, braunen Haaren begegnet bin. Ich sah die Wahrheit, die in ihm lebte. Er ließ sie mich berühren und ich habe sie gespürt. Sie hat mir von meinem Vater erzählt und mich seither nicht mehr verlassen. Sie zeigte mir nämlich die wahre Jugend meines Herzens.

Ich kann euch versichern ... Die Freude ist die Jugend der alten Seelen. Lassen wir sie sich ausbreiten, wo immer wir dem Göttlichen Tür und Tor öffnen wollen."

Wie gesagt, von da an, kam eine ganz andere Stimmung auf.

Einige dankten dem Meister dafür, dass er sein Wissen mit uns geteilt hat, andere nahmen die Lektion in aller Stille an. Doch bald wollten alle auf die Gnade anstoßen, die uns durch diese Worte zuteil geworden war.

Wenig später merkten wir, dass zu wenig Wein da war. Jeshua gab sogleich Order an Eliazar, die sonst für rituelle Waschungen verwendeten Krüge mit Wasser zu füllen.

Aus einigem Abstand habe ich alles gehört und beobachtet ... Mein Mann musste weder aufstehen noch die irdenen Gefäße, die er ausgewählt hatte, auch nur berühren.

Sobald sie voll waren, wie Er es gewünscht hatte, floss der frischeste und goldenste Wein daraus in alle Krüge und Schalen, die herangereicht wurden.

Da sah ich, wie Meryem Eliazar glücklich zulächelte, mein Vater Joseph versuchte, eine Träne zu unterdrücken und Markus vor Staunen der Mund offen blieb. Auch er hatte mit angesehen, was geschehen war.

Im ersten Augenblick haben die Gäste es gar nicht begriffen, das könnt ihr mir glauben. Erst am nächsten Tag, als der Wein nie zu Ende zu gehen schien, konnte jeder von ihnen das Wunder des Vorabends und das Licht, das vom Meister ausging, bezeugen.

Unmöglich kann ich euch den Zustand beschreiben, in dem ich mich am Abend unserer Hochzeit befand, als ich mit Ihm allein war. Jeshua war nun offiziell mein Ehemann, für mich aber vor allem der Mensch, den ich liebte ... Doch Wer war Er denn eigentlich in Wahrheit, jenseits der Gesetze der Menschen und des Herzens?

Ich kam mir so klein vor, so unwissend und voll von ungutem Stolz. Warum denn dann ich? Warum hatte Er mich erwählt?

So sehr ich auch gebannt und voller Bewunderung für den Mann war, den ich allmählich entdeckte, so sehr fühlte ich auch Furcht, ja sogar richtige Angst aus meinem Bauch aufsteigen.

Wie kam es, dass ausgerechnet ich, die ich über die Jahre fast verlernt hatte zu beten, mich nun an der Seite von jemandem wiederfand, der gleichsam ein lebendes Gebet war. Womit hatte ich das verdient?

Diese Gedanken beschäftigten mich so stark, dass ich sie meinem Gemahl mitteilte, sobald sich die Tür unseres Gemachs hinter uns geschlossen hatte. Er fing an zu lachen.

"Womit du es verdient hast? Miriam ... Da machst du dir falsche Vorstellungen von den Dingen in dieser Welt. Viele Verdienste werden erst nach langer Zeit belohnt und viele Fehler werden auch erst viel später gesühnt! Wechsle also die Perspektive und betrachte erst einmal was ist, ohne Vergangenheit oder Zukunft in Betracht zu ziehen.

In unserer Welt herrscht das Gesetz der Notwendigkeit. Daher ist eine solche Wahrheit innerhalb der Weisheit des gegenwärtigen Augenblicks zu verstehen."

"Notwendigkeit? Was du da sagst, finde ich schrecklich, Rabouni ... Wenn Notwendigkeit der Grund ist, der uns zusammengeführt hat und aus dem wir heute geheiratet haben, wo ist dann die Liebe? Besteht deine nur aus einem heiligen Zwang? Du machst mir Angst ..."

Da schaute Jeshua mich mit einer Zärtlichkeit an, die ich nie vergessen werde, liebe Schwestern, niemals!

"Miriam ... die Liebe ist die einzige Notwendigkeit, die es gibt. Ihre Weisheit ordnet alles. Jede Begegnung, die eine echte Begegnung ist, ist von unseren Seelen jenseits der Zeit vorgezeichnet. Darum ist sie notwendig und unvermeidlich. Sie trägt das Siegel der Liebe. Daher ist es überflüssig, weiter nach Gründen oder Verdiensten zu suchen. Auf diese Weise verbinden wir uns ...

Ich bitte dich, grüble nicht über diese Worte nach. Nur durch das Vertrauen in die Richtigkeit und Stimmigkeit des Lebendigen im Herzen aller Dinge kannst du ihre Wahrheit bis ins Leibliche hinein verinnerlichen.

Sieh dir an, wie diese Welt lebt ... Sie macht Kummer oder Glück davon abhängig, was sie für richtig oder falsch hält, wovon sie glaubt, es solle sein oder nicht sein. Sie kümmert sich wenig darum, was die Göttliche Gerechtigkeit ihr auf den Weg mitgibt. Mit der Weisheit, der ihr Schicksal unterworfen ist, kann sie nichts anfangen. Sie kämpft lieber in jedem Moment, um ihre eigene Ordnung der Dinge. Und so leidet sie, indem sie sich von der liebenden Notwendigkeit abschneidet, sich der Quelle rückhaltlos hinzugeben.

Sich dem Willen des Vaters allen Lebens zu überlassen, darin liegt letztlich die wahre Herausforderung dieser Welt, Miriam!

Der einzige Aufstand, der den Namen 'Revolution' verdient, ist der gegen den Bruch, denn was den Menschen buckeln lässt und knechtet, ist seine Trennung von meinem Vater.

Aus der Notwendigkeit heraus, welche die Liebe drängt, Form und Gestalt zu gewinnen, bin ich gekommen, um die wahre Herausforderung und die Revolution aus dir herauszuholen. Verstehst du das?"

Ich verstand schon ... doch fühlte ich mich dessen noch immer so wenig würdig! In Migdel hatte der Meister mir gesagt, dass Er die Befreite in mir suchte.

Aber befreit wovon? Sicher, ich hatte seit meiner Flucht von Saul recht eigenwillig gelebt, doch hatte mein Aufstand sich allein auf die Gesetze der Menschen bezogen. Für mich selbst ... hatte ich noch immer nur meine Ängste, Vorurteile und meine Wut, also meine alten Reflexe des Überlebens. All das war nur allzu menschlich.

Natürlich sagte ich an diesem Abend und in der Nacht zu meinem Mann nichts mehr von der Unwürdigkeit, die ich noch immer verspürte.

Auf seinen Wunsch setzten wir uns einander gegenüber, die Gesichter einander zugewandt, hier, in dem kleinen, erdfarbenen Zimmer, in dem wir unsere ersten Stunden als Paar verbringen sollten. Der Boden war dicht mit dicken Teppichen aus roter Wolle bedeckt. Auf eine Wand war mit Kalk ein großer, achtstrahliger Stern gemalt, jener Stern, der unser Volk stets begleitete. Er schien im warmen Licht der Öllampen zu tanzen, die überall verteilt waren.

Draußen hörte man noch lange die Gesänge zu Ehren unserer Hochzeit. Sie gingen weiter bis tief in die Nacht, als sich schon längst die Dunkelheit auf unsere gemeinsame Liebe gesenkt hatte.

Als ich am nächsten Morgen durch die Augenlider blinzelte, war der Meister schon aufgestanden. Ein heller Sonnenstrahl drang durch die halb geöffnete Tür und dort sah ich seinen Umriss kniend auf dem Boden der Terrasse vor unserem Gemach. Er betete und machte im Licht Bewegungen, von denen ich nichts verstand."

An dieser Stelle unterbricht Miriam abrupt ihren Bericht. Sie scheint nach Luft zu ringen. Ich nehme ihre Hand, Jakobea drückt meine.

So bilden wir eine offen Kette, eine Kette aus drei Ringen, kommt mir in den Sinn.

Wie ist es ihnen nur gelungen, sich auf so natürliche Weise zu finden, ohne dass etwas von dem, was sie geschmiedet und ihre Verbindung gestiftet hat, mit der Zeit schwächer geworden wäre. Und was ist bloß mit den anderen geschehen? Eliazar, Judas, Simon, Thomas, Batseba ... Dieser Gedanke lässt mich nicht los.

“Also komm! ...”, ruft Miriam und atmet plötzlich durch, laut, aus vollen Lungen. “Komm schon, ... wir wollen doch nicht in Nostalgie verfallen! Es fehlte nicht viel, so wäre ich mir selbst in die Falle gegangen.

Schaut mal und hört gut zu, meine Freundinnen ... Ihr seht und spürt ja genau, dass Er mitten unter uns ist ... Wenn unsere Erinnerungen so wunderbar lebhaft sind, dann weil Er ihr Feuer anfacht.”

“Meine Schwester ...”, murmelt Jakobea und streckt ihren Rücken, der langsam müde wird. “Meine Schwester ... du sagst immer so einfach ‘der Meister’, wenn du von Jeshua sprichst. Aber du warst doch von dieser Nacht an seine Ehefrau.”

“Ja, das war ich von da an, aber ... auf eine seltsame Weise. Ich war es, wie eine Priesterin, die sich dem Göttlichen hingibt. Ich meine ... ohne das Gefühl, Ihn mir anzueignen, ohne die Begierde oder das Bedürfnis Ihn zu besitzen.

Etwas anderes wäre mit Jeshua unmöglich gewesen, verstehst du, versteht ihr? Wie könnte man sich der Sonne schenken und zugleich sagen: “Sie gehört mir?”

Er hat es mir immer wieder gesagt: Durch mich vermählte Er sich mit allen Frauen. Das erscheint euch vielleicht unfassbar, doch Es gelang Ihm, weil Er die Essenz oder das Prinzip der Frau in mir berührte.

Am Anfang konnte ich nichts weiter tun, als Vertrauen zu haben, wie Er es von mir verlangte und dann, nach und nach, lernte ich, es Ihm gleichzutun.

Mein Vermählter wurde der Priester, der in dem Tempel zelebrierte, den Er durch die Art und Größe seiner Liebe aus mir machte.

Ihr wisst ja, dass Er mich nicht nur geistig und seelisch geliebt hat, sondern auch körperlich, weil der Körper in seinen Augen das notwendige Werkzeug der Heilung, das Instrument der Versöhnung war ... im Gegensatz zu allem, was man uns immer einreden wollte.

Eines Tages sagte ich zum Meister: "Ich bin nur eine Frau und ich sehe, welche Kraft der geistige Atem hat, den du mir zuteilwerden lässt, mit jeder Geste, mit der du mich berührst, aber auch durch die geheimnisvolle Lehre, die darin enthalten ist.

Ja, ich bin nur eine Frau. Ich betrachte meine Hände, meine Arme, meine Beine, meinen Bauch und meine ganze Haut und denke, dass all das sehr zart und zerbrechlich ist und so wenig dem Bild dessen entspricht, was du gerne hättest ..."

Da antwortete Er mir:

"Glaubst du etwa noch immer, dass alles Fleischliche schmutzig ist? Glaubst Du etwa wirklich, es sei die unterste Stufe der Schöpfung meines Vaters? Ich sage dir, es gibt keine mit dem Körper verbundene Unreinheit außer der, die Mann und Frau ihm in ihrer Freiheit und Unwissenheit zuschreiben möchten.

Wer auf dem Vorplatz eines Tempels stehen bleibt, oder nur zwischen seinen Säulen spazieren geht, ahnt nichts von der Funktion und dem Mysterium seines Naos. Er kehrt dem Allerheiligsten, das doch der Daseinsgrund des Tempels ist, den Rücken.

Was ich dich über das Strömen des geistigen Atems in dir lehre, hat zum Ziel, dir deinen eigenen Altar zu enthüllen. Es ist der Ort, an dem die Frau zur Frau wird, wo sie weder besessen wird noch besitzt, weder Eigentum noch Eigentümerin ist. Die Vorstellung, dass Satan im Körper haust, ist sehr hartnäckig. Solange sie fortbesteht, ist eine Versöhnung unmöglich."

Nun ja, und so sah ich zwangsläufig zuerst den Meister in Jeshua, bevor ich in Ihm meinen Mann sah. Er brachte mir sofort bei, nicht auf dem Vorplatz des Tempels zu bleiben, sondern in seinem Naos heiligen Dienst zu tun. Alle Frauen zugleich zu werden, bedeutete für Ihn, ebenso wie gleichzeitig alle Männer zu werden, sich im Allerheiligsten des Tempels zu befinden. Das war und ist der Schlüssel zu allen Räumen unseres Seins. So lernte ich, viele zu sein und meine Wurzeln und meinen Stamm als unverzichtbar für meine Blätter anzuerkennen ... wie auch für die Früchte, die ich einmal tragen würde.

Es war nicht leicht. Das muss ich euch gestehen, meine Schwestern.

Meine Faust war geballt, stärker, als ich dachte und mein Bedürfnis nach Kontrolle und Besitz lebendiger, als ich mir vorgestellt hatte ... Auch meine Reaktionen waren manchmal heftiger, als mir lieb war!

Noch mehr als die Männer legten es ja gerade Frauen darauf an, möglichst lange in der Nähe des Meisters zu bleiben, wie ihr wisst, und wandten dabei alle möglichen Tricks und Listen an ...

Das war am Anfang unseres gemeinsamen Lebens, als wir durch das Land zogen und sich sein Wort wie ein Lauffeuer verbreitete. Eines Tages warf ich Ihm vor, Er würde meiner Meinung nach allzu viele Frauen in seiner Nähe dulden. Er antwortete mir kurz aber bestimmt: "Urteile nicht über die Kraft, die sich aus meinem Leib nach allen Seiten verströmt. Sie ist rein. Richte nichts an mir, denn das Feuer dämmt seine Flammen nicht ein. Meines verbrennt den, der verbrannt werden muss und wärmt, was zu Eis erstarrt ist. Du bist meine Liebste, also lass mich dorthin gehen, wo Ich sein muss ..."

Da schämte ich mich meiner Reaktion. Ich konnte Ihn schließlich nicht kleiner machen, als Er war und selbst wenn Er eingewilligt hätte, sich rein menschlichen Maßstäben anzupassen, wäre ich dadurch nur selbst kleiner geworden.

Und so verstand ich, dass ein Wesen, das uns zwingt, größer zu werden und über uns hinauszuwachsen, gewiss ein Bote des Göttlichen ist.

Oft bete ich, wenn ich alleine bin, die Gabe erlernen zu dürfen, die Herzen der anderen größer zu machen. Ist das anmaßend? Vielleicht ... doch mir scheint, man kann auch eine edle Herausforderung darin sehen, das ist wohl nicht verboten. Sich darum zu bemühen, auf dem Weg des anderen einen Unterschied darzustellen ... Ist das nicht genau, was Jeshua uns durch das, was Er in uns zurückgelassen hat, in jedem Augenblick aufs Neue lehrt?"

"Miriam, meine Schwester", sage ich, "wie kannst gerade du, die du stets in seiner Nähe warst, bestimmen, was Er von Sich in uns zurückgelassen hat?

Wenn ich mit Jakobea in den Dörfern der Umgebung herumziehe, fällt es mir oft schwer, weiterzugeben, was Er uns mitgeteilt hat. Dann höre ich oft: "Erzähl uns doch noch eine von seinen Geschichten ... Wie war Er denn? Und was hat euch veranlasst, eine so weite Reise zu unternehmen?"

Solche Fragen sind mir peinlich. Ich ringe dann nach Worten, um auszudrücken, was ich empfangen habe, doch wenn ich glaube, welche gefunden zu haben, spüre ich, dass sie nicht so aufgefasst werden, wie ich dachte ... Im Grunde ist es das Mysterium des Meisters, das ich nicht ausdrücken kann ..."

"Das wird dir vermutlich auch nie gelingen", gibt Miriam mir zur Antwort, "denn die heiligsten Wahrheiten sind nicht dazu bestimmt, ausgesprochen zu werden. Man kann sie nur in den Wind streuen, ihre Saat verbreiten, sie also andeuten. Jeder fängt einen Samen davon auf, so wie er eben kann - oder auch nicht - und pflanzt ihn auf seine Weise ein, wo es einen Platz dafür in seinem Inneren gibt.

Und so besteht unsere Aufgabe darin, siehst du, in den Herzen der Menschen, die wir treffen, zunächst einmal ein wenig Raum zu schaffen. Ganz bescheiden. Wenn jemand feststellt, dass es in seinem Herzen und seiner Wahrnehmung viel Raum gibt, ist alles möglich.

Was hat der Meister denn getan? Er versuchte eben gerade, Freiräume in unserem Inneren zu schaffen. Es ist vor allem diese Fähigkeit, die Er von sich an uns weitergegeben hat ... Die Fähigkeit, in jedem die Offenbarung eines wahren Raumes für das Göttliche auszubilden. Den anderen ganz intim spüren lassen, dass das Göttliche nicht außerhalb von ihm ist, sondern ein Keim, der in seinem Herzen liegt ... Das ist unsere Mission. Darin liegt die Gewissheit und die Kraft dessen, was Jeshua von Sich in uns zurückgelassen hat. Ist das nicht wunderbar?

Es ist das Glück, sagen zu können: "Glaubt das nicht ... seid es! Empfindet Freude dabei, zu lernen, die Anwesenheit des Lichtes in euch zu berühren. Lasst sie aufsteigen, lebt sie ..."

Auch ich habe mich oft gefragt, wie ich das Geheimnis dessen, was wir bekommen haben aussprechen soll. Auf diese Frage habe ich nie eine andere Antwort gefunden als die Kunst, Bilder entstehen zu lassen. Eine reine Ansammlung von Worten ist steril und leblos.

Bemüht euch also darum, meine Schwestern, durch die Worte, die euch wohl doch einfallen werden, Bilder entstehen zu lassen. Schafft Farben und Düfte mit diesen Bildern, also eine lebendige Sprache. Eure Wahrheit wird sie zum Leben erwecken ... Was wirkt, kann immer nur das sein, was ihr selbst, jeder auf seine Art, vom Meister verstanden habt. Seid nicht überrascht ... denn jede von uns wird etwas anderes von Ihm verstanden und bekommen haben. Er wollte es so, denn das Göttliche lässt sich nicht in ein paar Definitionen pressen. Man spürt Es und dann versucht man Es den anderen spüren zu lassen. Der Meister hat so viele Gesichter, wie es Menschen gibt, gab und geben wird ...

Darum ist und bleibt Er der Meister."

Kapitel 10

Die sieben Dämonen

Es wird schon bald Tag ... Über der kleinen Düne, in deren Schutz unser Unterschlupf liegt, wird der Himmel heller. Kann das sein? Es hat wirklich keine Bedeutung mehr, dass die Zeit verstreicht, seit Miriam zu uns gekommen ist. Wir dachten, indem wir unsere Erinnerungen zusammentragen, würden wir mit der Zeit spielen, aber sie spielt auch mit uns.

Miriam schaut ebenfalls zum Himmel. Er wird über der Wellenlinie des Sandes allmählich heller und ich glaube, deshalb hört sie nun auf zu erzählen. Ob sie auf die nächste Nacht warten will?

"Meine Schwestern", sagt sie und richtet ihren Schal, der sie vor dem aufkommenden Wind schützt. Ich muss euch gestehen, dass ich eigentlich kein Nachtmensch bin. Wenn ihr erlaubt, möchte ich von der Abmachung abweichen, uns nur im Schutz der Dunkelheit unseren Erinnerungen hinzugeben. Ich liebe es, zu sehen, wie die Sonne aufgeht. Sie gibt mir heute Morgen bestimmt noch mehr Kraft als sonst, mich zu erinnern und zu sprechen. Meint ihr, ihr könnt mir noch folgen?

Unsere Blicke treffen sich ... und zeigen unser Einverständnis. Wie könnten Jakobea und ich hinauszögern wollen, zu hören, was uns so viel geistige Nahrung gibt. Eben noch wurde ich von Miriams Worten gewiegt und wachgerüttelt. Dabei hatte ich fast das Gefühl, Jeshua selbst würde zu uns sprechen.

Wenn unsere Schwester erzählt, geht es nicht nur um die Worte, die wir aufnehmen. Es spielt sich alles in einem höheren Bereich ab. Es ist, als sei im Laufe der Jahre ein Teil der Kraft des Meisters auch körperlich in ihr verankert worden.

Ich entdecke Miriam gerade ganz neu ... und lauere auf das Leuchten ihres Blicks und auf die Bewegungen ihrer Lippen, bereit, lebendige Bilder zu entfachen ...

"Ich erinnere mich, dass ich mich bis zum Tag nach unserer Hochzeit eigentlich nie gefragt hatte, wie mein Leben an der Seite des Meisters überhaupt aussehen würde. Natürlich wusste ich, dass Er viel reiste, um das zu lehren, was Er ganz einfach "das Geheimnis des Herzens" nannte. Er hatte mir auch gesagt, dass Er so viel wie möglich an den Ufern des Sees unterwegs sein wolle. Er liebte die Menschen und die Farbe des Himmels in dieser Gegend.

Das waren schöne Aussichten für mich, und auch etwas ganz Selbstverständliches, war es doch die einzige Gegend, die ich gut kannte. Die Ufer des Sees - das war zunächst einmal mein Haus in Migdel. Von nun an würde ich dort erhobenen Hauptes leben können, als Frau eines Rabbis ... Das war eine kleine Revanche denen gegenüber, die mit dem Finger auf mich gezeigt hatten, wie auf eine seelisch Aussätzige. Ein Rabbi, selbst wenn Er in den Augen von einigen Leuten aufgrund seiner Freizügigkeit leicht suspekt war, war doch noch immer ein Rabbi ...

Und außerdem ... wenn Jeshua mich an seiner Seite akzeptierte, würde es nicht schwer sein. Das machte mich nur umso glücklicher.

Die Anforderungen, die von seiner inneren Sonne ausgingen, hatten meine Seele vom ersten Moment an völlig verändert. Einem solchen Anspruch war ich bereit, alles zu geben, damit er sein Werk vollbringen konnte. Doch wie gesagt, es war alles so schnell und so leicht gegangen, dass mir die Dimension des Gebirges, das ich erklimmen musste, nicht bewusst war.

Alles, was ich erahnte, war eine gewisse Sanftheit, versteht ihr?

Sie war das Einzige, was ich mit den 'Ufern das Sees' in Verbindung brachte, selbst wenn ich an diesen umherziehen musste.

Von der Quelle zu trinken, die meinem Leben wieder Sinn gab, das war ... mehr als ich je zu hoffen gewagt hatte.

Und so war ich fast drei Monate lang von Stolz erfüllt und blickte mit Befriedigung auf mich selbst, das muss ich euch eingestehen.

Freilich war mir ständig bewusst, dass ich an der Seite meines Mannes klein und unwissend war. Doch hatte nicht der Ewige über unsere Verbindung entschieden, wie Jeshua mir versicherte und würde ich für Ihn nicht alle Frauen zugleich sein?

So verstand ich die Dinge auf meine Weise, wie ich eben konnte. Die Intensität dessen, was ich bekam, stand ja nicht gerade im Widerspruch zu den Erwartungen, die ich hegte. Man nennt das ... Eitelkeit, glaube ich.

Natürlich, das ist euch gewiss klar, dauerte es nicht lange, bis mir dämmerte, dass nicht alles so ablaufen würde, wie ich es mir in meinem Kopf so schön ausgemalt hatte.

Der Meister brachte meine Vorstellungen bald in einer Weise durcheinander, die ich niemals hätte voraussehen können.

Es hatte mich ein Mann in seinen Bann geschlagen, der gewiss mehr als nur ein Mann war. Dann hatte ich einen Rabbi geheiratet, von dem ich bald merkte, dass er mehr als ein Rabbi war und schließlich ... hatte ich all das fast wieder vergessen. Wenn man mit jemandem den Alltag teilt, geht man oft darin unter. Und das geschah, als ich merkte, dass der 'Ozean an Weisheit', den ich geheiratet hatte, Flecken in sein Gewand machen oder seine Sandalen zerreißen konnte, genau wie jeder andere Mann auch. Also wusch ich Jeshuas Kleider und reparierte geschickt seine Sandalen, wie es sich gehörte.

In den ersten Wochen sah ich darin eine Gnade. Ich sah mich im Dienste des Göttlichen, das in Ihm lebte. Doch wurde ich aufgrund mangelnder geistiger Klarheit meines 'Privilegs' bald überdrüssig, - um es einmal so auszudrücken, wie ich andere Frauen darüber reden hörte. So wurde aus dem Privileg eine Arbeit, die mir schließlich schwer und lästig vorkam und auf die ich gerne verzichtet hätte. Mir schien, ich hätte etwas Besseres verdient. Mein Stolz verbarg mir das Wesentliche, er machte mich blind ...

Das bemerkte der Meister bald auch.

Eines Morgens, als ich gerade anfangen wollte, sein Gewand auf dem großen, glatten Stein am Wasser, den ich stets dazu benutze, zu waschen, hielt Er meine Hand mit einem kräftigen Griff fest.

"Gib das mir, werte Frau", sagte Er ganz ruhig. "Von nun an werde ich meine schmutzigen Kleider selbst waschen. Mein Kleid gehört zur Ordnung meines Körpers. Es ist an mir, mich selbst darum zu kümmern."

Ich wollte natürlich widersprechen, tief irritiert darüber, dass Er mich so durchschaut hatte, aber Er blieb bei seiner Entscheidung. Ihr wisst ja, wie Er war ... Jeder Versuch sich Ihm zu widersetzen, war sinnlos.

Jeshua ging mit seinem Gewand fort und ich dachte, Er würde es eben später waschen. Nun schämte ich mich, dass ich mich zu solchen Gedanken hatte hinreißen lassen.

An diese scheinbar unbedeutende Geschichte erinnere ich mich vor allem deswegen, weil ich in all den Jahren, in denen mir die Gnade zuteilwurde, Tag für Tag mit dem Meister zu leben, Ihn niemals ein Kleidungsstück habe waschen sehen, obwohl seine Garderobe stets aus makellos reinem Leinen bestand.

Zuerst dachte ich, ziemlich beschämt, dass eine andere Frau, eine einfachere als ich, die Aufgabe übernommen hatte. Ich fragte überall herum, um letztlich festzustellen, dass ich mich irrte.

Eines Tages gingen wir alle nach einem starken Regen hinter Ihm her. Wir verließen gerade Kapernaum, als ein berittener Römer uns im Galopp überholte und dabei von oben bis unten mit Schmutz bespritzte. Mir fiel sofort auf, dass auch Kleid und Mantel meines Gatten nicht verschont geblieben waren. Wie die meisten von uns fluchte ich reflexartig hinter dem Römer her, der schon weit weg war. Jeshua, der direkt vor mir ging, drehte sich daraufhin um, sah mich an und begann zu lachen.

"Warum lachst du? Das muss alles gewaschen werden ... Diesmal werde ich es tun", sagte ich leicht irritiert zu Ihm.

"Das ist nicht nötig, Miriam. Es gibt viel wichtigere Dinge, um die du dich kümmern musst."

Da schaute ich noch einmal auf die zahlreichen Schmutzflecken, mit denen seine Kleidung übersät war. Wo waren sie hin? Ich sah sie nicht mehr ... Ich bat Jeshua, stehen zu bleiben und suchte zwischen den Falten des Stoffes nach ihnen ... bis ich einsehen musste, dass sie spurlos verschwunden waren.

Zunächst sagte ich nichts, aber mein Herz begann heftig zu klopfen. Es war, als wolle Er mir den Befehl erteilen, aufzuwachen oder die Augen zu öffnen.

Da flüsterte der Meister mir ins Ohr: "Ich habe dir ja gesagt, meine liebe Frau, meine Kleidung gehört der Ordnung meines Körpers an. Beide dienen meinem Vater und sind Werkzeuge nach seinem Willen."

Mehr brauchte Er nicht zu sagen. Ich hatte die Lektion, die Er mir erteilte, längst verstanden. Selbstverständlich gehorchte Ihm die Materie und Er nutzte sie, um seinen Absichten entsprechend zu lehren. Jeshua hatte mich nicht von Anfang an davon entbinden wollen, seine Kleider zu waschen, damit mir der Schandfleck meines Stolzes auf die eine oder andere Weise ins Auge springen sollte.

Erst im letzten Monat vor seiner Verhaftung bat Er mich wieder, seine Kleidung zu reinigen. Da erfüllte es mich mit unaussprechlichem Glück.

Zwar wagte ich nicht, daraus Schlüsse zu ziehen, hoffte aber doch, dass sich etwas in meinem Inneren bewegt hatte und dies Seine Art war, es mir mitzuteilen.

Anfangs, bevor ihr kamt, war ich nicht immer dabei, wenn Er durchs Land zog, davon habt ihr bestimmt gehört.

Ich hatte zuweilen das Gefühl, dass sein ständiges Lehren mir etwas von der Freiheit raubte, die ich mir in vielen Jahren Schritt für Schritt mühsam erarbeitet hatte. So zog ich mich, unter dem Vorwand, mich um meine Pflanzen kümmern zu müssen, nach Migdel zurück.

Auf Markus konnte ich mich bald nicht mehr herausreden. Er war auf einmal so selbstständig und klug geworden und hielt sich so wie oft wie möglich im Umkreis des Meisters auf. Auch in diesem Punkt wurde mein Stolz auf die Probe gestellt. Woher kam bloß mein Widerstand?

Mir war völlig klar, dass ich einen Mann geheiratet hatte, den einige bereits für einen Propheten hielten. Davon war ich begeistert und dem Allmächtigen auch dankbar dafür. Doch etwas in mir sträubte sich immer wieder dagegen. Das entzog sich meiner Kontrolle.

Es fiel mir schwer, in einer Gruppe zu leben und mich stets voll und ganz Jeshuas Entscheidungen zu unterwerfen, die sich manchmal von einer Stunde auf die andere änderten ...

Also lehnte ich mich auf, warf es mir aber gleich wieder vor und versuchte dann an seiner Seite zu beten, um mich von meinem Starrsinn reinzuwaschen.

Eines Nachts, als wir in der Nähe von Bethsaida mit ein paar Schäfern im Zelt schliefen, wurde ich plötzlich von Angst gepackt. Ich weckte meinen Mann. Er verstand sofort, dass ich das Bedürfnis hatte, mit Ihm zu sprechen und schlug vor, im Mondlicht ein paar Schritte zu gehen. Da öffnete ich Ihm so gut ich konnte meine Seele.

Natürlich hatte Er längst alles darin gelesen! Er kannte mein Feuer und seine Widersprüchlichkeiten. Schließlich setzten wir uns auf einen alten Baumstumpf und da bat Er mich, ihm genau zuzuhören.

“Meine kleine Schwester, Miriam ... Der Vater hat mir vom ersten Tag an alle Winkel Deiner Seele gezeigt. Ich habe dich für all das geheiratet, was du fähig bist, dem Leben zu geben, das weißt du ... Was du vielleicht noch nicht weißt ist, was das alles beinhaltet.

Wie jedes menschliche Wesen bist du ein Universum. Du hast deine Sonnen, deine Monde, deine Sterne und ihre Konstellationen. Jedes der Gestirne, aus denen du gemacht bist, hat seine Geschichte, die sich im Dunkel der Zeiten verliert. Und so liegen in dir Tausende und Abertausende von Erinnerungen verborgen, ein Ozean an Geheimnissen, von dem du nicht einmal weißt, dass es ihn gibt. Er ist die Quelle deiner inneren Reichtümer ... aber auch deiner Leiden. Diese haben sich angehäuft, weißt du, und an deinen inneren Stränden Riffe gebildet. Das sind Unebenheiten, die für dich meist gesichtslos bleiben und deren Ursprung du nicht fassen kannst.

Damit du alle Frauen zugleich sein kannst, werde ich sie für dich wahrnehmbar machen. Dann kannst du ihnen ins Gesicht sehen und sie auflösen ... Doch ich werde das nur tun, wenn ich die Zustimmung deines Herzens bekomme, denn Klarheit kann man niemandem aufzwingen. Man lädt sie gleichsam aus der eigenen Mitte heraus ein, wenn man bereit ist, sich selbst zu erkennen und sich rückhaltlos hinzugeben ... In Wahrheit aber sollst du nicht einfach aus einer momentanen Regung des Herzens heraus zustimmen ... Denn alles was existiert, muss, bevor es zum Rubinrot erhoben wird, durch die Schwärze des Verglühens gehen. Damit die Seele den Geist in sich erkennt, muss sie zunächst ihren eigenen Zerfall vor Augen haben."

"Oh, Rabouni ... du kündigst mir also die Zerstörung meiner Seele an? Ich bin heute schon am Tiefpunkt meiner Kräfte. Warum zeigst du mir da eine solche Schwelle, die ich überschreiten soll? Genügt es nicht, wenn meine Weisheit täglich etwas größer wird, indem ich Tag für Tag deine Worte ein wenig besser verstehe?

Bin ich denn so unrein, dass du von der Vernichtung meiner Seele sprechen musst?"

Ihr könnt mir glauben, meine Schwestern, ich fühlte mich wirklich vernichtet. Nichts schien mehr Sinn zu haben. Ich besaß alles, um die glücklichste, am meisten gesegnete Frau zu sein ... und nun stand ich am Rande des Abgrunds.

Das Licht, das mir verheißen war, schickte mich, ohne dass ich die Ursache erkennen konnte, zurück in einen mysteriösen, dunklen Raum in mir selbst. Ich sah mich schon darin versinken. Aber in Wahrheit hatte die Arbeit bereits begonnen ...

Auf Schlamm lässt sich nicht bauen ... niemals! Darum werden jene, von denen Gott am meisten erwartet, oft bis an die Grenzen ihres Widerstandes geprüft. Aus diesem Grund fallen sie auch oft vom Glauben ab und verleugnen am Ende den Ewigen. Sie müssen ja nicht nur ihre Gewissheiten und Lieblingsvorstellungen verlernen, sondern gerade auch das, was sie zu sein glauben.

So ging es auch mir in dieser Stunde, als der Boden unter mir ins Wanken geriet, nachdem der Meister vom Zerfall meiner Seele gesprochen hatte. Ich befand mich in diesem Zustand der Auflösung, so lange Er schwieg. Es kam mir unendlich grausam vor, denn ich war weit davon entfernt zu verstehen, was für mich inzwischen ganz selbstverständlich ist ... nämlich, dass es Stunden im Leben gibt, in denen man das Gefühl des Untergangs und der Verzweiflung erleben muss, um sie zu überwinden und aus sich selbst neue Kraft und neuen Lebensodem zu schöpfen.

Es war wie eine Wand. Ich konnte es weder akzeptieren noch verstehen. Doch dann ereignete sich ein Moment des völligen Loslassens, als sei eine Schale, die mich umschlossen hatte, zerbrochen.

Jeshua muss es sofort bemerkt haben. Es war genau das Zeichen meiner Seele, auf das Er gewartet hatte, denn sogleich nahm Er meine Hand in seine.

“Siehst du, meine Liebste, in jedem menschlichen Wesen schlummern ‘gefrorene Erinnerungen’. Sie gleichen unbewussten Gedanken, die im Unsichtbaren kreisen. Es sind eine Art Schlacken, die von Anbeginn in jedem von uns eine Art hinterhältiges Eigenleben führen. Du kannst dir das vorstellen wie Schmutz, der sich Tag für Tag unter deinen Fingernägeln ansammelt, den du aber nicht einmal siehst, weil dir der rechte Blick dafür fehlt. Ich meine nicht die Irrtümer und Fehler, die aus alten Zeiten stammen, aus anderen Inkarnationen. An ihnen arbeitet jeder unvermeidlich, um ihre Last leichter zu machen.

Ich spreche vom Keim, der diese Irrtümer ausgelöst hat. Er hat sieben Gesichter, die er wie sieben Masken trägt und diese halten die Trennung aufrecht. Und es sind auch die sieben Welten, die jede Seele über lange Zeiträume hinweg besucht. Hab keine Angst ... ich halte so deine Hand, weil ich dich durch das führen möchte, was von ihnen in dir übrig ist. Es geht darum, die letzten Reste davon aufzulösen, denn sie zwingen dich, eh du es bemerkst, zu unnötigen Ängsten und ermüdenden Gesten des Kampfes.”

“Rabouni ...”, höre ich mich noch leise zu Ihm sagen, während ich meinen Kopf an seine Schulter legte, “Rabouni ... wirst du mich heilen?”

"Ich werde dich dir zurückgeben ... und du wirst selbst über die Kraft entscheiden, die du deiner neuen Freiheit geben willst. Du wirst danach verlangen, die Frau in dir zu ergreifen.

Also in Wahrheit werde ich ab morgen sieben Dämonen aus dir austreiben ..."

Ich fuhr erschrocken zusammen, das könnt ihr euch ja vorstellen, meine Schwestern ...

"Es gibt sieben Dämonen in mir, Meister?"

"Wie in jedem menschlichen Wesen, Miriam ... aber nicht so, wie du dir das vorstellst. Die sieben Dämonen, die ich meine, sind die Reste von sieben Arten des Leidens. Es sind die Spuren der sieben inneren Welten, die dein Bewusstsein im Verlauf seines Lebens durchquert hat. Sieben 'gefrorene Erinnerungen', die deine Seele daran hindern, sich aufzulösen, um deinem Geist Platz zu machen."

Genau wie ihr, meine Freundinnen, hatte ich kaum eine Vorstellung davon, wie gefrorenes Wasser aussah. Ganz selten einmal hatte ich es mit den Fingerspitzen berührt ... Dennoch war das Bild der 'gefrorenen Erinnerung' sprechend für mich. Ja ... ich spürte, dass da 'gefrorene Erinnerungen' waren, in meinem Kopf, in meinem Herzen und auch in meinem Körper! Sie kamen manchmal hoch wie alte Spannungen und Überlebensreflexe aus der Tiefe der Zeiten ... unkontrollierbare Reminiszenzen der einst, in uralten Zeiten durchquerten Gebiete.

"Möchtest du die Namen der sieben Dämonen wissen?"

Ich sagte 'ja' ohne zu zögern, überzeugt, dass ich nun endlich wieder Luft bekommen würden.

"Der erste heißt 'Finsternis', der zweite 'Begehren'. Dann kommt 'Unwissenheit', gefolgt von 'Gift der Macht', der fünfte heißt 'Gefängnis des Leibes', der sechste 'trunkene Weisheit' und der siebte 'Zorn der Weisheit'.

Nur der erste ist eine Art Schlafzustand. Er ist am hinterhältigsten. Ihn zu durchlaufen dauert am längsten. Es ist eine endlose Ebene. Du wirst sie mit mir gemeinsam wieder durchleben ... bis an den Übergang zur zweiten Pforte der Seele, denn mit dem Auftreten des Dämons der Begierde beginnt der Aufstieg und du wirst den Sinn all dessen begreifen ..."

"Hattest du keine Angst, Miriam?", meint Jakobea plötzlich, ganz verblüfft von einer so langen Liste beunruhigender Namen. "Ich habe den Meister niemals über derartige Dinge sprechen hören ..."

"Ja, ich hatte Angst ... doch es war eine ... ermutigende Angst! Ich meine, auf einmal sah ich eine unverhoffte Lösung für meine inneren Kämpfe und die Widersprüche, die in den Tiefen meines Wesens seit meiner Verbindung mit Jeshua aufgetaucht waren.

Es ist nicht schlimm, Angst zu haben, wenn man weiß, dass sich alles ändern kann. Furchtbar ist doch vor allem die Angst, dass sich nichts bewegt oder - noch schlimmer - vor dem Gedanken zurückzuschrecken, dass sich etwas bewegen könnte ... und uns dazu bringt, uns zu verändern.

An Jeshuas Seite sieben Dämonen zu begegnen war eine Angst, mit der ich sofort umgehen konnte. Es war, wie mit einer Oase im Herzen die Wüste zu durchqueren."

Ich schaue mir Miriam an ... Sie sieht glücklich aus, in den ersten Strahlen der aufgehenden Sonne, die ihr sanft übers Gesicht streichen.

Ich sehe, wie gut es ihr tut, ihre Seele von allen Geheimnissen zu befreien. Der Tag verspricht schön zu werden. Über den Himmel zieht ein Schwarm Möwen. Wir heben die Köpfe ...

"Am nächsten Tag verließen wir gegen Abend das kleine Lager der Schäfer und die Gruppe der Leute, die dem Meister auf Schritt und Tritt folgten. Ich habe noch im Ohr, wie Thomas, Simon, Levi und die anderen ihre Enttäuschung zum Ausdruck brachten! Den ganzen Tag über hatten sie zugehört, wie Jeshua zu den Fischern und der immer größer werdenden Menge, die sich am Ufer des Sees drängte, sprach ... aber offensichtlich reichte es ihnen noch nicht. Das konnte ich gut verstehen. Auch mir war es noch nicht genug, selbst wenn ich immer wieder das Gefühl einer "Überfülle" erlebt hatte.

Vielleicht hätte ich eher einen Tag der Ruhe und des Schweigens gebraucht, als unmittelbar dem prallen Licht des Geistes ausgesetzt zu sein, denn als der Meister mich beiseitenahm, gingen mir noch so viele Worte durch den Kopf, dass ich mich fragte, ob ich in der Lage sein würde, den sieben Dämonen zu begegnen, die er aufgezählt hatte. Und so begann ich, aus einer Art innerer Kälte heraus, zu zittern ...

Unter dem langsam aufgehenden Mond, führte der Meister mich zu einem großen, flachen Stein, den Er zu kennen schien. Inmitten eines Tales lag er abseits aller Wege umsäumt von Lorbeer einsam da.

Sobald er, unter Gras und Kräutern fast vergraben, zum Vorschein kam, erklärte Jeshua mir, dass die Vorfahren unseres Volkes hier Gottesdienste abgehalten hatten.

"Du musst dich nun auf ihn legen, Miriam. Keine Angst ..."

Wie Jeshua es verlangte, legte ich mich auf den Stein, ohne Fragen zu stellen. Er war glatt, wie poliert und eigentümlich warm. Ich wollte nicht nachdenken ... so schloss ich sofort die Augen und gab mich ganz hin.

Am Rascheln seiner Schritte durchs Gebüsch und am Geräusch seines Atems hörte ich, dass der Meister sich neben meinen Kopf stellte. Er begann sogleich mit leiser Stimme rituelle Worte zu sprechen, die ich nicht verstand, weil sie nicht in unserer Sprache waren. Dann legte sich seine Hand sanft auf meine Stirn und sogleich fühlte ich, wie ich in einen Abgrund stürzte. Ich muss wohl aufgeschrien haben, glaube ich ... doch das Gefühl zu fallen hörte gleich wieder auf. Nun befand ich mich in einem unbestimmten Raum, in dem ich aufrecht zu stehen schien. Vor mir öffnete sich, wie eine Tür, ein großer Feuerkreis.

"Geh nach vorne ... Tritt durch die Flammen!"

Jeshuas Stimme war in mich eingedrungen und kam nun aus meinem Inneren. Ohne die geringste Angst hörte ich auf sie und hatte binnen eines kurzen Augenblicks das Flammentor durchschritten.

"Schau", fuhr sie fort ... "Das bist du, das ist deine Seele, als sie einst eine zeitlose Ebene ohne Horizont durchlief."

Vor mir wandte eine weibliche Gestalt mir den Rücken zu – doch es war zweifellos ich selbst. Ein Teil meines Blicks und meines Denkens waren in ihr. Anders kann ich es nicht sagen.

"Schau noch genauer hin ...", sagte die Stimme nun. "Siehst du all die Wiesen und Felder, all das Ackerland, das sich so unendlich um dich herum ausbreitet? Es liegen alle Farben darin und jede Farbe spiegelt eine Facette deiner Seele wieder, des Zustandes der Verführung, von dem du dich hast einkerkern lassen. Wie alle Wesen, die sich auf dem Weg zum Menschlichen befinden, wolltest du so viele Dinge ausprobieren. Das Freiheitsgefühl der Seele, die sich all der Rollen, die sie spielen und all der Gefühle, die sie haben kann, bewusst wird, ist ja so etwas Tolles!

Eine Vielzahl verschiedener Gelüste erblühen zu lassen, Leben um Leben hinter verschiedenen Masken zu verbringen, immer und immer weiter, bis ins Unendliche ... das ist faszinierend.

Sicher, manche tun weh ... doch man hängt an allem, sogar am Teufelskreis, in dem man gefangen ist ... an dem besonders!

Weil es eben unser Kreis ist, weil man nicht will, dass es irgendetwas anderes außer ihm gibt.

Seele von Miriam ... Du hast dies Gefängnis geliebt ... Du hast die Serie deiner sinnlosen Leben geliebt, weil der Schlafzustand "leicht zu leben" ist, weil Unwissenheit, die nicht weiß, dass sie Unwissenheit ist, bequem ist. Die Abwesenheit eines Horizonts kann selbst zu einem Horizont werden.

Wie Deinesgleichen hast du dich an die bloße Schwere der Dinge und Wesen gehalten, Miriams Seele. Endlose Zeiten lang hast du dich daran geklammert und dich dabei als Seele selbst verleugnet, Zeiten, die flach waren, wie diese Ebene, und hast dabei alle Nuancen der Bindung an Nichts durchlaufen ... an Nichts, außer an deine eigenen, von allem anderen abgeschnittenen Gedanken.

Doch in Wahrheit hast du die Freiheit gebraucht, dieses Gefängnis des Nichts zu durchlaufen und auch noch zu lieben, denn die Bindung an eine Gefangenschaft, die man sich erfindet, setzt einen großen und wichtigen Lernprozess in Gang:

Der Stolz bringt dem Sein bei, nur den Schatten zu sehen, den es auf den Boden wirft. Dieser Schatten ist die Trennung, eine Frucht der Freiheit. Das Lebendige in jedem Einzelnen muss sie unbedingt entdecken und bis zur Erschöpfung auspressen.

Du hast dich daran gelabt und satt gefressen, das kann ich dir sagen, bis hin zur Absurdität. Und so musste es auch sein. Das ging so lange, bis du doch einen Horizont entdeckt hast, den Horizont eines echten Begehrens, das weit über den engen Kreis wiederkehrender animalischer Gelüste hinausging. Es war die Begierde, etwas zu besitzen ... und den Schatten, den du trugst, größer zu machen.

Erinnere dich. Du hast also im Inneren deines Bewusstseins endlich einen Weg entworfen, und, mit vom Staub des Schlafes und der Trägheit noch randvollen Taschen, die Gitterstäbe deines

Gefängnisses aufgebogen. Nun musstest du in die Begierde eingeweiht werden ... So hast du ein zweites Feuertor entdeckt."

Die Stimme des Meisters verstummte in mir. Ich erinnere mich, dass ich nicht mehr wusste, wer ich war ... Vielleicht war ich einfach nur 'ich', verloren im Unendlichen, eine Seele auf ihrer Pilgerfahrt durch hunderttausend Leben oder aber die gesamte Menschheit am Anfang ihrer Irrfahrten.

Eines war jedoch sehr auffällig: Ich hatte die Finsternisse eingesogen, ich kannte sie: Kein Leid, weil es auch kein Begehren gab ... Nur so eine Art Erstarrung oder Taubheit, die aus der Abgeschnittenheit von allem entsteht ... Eine kriechende Kraft! Ich begriff und durchlebte, was davon noch in mir übrig war.

Doch auf einmal erschien das zweite Flammentor vor mir, oder eben vor dem, was ich glaubte zu sein.

"Geh durch!"

Ich durchschritt es mit Leichtigkeit und erlebte nicht Angst, sondern das nackte Begehren. Wie soll ich ausdrücken, was ich da erfuhr? Da war nichts, keine Umgebung, kein Mensch, nichts ... Nichts als ein grauenhaftes Gefühl des Mangels. Seltsamerweise hatte ich das Bedürfnis zu klettern. Es war, als müsse ich unbedingt irgendwo hinaufsteigen. Der Sog dieses Mangels wurde bald zu einem regelrechten Druck im Inneren dessen, was ich 'den Bauch meiner Seele' nennen würde.

Erneut glitt die Stimme des Meisters in meine Mitte.

"Schau noch genauer hin ... Siehst du nicht diese ganzen Gesichter? Sie kommen von überall her. Es sind die Masken deiner vergangenen Begierden ..."

Schon bald nahm ich sie wahr, all diese Masken. Manche waren schön, einige harmlos und unbedeutend, andere aber abscheulich, ganz fürchterlich. Es waren junge und alte Gesichter, sowohl von Männern, als auch von Frauen. Ich erkannte sie sogleich und nachdrücklich als 'meine'. Ja, ich hatte sie alle bewohnt, hatte sie gespielt, das war gewiss.

"Hör zu, Miriam. Wie auch immer ihr Lächeln sein mag, die Gier ist hässlich ... Und doch sollst du erkennen, dass sich hinter etwas Hässlichem ein Meister verbergen kann. Begehren ist nicht mehr schlafen. Es ist schon ein Schritt darüber hinaus, selbst wenn dieser wenig ruhmreich erscheinen mag. Die Masken und Welten der Gier bestehen darin, immer mehr zu begehren. Das soll dich nicht schockieren, denn ich sage dir, es ist notwendig, den Willen des Besitzens zu erlernen. Das Begehren, Besitz anzuhäufen, geht dem Begehren zu Sein zwangsläufig voraus.

Miriams Seele ... wie jede Seele hast du also lange Zeit deine Gier nach Besitz befriedigt ... Du hast Güter aller Art besessen, Ländereien, Schätze und Menschen. Auch Bewusstseinszustände hast du begehrt und sie dir zu eigen und nutzbar gemacht. All das, um dich ein bisschen mehr am Leben zu fühlen, dich stärker zu spüren, in der Hoffnung, dich nicht mehr so isoliert und leer zu fühlen, aber auch mit dem Willen, etwas in dir wachsen zu lassen.

Und wirklich hast du dies 'Etwas' wachsen lassen. Du hast innerlich einen Schritt gemacht. Du hast die Sackgasse ausgelotet, die in dem Reflex liegt, zu nehmen, dich zu bereichern und damit 'größer machen' zu wollen. Daher stellt die Welt des Begehrens nämlich auch eine immense Bewegung nach oben, zum Höheren, dar. Jede Seele muss lernen, der Welt zu danken, denn bevor sie in der Vielfalt und Fülle des Lichtes sein kann, muss sie in der Fülle der Materie das Haben erleben.

Miriams Seele, erkennst du in dir die letzten Spuren der Erinnerung an diesen Dämon und die Krallen, die er dir so oft verliehen hat?

Akzeptiere die Tugend, die er in dich gesät hat. Es ist das Bedürfnis aufzusteigen."

Ich war nicht mehr in meinem Körper, meine Schwestern, und doch wusste ich, dass ich am ganzen Körper zitterte.

Wie ein Klotz am Bein schien etwas an meiner Seele zu hängen. Waren da etwa noch Spuren von Begehren? Die Antwort schoss in mich wie ein Geistesblitz: Ich begehrte die absolute Liebe, nicht nur die eines Mannes, sondern die aller Wesen ... Es war eine Art krankhaftes Bedürfnis nach Anerkennung ... Das wurde mir so klar! Es war so offensichtlich, dass die Stimme zu mir sagte:

"Begehre dich selbst und geh weiter!"

Ich horchte in mich hinein, forschte mich aus ... und sah die Leere meiner Trennung von mir selbst. Ich enttarnte sie und ging weiter. Schon war ich dabei, ein drittes Feuertor zu durchschreiten. Ich spürte die Flammen. Sie besänftigten mich ... Und dann war ich in einem ganz blauen Raum. Ich war auf einem Meer und trieb auf den Wellen.

"Miriams Seele, betrachte nun die Welt der Unwissenheit. Die Unwissenheit ist nicht nur ein Meer, sie ist ein Ozean, so groß ist sie. Dieser Ozean empfängt gerne alle, die sich auf ihm treiben lassen wollen. Ja ... du hast richtig verstanden. Man navigiert hier nicht, man treibt bloß! Die Unwissenheit ist nicht der Ozean des Nicht-Wissens, sondern des Nicht-Wissen-Wollens. Sein wahrer Name ist 'umhegte Unwissenheit'. Auch er ist die Frucht einer Begierde, nämlich der, nichts mehr wissen zu wollen.

Und warum will man nicht mehr weiter wachsen? Aus ... Angst natürlich, kleine Seele ... aus Angst! Es ist die Angst, zu entdecken, wie tief man seit der Trennung gefallen ist, die Angst, das Ausmaß der Irrfahrt zu ermessen ...

Schau genau hin! Entdeckst du zwischen den Wellentälern und Wellenbergen dieses Ozeans nicht Holzstücke oder alle möglichen Pflanzenteile?

Es gibt unendlich viele davon, sie sind so zahlreich, wie die Sterne am Firmament. Es sind verschiedene menschliche Inkarnationen, deren verstreute Teile das Schiff, das sich bereits in ihnen abzeichnet, noch nicht wahrnehmen können.

Und ich sage dir, ein Teil von dir schwimmt noch unter ihnen. Du musst von seiner pflanzlichen Spur in dir genesen, denn es ist eine Spur der Unbeweglichkeit. Das Begehren, mit dem Strom zu schwimmen ... das ist die Krankheit der Welt der umhegten Unwissenheit.

Die begehrte und kultivierte Unwissenheit möchte ein Zufluchtsort sein. Sie geht den Weg des geringsten Widerstandes. Sie hat es so entschieden, denn eines weiß sie doch: Jede Anstrengung ist ein Willensakt, aus ihm entspringt der Funke des Leidens.

Miriams Seele, sieh dir an, was von dir noch auf der Oberfläche des Wassers der umhegten Unwissenheit treibt und befrei dich davon. Und dann sollst du nie wieder Angst haben, wenn du dich dem Kontinent der Wahrheit näherst.

Es ist die Wahrheit, die den 'Pflanzen' mit menschlichem Antlitz Angst einjagt. Indem du deine Furcht vor der Höhe des Falls überwindest, werden dir Flügel wachsen. Ich sage dir, wer der Trennung ins Auge blickt, ebnet sich den Weg zurück. Er stiftet die Vereinigung, weil sein Stolz sich erschöpft. Daher will er auch nicht mehr wissen, was er vorgab zu wissen, um zu echter Erkenntnis zu gelangen.

Seele von Miriam, kleine Schwester, verlass den Panzer deiner Ängste. Schreck nicht mehr davor zurück, deine Schwächen und deinen Stolz einzugestehen. Denn die schlimmste Ignoranz liegt im Fehlen von Mut und der Anhäufung eitlen Wissens. Das ist die Krankheit deiner Menschheit ... Heile sie in dir, gib dein

Schutzschild auf und durchschreite dein viertes Feuerportal! So wird der Dämon der umhegten Unwissenheit ausgebrannt ..."

Ich kann euch versichern, meine Freundinnen, das Wasser, auf dem ich die ganze Zeit hin- und hergeschaukelt worden war, begann zu sieden. Aus seinem verführerischen Blau stieg ein Dampf auf, der so dicht war, dass ich nichts mehr sah. Nichts! Außer da vorne, direkt vor den Augen meines Bewusstseins, die lodernden Flammen einer neuen Feuerschwelle. Ich erinnere mich, wie ich auf sie zuglitt und sie mit einem lauten Schrei durchschritt.

Nun befand ich mich ... auf den steilen Hängen eines Gebirges. Hier war alles leuchtend rot und schneidend wie Korallen. Ein blutrotes Dekor, in dem ich sofort von einem heftigen Drang erfasst wurde, der mir sagte: Nach oben, steig hinauf! Und so begann ich einen Aufstieg, ohne Hände, ohne Arme, ohne Füße oder Beine, ja sogar ohne Körper ... Ich war nur irgendetwas, das unbedingt auf alles hinaufklettern musste, waghalsig und furchtlos, um die Überlegenheit seiner Kraft zu beweisen. Es war unglaublich. Woher kam bloß dies alte, gebieterische Bedürfnis zu ... herrschen?

Innerlich rief ich aus Leibeskräften den Meister zu Hilfe, denn ich hatte meinen Willen aufzusteigen in keiner Weise im Griff, versteht ihr. Natürlich war Er keinen Moment von meiner Seite gewichen. Seine Stimme war da, 'im Inneren' ...

"Miriam, kleine Seele ... Nun bist du in der Welt des Dämons Gift-der-Eifersucht. Dieser Dämon frisst das Herz der 'Noch-Nicht-Menschlichen' und trocknet ihr Leben aus. Er ist furchterregend, denn er dringt überall ein wie Gift. Man kann ihn nur verjagen, wenn man seine List durchschaut hat. Spürst du seine letzten Spuren in dir? Sie sind subtil ... Man könnte sie für Brüder der Begierde halten, denn sie treiben einen voran, regen einen an, sich zu bewegen und immer mehr zu wollen ... Und doch sage ich dir, Gift-der-Eifersucht ist nicht dasselbe wie Begierde. Die Begierde ist kriecherisch, sie häuft immer mehr an ...

Er hingegen träumt ständig davon, aufzusteigen. Er will nicht etwa dicker werden, um sich seine Existenz zu beweisen. Im Gegenteil, um zu dominieren, reckt er sich immer weiter nach oben. Was ihn interessiert, ist Macht. Es ist der Raubvogel, der in jedem Wesen lauert. Erkenne die Reste seines Vogelkots in dir, Miriams Seele ... Hab keine Angst, dir einzugestehen, dass sie da sind. Mit ihrem Auswurf ist der Weg jedes Bewusstseins gesprenkelt, das die Erinnerung wiederfinden will ... aber noch immer nicht begriffen hat, dass Macht nicht Kraft ist.

Macht ist ein Taumel, ein Zustand der Trunkenheit, der von versteckter Not und Hilflosigkeit herrührt ... Es ist jene Not, die aus einer undeutlichen Erinnerung an das 'himmlische Leuchten' entspringt. Jeder sehnt sich seit Anbeginn nach diesem Himmlischen Leuchten ...

Der Hunger nach Macht dauert so lange an, wie die Erinnerung an etwas 'unendlich Größeres und Höheres' allzu undeutlich ist. Kraft wird geboren, sobald diese Erinnerung einwilligt, das eigentliche Gedächtnis hervorzubringen ... denn nur in diesem Gedächtnis kommt die Anwesenheit des Ewigen in einem selbst zum Ausdruck.

Verbrenne also die letzten Federn des uralten Raubvogels in dir, Seele von Miriam. Hör auf, die Götter zu beneiden. Nimm einfach deinen Teil des Erbes vom Ewigen, da wo es sich befindet ... in deinem Herzen!

Der Berg, auf den du steigst trennt dich von der Demut. Manche meinen, Demut sei kriecherisch, doch in Wahrheit ist sie es, die das Wesen des Menschen auf den höchsten Punkt seines Seins erhebt. Man muss den Kelch des Giftes-der-Eifersucht bis zum letzten Tropfen ausgetrunken haben, um ihre tödliche Eitelkeit zu erfassen.

Du hast es getrunken, dieses Gift, kleine Seele ... und dein Wesen hat es schließlich verworfen, das habe ich gesehen. Erkenne nur an, dass es dich damals, zu seiner Zeit, vergiftet hat, so wird jede Spur davon in dir verdampfen, restlos und für immer."

Als der Meister diese Worte zu Ende gesprochen hatte, sah ich mich plötzlich auf dem Gipfel des roten Berges stehen. Jedoch - und jetzt hört gut zu - was ich da sah, war keineswegs ein Gebirgspanorama. Vielmehr erhob sich direkt neben mir das fünfte Feuertor. Es brannte noch heller, als die anderen. Ich weiß nicht warum, aber ich durchquerte es, ohne auf die Stimme des Meisters zu warten. Ich musste es einfach tun! Ich spürte seine Feuerzungen, die mich diesmal fast verbrannten. Und da stürzte sich der fünfte Dämon auf meine 'nicht vorhandene Gestalt'.

"Weißt du, woraus deine Sehnsucht, deine Langeweile und Not in Wahrheit gemacht sind? Sie kommen davon, dass du das Leben, das dir geschenkt war, nicht voll auskosten konntest! Wozu solltest du die Welt, in der du stehst, denn bekommen haben, wenn nicht, um darin zu wohnen." Die Stimme war angriffslustig, doch gleichzeitig lag in ihr etwas Tröstliches, etwas Bestärkendes. Alles klang so klar und einfach. Zum Glück rüttelte mich Jeshuas Stimme auf und riss mich aus diesem einlullenden Wohlklang.

"Hier bist du im Universum des Gefängnisses des Fleischlichen, Seele von Miriam. Schau dir seine Windungen und Fallen genau an, geh in seinen Sackgassen spazieren!"

Ich ging weiter ... da kam ein Bild zu mir. Es war das Bildnis meines nackten Körpers, wie von einem riesigen Spiegel wiedergegeben. Ich ging darauf zu, oder kam es auf mich zu, ich weiß nicht. Auf einmal klebte mein Gesicht an seinem. Ich sah nur noch seinen Blick, spürte nur noch seine seidige Haut und den Geschmack seiner Lippen auf meinen. Ich fand das gut, das muss ich zugeben, denn ich hatte das Gefühl, mich selbst zu lieben.

Es war eine faszinierende Entdeckung ... Sich selbst lieben! Ich weiß noch, dass ich gedacht habe, ich wusste ja gar nicht, dass es so etwas gibt. Ich war so gefesselt von meinem Spiegelbild, dass ich völlig darin versank, etwa wie man sanft in eine vollkommen glatte Wasseroberfläche eindringt. Ein Gefühl des Aufblühens, der freien Entfaltung ... ein aufsteigender Duft, ein schweres Parfum ... Da war kein Dämon. Das war einfach ich mit mir, ich mit meinem Körper, den ich nun vollständig sehen konnte! Er war ... ich! Er hatte Hunger, er hatte Durst, er hatte ... Lust auf alles, was ein Körper verlangen kann. Er war ich und hielt die vage Erinnerung meiner Seele am Zügel. Meiner Seele? Was war das denn genau?

Meine lieben Freundinnen ... ich gab mich diesem Gefühl hin, als könne nichts anderes existieren. Es war wie ein wunderbarer Korb voller Früchte, deren betörende Aromen ich noch nicht ganz ausgekostet hatte. Ich bin sicher, dass ich getrunken, gegessen und geliebt habe ...

"Geliebt?"

Die Stimme des Meisters fing mich in meinem 'aufsteigenden Abstieg' auf ... "Miriams Seele ... Du hast von Liebe gesprochen, aber liebst du wirklich in diesem Augenblick? Du füllst dich mit dir selbst. Was ist Liebe, sag es mir?"

Ich wusste nicht, was ich antworten sollte. In meinem Bewusstsein ging alles drunter und drüber.

"Lieben ... heißt, sich davon zu befreien, was man zu sein glaubt, um den ganzen Raum dem reinen Leben zu überlassen, aus dem heraus wir geboren sind, frei und glücklich. Bist du frei und glücklich, Miriams Seele? Das frage ich dich. Du steckst in einem Gefängnis ... Was du Liebe nennst ist nichts als Unterwerfung. Schau, öffne die Augen!"

Ich dachte sie seien offen, aber ich sah nichts. Ich konnte mich nur noch durch jeden meiner Sinne erahnen. Durch sie hatte ich das Gefühl, ausgebreitet zu sein, völlig ausgedehnt.

"Das vollkommene Gefängnis, kleine Schwester, ist das, nach dem man verlangt, das, von dem man nicht einmal merkt, wie abhängig man davon ist, weil man so sehr darin aufgeht. Abhängigkeit ... das ist es! Erinnerst du dich an die Zeit, als du und all die anderen euch mit eurem Bild verwechseln musstet, weil ihr existieren wolltet? Das Bild ist niemals schuld. Ein Spiegelbild ist eine Maske, eine Form, die wir spielen dürfen, um wachsen zu lernen. Im Übrigen ist gar nichts schuld. Alles existiert, um die geduldigen Samen des Geistes zu säen ... Und der Geist ist Freiheit, siehst du ... Eine Freiheit, die so frei ist, dass sie sich entschieden hat, durch das Gefängnis der Abhängigkeit zu gehen, um sich besser kennenzulernen. Und so, Seele von Miriam, lässt das Gefängnis der Leiblichkeit dich alle körperlichen Lüste ausschöpfen, all diese Lehrmeister in der Kunst, subtile Kerker zu errichten. Ihre Kunstfertigkeit geht so weit, dass sie imstande sind, dich dazu zu bringen, dich mit den Gitterstäben deines Käfigs zu verwechseln. So lerne, dass nicht der Körper das Gefängnis ist, obwohl du glaubtest, das so verstanden zu haben. Es ist vielmehr die Art, wie du noch immer über den Körper denkst. Dein wahres Gefängnis ist das Prinzip der Unterwerfung, das durch ihn noch immer in dir weiterlebt. Liebe dein Spiegelbild für das, was es ist. Respektiere es, kehre ihm nicht den Rücken, denn es neigt dazu, sich für dich zu halten und an deiner Stelle, das Spiel des Lebens zu spielen.

Indem du es mit Gleichmaß und Weisheit in Ehren hältst, als eine Facette des Ewigen, werden die Stäbe seines Gefängnisses zurückweichen.

Geh nun weiter und danke der Erinnerung an die Unterwerfung des Körpers, dass sie dir den Sinn der Verwechslung beigebracht hat. Setze deinen Weg der Unterscheidungsfähigkeit fort und tritt durch die sechste Feuertüre!"

Der Meister hat wohl gehandelt, denn ich kann mich nicht erinnern, selbst einen Schritt gemacht zu haben. Ich weiß nur noch, dass ich das Gefühl hatte, von etwas Schwerem befreit zu sein.

Und da war schon das sechste Portal, direkt vor mir, noch heller von Flammen erleuchtet, als die vorigen. Diesmal zögerte ich, durchzugehen, denn ich sah, dass ich nun zu 'etwas anderem' übergehen musste. Es galt, endgültig die Trauer um die Spuren meiner einstigen Gefangenschaften anzutreten. Denn wir hegen selbst für unsere Ketten und Fußeisen letztlich eine Art von Zärtlichkeit. Selbst das Andenken an unsere Krankheiten liegt uns am Herzen. Sie geben einem Sicherheit, wie die Meilensteine[34] am Wegesrand.

Als ich schließlich die Feuerschwelle überschritten hatte, drang Jeshuas Anwesenheit wieder in mich ein. Sie hatte etwas von einem frischen Wind und machte mich beinahe glücklich. Wann hatte ich mich zuletzt so gefühlt ...?

"Hier bist du im Herzen der trunkenen Weisheit, kleine Seele. Geh hinein ... Was siehst du?"

In meiner neuen 'Abwesenheit einer Form' ging ich drei Schritte vorwärts, gerade genug, um ein immenses Lächeln erkennen zu können, das im Licht schwebte. Es nahm einen riesigen Raum ein. Ich sah es an ... begriff nur leider nicht, was es mir sagen wollte. War es Glück, Sanftmut und Zärtlichkeit, eine heitere Ruhe ... oder Heuchelei, Überheblichkeit und Dünkel? Wie auch immer, jedenfalls war ich noch immer so unerklärlich glücklich. Innerlich rief ich: "Wie könnte ein Dämon Weisheit heißen?"

"Und was machst du mit dem Wort 'trunken', Seele von Miriam?", fragte der Meister. "Ist es nicht womöglich 'das', was die seltsame Freude, die du empfindest, eigentlich auslöst? Wundert dich das? Das muss es nicht, denn in Wahrheit bist du es, die sich einem Freudentaumel hingibt und nicht er, der sich dir aufdrängt.

Hör aber weiter ... Auf dem Weg von sich selbst zum höheren Ich gibt es so etwas wie lächelnde Dämonen. Sie sind darum nicht weniger schrecklich.

Wenn das Wesen des Menschen meint, genug vom Leben verstanden zu haben, so gefällt es sich, beim Anblick seiner ehrwürdigen Falten und seines ergrauten Haars, ein bestimmtes Lächeln aufzusetzen. Es ist das Lächeln dessen, der meint, nun das Recht zu haben, sich hinzusetzen und seine eigene Weisheit zu bestaunen. Und gewiss hat er das Recht dazu ... Das Problem liegt nicht in der Frage, ob man das Recht hat, sondern in dem, was da betrachtet wird ... Denn eine Weisheit, die sich in Befriedigung und Ernsthaftigkeit hüllt, hat ihren Namen nicht verdient. In Wahrheit heißt sie: Rausch der Überheblichkeit.

Ich kann dir sagen, kleine Seele, ihr Dämon dringt überall ein ... Er befällt jeden Menschen, zu einem bestimmten Zeitpunkt seines Weges zur höheren Erkenntnis. So streiche nun ein Balsam auf die letzten Narben, die er in dir hinterlassen hat.

Ein Weiser, der sich an sich selbst berauscht, weiß noch nichts von der Weisheit. Er kann sie nur nachahmen, bloß mit ihrem Lächeln unterzeichnen. Die Maske, die er sich damit aufsetzt, haftet lange auf seiner Haut, weil sie so durchsichtig ist, dass sie ganz rein und klar wirkt.

Die trunkene Weisheit ist wie ein Schlaftrunk, liebe Seele von Miriam. Sobald man ihn an die Lippen führt, setzt Entspannung ein. Sie steigt auf, wie eine Aufwallung von Stolz, ein tragfähiger Stolz, von dem man bereits ahnt, dass man sich wieder und wieder auf ihm ausruhen kann.

Der Anteil dieses Stolzes der sich im Kopf befindet, lässt sich noch irgendwie bekämpfen ... doch jener, der es geschafft hat, sich im Herzen einzunisten, schlägt dort sehr tiefe Wurzeln. Insbesondere an ihn denke ich, wenn ich dir von ihm berichte. Denn er beruft sich als Rechtfertigung auf das Göttliche.

Die trunkene Weisheit ist dermaßen in ihrer eigenen Arena gefangen, dass ihr die Lüge allmählich zum Weltgesetz wird. Wenn du der Frau dienen willst, so musst du auch die allerletzten Reste der Parodie der Weisheit in dir vertilgen. Lache den spirituellen Stolz aus! Pfeif darauf!"

Ich weiß nicht, ob ich gelacht oder gepfiffen habe, versucht habe ich es jedenfalls, denn ich verstand nur allzu gut, worum es ging. Das Spiel der Faszination an der Weisheit hatte ich auf den Vorplätzen der Synagogen nur allzu oft beobachtet. Ob ich in diesem Leben auch selbst daran teilgenommen hatte, wusste ich nicht, doch es war sehr wahrscheinlich. Frönte ich diesem Spiel nicht vielleicht gerade seit Kana? Ich war ... die Ehefrau des großen, weißen Rabbis, von dem alle redeten ... und da Er mich ja auserwählt hatte, war ich wohl ein wenig wie Er!

Lächelte ich etwa insgeheim, so wie diese satten Seelen, auf dem Gipfel des Berges, den sie eben erklommen haben? So ist es wohl, dachte ich ...

Vor euch bekenne ich es in aller Bescheidenheit, Salome, Jakobea ... Meine Freude schwand dahin und mein Herz fing an zu weinen.

Zum Glück begann da eine andere Feuertüre knisternd den Raum einzunehmen. Ich stürzte mich in ihre Arme, ohne die Hilfe des Meisters abzuwarten. Doch diesmal war es gar nicht so leicht, durch die Flammen zu dringen. Es schien so lange zu dauern, weil ihre Weisheit sich Zeit ließ, um keine meiner Schutzschichten der Verbrennung entgehen zu lassen.

Schließlich trat ich aus dieser reinigenden Pforte hervor, oder vielmehr, die Feuerzungen um meine 'abwesende Form' verloschen.

"Rabouni ... Rabouni!", schrie ich innerlich.

"Meine Liebste ... Was glaubst du, wo du jetzt bist?"

"Ich weiß es nicht, aber ich kann nicht mehr und ich bin wütend, weil ich das Schauspiel meiner Dummheit und der Dummheit der Welt mit ansehen musste. Auf einmal wird mir so vieles klar! Ich beginne all die Öffnungen wahrzunehmen, durch die der Friede in mein Wesen und in das meiner Mitmenschen eindringen will! Ich sehe all das und es ärgert mich, weil mir alles so einfach vorkommt, dass ich nicht begreife, warum das Klare Licht sich noch immer nicht zeigt."

"Es zeigt sich nicht, wegen deines heiligen Zorns. Hiermit sage ich dir, Miriams Seele, du bist soeben in die Welt des 'Zornes der Weisheit' eingedrungen. Der Dämon des Zorns der Weisheit ist ein ebenso mächtiger Dämon wie die anderen, das kannst du mir glauben. Man rechnet nur viel weniger mit ihm, weil er im selben Moment auftritt, wie die ersten Strahlen des wahren Lichts.

Wenn das Bewusstsein endlich in groben Zügen den Weg der Vereinigung mit dem Göttlichen erkannt hat, kommt es vor, dass es von Wut erfasst wird. Während seine Flügel bereit sind, sich auszubreiten, wird es doch von geschickten Verstrickungen durcheinandergebracht, die der Schatten erfunden hat, um all die scheinbar so einfachen, gangbaren Wege zu verwirren ...

Und so erforschst du nun den heiligen Zorn ... Es ist ein Zorn, der alle Eigenschaften des Rechtmäßigen hat. Man besucht ihn mit der Gewissheit, das Zepter des Wissens und das Schwert der Wahrheit in der Hand zu haben, jenes Schwert, das die Dinge trennt und klarstellt. Hör nun gut zu, Seele von Miriam. Es stimmt, dass der Zorn der Weisheit auftritt, wenn man bereits in zahllose Geheimnisse eingedrungen ist. So reißt er unzählige Mauern ein ... versteht aber nicht, dass gerade, indem er die Gerechtigkeit so vehement verficht, eine letzte Festung errichtet wird.

Eine Weisheit, die den Zorn zu Gast bittet, nährt in Wahrheit nur wieder die Trennung.

Weisheit ist nicht Einheit, sondern eine menschliche Pforte zur Einheit. Manchmal muss man das Schwert der Weisheit schwingen, denn es lehrt jene, die noch nicht ganz menschlich sind ... Doch muss man vor allem wissen, dass ein Zorn, der vergisst, dass auch er nur Teil des Spiels auf der Bühne des Lebens ist, sich zwangsläufig von der Weisheit abspaltet, die ihn hervorgebracht hat. Er ist nur noch Wut, nur noch Spaltung ... So verlasse nun diese Welt, kleine Seele, verlasse sie und finde den Ausweg aus den Kulissen!"

Im tiefsten Inneren stand ich dieser Feststellung, die mir doch ziemlich schrecklich vorkam, hilflos gegenüber. Der Meister hatte mich offensichtlich bis ans Ende des Weges der angekündigten Reinigung geführt. Ich aber sah nur eine Sackgasse darin, da mich die Wut - und sei sie auch heilig - quälte. Und weil sich alles in mir und um mich herum nur noch wie dunkler Nebel anfühlte, bat ich demütig um Hilfe. Ich bat einfach die Allmacht um Hilfe und flehte, sie möge mich erhören, ob Sie nun Jesuha hieß oder nicht.

Da erklang ein Ton im Inneren meiner 'Abwesenheit einer Form'. Er bestand nicht aus Worten. Es war ein wogender Strom purer Gewissheit. Er sang:

"Schon dein Ruf ist die Antwort, die einzige Antwort. Wer vollkommen menschlich werden will, wird eines Tages jede Kontrolle über das verlieren, was er für seine Vernunft und sein Herz hält, so ist es bestimmt. Und so wird er durch ein achtes Feuerportal hindurchgehen. Dies offenbart das Leben hinter den Kulissen. So wird er seinen Weg des Aufstiegs durch die sieben Welten der Wut hinter sich lassen.

Nun, da du die Rinde durchdrungen hast, bitte darum, auch das Mark zu sehen, den Lebenssaft."

Und so, liebe Freundinnen, bat ich noch einmal, in noch größerer Hingabe, um Befreiung. Die Antwort war das Erscheinen einer achten Feuerschwelle. Frei von jeglichem Gedanken ließ sich das, was von meiner 'schwebenden Anwesenheit' noch übrig war, davon verschlingen. Ein Blitz fuhr auf und ich fiel mit einem gewaltigen Ruck wieder in meinen Körper zurück. Ich wartete, ohne irgendetwas formen zu können, weder Worte noch Bilder. Ich wartete, bis ich einen leichten Druck spürte - auf meinem Kopf, der nun wieder da war. Es waren die Hände des Meisters, die ihn umfassten.

Langsam kam ich wieder zu Kräften und öffnete die Augen. Über mir war nur die nächtliche Wölbung des Firmaments, ein wundervoller, völlig klarer Sternenhimmel. Mittendrin leuchtete ein Stern heller als die anderen und funkelte unablässig. Ich erkannte ihn. Es war der Stern der Ahnen unseres Volkes, Mond-Sonne, den man den Initiator[35] nannte.

Der Meister sagte ein paar Worte zu mir. Was, weiß ich nicht mehr. Vermutlich sprach Er von Willkommen, Liebe, Tod und Geburt.

Ja, ich kam von einer sehr langen Reise, tauchte daraus empor.

Ich war erschöpft und erhob mich mit Mühe von dem großen, flachen Stein, auf dem ich gelegen hatte. Während ich Jeshuas Hand hielt, warf ich einen letzten Blick auf ihn zurück. Da hatte ich das intensive Gefühl, einen Leichnam darauf zurückzulassen, den, der 'gefrorenen Erinnerungen'. Von diesem Moment an, war ich nicht mehr dieselbe ... Ungeachtet der Wunden, die das Leben mir schlug und trotz meiner oft noch zögerlichen Schritte, hat die Kraft der Freude mich nie wieder verlassen. Ich werde sie bis zu meinem letzten Atemzug weitergeben ... Denn sie ist der wahre Lebenssaft, nach dem diese Welt sich sehnt."

Kapitel 11

Die Anforderungen des Erwachens

Es ist taghell ... Miriams Bericht hat uns so eingehüllt, dass wir nicht einmal gemerkt haben, wie die Sonne ihr Werk vollendet hat.

Gemeinsam beschließen wir, aufzustehen und ein paar Schritte im Sand zu machen. Er ist noch nicht warm, und es tut gut, seine belebende Frische unter den Fußsohlen zu spüren. So erinnern wir uns wieder an unsere Wurzeln im gegenwärtigen Augenblick.

Nachdenklich stapft Miriam zum Gipfel der kleinen Düne empor, die uns vom Strand trennt. Wir schauen ihr nach. Tief atmet sie die Luft ein, die vom offenen Meer kommt. Dann hebt sie ihr Haar hoch. Wie üppig es noch immer ist!

"Kommt ihr mit?"

Ich nehme Jakobea bei der Hand. Schon schauen wir alle drei hinaus auf das silbrige und blaue Funkeln des Wassers. Um ehrlich zu sein, weiß ich nicht, was man dem, was wir gehört haben, noch hinzufügen könnte. Die vertrauensvolle Erzählung unserer Schwester hat ein seltenes Gefühl der Fülle bei mir hinterlassen. Ihre Seelenreise durch die Welten des Bewusstseins, auf der unermüdlichen Suche nach Erweckung, macht mir vieles klar. Doch plötzlich kommt eine große Frage über meine Lippen: "Aber ... Wer ist der Herr hinter alledem? Wer ist der Ewige? Kannst du uns das sagen, Miriam? Wer ist der Vater? Ich weiß nur, dass Er durch den Meister gesprochen hat ..."

Miriam dreht sich nach mir um und fängt meinen Blick ein.

"Das hat uns nicht einmal Jeshua gesagt, denn das kann niemand sagen. Man kann es nur spüren. Darum ist Er ja der Vater ... weil sein Gesicht der Vielfalt unserer Gesichter entspricht. Wir sollten uns also so sehr an Ihn in uns erinnern, dass wir bei jedem unserer Schritte auf seine Gegenwart vertrauen. Das ist alles, was von uns verlangt wird."

"Also ist alles gesagt ...?"

"Alles und nichts. Schau dir den Himmel an und versuche, ihn zu fassen. Du kannst dich unendlich hineinversenken, versuchen, ihn mit deinen Gedanken zu umspannen, vergebens. Du kannst eine Ordnung der Welt errichten, die deinem Bedürfnis, die Dinge in deinem Kopf zu ordnen, entspricht ... doch wird es stets nur deine Weltordnung sein. Sie regelt lediglich eine oberflächliche Schicht deines Wesens in diesem Moment.

Um das wirklich zu verstehen, muss man die Wut überwinden. Ich meine deine tief sitzende, ursprüngliche Wut. Das ist die Wahrheit, der ich mich genähert habe, ohne sie jedoch ganz zu erreichen."

"Woher weißt du, dass du sie nicht erreicht hast? Wir haben beide den Eindruck, dass die Gnade des Meisters nun völlig eins mit Dir ist."

"Ja, gewiss mehr als damals, als ich von jener so intensiven und aufschlussreichen Reise zurückkehrte, von der ich euch erzählt habe ... Doch oft musste ich einsehen, dass ich die Welt des Zorns in meiner Seele noch nicht völlig durchlaufen und überwunden hatte."

"Aber es ist dir gelungen, im Schutz des Meisters ihr Portal zu durchschreiten."

"Jeshua hat mir die Hand gereicht ... mich aber nicht mit etwas erfüllt, was ich noch nicht aufnehmen konnte. Allerdings reinigte Er so viel, wie möglich war. Ihr wisst ja, selbst das schönste Licht kann man niemandem aufdrängen, nicht einmal einfach durch Liebe.

Und so betete ich in einer bestimmten Epoche meines Lebens oft: "Vater, schenke mir Mitgefühl."

Doch erlangte ich es auf diesem Wege nie, weil der Raum in mir dafür noch nicht da war. In seiner ganzen Größe entdeckte ich es erst, als ich es schon nicht mehr erwartete, seltsamerweise gerade in den schlimmsten Stunden, als Jeshua ans Kreuz geschlagen wurde.

Nach meiner denkwürdigen Einweihung auf dem flachen Stein, lebte ich einen ganzen Monat lang in unaussprechlicher Freude. Ich war überzeugt davon, alle Stufen meiner Verwandlung endgültig durchlaufen zu haben. Fast erwartete ich, das muss ich voll Scham gestehen, dass auch ich eines Tages ein paar Wunder vollbringen würde. Dieser Stolz war nicht leicht zu enttarnen, das könnt ihr mir glauben, denn mein Herz war ja so aufrichtig in seinem Wunsch, zu dienen.

Erst durch ein einschneidendes Ereignis wurde ich wieder maßvoller.

Aber sollen wir nicht zum Wasser gehen? Schaut mal ... da ist ein Boot. Die Fischer müssen es, während ich erzählte, ans Ufer gezogen haben. Setzen wir uns hinein, so lange sie es nicht brauchen ..."

Begeistertes Rennen über den noch feuchten Strand ... In den Augen ein wenig Sand ... und auf meinen Lippen, herübergeweht, schon der salzige Geschmack der Weite ...

Da liegt das Boot, zwischen angespülten Algen und ungeschickt trippelnden Strandkrabben. Wir steigen über die Reling. Sogleich findet jede von uns eine kleine Holzbank oder die Reste eines Netzes zum Sitzen. Wir fühlen uns fast wie auf dem See, so wie früher ...

"Soll ich weitererzählen, meine Schwestern? Es kommt mir vor, als durchliefe ich grade die Welt der ... Trunkenheit der Erinnerung!" Miriam ist in Gelächter ausgebrochen, während sie diese Worte sagte, fasst sich aber gleich wieder. Ihr Ton verändert sich, denn ihr Blick ist schon wieder nach innen gekehrt ...

"Ja, es war etwa ein Monat, nachdem ich die Mysterien durchlaufen hatte. Ich war meinem Mann rund um den See überall gefolgt, wo Er hingehen wollte. Dabei fing ich wohl auch wirklich an, meinen Platz unter all denen, die den Meister in Ihm erkannt hatten, zu finden. Es war nicht immer einfach, aber ... ich fühlte den Hauch des Lebens in meinem ganzen Wesen. Das war kurz vor deiner Ankunft in unserer 'Familie', Salome ... und vielleicht sechs Monate bevor du dazukamst, Jakobea.

Jeshua hatte den Wunsch geäußert, in das kleine Dorf zurückzukehren, in dem Er in frühester Jugend eine Weile gelebt hatte. Er fand das wichtig, weil Er, wie er sagte, die Gesichter seiner Kindheit wiedersehen und zwischen den Gassen aus Lehm die "Atmosphäre der Bruderschaft" spüren wollte. In sehr ernstem Ton hatte Er mir gestanden, dass Er seit mehr als achtzehn oder neunzehn Jahren nicht dort gewesen war.

"Wie soll ich weiterhin der Welt von meinem Vater erzählen, wenn ich mich denen, die mich in ihren Gassen herumrennen sahen, nicht zeige, wie ich bin."

Das war richtig ... So hätte ich auch gedacht. Ich erinnere mich so gut daran! Etwa zehn von uns erklommen an diesem Tag den steilen Weg, der zum "Dorf der Brüder" hinaufführte, wie Er es nannte. Die meisten von uns waren in Bethsaida geblieben. Und sie waren sehr enttäuscht darüber, das muss ich schon sagen. Ich hatte den Eindruck, dass Jeshua zu Recht so etwas wie eine persönliche Wallfahrt machen wollte. Wie schlecht kannte ich Ihn damals noch! Ich hätte wissen müssen, dass Er niemals etwas tat, um ein persönliches Ziel zu verfolgen. Hinter jedem seiner Worte und jeder seiner Taten stand stets ein höherer Sinn. Es dauerte oft lange, bis wir es verstanden. Sogar ich, seht ihr!

Als die Ankunft unserer Gruppe auf dem winzigen Dorfplatz angekündigt wurde, streckten die Leute die Köpfe aus den Fenstern und Türen. Im Hof des größten Gebäudes hielt jemand den Esel an, der gerade den Mahlstein drehte. Man hörte Kinderschreie, und schließlich näherten sich uns, etwas misstrauisch, Männer und Frauen.

Nachdem Er sie eine Weile betrachtet hatte, ging der Meister direkt auf einen Greis zu, der sich im Schatten eines Granatapfelbaumes - ebenso knorrig, wie er selbst - ein wenig abseits gehalten hatte. Es war schrecklich heiß ... Ich hörte, wie der Meister den Mann beim Namen rief: Isaak.

Ohne abzuwarten verbeugte Er sich dann vor ihm und legte sogar seine Stirn auf die Füße des Mannes. Dann sagte Er ein paar Worte zu ihm und der Alte lächelte leicht verkrampft oder zerstreut ... Bald kamen auch die anderen näher, allen voran die Kinder, und der Esel begann zu brüllen. Hie und da hörte man ein paar Willkommensworte, auch einige rituelle Ausdrücke, wie sie in unserer Gemeinschaft üblich waren. Dann brachte eine Frau auf Anweisung des alten Isaak einen Krug mit Wasser und begann, dem Meister die Füße zu waschen, wie es Brauch war.

Ich war im Hintergrund geblieben, wie es sich gehörte, aber Jeshua wollte mich beim alten Mann gleich an seiner Seite haben. Es war ein enger Freund seines Vaters gewesen. Jeshua erinnerte sich, dass Er als Kind von ihm Flachs schneiden gelernt hatte. Als die Rede auf alte Zeiten kam, wurde das Gespräch lebhafter

... und dann kamen die unvermeidlichen Fragen. "Wo ist denn deine Mutter, Meryem? Und du? Bist du wirklich so weit gereist, wie man sagt? Wie lebst du jetzt?"

Und dann ... und dann begann der Meister zu antworten. Er ging auf jede neugierige Frage ein ... bis zuletzt. Die letzte Frage kam aus dem Munde eines kleinen Kindes, das Ihn natürlich nicht von früher kennen konnte.

"Warum bist du wieder zu uns gekommen, Rabbi?"

Das war, wie ihr euch denken könnt, die entscheidende Frage - die man stellen musste oder gerade nicht stellen durfte.

"Ich bin wiedergekommen, um euch von meinem Vater zu erzählen."

"Du möchtest mit uns über Joseph sprechen?", brummte Isaak.

"Ich habe keinen anderen Vater als den, der auch Euer Vater ist. Er hat meine Schritte heute zu euch gelenkt und legt mir auch gerade die Worte in den Mund."

Der alte Isaak, der sich auf einen großen Stein gesetzt hatte, hob einen Arm und die Zuhörer verstummten.

"Wer bist du, Rabbi, dass du so sprichst? Du weißt, dass in unserem Dorf Großherzigkeit herrscht und wir stets einen weiten geistigen Horizont gepflegt haben. Du weißt auch, dass wir immer gebetet haben, den Tag zu erleben, an dem ein Gesandter des Ewigen zu uns kommen möge ... Behauptest du, Dieser zu sein?"

"Ich bin Es ..."

Ich spürte, wie die Spannung in mir stieg, als ich Jeshua so klipp und klar antworten hörte. Ich wusste, wie solche Diskussionen auf den Vorplätzen der Synagogen auszugehen pflegten. Wir waren stets mit Schimpf und Schande überhäuft abgezogen.

Ich sehe noch, wie der Greis spöttisch seine buschigen Augenbrauen hob und eine Schnute zog, während in unserer kleinen Versammlung Rufe und verhaltenes Gelächter erklangen.

"Irrt euch nicht, meine Freunde", sagte der Meister da, indem Er dem kleinen Jungen, der die heikle Frage aufgeworfen hatte, die Hand auf die Schulter legte. "Irrt euch da mal nicht ... denn es war auch mein Vater, der die Frage auf die Lippen dieses Kindes gelegt hat. So wurde die einzig wichtige Frage heute gestellt."

"Wir haben dich hier seit fast zwanzig Jahren nicht gesehen ... und dann tauchst du plötzlich auf und erwartest, dass wir den Messias in dir erkennen? Erkennst du mich überhaupt noch?"

Der Mann, der so sprach, muss Töpfer gewesen sein. Nach dem Zustand seiner Hände zu schließen, hatten wir ihn wohl bei der Arbeit unterbrochen.

"Wie sollte ich dich vergessen haben, Zacharias? Wir sind doch oft unten am Weg, der hier heraufführt, zusammen auf den Felsen geklettert. Du hast ja nie gerne auf dem Feld gearbeitet ...

Und ja, Zacharias, ich sage dir und wiederhole es für alle: Ich bin Der, den du genannt hast. Ich bin, Der ich zu sein sage und komme im Namen meines Vaters zu euch ... um euch von euch zu erzählen ..."

"Du willst uns von uns erzählen?", schrie irgendwo jemand. "Dafür hast du viel zu lange weit fort von hier gelebt, Rabbi. Du hast gewiss ein gutes Gedächtnis, aber du kennst uns doch nicht mehr. Du weißt nicht mehr, wer wir sind und auch nicht, auf wen wir warten. Wie willst du uns denn da irgendetwas über uns sagen? Was suchst du eigentlich hier?"

Bevor der Meister antworten konnte, sah ich, wie der alte Isaak mit dem Kinn zustimmend nickte.

"Euch alle suche ich ... denn jemand, der sich das Warten so sehr angewöhnt hat, dass es zu seinem Lebensmittelpunkt wird, gleicht einem Blinden, der vom Schlaf übermannt wird.

Ja, ich sage euch meine Freunde, ihr habt seit Generationen und Abergenerationen das Warten weitergegeben, wie ein Erbstück, das doch nie Freude oder Glück bereitet. Der Messias ist stets eine Sache von morgen. Aber dies morgen ist immer genauso wie heute, weil es einfacher ist, endlos dieselben Gebete herunterzuleiern, als den Ewigen wirklich in sein Herz zu rufen ..."

"Willst du unseren Glauben neu erfinden, Rabbi?"

"Ich bin gekommen, um die zu wecken, die schlafen. Ich bin gekommen, um ihnen zu sagen: 'Seht her, es gibt nichts mehr zu warten. Ihr seid wie jener Bauer, der das Säen hinauszögert, indem er sich endlos übers Wetter beschwert und seinen Boden letztlich auslaugt, weil er immer wieder dieselben Samen setzt.'

Ich bin gekommen, um euch zu verkünden: Mein Vater, euer Vater, will euch heute näher bei sich haben. Hört auf, Ihn in der Ferne, weit weg von euch zu suchen, wenn Er doch da ist ..."

"Na schön, Rabbi", brüllte da einer hinter mir. "Am Ende wirst du noch behaupten, dass du selbst der Ewige bist!"

Da brachen die Leute in Gelächter aus. Ihr Lachen tat mir sehr weh.

Jeshua stand in aller Ruhe auf und stellte sich anders hin, um allen gegenüberzustehen.

"Hört gut zu ... Von wo kommt der Wind? Weiß man das jemals? Manchmal erhebt er sich ganz unvermutet, um in den Bäumen zu singen und den Nomaden dazu zu bringen, sein Zelt neu zu verankern. Niemand kann ihn aufhalten oder seinen Lauf bestimmen.

Mein Vater, seht ihr, ist wie der Wind ... Wie ein Windhauch bringt Er unser Haar durcheinander, ohne dass wir Ihn haben kommen sehen. Manchmal fällt es Ihm sogar ein, uns daran zu erinnern, dass wir alle Nomaden sind, und die schönste Weide sich in eine Wüste verwandeln kann, wenn man sich zu lange darin aufhält ... An diese Wahrheit möchte ich euch erinnern. Bekommt heraus, woher der Wind weht, verfolgt seinen Lauf zurück und denkt neu über eure Behausung nach.

Und nun frage ich euch: Wie kommt es, dass ein Kind diese Diskussion aufgeworfen hat? Weil die echten Fragen, die einen zur rechten Zeit bewegen, nie vom Kopf kommen. Sie sprudeln aus dem Herzen hervor. Darum habe ich diese Frage wahrhaftig beantwortet, ohne Heimlichkeiten, erfüllt vom geistigen Hauch meines Vaters, der durchdringt, was ihr von mir seht."

"Und was ich sehe ... ist, dass die Gotteslästerung die Umwallung dieses Dorfes überschritten hat und sich dorthin scheren soll, woher sie kommt!"

Es war der alte Isaak, der das gerufen hatte, während er mit Mühe aufstand und an jedem Wort beinahe erstickte.

"Ja, geh dahin zurück, woher du kommst, Jeshua, wenn du glaubst, dass du jetzt die Windrichtung bestimmst. Deine Reisen haben dich eitel gemacht wie keinen zweiten. Nimm deine Leute und geh deiner Wege."

"Ich werde meiner Wege gehen, Isaak. Deine Entscheidung wird respektiert, denn man soll nicht sagen, dass ich verschlossene Türen aufgebrochen hätte ... Doch schau dir diese Häuser und Gärten nur an, die nach und nach in Schlaf versinken. Leider wird bald nichts mehr von ihnen übrig sein, das kann ich dir sagen, während die Worte, die der Ewige mit seinem Hauch belebt und durch mich verkündet, sich gewiss über alle Meere dieser Welt verbreiten werden."[36]

Solche Worte entfachten den Zorn des Greises. Er fasste sie als Bedrohung auf, ergriff wutentbrannt einen Stein und schleuderte ihn auf den Meister. Was weiter geschah ... davon habt ihr ja bestimmt schon gehört ...

Die Leute in dem kleinen Menschenauflauf, der sich angesammelt hatte, begannen, uns zu beschimpfen, und machten es Isaak nach. So mussten wir unter einem Hagel von Steinen abziehen. Was Jeshua betrifft, so wollte Er nichts weiter sagen, um die Menschen, denen Er einst angehört hatte und die ihn nun so heftig anprangerten, zu beruhigen.

Auf einmal war da sogar ein junger Mann, der versuchte, Ihn an den Rand des Weges zu drücken und zu Fall zu bringen. Zum Glück drehte Jeshua sich rechtzeitig um. Er wich der Geste aus, während der andere aus dem Gleichgewicht geriet und den Abhang hinunterrollte. Es war so peinlich, so schwer zu ertragen, das kann ich euch sagen! Wir beschleunigten unsere Schritte ... um so schnell wie möglich zu der kleinen Straße zu kommen, die sich im Tal entlang schlängelte. Ausgerechnet in dem Dorf, in dem wir zu schlafen gehofft hatten, wurden wir nun so übel zugerichtet. Ich glaube, ich konnte die Tränen nicht zurückhalten."

"Und der Meister?", kann ich nicht umhin zu fragen, indem ich Miriam ins Wort falle.

"Der Meister? Ein Teil von Ihm hat darunter gelitten, da bin ich mir sicher ... doch das war mehr an der Oberfläche, denn tief drinnen hatte Er vorausgeahnt, was geschehen würde.

Das ließ Er mich noch am selben Abend wissen. Es war unter den Olivenbäumen, unter denen wir unser provisorisches Lager aufschlagen mussten. Doch erst viel später, erst nachdem ich an diesem Ufern hier angekommen war, wurde mir die ganze Tragweite dessen, was Er damals sagte, bewusst. Ach, wie lebhaft ist mir das in Erinnerung!

Wir hatten kein Feuer gemacht, weil es noch sehr warm war. Unsere Mahlzeit bestand nur aus Datteln und einem Rest Schafskäse. Im fahlen Mondlicht konnten wir unsere entmutigten Gestalten nur mit Mühe voneinander unterscheiden. Ich glaube, es war Thomas, der ja einst auch im Dorf gelebt hatte, der die Debatte auslöste.

"Wie machst du es, so ... unerschütterlich zu sein? Du bist beschimpft worden, und wir mussten wie Elende fliehen. Doch selbst zu dieser späten Stunde, und in dieser Finsternis, erahne ich noch das Lächeln auf deinem Gesicht. Kommt denn gar nichts an dich heran?"

"Es tut mir weh, mein Bruder ... natürlich. Aber, weißt du ... was in mir spürt denn diesen Schmerz? Es ist nur die Hülle von Jeshua, die geliebt werden will, um sich bestätigt zu fühlen. In Wahrheit ... wenn ich die Dinge mit etwas Abstand betrachte, so bestimmt diese Hülle nicht mein Leben. Sie ist wie ein gutes Pferd, auf das ich mich stütze, aber sie ist nicht ich selbst ... Wenn dieses Pferd ein wenig leidet, so sehe ich es mit meinen wahren Augen und meiner wahren Kraft an und tröste es damit. Das rechte Maß, mit dem das Schicksal meine Schritte lenkt, wollte, dass ich dahin zurückkehre, wo ich einige schöne Stunden der Kindheit verbracht habe. Und so musste ich der Ordnung der Welt Genüge tun. Es ist immer notwendig und gut, den Seinen das Beste zu reichen, das man hervorgebracht hat. Das nennt man ... Ausgewogenheit. Es ist das Gesetz des Teilens und der Gabe, so wie mein Vater es jedem eingeschrieben hat. Doch jenseits dieser Notwendigkeit gibt es eine Realität, die jeder kennen muss, der erwacht. Die Saat einer Wahrheit geht fast nie dort auf, wo sie entsprungen ist. Der Wind muss sie immer fort-tragen, damit sie keimen und ihre rechten Dimensionen erreichen kann. Darum gilt: 'ein Prophet im eigenen Land wird nicht gehört'. Diese Lehre enthält eine größere Weisheit als es scheint.

Meine Freunde ... was ich eben erlebt habe, werdet ihr auch erleben ... Und ich verkündige es heute Nacht laut und deutlich, das Gleiche gilt für mein Wort und meine Anwesenheit in dieser Gegend unserer Welt. Weder das eine noch das andere werden hier so aufgenommen werden, dass sie Wurzeln schlagen können. Nur die Zeit und der räumliche Abstand werden sie überleben, wachsen und schließlich Frucht bringen lassen.

Sieh mich nicht so an, Thomas ... Gewinne Abstand zu deinem Leid. Genießt ein Dattelbaum etwa seine eigenen Datteln? Und sag mal: Isst du oft Datteln, während du oben auf dem Baum sitzt? Das Schicksal der meisten Früchte ist es, gepflückt und weitab vom Stamm und den Ästen gegessen zu werden, die sie hervorgebracht haben."

Ich glaube nicht, meine Schwestern, dass wir in dieser Nacht restlos verstanden haben, worauf Jeshua hinauswollte. Wir hätten zu hoch hinaufklettern müssen in den Dattelbaum und die Früchte waren noch nicht reif ...

Jetzt erscheint mir alles klar und einfach. Schaut nur, wie verstreut wir alle sind. Doch das ist nicht die einzige Wahrheit, die ich heute erfasse. Es gibt noch eine andere, tiefere. Es ist die Lehre der Opferbereitschaft. Sie lehrt uns, das Gute um des Guten willen zu geben. Das heißt, um dessentwillen, was es im Unendlichen ist und dort nährt und gebiert ... also nicht nur, was es für den Moment oder dieses Leben einbringt.

Wer sich einzig um seine jetzige Existenz sorgt und so der Illusion in die Falle geht, stets simultan belohnt werden zu müssen, verhält sich wie ein pubertärer Jugendlicher am Straßenrand. Er wird zum Spielball der Launen seiner eigenen Masken.

Noch etwas fällt mir ein, das Jeshua in jener Nacht sagte. Es mag unbedeutend oder bloß amüsant anmuten, doch wenn ich es euch mitteile, so weil sich selbst darin die göttliche Weisheit ausdrückt, die Er uns stets nahe bringen wollte:

"Erinnert ihr euch an das Kind, das mich scheinbar ganz naiv fragte: "Warum bist du wieder zu uns gekommen, Rabbi?" Er war der Einzige, der keine Steine auf uns warf und uns auch nicht beschimpfte. Ich sage euch, er war unter den Frauen und Männern seines Dorfes ganz klar der Bote meines Vaters. Ohne ihn hättet ihr die Lehre, die euch heute zuteilwird, nicht erhalten und ich hätte, ohne den Blick, den er auf mich geworfen hat, jenen Alten nicht wiedergefunden, der einige Monate lang meine Kindheit begleitet hatte. Er hieß damals Zerah und unterwies einige von uns in seiner demutsvollen Weisheit.[37] Nur der Ewige weiß, warum er so schnell wieder zu uns kam ... und das sogar im selben Dorf.

Glücklich, wer wie dieser, seine Pilgerreise unter den Menschen bald fortsetzen kann ... Und glücklich ist auch, wer wie ihr in diesem Augenblick, über die Weisheit des Lebens staunen kann, die alles so wohl zu ordnen weiß. Was sie verbreitet, ist nichts anderes als heranreifende Liebe ..."

Manchmal, wenn ich an diese Worte zurückdenke und sehe, wie ich älter werde, frage ich mich, ob ich, wenn ich einmal auf die andere Seite des Lebens gegangen bin, denselben Mut aufbringen werde, wie jener Mann, der Zerah hieß und so bald wieder auf die Welt gekommen ist.

Eine Möwe hat sich auf den Rand des Bootes gesetzt, in dem wir uns eingenistet haben und starrt mit scharfem Blick auf Miriam, die nun schweigt. Ihre Welt ist nicht so begrenzt wie unsere. Hinauf, hinunter ... es ist das Gleiche, derselbe Luftstrom, der sie trägt. Vielleicht möchte sie uns genau das sagen. Vielleicht befriedigt der Blick, den sie mit ausgebreiteten Flügeln von oben genießt, sie nicht völlig.

Jeshua sagte immer, dass die beiden Seiten des Lebens sich gegenseitig anziehen wie Mann und Frau ... Und wenn man Ihn fragte, wer von beiden, Mann oder Frau, Seiner Ansicht nach die Rolle des Tages spiele, sagte Er, die Frage sei falsch gestellt. Was wir Tod nennen, pflegte Er dann zu sagen, ist ebenso voll von Licht, wie das, was Leben heißt. Und was wir für unseren Ruhezustand halten, ist unter dem Einfluss des Mondes wiederum von der Sonne bestimmt. Und weiter versicherte Er uns, dass nur die Liebe fähig sei, die verschiedenen Facetten des Seins zu begreifen. Leben und Tod, sagte Er, bilden gemeinsam eine einzige Wahrheit. Sie sind verbunden wie Mann und Frau, deren Bestimmung es ist, zu heiraten, um ein Wesen zu schaffen, das beide in sich vereint.

Ein schallender Flügelschlag reißt mich aus meinen Gedanken ... Unsere Freundin, die Möwe, hat ihren Flug fortgesetzt. Ihre Botschaft hat sie mir ja überbracht ... Ich richte mich im Bauch des Bootes auf, in das ich mich nach und nach habe hineingleiten lassen und erhasche die Blicke von Miriam und Jakobea. Sie sind amüsiert ... Meine Freundinnen haben mitbekommen, wie gedankenverloren ich war.

"Bist du wieder bei uns, meine Schwester?", ruft Jakobea mir zu und stupst mich neckend mit dem Fuß am Bein.

"Also Miriam ... möchtest du weitererzählen?", gebe ich zurück, wie um zu rechtfertigen, dass meine Gedanken abgeschweift sind. Da gibt sie mir auch einen sanften Stoß mit dem Fuß, gerade stark genug, um mich hinter dem Schleier, den ich mir vors Gesicht gezogen habe, zum Lachen zu bringen ...

"Also ja, meine Schwestern ... so war das in der ersten Zeit. Jeden Morgen fragte ich mich aufs Neue, was ich heute wohl an meinem Mann entdecken würde. Es gab immer eine Facette von Ihm, die ich noch nicht kannte und die von den Umständen, in die wir geführt wurden, auf unerwartete Weise beleuchtet wurde.

Bald sei ihr ja, eine nach der anderen, in mein Leben getreten, und wir zogen gemeinsam durch die Lande. Ich spürte von eurer Seite mir gegenüber damals zuweilen eine gewisse Furcht. Ihr hattet wohl die Befürchtung, für den Schritt, den ihr gewagt, und der euer Leben völlig umgekrempelt hatte, nicht genug geliebt oder anerkannt zu werden.

Ich kannte diese Bedenken genau. Auch mich haben sie lange Zeit geschwächt. Jeshua gegenüber hatte ich sie von Anfang an, aber auch im Hinblick auf all diese Männer, die oft recht ruppig waren. Sie waren es einfach nicht gewohnt, dass Frauen in Seinem Umkreis Verantwortung übernahmen.

Das war zu einer Zeit, als alles noch recht gut lief. Das Ansehen des Meisters hatte sich im Land herumgesprochen und obwohl viele dagegen wetterten, so brachte es einem doch gewisse Lorbeeren ein, diese oder jene Aufgabe von Ihm anvertraut zu bekommen.

Erinnert ihr euch? Levi und Simon-Petrus schlugen sich ja fast schon um das Privileg, bestimmte Tätigkeiten übernehmen zu dürfen ... Oder aber sie wollten, wenn Jeshua lehrte, direkt vor Ihm in der ersten Reihe sitzen. Dieses Buhlen um Privilegien war im Grunde nichts anderes als ein Ringen um Liebe.

Auf recht kindische Weise wurde darin der riesige Abgrund spürbar, den wir alle im Herzen tragen, das krankhafte Bedürfnis nach Anerkennung. Auch du hast in deinen Worten ja davon berichtet, Jakobea.

Anerkannt zu sein ... das bedeutet, sich sagen zu können, dass man geliebt wird. Das wissen wir alle auf dieser Welt. Wie lange Wege muss man zurückgelegt haben, um die Tyrannei dieses tief verwurzelten, abgründigen Bedürfnisses zu überwinden!

Vor drei oder vier Nächten hast du uns anvertraut, meine Schwester, wie du diesen unglaublichen Tag erlebt hast, an dem der Meister so viele Brote und Fische aus den Körben hervorquellen ließ, wie Er wollte. Was du bestimmt nicht wusstest, ich euch aber erzählen möchte, ist, was geschah, bevor sie der Menge übergeben wurden.

Schon am Vorabend hatte der Meister einigen angekündigt, dass Er Fische brauche, um sie mit denen zu teilen, die Er am Seeufer versammeln wollte. Ich war dabei und habe beobachtet, was sich dann ereignete.

Nathanael[38], Simon-Petrus und einige andere stürzten sogleich zu Ihm. Jeder von ihnen vertrat so vehement seine Absicht, sich um die Angelegenheit kümmern zu wollen, dass sie schließlich in Streit gerieten. Es ging darum, wer das Privileg haben würde, für den Meister zu fischen.

Als Jeshua das sah, rief er sie sogleich zusammen und erklärte ihnen, dass sie sich wahrhaft kindisch aufführten und ohnehin die Fische eines jeden willkommen seien, da wir gewiss viele sein würden.

Am nächsten Morgen ließen die drei oder vier rivalisierenden Fischer bei Tagesanbruch ihre Boote zu Wasser, während wir anderen unter Anleitung des Meisters mit einer langen Meditation begannen.

Fast niemand hat es erfahren ... als die Barken wiederkehrten, waren die Netze praktisch leer. Man musste sich an andere Fischer wenden, um die paar Fische, die gebraucht wurden, zusammenzubringen. Sie wurden - niemand ahnte das - zur Grundlage des Wunders, das dann vollbracht wurde, und das ihr kennt.

Für Simon-Petrus, Nathanael und die anderen, die vergebens versucht hatten, zu fischen, klärte sich die Situation erst am nächsten Tag. An jenem Tag selbst, als die Fische und Brote sich beliebig vermehrten, hielten sie sich nämlich ein wenig abseits, wohl in einer Art von Schmollen befangen. Was da geschah, war so außergewöhnlich, dass niemand ihre Haltung bemerkte. Es gab so viel Besseres zu tun, da werdet ihr mir zustimmen!

Am nächsten Morgen sah ich, wie die glücklosen Fischer sich dem Meister näherten. Es war ein jämmerlicher Anblick. Da ich direkt neben meinem Mann stand, nahm ich sofort die Bitterkeit in ihren Blicken wahr. Auch das Gespräch, das sich in der Folge entspann, hörte ich mit.

"Rabbi ...", sagte einer von ihnen, "warum hast du uns so beschämt. Wir respektieren dich und dienen dir Tag für Tag, denn wir haben verstanden, wie sehr der Ewige aus dir spricht und wie die Dinge dieser Welt dir gehorchen.

Warum hast du es dann so eingerichtet, dass die Fische unsere Netze fliehen? Warum hast du andere geehrt, indem du ihre Fische gekauft hast, während wir hofften, dir alles zu geben? Wir sind verletzt ..."

Der Meister ließ sie Platz nehmen und bat mich, zu bleiben. Dann begann Er, zu ihnen zu sprechen. Ich glaube, es war eine der schönsten Lehren, die ich je gehört habe.

"Meine Freunde, seid ihr Männer oder Kinder?"

"Schau unsere Hände und unsere Gesichter an, wir arbeiten hart ... Mach dich nicht über uns lustig, Rabbi ..."

"Sagt mir lieber, wer macht sich hier eigentlich über wen lustig? Verlacht nicht eher ihr den Ewigen? Noch immer glaubt ihr allzu oft, Ihn hintergehen zu können, genau wie die meisten anderen Menschen auf dieser Welt. Wisst ihr denn nicht, dass Er nicht käuflich ist?"

"Aber wir wollen den Allerhöchsten doch nicht kaufen, Meister!", schrie Simon-Petrus.

"Meinst du wirklich? Was habt ihr denn getan? Erforscht eure Herzen ... Als ihr euch auf die Boote und Netze gestürzt habt, ging es euch da wirklich nur um meine Bitte - also um die Gabe für die Menschen, die herbeikamen, um das Wort meines Vaters zu hören, und die wir mit etwas Nahrung versorgen wollten? Nein ... wenn sich eure Augen auch nur ein wenig öffnen und euer Inneres ansehen können, so werdet ihr zugeben, dass es jedem von euch nur um sich selbst ging. Es war euch nicht darum zu tun, der Liebeskraft des Ewigen zu dienen, vielmehr ... wolltet ihr im Grunde meine Gunst und Anerkennung erkaufen ...

Hab ihr wirklich so wenig verstanden, meine Freunde? Es gibt Dinge, mit denen man nicht handeln kann. Habt ihr Hunger nach Stimmigkeit und Gerechtigkeit, oder seid ihr nur ausgehungert nach Anerkennung? Jeder Mensch, jeder Mann und jede Frau, braucht es natürlich, dass geschätzt wird, was er tut oder zu tun versucht. Das ist auch richtig. Denn im Herzen der Welt, so wie mein Vater sie eingerichtet hat, steht der Austausch als Gesetz des Gleichgewichts. Die Kinder des Lebens geben und bekommen, so wie die Wellen des Meeres herandrängen und zurückfließen.

Aber die echte Anerkennung, jene, der ihr hinterherlauft - ist ein Geschenk, das man bekommt, wenn die Weisheit, die mein Vater ins Herz der Welt gelegt hat, weiß, dass die Zeit dafür gekommen ist.

Wer so ausgehungert ist, dass er sie sofort ernten möchte, bekommt nur Bitterkeit zu schmecken. Ich sage es euch, eine Frucht, die nicht reif ist, ist immer bitter, denn sie wird nicht gepflückt, sondern dem Gesetz des Lebensgleichgewichts gestohlen.

Und so werdet ihr nie wahren Respekt, wahre Achtung und noch weniger Liebe erlangen, solange in euch der Reflex lebt, etwas mit aller Gewalt ernten oder kaufen zu wollen.

Als ihr gestern eure Netze auswarft, hattet ihr nichts anderes im Sinn, als etwas mehr Raum in meinem Herzen einzunehmen. So etwas tun Kinder, meint ihr nicht? Und Kinder sind es auch, die um das Lob dessen, der ihnen Lesen und Schreiben beibringt, streiten.

Schaut mich an und hört mir zu ... Ich bin der, welcher gekommen ist, um euch die hohe Kunst beizubringen, das Leben zu lesen und zu schreiben. Wenn die Anforderungen eures Meisters in dieser Kunst euch traurig und neidisch machen ... so fragt euch, warum! Vielleicht nur, weil ihr noch nicht genug Stunden bei ihm hattet?

Strafen und verletzen sind mir unbekannt, meine Freunde ... Meine einzige Sorge ist, euch zu fordern und weiterzuentwickeln. Es geht mir nicht um das, was ihr gefischt habt, sondern um die Gesinnung, in der ihr es tatet und die Gründe, die euch dazu trieben. Ich bin niemand, der bedient werden will oder dem ihr dienen müsst. Das werde ich auch niemals sein. Allein die Wurzel meiner Liebe in euch verlangt nach eurer Gabe. Es ist die Flamme der Gegenwart des Ewigen in euch selbst. Und diese Flamme könnt ihr nicht belügen. Gestern habt ihr, wie leider so oft, eurer Menschenmaske gedient und nicht der Liebe ...

Geduld ist der Humus, den ihr suchen und Demut der wohltuende Regen, den ihr rufen sollt, seht ihr. Vergesst das niemals ..."

Ich erinnere mich an die Tränen, die Simon-Petrus vergossen hat. Sie berührten mich tief, denn für mich drückten sie aus, was ich selbst empfand ...

Wenn man an der Seite einer reinen Quelle lebt, kommt es oft vor, dass eine gewisse Trunkenheit uns erfasst und man den besten Schluck vor allen anderen trinken möchte. Oder man versucht, ihren Lauf zu ändern oder gar, sie sich anzueignen. Manchmal genießt man auch den Neid der anderen, um des Privileges willen, daraus zu trinken. Das gibt uns das Gefühl, intensiver zu leben, überlegen und wichtiger zu sein, als sie ...

Als die Männer fort waren - besänftigt, verwirrt, aber auch seelisch gewachsen - blieb ich mit dem Meister allein.

In seinen Armen brach ich in Schluchzen aus. Mir war nur allzu klar, warum ihm daran gelegen war, dass ich keines seiner Worte verpasste.

Die Haltung dieser Fischer war auch meine. Sie lag im Geheimen tief in meinem Inneren verborgen. Mein innigster Wunsch war gewesen, dass jeder denken sollte, da ich Jeshuas Frau war, sei ich auch seine erste Schülerin. War das ein fürchterlicher Stolz, meine Freundinnen?

Ganz so einfach ist es nicht. Ich vermute, dass ich vor allem jenen glich, die das Gefühl haben, nie genug geliebt zu werden, und deshalb ständig auf Zeichen von Zuwendung, Respekt und Bewunderung aus sind. Und das sind ja viele. Der unersättliche Appetit nach Anerkennung, den Jeshua so treffend beschrieben hatte, das unwiderstehliche Verlangen, anziehend zu sein ... wie die Sonne ... aber eine Sonne, die man noch lange nicht wirklich ist!

Mein Mann muss wohl meine Gedanken gelesen haben, während ich weinte, denn am Ende sagte Er zu mir:

"Weißt du, Miriam ... Die Sonne ist nicht die Sonne, weil sie etwas anzieht. Sie ist es, weil sie gibt, ohne im Geringsten die Absicht zu haben, anzuziehen."

Leicht verwirrt von allem, was in mir vorging und etwas orientierungslos antwortete ich Ihm: "Was soll ich denn tun? Bist du sicher, dass du dich nicht geirrt hast, als du mich zur Frau nahmst, um mich zu lehren, all das zu sein, was du mir gesagt hast? Ich bin mir nicht mehr so sicher. Schau, Rabouni, schau mal, all die Mysterien, in die du mich eingeführt hast, all die inneren Welten, von denen du den Schleier vor mir gelüftet hast ... Du hast mich ja in so viele Geheimnisse eingeweiht!

Gewiss hat niemand von denen, die uns hier umgeben und dir auf Schritt und Tritt folgen, je solche Geschenke von dir erhalten.

Du hast mir doch alles gegeben, aber siehst du, wo ich damit stehe ...

Du hast es ganz richtig erkannt. Ich bin noch immer wie diese Männer ... Ich bin hinter jedem deiner Blicke her, ich lauere auf deine ausgestreckten Hände und möchte ständig sicher sein, an erster Stelle zu stehen. Ich rede mir ein, dem Ewigen, wie der Welt zu dienen, doch in Wirklichkeit denke ich an nichts anders, als mir selbst einen Gefallen zu tun. Das habe ich soeben durch Dich begriffen ... Welch grausame Lektion, Rabouni! Was soll man nur mit mir anstellen? Du musst mich sehr einfältig finden!"

Da nahm der Meister mein Gesicht in seine Hände und pustete auf meine Augenlider.

"Meine Liebste ... Glaubst du dich auch geirrt zu haben, als du eines Tages Saul getroffen hast? Die Begegnungen des Lebens sind wie Tage, die aufeinanderfolgen und sich gegenseitig befruchten. Würde ein einziger fehlen, käme alles aus dem Gleichgewicht. Alles hat seinen Sinn. Es kommt nicht so sehr darauf an, was du erlebst, sondern wie du dich dazu stellst. Und so macht auch nicht die Einweihung selbst den Eingeweihten ... sondern die Essenz, die der Mensch, Mann oder Frau, der sie durchlebt, ihr nach und nach abzugewinnen versteht. Leuchtet dir ein, was ich damit sagen möchte?

Ich habe dir die Schlüssel gegeben, deine Seele hatte die Kraft, sie zu ergreifen und zu einem einzigen zu verschmelzen ... Nun wird das Leben selbst dir das Schloss dazu reichen.

Siehst du Miriam, es wird nun keinen Tag mehr in deinem Leben geben, wo dir nicht dieses Schloss angeboten wird, in der Hoffnung, dass du den Schlüssel darin ein wenig weiterdrehst. Die Befreiung des Herzens ist eine Sache der Geduld, des Willens und der Einfachheit. Wer sich selbst verherrlicht, weil er glaubt, dass die paar Lorbeeren, die er erhalten hat, ihm ewig die Stirn kränzen werden, wird früher oder später auf die Wirklichkeit dessen zurückgeworfen, was ihm noch fehlt. Ich sage dir, was eine Seele vor allem weiterbildet und formt, sind die Steine, die ihr in den Weg gelegt werden. Niemand muss verzweifeln, weil er noch so viel Kleines in sich entdeckt. Im Gegenteil ... jeder sollte sich in solchen Fällen klar machen, dass es die Liebe seines himmlischen Vaters ist, der ihm die Gelegenheit gibt, zu wachsen und sich weiterzuentwickeln. Wahrhaft blind ist nur der, dessen Seele so verschlossen ist, dass er seine Fehler und Grenzen leugnet ..."

"Hast du darum auf meine Augenlider geblasen? Bin ich noch zu blind? Zu erfüllt von mir selbst?"

"Ich habe es getan, um den Panzer deines gewohnten Blicks aufzulösen.[39]

Du weißt ja, dass die Seele eines jeden Wesens sich im Blick ausdrückt. In ihn legt sie ihr Licht und ihre Schatten, ihre leuchtende Schönheit, aber auch ihre Verhärtungen. Solche Krusten bilden dann einen Panzer. In ihnen drückt sich das Leid des Daseins aus. Sie sind immer aus Urteilen entstanden ... und setzen die Trennung fort. Nur bedingungslose Liebe kommt gegen sie an. Und diese hat mein Hauch dir soeben gereicht."

"Wieder hast nur du gehandelt, Meister ..."

"Um zu empfangen, was gegeben wird, braucht man eine Schale und so wird jedem Wesen nur so viel angeboten, wie es aufnehmen kann. Du sollst dich hinfort nicht mehr verurteilen und auch sonst niemanden. So sei es. Und zwar weil du es annehmen kannst, dass das Leben dir gereicht wird.

Sammle die Steine auf dem Weg unter deinen Füßen und schau dir ihre Farben und Formen an. Sie werden dich stets lehren, was du verstehen sollst und dir den Sinn der Anforderungen, die an dich gestellt werden, aufzeigen."

Oh meine Freundinnen ... wie leicht war mir auf einmal zumute! Es kam mir vor, als seien meine Augen wirklich von den tausend Resten meiner Trauer gereinigt worden. Alle Verkrampfung war daraus verschwunden ...

Ist euch schon einmal aufgefallen, wie sehr der Blick eines Menschen einer geballten Faust ähneln kann? Selbst bei jemandem, der nur Sanftheit und Güte anstrebt, spürt man häufig eine ängstliche Anspannung, den Druck eines Kampfes, den es auszufechten gilt, oder dass da irgendwo eine schmerzliche Grenze ist.

Von diesem Ereignis an, seht ihr, habe ich wirklich aufgehört, mit geballter Faust in der Tasche herumzulaufen. Und so ist das Raster des 'mehr' oder 'weniger', 'größer' oder 'kleiner' nach und nach aus meinem Kopf und meinem Herzen verschwunden.

Aber es gab in meinem Körper noch immer die Dimension von etwas, das kontrollieren und besitzen wollte ... Und sei es nur ein bisschen. Allerdings ging diesem schädlichen Muster zwangsläufig irgendwann die Luft aus. Und ich muss sagen, die Phase dieser Ablösung lief fast unbewusst ab. Ihr habt es bestimmt selbst schon bemerkt: Manchmal bestehen in unserem Leben innere Barrieren, über die man ständig stolpert und von denen man meint, sie nie überwinden zu können. Sie sind wie Reflexe, wie Tabus, sie stellen sich unserem Denken und unserem Herzen - oder gar beiden - als unlösbare Probleme dar. Man versucht nicht einmal immer sie zu lösen, weil sie schon so lange zu unserer Seelenlandschaft gehören ... Dann kommt man weiter ... und eines schönen Tages, stellt man anlässlich einer bestimmten Gelegenheit fest, dass sie verschwunden sind, sich aufgelöst haben, ohne dass man überhaupt weiß, wann, wo oder warum. Und das so nachhaltig, dass man sich sogar fragt, warum man sich so lange mit ihnen herumgeschlagen hat. Dann wird einem klar, dass sie nur eine Illusion waren, ein Schatten, dem man dummerweise Gestalt und Form gegeben hatte.

Und so bin ich, liebe Freundinnen, eines Morgens, ich weiß nicht mehr genau wann, als anderer Mensch aufgewacht. Wie so oft hatten wir draußen im Schein der Sterne geschlafen ... Als ich bei Tagesanbruch die Augen aufschlug, erfüllte mich eine eigenartige Freude. Sie zeigte mir, dass ich nie wieder die Miriam von einst sein würde. Alles war plötzlich so einfach ... Ich konnte auf die alte Landschaft meiner Seele zurückblicken und sah auf der anderen Seite jene, die auf geheimnisvolle Weise an ihre Stelle getreten war.

Ich blickte auf meine alte Arroganz, meine Kontrollzwänge, meine gut versteckte Eifersucht, meinen als Demut verkleideten Stolz. Und dann auf meine als Angeberei getarnten Ängste, meine unterdrückten Frustrationen und schließlich auf meine Impulsivität, die als frommer, freilich ganz legitimer Zorn daherkam. All das war verschwunden. Die Leichtigkeit die ich nun empfand war unbeschreiblich. Als ich an diesem Morgen aufstand, um meine Kleider in Ordnung zu bringen, sah ich, etwa hundert Schritte von mir entfernt, Jeshua. Er saß im Gras und sprach mit einer Gruppe von Frauen. Ihr beide wart auch dabei. Früher hätte ich einen leichten Stich im Herzen gespürt. Ich wäre verletzt gewesen, meinen Ehemann beim Aufwachen nicht in meiner Nähe zu haben. Doch jetzt ... war das anders. Das Gegenteil war der Fall. Ich war restlos glücklich. Ich fühlte mich gesegnet, die Gefährtin von jemandem zu sein, der so viel geben konnte, die Frau eines Mannes, der in erster Linie mit dem Heiligen verheiratet war und dann erst mit mir, und die Gemahlin eines Meisters, der den Menschen in den Rang des Göttlichen erhob ...

Es war leicht zu erraten, mit welchen Augen all die Frauen diesen Meister ansahen. Es war immer nur Liebe, alle Arten von Liebe, zweifellos ... Aber es war Liebe ... Und dann sah ich mir die paar Männer an, die sich schließlich zu der kleinen Gruppe gesellt hatten. Ich sah, wie sie sich bis zum Boden vor meinem Mann verneigten, mit ihren Händen seine Füße berührten und nicht wussten, wie sie vor Ihm bestehen sollten. Auch das war Liebe ... ein Respekt, der Respekt gebot.

Und so, ... indem ich mit so viel Glück im Herzen zusah, was sich da abspielte und im Grunde ja nur die Wiederholung dessen war, was wir jeden Morgen erlebten, dachte ich mir, dass ich vielleicht endlich die Frau geworden war, zu der Jeshua mich berufen hatte. Vielleicht ... und falls es noch nicht ganz so weit war, wäre das auch nicht schlimm, denn meine Augen, mein Herz, mein Kopf, ja selbst mein ganzer Körper fassten das Leben nicht mehr so auf, wie einst. Meine eigenen Unvollkommenheiten konnten nicht einmal mehr die kleinste Verstrickung hervorrufen. Und es gab auch kein Rätsel mehr zu lösen. Ich fühlte mich einfach wahrhaftig und echt, ungeschminkt, unverkrampft und nicht mehr berechnend.

Jeshua war nicht mehr mein Ehemann in dem Sinne, wie diese Welt es versteht. Er war der Ehemann der ganzen Welt geworden. Er war hier, um die ganze Welt zu heiraten, von ihren Wurzeln bis zu den Blättern.

Der "Dunst des Menschlichen" von dem Er immer sprach, war endlich von mir gewichen!

Nie werde ich den kleinen Spaziergang vergessen, den ich dann zu der Schafherde machte, die nicht weit von unserem Lager vorbeizog. Ich erlebte ihn als völlige Ekstase. Nichts Spektakuläres, nichts, was mit Gefühlen im Sinne von Affekten zu tun hatte ...

Es war einfach alles mit allem verbunden.

Nach diesem Erlebnis weinte ich lange ... Der Meister stelle mir keine Fragen. Er gab mir nur einen Kuss auf die Stirn. Da wusste ich, dass ich durch Ihn den Geschmack der Quelle kennenlernen durfte, aber auch das Glück, mich vielleicht einst in ihrem Sprudeln aufzulösen.

Gewiss könnt ihr euch die Kraft vorstellen, die ich an den Tag legte, als wir weiterzogen. Wir waren noch mehr unterwegs als zuvor, zogen von Dorf zu Dorf von Galiläa nach Judäa und Samarien.

Genau wie ihr, erlebte ich wunderbare Dinge, aber auch Schmutziges, Verleugnungen, Gemeinheiten, Mutlosigkeit und natürlich Verrat. Das war nicht immer einfach, denn das Körperliche hat nun mal ein gewisses Gewicht, wie ihr wisst ... doch nie wieder trafen mich diese Dinge so unmittelbar wie früher. Es schien mir zu gelingen, im Korridor aus Licht, den der Meister im Unsichtbaren hinter sich herzog, durchzuschlüpfen.

Meine wahren Wurzeln fand ich, indem ich es annehmen konnte, entwurzelt zu sein, losgelöst von meinen bisherigen Sicherheiten und Bequemlichkeiten.

Jeshua sagte mir immer: "Wage etwas, um keine Angst mehr vor der Angst zu haben!"

Und so wagte ich von Woche zu Woche, von Monat zu Monat zunehmend, die Schriften zu diskutieren, davon zu sprechen, woran ich glaubte, einem Rechtsgelehrten in die Augen zu schauen[40] und schließlich von Jeshua als vom Messias zu sprechen.

Man lachte mir ins Gesicht. Am Ende wurde ich sogar manchmal geschlagen, wenn ich alleine in den Gassen Jerusalems unterwegs war. All das berührte mich nicht mehr.

Der Meister wusste darum ... Er nahm alles in mir wahr. Manchmal kommentierte Er meinen Blick mit den Worten: "Denk daran, wir leben nicht für uns selbst." Am Ende verstand ich, was diese Worte aus seinem Munde bedeuteten. Das hieß nicht, dass wir Aggressionen opferwillig ertragen, sondern sie als Ausdruck von Unwissenheit und Verantwortungslosigkeit ansehen sollten.

Denen, die uns angriffen, die Schläge nicht zurückzugeben, ja sie nicht einmal zu verfluchen, entsprach nur dem Willen, das Göttliche in uns aufzunehmen. Es war einfach stimmig. Unwissende zu verdammen zeugte aus Sicht des Meisters nur von der eigenen Unwissenheit und vom Vergessen um Ziel und Zweck aller Formen des Lebens.

Ich erinnere mich, dass Jude ihm eines Tages erzählte, er habe sich über einen Sadduzäer geärgert, der die Möglichkeit, der Mensch habe das Recht und die Fähigkeit, den Ewigen in sich aufzunehmen, ablehnte.

"Warum hast du dich aufgeregt?", antwortete Er ihm. "Würde eine Ziege dich wütend machen, wenn sie nach rechts geht, statt nach links, wie du es dir wünschst? Umsonst würdest du zu ihr sagen: 'Links, nach links!' Sie wird deine Worte nicht verstehen und wird es niemals tun, weil es in ihr keinen Raum dafür gibt. Genauso wenig kannst du einem Menschen begreiflich machen, dass der Allerhöchste in ihm leben kann, wenn er schon selbst den ganzen Raum in sich einnimmt. Was vor allem im Herzen und im Bewusstsein eines jeden von uns sein muss, ist Raum.

Anstatt dich nutzlos aufzuregen, hilf mir lieber, ihn bei den Menschen, denen du begegnest, zu schaffen. Statt neue Barrieren in ihnen zu provozieren, akzeptiere, dass sie dich vor verschlossene Türen stellen. Niemand kann etwas in sich öffnen, von dem er nicht einmal weiß, dass es geschlossen ist ..."

Erinnert ihr euch, meine Schwestern, wie es vielen von uns schwerfiel, diese Wahrheit umzusetzen: Anzuerkennen, dass der andere nicht in der Lage ist, etwas, das für uns so selbstverständlich ist, in sich aufzunehmen?

Wie soll man die Sonne dorthin bringen, wo noch die Stunde des Mondes herrscht. Schon sich gegen diese Unmöglichkeit aufzulehnen, beweist doch, dass es auch in uns noch nicht genug Platz gibt.

Wir sprachen von Seelen und Herzen und man kam uns mit erstarrten Schriften und Gesetzen ... Wir sprachen von Liebe und man verlangte immer öfter, wir sollten uns am bewaffneten Aufstand beteiligen.

Wenn ich heute an all das zurückdenke, muss ich sagen, dass es sehr wenige waren, die unsere Sprache verstanden ... Und je mehr ich, wie jetzt, in meinen Erinnerungen unterwegs bin, umso eher finde ich, dass es sogar innerhalb unserer Seelenfamilie wenige gab, welche die wahre Tragweite und Tiefe der Lehre, die wir empfangen hatten, ermessen konnten.

Darum konnten die Ereignisse auch nur so ablaufen, wie wir es erlebt haben. Was man nicht versteht, einen aber beunruhigt, lehnt man ab. Oft zieht man die Ordnung des Krieges der Hoffnung auf Frieden vor, weil man den Krieg kennt und nicht weiß, was man mit dem Frieden anfangen soll.

Jeshua ist gekommen, um uns aufzuwecken, um eine neue Art zu Sein und zu Leben in die Welt zu bringen ... Bis hierher hat Er uns geführt, damit wir Sein lebendiges Gedächtnis verbreiten mögen ..."

Ich schaue Miriam intensiv an. Ihre Augen sind längst zugefallen. Sie erzählt lächelnd, das Gesicht dem offenen Meer zugewandt. Nun steht die Sonne hell über unseren Köpfen. Ich habe Durst ... den Freiheitsdurst, so zu sein, wie eine dieser Möwen, die hoch oben im Blau schweben und mit einem Blick alles umfassen können.

Neben mir, im Bauch des Bootes, höre ich, wie ein anderer Rhythmus in Jakobeas Atem kommt. Meine Schwester räuspert sich leise. Dann gleitet, von tiefem Gefühl getragen, eine Frage über ihre Lippen: "Miriam, sag mir bitte ... Glaubst du, dass in meiner Seele genug Raum ist?"

Kapitel 12

Der Engel des Ewigen

Jakobeas Frage wurde nicht sofort beantwortet, denn kaum hatte sie diese gestellt, waren zwei Fischer am Strand erschienen. Sie kamen zügig auf uns zu und waren bald bei uns. Meine Schwester und ich kannten sie gut. Als sie uns da im Boot sitzen sahen, dachten sie, wir wollten es zu Wasser lassen, hätten es aber alleine nicht geschafft.

"Es zu Wasser lassen? Warum nicht?", rief Miriam sogleich. Es war ganz einfach ... Die Fischer halfen uns, von der kleinen Barke herabzuklettern. Dann wurde sie geschoben und gezogen, bis die Wellen sie erfassten und wir kletterten, dem kalten Wasser trotzend, wieder über die Reling. Jakobea und ich hissten sogleich das kleine, quadratische Segel unseres leichten Bootes, wie wir es gelernt hatten. So fuhren wir ein wenig hinaus, um, mit Wind im Haar, das Ufer betrachten zu können. Und nun überkommt uns ein seltsames Gefühl ... Es ist bewegend. Das letzte Mal, als wir alle drei zusammen auf dem Wasser waren - das war auf dem See, dem Ufer von Bethsaida gegenüber.

Damals begriffen wir, dass wir fort mussten, weit fort ...

In unserem Land war die Atmosphäre, vom einen Ende bis zum anderen, angespannt.

Einige hatten gedacht, wenn Jeshua erst einmal weg sei, würden die Gemüter sich nach und nach beruhigen. Sie hatten sich schwer geirrt ... Der frische Wind, den der Meister in die Welt gebracht hatte, war alles andere als ein laues Frühlingslüftchen.

Einige dachten Er sei tot, andere sagten, Er sei auferstanden und würde sich irgendwo verborgen halten, wieder andere meinten, Er sei geflohen.

Wir kannten ja die Wahrheit, doch wir konnten natürlich nicht gegen die kursierenden Gerüchte angehen, ebenso wenig wie gegen alles andere, das sich ereignete.

Das Todesurteil des Meisters hatte alles aufgerüttelt. So sehr seine Tötung von einer besinnungslosen Menge ganz offensichtlich herbeigesehnt wurde, so sehr hatte sie doch hie und da Widerspruch und Aufruhr ausgelöst und die Herzen in Wallung gebracht. Als Jeshua uns von seinem Rückzugsort im Karmel aus wissen ließ, dass für uns die Zeit gekommen war, fortzugehen - um zu überleben, aber auch um seine Saat auf fruchtbaren Boden zu bringen - war das Beste, was wir finden konnten, um uns zu versammeln und von unserem Land Abschied zu nehmen, eine Barke auf dem See.

"Erinnert ihr euch an das letzte Mal, meine Schwestern?", ruft Miriam uns zu, während sie sich an einem der Seile unseres Segels festhält.

"Wie sollten wir uns nicht daran erinnern?"

Jakobea kann ihre Gefühle kaum verbergen, als sie antwortet. Ich hingegen finde Halt, indem ich das Ruder unseres bescheidenen Bootes strammer umfasse.

"Erzählst du uns hier draußen, wie es weiterging, Miriam?"

"Hätte ich mir einen besseren Ort wünschen können? Die Sonne scheint, der Wind ist günstig ... Vielleicht trägt er sogar als Echo weiter, was ich euch noch zu sagen habe. Er gibt alles auf seine Weise wieder, wisst ihr ... Auch das Meer hat ein Gedächtnis. Wir achten nicht darauf ... doch es nimmt unsere Worte auf."

Ich sehe nur noch Miriams Silhouette im Gegenlicht ... Und doch weiß etwas in mir, dass ihr Gesicht sich soeben verändert hat. Ihr Blick hat sich nach innen gekehrt, ist eingetaucht in die Strömung ihrer Seele.

"So viele Dinge drängen sich noch in meiner Erinnerung, meine Freundinnen! Die letzten Monate, die ich in der Nähe des Meisters verbracht habe, waren ganz anders als die übrige Zeit, wisst ihr. Je mehr das Universum, das Er in unserem Inneren hervorrief, sich ausdehnte und uns zu ungeahnten Höhen führte, umso mehr schien sich die Welt, der wir Tag für Tag ausgesetzt waren, zu verengen. Es kamen Gefahren auf uns zu, die immer greifbarer wurden. Jeshua war ständig von schwer bewaffneten Männern in Anspruch genommen. Die einen lobten Ihn und schmeichelten Ihm, andere griffen Ihn an. Er musste sogar manchmal nachts reisen, um Konfrontationen aus dem Weg zu gehen, das wisst ihr ja sicher noch. Da Er zunehmend mehr Einfluss hatte, wollte man Nutzen aus Ihm schlagen. Die Römer aber verschärften ihre Kontrollen, sobald unsere kleine Gruppe - die zuletzt erstaunlich angewachsen war - irgendwo angekündigt wurde.

Ich kann euch sagen ... in dieser ganzen Zeit ist Er oft in sich gegangen. Er prüfte sich lange. Eines Tages nahm Er mich beiseite:

"Weißt du, Miriam, es ist als ob mein Vater Satzfragmente in mich einschreibt und mich die fehlenden Teile ergänzen lässt. Ich kann aus meiner Freiheit eine fürchterliche Waffe schmieden oder der Seele dieser Welt für die Zukunft einen Kuss senden. Ich muss erst durch einen Engpass gehen, um sicher zu sein, dass ich eine solche Freiheit verdient habe."

Noch schwieriger wurde es, als Er nicht umhin konnte, bei den Händlern des großen Tempels von Jerusalem energisch einzuschreiten. Manche sahen in seinem Ungestüm ein Zeichen der Bereitschaft, zu drastischen Maßnahmen zu greifen, um unser Land zu befreien. Ab diesem Zeitpunkt glaubte übrigens auch Judas, eine Lösung könne darin bestehen, den Meister, die Sanhedrin und gar die Römer zusammenzubringen. Er meinte, der Meister könne sie durch die Zahl seiner Anhänger beeindrucken, - all diese Herzen und tatkräftigen Arme, die Ihm zu Diensten waren. Da irrte er sich ... Ihr wisst ja genauso gut wie ich, dass Jeshua nicht wollte, dass Ihm jemand diente. Wenn man zu gebildet ist - wie Judas es im Vergleich zu uns gewiss war - wird man manchmal blind für die alltägliche Wirklichkeit. Nein ... der Meister wollte vor allem keine Diener! Er wollte nur die Begegnung mit dem äußersten Punkt dessen ... was ich heute 'unser aller Unbewusstes' - und zugleich unser ... 'höheres Bewusstsein' - nennen würde.

Versteht ihr diese Worte, so wie ich sie denke?

Je mehr ich meine Erinnerungen durchforste, desto eher bin ich davon überzeugt, dass Er selbst die Verkettung der Ereignisse angestoßen und ihre Intensität heraufbeschworen hat, die schließlich zu seiner Verurteilung führten ...

Vor allem in den letzten Wochen hatte ich den Eindruck, dass Er versuchte, überall zugleich zu sein, in Jerusalem und in den umliegenden Dörfern. Seine Heilungen fanden in immer kürzeren Abständen statt und seine Rede wurde immer flammender. Wenn Er es darauf angelegt hätte, eine Konfrontation zu vermeiden, hätte Er nur die Stadt verlassen und an die Ufer des Sees zurückkehren müssen, die wir so liebten. Er sah ganz klar, dass sich da etwas zusammenbraute, das ist eindeutig. Ja, meine Freundinnen, ich sage Euch, Er hat frei gewählt, was geschehen ist. Ich hörte manch einen sagen, Er sei wie ein Reiter auf einem durchgedrehten Pferd. Nichts könnte falscher sein. Alles war vorausgesehen, bis ins kleinste Detail. Der Einzige, oder doch fast der Einzige, der Bescheid wusste, war Joseph, mein Vater ..."

Da drängt sich mir eine Frage auf, ich muss sie einfach stellen.

"Was meinst du mit 'alles war vorausgesehen ...' Gibt es ein Geheimnis, das du immer für dich behalten hast?"

Miriam neigt sich zu uns, und diesmal gelingt es mir tatsächlich, ihren Blick einzufangen. Ein sonderbares Leuchten liegt darin.

"Ja ... und es ist Zeit, es mit euch zu teilen. Ich durchlebte die schlimmsten Stunden ... Es war kurz nachdem bekannt wurde, dass der Meister verurteilt worden war. Ich hatte damit gerechnet, dass Er verhaftet würde, ganz gleich, wie es ablief ... Auch auf das Urteil, das Ihn - und damit in gewisser Weise uns alle - treffen würde, war ich gefasst.

Ich will nicht sagen, dass mir diese beiden Ereignisse nicht wie Messer ins Herz gefahren wären, aber ... ein Teil von mir war 'anderswo', als hätte ich irgendeinen Zaubertrank genossen, der sehr lange gezogen hatte. Überhaupt nicht gefasst war ich hingegen auf das, was gleich danach geschah, etwas, das Joseph seltsamerweise zum Teil im Griff zu haben schien ... als sei er Akteur von etwas, das ich heute ein enormes, heiliges und lichtvolles Komplott nennen würde.

"Sei stark, meine Tochter ... der Ewige und seine Engel sind mehr denn je an der Seite des Meisters. Wenn die Ordnung dessen, was sein soll, respektiert wird, wird alles so eingerichtet, dass die Marter verkürzt, und dein Mann noch am Leben sein wird, wenn wir ihn vom Kreuz nehmen ... Wir müssen uns dann beeilen ... Behalte das für dich."

"Woher weißt du das, Vater?", murmelte ich.

Da zögerte Joseph einen Moment lang, fuhr dann aber fort:

"Das haben Sie mir gesagt ..."

"Wer, Sie?"

"Die Elohim, meine Tochter ... Die, von denen die Schriften sprechen. Sie sind da ..."

"Sie haben mit dir gesprochen, mit dir?"

"Mehr als das. Sie haben mich besucht und mir Anweisungen gegeben. Was soll ich dir noch sagen? In der Nacht, die auf die Marter folgt, tue dein Möglichstes, um zum Grab zu kommen. Du kennst es ja. Dorthin werde ich den Meister bringen. Dann wirst du alles begreifen ..."

"Mehr konnte ich nicht in Erfahrung bringen. Schon seit einigen Tagen war mein Vater nicht mehr ganz so, wie ich ihn kannte. Er sah freilich ernst aus ... natürlich, und er schien eine sehr schwere Aufgabe vor sich zu haben. Und doch war jenseits der tiefen Falten auf seiner kahlen Stirn eine erstaunliche Ruhe und Abgeklärtheit zu erahnen.

Bevor er wegging - wohin weiß ich nicht - sagte er noch:

"Pass gut auf dich und die anderen auf. Es könnte gefährlich werden."

"Meine Freundinnen, ich möchte euch nichts von den abscheulichen Stunden erzählen, in denen ich dem Meister schlecht und recht zum Hinrichtungsplatz folgte. Wir sind hier, um das Schönste herbeizurufen, nicht das Schlimmste ... auch wenn im Innersten des Schreckens große Dinge vollendet werden.

Ich möchte euch nur sagen, dass ich mich bemühte, auf Meryems Arm gestützt, jeden Augenblick vollkommen anwesend zu sein. Es gab keinen Soldaten, dessen Blick ich nicht erwidern wollte und keinen einzigen Ausdruck in Jeshuas Blick, den ich verpasste. Nicht der geringste Atemzug entrang sich seiner Brust, den ich nicht mit meinem Atem unterstützt hätte.

Mit ihrer unglaublichen Kraft hat Meryem mehrmals etwas zu mir gesagt, doch ich bekam nichts davon mit. Was euch betrifft ... Ich wusste natürlich, dass ihr da wart, direkt neben mir. Leider nahm ich euch nur in einer Art Nebel wahr. Als alles vorbei war und die Männer Jeshuas Körper im strömenden Regen rasch fortbrachten, sagte mir Joseph, der ihnen folgte, nur eindringlich ins Ohr:

"Denk dran, heute Nacht ..."

Simon aus dem Dorf des Meisters bot mir an, mich ins Betsaid zu begleiten, aber ich lehnte sein Angebot ab. Ich wollte allein sein ... oder bei Meryem, wenn sie es wollte. Aber Joseph hatte sie schon jemandem anvertraut.

Und so irrte ich zwischen euch, ein paar anderen aus dem Betsaid, dem Haus meines Vaters und dem Grab umher, wohin mein Mann gebracht worden war. Dorthin aber versperrten die Soldaten mir den Weg. Ich war nicht in Panik ... Ich hoffte vor allem, es zu verstehen. Am Ende stapfte ich, wie so viele andere, nur noch im Regen durch den Schlamm und wartete, dass endlich die Nacht kommen und ich euch wieder finden würde, damit wir zusammen beten konnten. Ihr wart fast die Einzigen, die zu Hause waren, in unserem Gemäuer aus Lehm und Stein. Johannes, Levi, Thomas, Jakob, Nathanael, Simon-Petrus und die anderen waren verschwunden. Ich erinnere mich nur noch an Jude. Er lag mit dem Gesicht auf dem Boden und betete. Und so beteten wir auch, mit der alten Martha, die sich hierher geflüchtet hatte und unablässig weinte. Schließlich ging die Öllampe aus und ihr schlieft ein.

Ich habe mir das natürlich verboten. Ich musste heimlich zum Grab zurück und vor allem darauf achten, keine Wächter zu treffen, falls noch welche da waren. Was mir sagte, dass der Zeitpunkt gekommen war, weiß ich nicht. Die körperliche Kraft, um mich auf den Weg zu machen, brachte ich jedenfalls noch auf und war bald mit zügigen Schritten auf dem Pfad unterwegs, der sich zwischen den Olivenbäumen durchschlängelte. So näherte ich mich dem Ort, den mein Vater mir genannt hatte. Er glich einem Garten. Der Regen hatte ein wenig nachgelassen und ich fühlte mich erstaunlich klar.

Als ich eine kleine Pause einlegte, um Luft zu holen, sah ich plötzlich ein grünes Licht zwischen zwei Baumgruppen aufsteigen. Seit Stunden hatte ich nur ein Wort im Kopf: "Elohim" ... Allerdings kannte ich die Schriften im Einzelnen kaum - und wie selten hatte ich in meinem Leben nach ihnen gerufen! Wie konnte es sein, dass mir ihr Name - ein einziges Mal auf mysteriöse Weise von Joseph ausgesprochen - nun wie ein Schlüssel erschien, um mich meinem Mann Jeshua zu nähern? Durch Josephs Worte bestärkt, ging ich ohne das geringste Misstrauen auf das grüne Licht zu. In seiner Mitte stand ein Mann. Er kam auf mich zu ... als wir etwa zehn Schritte voneinander entfernt waren, blieb er stehen. Das grüne Licht war hinter ihm zurückgeblieben. Doch es war hell genug, um ihn genau zu erkennen. Er hatte fast dieselbe Gestalt wie Jeshua und trug ebenfalls ein langes, weißes Gewand. Auch sein Haar war lang und üppig, doch er hatte keinen Bart und sein Gesicht keine Falte, es war völlig glatt. Er lächelte mich sofort an, als wolle er mich beruhigen.

"Bist du es, Miriam", sagte er. Seine Stimme war seltsam.

"Ja, das ist mein Name ... doch es tragen ihn noch viele andere ..."

"Dann bist du es, die ich suche."

"Bist du ... ein Engel des Ewigen?", stammelte ich.

"Du kannst mir diesen Namen geben ... doch es tragen ihn noch viele andere."

Seine Antwort warf mich zu seinen Füßen nieder, das Gesicht im Staub.

Dennoch fand ich die Kraft zu fragen: “Bist du wegen meines Mannes hier?”

“Steh auf, Miriam ... Ja, natürlich wegen des Meisters Jeshua ... Aber auch um der Männer und Frauen dieser Welt willen.”

“Lebt er?”

“Er lebt ... sei ganz ruhig. Aber wenn wir dich haben kommen lassen, so nicht nur, um die Gemahlin in dir zu beruhigen. Es geht um viel mehr. Du sollst in die Geheimnisse des großen Mysteriums eingeweiht werden, das sich hier gerade abspielt und das du wie eine Schale in deinem Leib tragen sollst.

Der Gesegnete ist in deinen Gemahl eingezogen ... Der Zustand der Segnung ist ein Prinzip, dessen Liebe und Weisheit grenzenlos ist. Dieser Zustand ist die Quintessenz all dessen, was sich seit Anbeginn der Zeiten in den Welten entwickelt hat.

Es ist der Wille des Ewigen, dass alles, was es gibt, alles, was man sich nur vorstellen kann, eine Tag- und eine Nachtseite hat. Im Inneren dieser Zyklen entstehen die Ausnahmewesen. Sie ziehen diese Quintessenz, diesen Lebenssaft, an und bringen ihn zum Ausdruck.

Die Sprache, die wir in diese Welt gebracht haben, nennt sie Avatara. Das bedeutet Fleisch gewordene Söhne des Namenlosen. Der Meister Jeshua ist einer von diesen Söhnen, das hast du gewiss verstanden. Man könnte annehmen, dass Er sich dem Gesetz der Menschen und der Zeiten unterwirft, doch keine Kraft kann Dem, was in Ihn eingeschrieben ist, etwas anhaben.

Der Gesegnete war dein Ehemann, weil das Leben in Ihm gesehen hat, das Es Dich zu seiner Schale machen konnte. Und durch diese Schale steht es dir nun zu, selbst den Segen an andere Menschen weiterzugeben.

Das wollte ich dir anvertrauen, Miriam.”

Wie ihr euch vorstellen könnt, fühlte ich mich völlig hilflos. Was sollte ich darunter verstehen? Ich konnte doch nicht einfach die Fackel des Meisters aufnehmen! Ich war nur eine Frau und hatte den schlimmsten Tag meines Lebens hinter mir. Ich weiß auch nicht, welche geheimen Kräfte mir halfen, mich überhaupt noch auf den Beinen zu halten und nicht in Verzweiflung zu versinken ...

Ich erinnere mich, dass ich im Dämmerlicht noch intensiver nach dem Blick des Boten des Herrn suchte. Und dann stellte ich eine Frage, die zugegebenermaßen recht klein und persönlich war.

"Du hast gesagt, der Ewige *war* mein Ehemann. Ist er es nicht mehr? Du hast mir doch versichert, dass Er noch lebt."

"Das sage ich, weil der Gesegnete heute Jeshuas Körper verlassen hat. Seine Quintessenz ist zu seinem Vater aufgefahren, zum Vater von uns allen, dem Zentrum unseres Universums. Doch sie hat etwas von ihrem Prinzip an der Oberfläche und im Herzen dieser Welt zurückgelassen.

An dir ist es nun, dieses Prinzip anzufachen, wie du es mit Glut tun würdest, damit eine Flamme daraus hervorbricht ... Man denkt immer, eine Schale sei lediglich dazu bestimmt, Flüssigkeit aufzunehmen ... Du aber wirst lernen, dass sie auch dazu dienen kann, Feuer zu verstärken.

Die Kraft des Feuers, von der ich spreche ist die des neuen Blutes, das von nun an im Körper der Menschheit zirkuliert ..."

"Das verstehe ich nicht", sagte ich. "Warum sollte das, was Jeshua angetan wurde, unter den Männern und Frauen dieser Welt ein neues Blut in Umlauf bringen? Was ist meine Rolle darin?"

"Präge dir diese Worte ein und lass sie wie Hefe in dir gären, Miriam ... Als der Gesegnete Jeshuas Leib verlassen hat, hat Er das ganze schmerzhafte kollektive Gedächtnis des Blutes der Menschen, die diese Welt bevölkern, mitgenommen.

Hast du schon einmal gesehen, wie man Zeitzyklen misst, indem man Sand von einem Gefäß in ein anderes fließen lässt? Was der Gesegnete durch den Körper des Meisters Jeshua vollbracht hat, ist mit der entschlossenen Geste dessen vergleichbar, der die Sanduhr umdreht. Er hat Raum geschaffen, wo es keinen mehr gab. Er hat ein neues Zeitalter eröffnet. Das Blutgedächtnis dieser Welt, war wie mit Salz gesättigtes Wasser. Alles darin erstickte ...

Was du tun kannst, Miriam? Sei einfach du selbst, wirklich du selbst, wie der Gesegnete es dich gelehrt hat. Wecke die Schlafenden, fürchte nicht, die Lüge aufzudecken, wo sie noch vorkommt. Vereinige alles in dir. Löse die Grenzen auf ... Was der Gesegnete in deiner Seele erkannt hat, ist die Verbindung von Kraft und Zärtlichkeit!"

Ich sah den Engel des Ewigen lange an, ohne etwas zu sagen. Er lächelte mir noch einmal zu, und ich schlug die Augen nieder. Fast schämte ich mich, solche Worte gesagt zu bekommen. Sie waren allzu gewichtig.

"Und mein Gemahl ...", murmelte ich schließlich, wie um alles in eine menschlichere, weniger überwältigende Dimension zu bringen.

"Dein Mann ist Avatara, ein Meister, der seine Kräfte zu sammeln versteht. Komm im ersten Licht der Morgendämmerung wieder zu diesem Weg, so wirst du Ihn treffen ..."

Dann lächelte mich das Wesen noch ein letztes Mal an und verschwand wieder in Richtung des grünen Lichtes, das noch immer zwischen den Bäumen leuchtete.

Ob er sonst noch etwas sagte, weiß ich nicht mehr, jedenfalls war das schon enorm viel. Die Gedanken erstarrten in meinem Kopf und ich hatte das Gefühl, meine Beine würden unter mir versagen.

Es begann gleich wieder zu regnen ... und ich ging zurück zum Betsaid, wo ich, anders als ich es mir vorgenommen hatte, völlig erschöpft neben euch einschlief. Zum Glück kam Nikodemus und riss mich aus dem Schlaf. Ich rüttelte euch wach und dann gingen wir alle drei zum Grab.

Als ich, genau wie ihr, in den allerersten Sonnenstrahlen die Umrisse eines Mannes auf einem Pferd sah, glaubte ich zunächst nicht, dass es Jeshua sein könne. Die seltsame Selbstbeherrschung, die mich am Vorabend und sogar durch die Nacht begleitet hatte, war verschwunden. Nun zitterte ich nur noch ...

Ich musste erst sehr nahe an den Reiter herangehen, um Jeshua in ihm zu erkennen. Im ersten Moment glaubte ich zusammenzubrechen, aber einer der beiden Männer, die seitlich neben dem Pferd hergingen, hielt mich an der Schulter fest. Als ich mich aufrichtete, befand ich mich direkt neben den Beinen meines Mannes, der seitlich an der Flanke des Tieres hing. Endlich trafen sich unsere Blicke ... In seinem lag ... eine unglaubliche Verbindung von Selbstbeherrschung, Erschöpfung und Liebe. Er flüsterte mir ein paar Worte zu, die ich ewig für mich behalten werde. Dann sprach Er ja mit euch, bis schließlich die beiden Männer, die ihn begleiteten, sein Pferd antrieben. Es war klar, dass Ihn hier niemand finden durfte ... Was dann geschah, weiß ich nicht mehr so genau, meine Freundinnen ... ich glaube, wir haben uns an diesem Tag und an den folgenden wie Verlorene gefühlt. Ostern war in vollem Gange, mit seinen Prozessionen, seinen Gesängen, den Schwaden von Weihrauch und dem Blut der Schafe, das durch die Gassen von Jerusalem floss.

Anders als viele von uns dachten, hatte ich keine Ahnung, wo der Meister hingebracht worden war. Ich wusste nicht, ob ich glücklich oder fürchterlich entmutigt war. Nur mein Vater und ein paar Männer kannten den Ort, an dem Er sich versteckt hielt.

Doch die Vorsicht gebot ihnen zu schweigen. Was mich betraf, so hatte ich sofort begriffen, dass unser aller Leben von nun an völlig anders verlaufen würde, allen voran natürlich mein eigenes Leben.

Auf dem Hintergrund des Ausmaßes dessen, was geschehen war, wusste ich nicht einmal mehr, ob ich mich noch als Frau von Jeshua betrachten sollte. Seit der Engel des Ewigen mit mir gesprochen hatte, schien das keine Bedeutung mehr zu haben. Im besten Fall fühlte ich mich, als sei ich die Gefährtin des Meisters gewesen, so lange Er der Welt angehörte. Was die Zukunft betraf ... so war sie mir schleierhaft.

Unsere kleine Gruppe schien es kaum noch zu geben, alle waren mehr oder minder verstreut. Außerdem kursierten die widersprüchlichsten Gerüchte. Genau wie ihr, hörte ich alles Mögliche ... Dass man den Leib des Meisters gestohlen hatte, dass Er sich von selbst erholt und glanzvoll über den Olivenhainen von Gethsemane geopfert habe, dass die Sikarier schon lange ein Komplott mit ihm angezettelt hätten ... und was nicht noch alles.

Wir aber sagten nichts ... und folgten damit Josephs Anweisung. Wir mussten vor allem diskret sein, damit die Gemüter sich nicht noch weiter erhitzten und es am Ende noch zu Blutvergießen kommen würde.

So verbrachten wir lange, einsame Tage. Nachts beschäftigte mich oft der Name 'Elohim'. Dann ließ ich mir wieder die Worte durch den Kopf gehen, die ich bei dem grünen Licht gehört hatte. Manchmal zweifelte ich daran, dass ich sie in Wirklichkeit und nicht nur im Traum gehört hatte und dann ... dann waren da in mir zum Glück auch noch die letzten Worte, die Jeshua mir zugeflüstert hatte. Sie waren wie ein wundervoller unsichtbarer Ring, den Er mir an den Finger gesteckt hätte ..."

Der Wind ist in unser Segel gefahren. Wir müssen es anders stellen. Ich hebe die Augen und sehe Miriam an. Sie starrt aufs Blau des Meeres und ich bemerke zwei Perlen, die ihre Wangen herabrollen. Ich schaue sie an - sie, mit ihrer ganzen Kraft und Weisheit ... und bewundere ihre Beherrschung. Doch da ist nichts zu machen. Das Gewicht des Körpers ist nun mal das Gewicht des Körpers und wird es immer bleiben, solange er eine Rolle zu spielen hat. Wozu auch ihn bekämpfen? Seine Zerbrechlichkeit macht gerade seine Schönheit aus.

"Meine Schwester", sagt Jakobea, "fass das Ruder fester. Sieh mal, wie weit wir vom Ufer entfernt sind."

Jakobea hat recht. Wir sind ja keine Fischer und sollten uns nicht so weit hinaus wagen.

"Sollen wir umkehren, Miriam?"

"Noch nicht ... Ich weiß, dass ich niemals alles erzählen kann, doch ich möchte, dass meine Erinnerung sich mit euch hier auf den Wellen noch ein wenig entfaltet. Das tut so gut."

Um ihr Haar vor dem Wind zu schützen, hat sich Miriam ihren Schleier wie einen Turban um den Kopf gebunden. Sie lehnt sich in aller Ruhe tief in den Rumpf des Bootes und spricht weiter:

"Vielleicht habt ihr euch das schon gedacht ... als der Meister uns alle in der kleinen Schäferei, in einem Tal nicht weit von Tiberias, versammeln ließ, um uns seine Anwesenheit unter uns zu verkünden, hatte ich Ihn zuvor schon gesehen. Dies Privileg teilte ich freilich mit Meryem ...

Unser Wiedersehen fand in einem winzigen, teilweise verfallenen Haus statt. Ein paar Mitglieder unserer Bruderschaft hatten es notdürftig fürs Überleben ausgestattet. Hier, weitab von allen Wegen, war Jeshua nach und nach wieder zu Kräften gekommen und seine Wunden konnten heilen.

Doch als ich die Tür der Behausung öffnete, war Er noch sehr schwach, das kann ich euch sagen. Manche Wunden nässten auch noch. Ich warf mich zu seinen Füßen. Es hatte sich so viel Liebe angestaut in all den Tagen, die wir getrennt waren. Ich musste ja allen gegenüber Zurückhaltung zur Schau stellen, schon, um keine Kraft zu verschwenden. So hatte ich Zeit, den Auftrag, den der Engel des Ewigen mir gegeben hatte, voll und ganz zu verstehen.

Als ich endlich meinen Kopf auf seine Knie legen konnte, fühlte ich mich wie eine alte Frau am Ende ihrer Kräfte, fast gefühllos.

Was soll ich euch von Jeshua erzählen, so wie ich Ihn da vorfand? Obwohl Er durchaus lebendig war und auch ohne Stütze gehen konnte, zeigten seine Augen doch ganz deutlich, dass Er durch die Pforte des Todes gegangen war. Sein Blick war nicht weniger intensiv ...

Er war anders.

Auch insgesamt war Jeshua völlig verändert. Ich weiß nicht mehr, wie oft ich Ihn "Rabouni ..." nannte, wie ich es so gerne tat, wenn ich mir wünschte, dass Er mich etwas lehren sollte. Doch worauf konnte ich da hoffen? Was konnte Er mir noch beibringen - Er war ja selbst schon die Lehre, ohne, dass Er auch nur den Mund öffnen musste. Und doch brachte Er mich noch durch seine Worte weiter, liebe Freundinnen ... Er brachte mir noch etwas bei! Er fand die Kraft und den Willen, mich vor die größte Herausforderung zu stellen, die auf mich zukommen konnte: zu lernen, mich nach und nach von Ihm zu entfernen.

"Willst du mich denn nicht mehr, Rabouni ...", fragte ich zunächst, fast in Panik.

Da lächelte Er mich so voller Mitgefühl an!

"Im Gegenteil, meine Liebste ... ich brauche Dich mehr denn je ... aber dort, wo du sein musst. Erinnerst du dich noch daran, was ich dir vor Kurzem gesagt habe? Ich sagte: "Wir leben nicht für uns ..." Nun ist es Zeit, den rechten Sinn dieser Worte zu verstehen. Unsere Leben gehören uns nicht ... Wir haben sie dem Unendlichen geschenkt, noch bevor wir auf diese Welt kamen. Im Grunde ist dir nicht unbekannt, was das bedeutet. An Ostern hat die Sonne der Sonnen meinen Körper verlassen. Sie hat durch mich ihr Werk vollendet. Und so kann meine Anwesenheit auf Erden nicht mehr dieselbe sein. Jeshua muss kleiner werden, damit die Sonne wachsen kann. Dein Mann muss sich zurückziehen, damit der Lebenshauch, der durch ihn gesprochen hat, auch weiterhin den Geist der Menschen durchdringt und läutert.

Das ist eine der Notwendigkeiten, die unser aller Vater in der Ewigkeit besiegelt hat. Man muss manchmal verschwinden, damit der Appell gehört wird ..."

Nachdem Er diese Worte gesprochen hatte, schwieg ich lange. Mir war, als habe Jeshua einen Dolch in mein Herz versenkt. Ich hatte nicht einmal mehr die Kraft, Ihm in die Augen zu sehen. Im tiefsten Inneren sehnte ich mich jäh nach dem Tod ...

Erst so viel aufbauen wollen und dann mit einem Schlag alles zerstören! Wie sollte man sich das vorstellen - keine Grenzen mehr schaffen - wenn nun eine so grausame Trennung anstand?

Ich war in einem Zustand absoluter Verwirrung, als ich spürte, wie sich die Hand des Meisters sanft auf meinen Kopf legte.

Ich erzähle es euch so, wie ich es erlebt habe, meine Schwestern ... Ihre Wärme hat alles in mir zum Stillstand gebracht. Mein Unverständnis, meinen Schmerz, meine Wut und den Wahn, der meinen ganzen Leib zu erfassen drohte. Ein einziger Gedanke stieg aus den Tiefen meiner Seele auf. Er stieg auf, wie ich einst aufgestiegen war, als ich, noch jung, im Wasser des Sees untertauchte, nur um den magischen Moment zu erleben, in dem ich plötzlich wieder an die Oberfläche kommen, tief einatmen und das Licht wiedersehen würde.

Dieser Gedanke entsprang einer Lehre des Meisters ... Sie lautete:

"Folgt nicht meinen Fußspuren im Sand. Macht vielmehr eure eigenen Schritte. Denn in eurem Inneren sollt ihr euch finden, dort erstrahlt die verlorene Freude ... Das Innere führt zum Äußeren, welches das wahre Innere ist ..."

Ich schwöre euch, ... als ich diesen Gedanken zu Ende gedacht hatte, umfing mich ein vollkommener Frieden. Ich war getröstet ... mit allem ausgesöhnt und widerstandslos allen Sonnen geöffnet. Der Meister war da, Er lebte, Er pulsierte in meiner Mitte, weil Er der Gemahl der Welt war, und ich Ihn in dieser Vermählung mit der Welt erkannte ... Ich empfand eine unendliche Freude darüber ... Seit jenem Moment, in dem die Wärme seiner Hand sich in meinem ganzen Körper ausgebreitet hatte, hat sich die Pforte meines Herzens nie wieder geschlossen. Ich hörte auf, alles auf mich zu beziehen. Alles war viel einfacher geworden - selbst in den schwersten Stunden, und nie, niemals, das kann ich euch versichern, habe ich mich intensiver als Gemahlin gefühlt. Die ganze Welt wurde mein Brautgemach, weil die Essenz des Meisters sich überallhin verströmt hatte.

Ihr wisst es, weil ihr es ja auch erlebt ... Ich bin an dieses Ufer gekommen, um die unglaublichste Saat zu verbreiten. Nur durch sie konnte ich euch finden, und um ihretwillen bin ich hier. Aber ihretwegen werde ich meinen Weg auch fortsetzen ... Als ich Jeshua am Abend unseres Wiedersehens verlassen musste, war in meinem Körper und meinem Bewusstsein alles endgültig klar. Ich wusste, dass wir uns noch ein paar Mal sehen würden, ich aber früher oder später seine Spuren 'anderswo' entdecken musste, unter anderen Horizonten - doch unter demselben Himmel.

Was aber ist aus Ihm geworden? Zunächst zog Er sich lange an den Ort zurück, wo Er als Kind ausgebildet worden war, dann ließ Er seine Spur sich verwischen ...

Seitdem war ich viel in diesem Land unterwegs, um dessen Existenz schon mein Vater wusste. Ich habe hier geheilt und gelehrt, war unablässig damit beschäftigt, aufzubauen und oft überrascht, dass der Inhalt der Schale, die der Meister in mich gelegt hatte, in so hohem Maße angenommen, ja, begehrt wurde.

Manchmal erschien mir Jeshua im Traum. In einem davon verkündete Er mir, dass Er in das Hochgebirge im Osten zurückkehren würde, welches Er einst so geliebt hatte. Manchmal erschien Er mir auch vollständig in seiner Form als Licht, um mir seine Liebe in die Seele zu gießen und mich zu unterstützen. Aber es waren nicht die schwierigsten Tage, an denen Er sich so zeigte. Im Gegenteil ... In diesem Punkt war Jeshua immer sehr klar gewesen: Wer wirklich in seine Fußstapfen treten wollte, durfte nicht erwarten, Krücken am Wegesrand zu finden. Der Weg des Meisters ist ein Weg des Willens.

Heute weiß ich, mehr denn je, dass die Liebe in diesem Willen endlos ist. Sie breitet sich immer weiter aus ...

In den Dörfern, in denen ich einige Zeit lebte, bevor es mir gelang, eure Spur hier am Ufer wiederzufinden, bekam ich manchmal zu hören, ich würde nicht viel von Liebe sprechen. Man sagte, ich würde das Wort selten verwenden. Es stimmt. Das Wort Liebe kommt mir nicht oft über die Lippen. Das liegt wohl daran, dass ich eine Auffassung - ja, eine Vision - davon habe, die so wenig 'menschlich' ist, dass ich darauf achte, ihre Kraft nicht zu verschwenden.

Es ist so ... manche Wörter, manche Begriffe, können verflachen und ihre Kraft verlieren, wusstet ihr das? Es sind meist gerade die schönsten. Sie sind dann wie ein kostbares Parfum, das man leichtsinnig verdunsten lässt.

Allzu viele, die sich Priester nennen, oder sich als Eingeweihte der Mysterien des Lebens ausgeben, sprechen das Wort Liebe leider ohne Liebe aus.

Und das macht es kraftlos.

Ich möchte nicht aufsparen, was ich von der Liebe weiß. Ich möchte es konzentrieren, um seine Essenz zu teilen ...

Wisst ihr, in ein paar Tagen werde ich euch verlassen. Wohin? Das weiß ich nicht. Ich hatte lediglich die Vision, weiterziehen zu müssen, noch ein wenig weiter nach Osten. Ich werde erst verweilen, wenn meine Seele die Berge erkennt, die ihr gezeigt wurden. Dort werde ich dann meinen Lebensabend zubringen ...

Heute aber, hier mit euch auf dem Wasser, leuchtet mir mehr denn je ein, wie die Wahrheit, die der Meister in mich gelegt hat, Früchte trägt, indem man sie teilt. Diese Wahrheit lässt sich in wenigen Worten zusammenfassen: *Ich bin glücklich, seine Freude weiterzugeben ...*"

Einen knappen Monat später, nahm Miriam, wie sie es angekündigt hatte, ihren alten Leinensack wieder auf und versammelte die sieben oder acht Menschen um sich, die sie von den hohen Bergen im Westen bis hierher begleitet hatten. Es wurden keine großen Worte gemacht, dafür gab es echte Blicke. Man hatte sich das Wesentliche gesagt, gebetet und alles gelebt, was noch zu leben war ...

Jakobea und Salome standen im feuchten Sand und blickten ihr nach, als sie sich mit der kleinen Gruppe am Ufer entlang entfernte. Einmal drehte Miriam sich um und zeigte ihnen mit einer weit ausholenden Armbewegung die Weite des Meeres.

Am Horizont verschmolz sein Blau mit dem Himmel, ohne dass die kleinste Trennungslinie zwischen ihnen erkennbar war.

Mit dieser Geste führte Miriam den beiden noch einmal alles vor Augen.

Salome und Jakobea hielten ihre Tränen freilich nicht zurück. Es waren schöne und gute Tränen. Auch sie wurden im tiefsten Frieden dem Gedächtnis der Zeit und des Raumes anvertraut.

So war es ...

Nachwort

Nachdem die Akasha-Chronik ein gutes Jahr lang zu mir gesprochen hatte, verschloss sie sich eines Februarmorgens wieder und ließ mich ein wenig verwaist zurück. Das war unvermeidlich ...

Was ist vor mehr als zweitausend Jahren geschehen?

Man sagt, dass Miriam aus Magdala das Gebirge, wo sie lehren und ihren Lebensabend verbringen wollte, tatsächlich gefunden hat. Es heißt heute 'Massif de la Sainte-Baume' und liegt im Hinterland von Marseille.

Jakobea und Salome hingegen blieben in dem winzigen Fischerdorf, aus dem inzwischen 'Saintes-Maries-de-la-Mer' unweit von Arles entstanden ist.

Die Liebe Christi, die sie an diesem Ufer verkündeten, hat den Ort und das Gedächtnis der Menschen gleichermaßen geprägt. Hier haben beide ihren Körper verlassen, nachdem sie die Fackel des Meisters Jeshua an eine Handvoll einfacher Männer und Frauen weitergegeben hatten. Und diese haben es nicht vergessen ...

Der Legende zufolge wurden hier im 15. Jahrhundert auch die Überreste ihrer Gebeine gefunden. Sie liegen heute als Reliquien in der Krypta der Wehrkirche Notre-Dame-de-la-Mer.

Sind sie echt? Das weiß niemand, es ist auch nicht wichtig ...

Li Santi Mario de la Mar wird jedenfalls immer eine Hochburg der Erinnerung an das schönste aller Worte bleiben.

Ich aber möchte mich heute vor der Seele Salomes verneigen, deren Offenheit und Sanftmut es zu verdanken ist, dass 'das Buch der Zeit' sprechen, und dieses Werk entstehen konnte ...

Daniel Meurois

Anhang

Das Gebet von Shlomit

Herr, richte mich auf und vertreibe die Spreu aus mir durch alle Winde des Lebens.

Entnimm den besten Samen aus mir und hilf mir ihn einzupflanzen, selbst in den steinigsten Boden.

Herr, richte mich auf und gib mir die Kraft zu lächeln - zum Regen ebenso wie zur Sonne.

Führe mich dahin, wo die Furchen der Erde mich stärken und dorthin, wo meine Schritte von Deiner Gegenwart in mir zeugen.

Herr, richte mich auf und lehre mich das Lächeln, das zu jenen spricht, die Sturm in sich tragen, ebenso wie zu denen, die weinen.

Durchdringe meine Hände, auf dass in Deinem Namen all die Wunden der Leidenden geheilt werden.

Herr, richte mich auf und mach mich zum Ohr, das Deinen Willen empfängt, zum Blick, der Deine Liebe gibt und zum Widerhall, aus dem Dein Wort erklingt.

ܡܪܝܐ ܡܫܝܚܐ ܘܦܪܘܩ ܡܢ ܙܒܢܐ ܒܟܠܗܘܢ ܪܘܚܐ ܚܕܐ

ܫܡܥ ܡܢ ܙܒܢܐ ܠܒܐ ܕܒܪܝ ܕܐܝܟܢܘܗܝ ܐܦ ܠܐ ܫܘܒܚܐ ܐܝܟܐ ܕܠܝܬ ܡܪܝܡ

ܡܪܝܐ ܡܫܝܚܐ ܘܫܠܝ ܠܡܪܝܡ ܐܦ ܠܐ ܡܠܐܟܐ ܘܠܐ ܫܡܝܐ

ܕܒܪܝ ܠܐܢܫܐ ܫܠܡܝ ܟܠܗ ܒܫܡܝܐ

ܘܠܐܢܫܐ ܕܟܠܝ ܢܦܫܗ ܠܡܐܡܪ ܦܪܘܩܝܢ ܒܗ

ܡܪܝܐ ܡܫܝܚܐ ܘܐܠܗܐ ܕܡܫܝܚ ܠܡܫܠܡ ܠܐܠܗ ܕܫܠܡ ܕܒܪܐ ܒܗܘܢ

ܘܐܦ ܠܐܠܗ ܕܒܪܝ

ܬܐ ܒܟܦ ܕܫܡܝܢ ܐܬܐܡܢܘ ܒܐܪܥܐ ܕܐܠܗ ܕܡܫܝܚ

ܡܪܝܐ ܡܫܝܚܐ ܘܒܪܗ ܕܐܠܗܐ ܐܒܘܢ ܕܫܡܝܐ ܢܬܩܕܫ ܫܡܟ ܘܬܐܬܐ ܕܡܘܪܒ ܫܡܟ

ܘܡܠܟܘܬܐ ܕܦܪܝܐ ܡܠܟܘܬܟ

Vielen Dank an Claude Vibert für die Übersetzung aus dem Aramäischen.

Hinweise

1. Nîmes in Südfrankreich
2. Maria-Jakobea, Maria-Salome, Maria-Magdalena. Es war die Kirche, die es Jahrhunderte nach ihrem Tod für angebracht hielt, ihnen den Namen Maria voranzustellen.
3. Migdel oder Magdala
4. Die Pyrenäen
5. Der Name Meryem, der damals sehr gebräuchlich war, wird hier anstatt Miriam oder Maria verwendet, um eine Verwechslung mit Maria Magdalena auszuschließen.
6. Meryem-Maria - die Mutter von Jeshua - war auserwählt worden die "Taube" zu sein, also die Hüterin des Feuers im Haupttempel der Essener Bruderschaft. (vgl. "Essener Erinnerungen" vom selben Autor, S. 30, Silberschnur Verlag).
7. Aramäischer Name, der ins griechische übersetzt Clopas lautet
8. Das Karmel. Vgl. "Essener Erinnerungen"
9. Vor seinem Eintritt in das Kloster Karmel trug Jeshua (Jesus) den Namen Joseph. Vgl. wieder "Essener Erinnerungen".
10. In der Essener Gemeinschaft und bei jenen, die ihr nahestanden war es ein Grundsatz, keinen Schwur abzulegen. Man schwor nicht. Man gab sein Wort, das musste genügen.

11. Der akustische Nachhall-Effekt einer Wasserfläche wurde schon in der Antike von Rednern nach Möglichkeit genutzt.
12. Der See "in Form einer Harfe". Alter Name des Sees Genezareth, der auch Meer von Galiläa genannt wird.
13. Die Via Domitia
14. Vgl. "Essener Erinnerungen" 2.Teil, Kapitel XV
15. Die Essener Bruderschaft
16. Ein anderer Name für die Zeloten, eine bewaffnete Widerstandsgruppe gegen die römische Besatzung
17. Dieses Gebet von Schlomit finden Sie im Anhang im Original der aramäischen Sprache.
18. Das Dorf Magdala
19. Gefühlvolle Anrede für "Rabbi", etwa wie "Swamiji", "mein"Swami in Indien
20. Das Tote Meer nannte man damals "Salzsee".
21. Phonetische Übersetzung in Aramäisch, der Sprache, die damals in Palästina gesprochen wurde.
22. Der Jordan, der ins Tote Meer fließt
23. Das Kloster von Qumram, wo 1947 die von Essener-Mönchen verfassten Manuskripte des Toten Meeres gefunden wurden.
24. Die Chakren
25. Die Zeloten bildeten eine formlose Widerstandsarmee gegen die Römer.
26. Joseph von Arimathia. Vgl. "Essener Erinnerungen", vom selben Autor, S. 405 ff. Silberschnur-Verlag
27. In einer späteren christlichen Tradition des IV. Jhs wird die Geste, Christus mit einem Tuch den Schweiß abzuwischen einer Frau namens Veronika oder Berenike zugeschrieben. Sie machte geltend, das Gesicht Jesu habe sich auf dem Schweißtuch abgebildet, daher der Name Veronika (von lat. Vera icon wahres Bild), Berenike heißt hingegen auf Griechisch "Überbringerin des Sieges." Diese Szene kommt in den kanonischen

Evangelien nicht vor. Salomes Erinnerungen, die aus der Akasha-Chronik herausgelesen wurden, zeigen jedoch, dass die Geste wirklich stattgefunden hat, aber von Salome ausgeführt wurde. Die Akasha-Annalen geben allerdings keinen Hinweis darauf, dass das Gesicht Christi in das Tuch eingedrückt wurde.

28. Joseph von Arimathia
29. Saulus aus Tarsus, der spätere Paulus
30. Die Essener Gemeinschaft
31. Den sittlichen Vorschriften zufolge mussten die Frauen separat essen und zwar nach den Männern. Eine Ausnahme bildeten die Essener Dorfgemeinschaften. Hier wurden die Frauen als den Männern gleichgestellt betrachtet.
32. Die Hochebenen des Himalaya
33. Man erkennt hier leicht den Avatar Babaji, der im Himalaya eine Zeit lang Jeshuas Lehrer war.
34. Meilenstein: Römische Wegmarkierung, die sich im Mittelmeerraum durchgesetzt hatte.
35. Der Planet Venus, auch Ishtar genannt
36. Dieses Dorf der Essener Bruderschaft verschwand tatsächlich. Es handelt sich dabei nicht, wie man meinen könnte, um Nazareth. Das Dorf Nazareth wurde erst einige Jahrhunderte später gegründet, um den Bedürfnissen der Pilger entgegenzukommen. Dies wurde auch von archäologischer Seite bestätigt.
37. Vgl. "Essener Erinnerungen" vom selben Autor, Silberschnur Verlag
38. Nathanael, der später Bartholomäus genannt wurde
39. Einige Wissenschaftler haben in diesem Zusammenhang kürzlich auf die Tatsache hingewiesen, dass ein großer Teil der Energie eines Menschen vom Sehsinn verbraucht wird. Auch das Auralesen zeigt oft auf der Augenoberfläche und in der Umgebung des Augapfels hartnäckige ätherische Schlacken, die auf eine erhöhte Spannung hinweisen.
40. Dieses Recht wurde Frauen abgesprochen.

Über den Autor

Daniel Meurois wurde 1950 in Frankreich geboren. Als wahrer Erforscher der neuen Bewusstseinsfelder ermutigt er uns, die Pluralität unseres Universums zu entdecken und neu zu betrachten und natürlich auch einen neuen Blick auf uns selbst zu werfen, immer auf der Suche nach unserer Identität. Doch hinter dem kühnen Philosophen und Lehrer verbirgt sich ein authentischer Schriftsteller, besorgt um die Schönheit der Sprache - als Ausdruck für die Schönheit des Lebens.

Das literarische Werk von Daniel Meurois ist vielseitig, beeindruckend, mitunter auch überraschend, und dabei immer außergewöhnlich und bahnbrechend.

Nicht ohne Grund sind viele der Bücher, die er im Laufe seiner über dreißigjährigen Tätigkeit als Autor geschrieben hat, internationale Bestseller geworden. Mit 35 Büchern und 80 Übersetzungen in 17 verschiedenen Sprachen ist Daniel Meurois als Pionier des neuen Bewusstseins bekannt.

Heute lebt Daniel Meurois in der Nähe von Quebec und arbeitet unablässig daran, das Bewusstsein der Menschen durch sein einmaliges literarisches Werk sowie seine Seminare und Vorträge zu wecken.

448 Seiten, broschiert
ISBN 978-3-89845-462-9
€ [D] 19,95

Daniel Meurois & Anne Givaudan

Essener Erinnerungen

Die spirituellen Lehren Jesu

Ein einzigartiges Dokument einer längst vergangenen Zeit über die Bruderschaft der Essener, bei denen Jesus von Nazareth seine spirituelle Unterweisung erhielt, und über das geheime Leben Jesu: Daniel Meurois und Anne Givaudan erzählen, wie sie auf ihren Astralreisen in die Akasha-Chronik, in das universelle Gedächtnis, die Essener zur Zeit Jesu erleben konnten und mehr über ihre Bedeutung bei der Vorbereitung der Mission Christi erfahren durften.
»Essener Erinnerungen« ist ein Buch, das überrascht und zugleich fasziniert, das zutiefst berührt und uns die ursprüngliche Botschaft Jesu nahebringt.

192 Seiten, broschiert
ISBN 978-3-89845-503-9
€ [D] 16,95

Daniel Meurois

Essener Visionen

Das heilige weibliche Prinzip

Tauchen Sie ein in das Leben der Essener im Palästina vor zweitausend Jahren und begleiten Sie Menschen, bei denen Jesus von Nazareth seine spirituelle Unterweisung erhielt. Bedeutende Frauen wie Maria, Maria Magdalena, Martha, die das Leben und die Lehren Christi eingehend geprägt haben, bereiteten schon damals das vor, was wir heute als das »heilige Weibliche« kennen, diese Weiblichkeit, die zur Geschichte der Menschheit gehört und die Empathie, Sensibilität, Mitgefühl und tiefes Empfinden ausstrahlt.
Erleben Sie die Lehren Jesu, wie Sie sie bisher nie kannten!

238 Seiten, broschiert
ISBN 978-3-89845-194-9
€ [D] 13,90

Anne Meurois-Givaudan & Dr. med. Antoine Achram

Auralesen und alte Therapien der Essener

Von der Autorin des Bestsellers »Essener Erinnerungen«

Wenige Bücher über das Thema Heilen gehen so weit wie dieses im Bezug auf das Verständnis von Krankheiten, denn hier werden diese als eine Reaktion auf feinstofflicher Ebene interpretiert und auch auf dieser behandelt – ein bemerkenswerter Ansatz zum Verständnis der energetischen Medizin. Eine interessante Einführung in eine vergessene Heiltechnik, die von der Autorin seit vielen Jahren mit großem Erfolg angewandt wird.

160 Seiten, broschiert
ISBN 978-3-89845-387-5
€ [D] 14,95

Daniel Meurois-Givaudan

Die ungeborene Seele

Trost und Hoffnung nach Fehlgeburt und Abtreibung

Einfühlsam und eindringlich berichtet Daniel Meurois-Givaudan über den Weg der Frauen und Paare, die den Verlust eines ungeborenen Kindes verkraften müssen und sich der Problematik von Abtreibungen, der Bitternis von Fehlgeburten und den oft so schmerzlichen Fragen rund um komplizierte Geburten stellen müssen.
Damit reicht er all jenen die Hand, die nicht mehr wegschauen, sondern ihre Verletzungen und Wunden heilen wollen.
Ein wohltuender Leitfaden, der hilft, einen banalisierten, verheimlichten und oft verleugneten Schmerz zu überwinden.

144 Seiten, broschiert
ISBN 978-3-89845-193-2
€ [D] 12,90

Daniel Meurois-Givaudan

Karmische Krankheiten

erkennen – verstehen – überwinden

Dieses in seiner Art einmalige Buch versteht den Menschen als eine Folge von verschiedenen Reinkarnationen, wobei jede unterschiedliche Spuren hinterlassen hat, die sich im jetzigen Leben als Krankheit manifestieren können und die die traditionelle Medizin weder verstehen noch heilen kann. Ein erfahrener Therapeut mit medialen Fähigkeiten und einem tiefen Verständnis des Menschseins vermittelt hier einen einmaligen Einblick in die Komplexität von Krankheiten.

464 Seiten,
mit 32 Farbseiten,
broschiert
ISBN 978-3-89845-125-3
€ [D] 19,90

Michael Hesemann

Stigmata – Sie tragen die Wundmale Christi

Sie gehören zu den geheimnisvollsten Phänomenen der christlichen Mystik: Stigmata, die Wundmale Christi, faszinieren seit Jahrhunderten Gläubige wie Skeptiker. Obwohl jüngere Fälle gründlich von Psychiatern und Medizinern untersucht wurden, entziehen sie sich nach wie vor jedem konventionellen Erklärungsversuch.
Sind sie himmlische Wunder, Manifestationen des Übernatürlichen, das Ergebnis einer Autosuggestion – oder gar Schwindel? In einem spannenden wie faszinierenden Sachbuch erzählt Bestsellerautor Michael Hesemann auf erfrischend moderne Weise die Geschichte der bekanntesten Stigmatisierten: des hl. Franz von Assisi, der hl. Katharina von Siena, des italienischen Nationalheiligen Pater Pio ...

288 Seiten, mit 16 Seiten Farbteil, broschiert
ISBN 978-3-89845-174-1
€ [D] 17,90

Lars A. Fischinger

Das Wunder von Guadalupe

Nicht von Menschenhand

Wunder gibt es immer wieder ... Und bei der »göttlichen Fotografie« der Mutter Gottes auf der Tilma von Guadalupe scheint es sich tatsächlich um ein wahrhaft übersinnliches Bildnis zu handeln und nachweislich nicht um ein bloßes Gemälde...
Der bekannte Sachbuchautor Lars A. Fischinger hat sich auf die Spuren der »Patronin von Mexiko« gemacht und in diesem spannenden sowie informativen Buch alle Fakten zusammengetragen, die es Ihnen erlauben, sich selbst ein Bild zu machen von diesem Bildnis der Maria von Guadalupe...

120 Seiten, broschiert
ISBN 978-3-89845-435-3
€ [D] 12,95

Corinna Thiel

Die weibliche Urkraft wiedererwecken

Dieses Buch begleitet Frauen, die sich auf den Weg der eigenverantwortlichen Entwicklung gemacht haben, die Änderungen in ihrem Leben und Alltag vollziehen möchten, um sich ein glücklicheres, erfüllteres Dasein zu schaffen.
Um diese Frauen zu stärken, hat Corinna Thiel die Botschaften weiblicher Göttinnen und weiblicher Engelenergien empfangen – Botschaften, die tiefe Wahrheiten des weiblichen Seins an die Oberfläche bringen, um gehört, beachtet und gelebt zu werden. Mithilfe dieser Energien finden Sie zu Ihrer eigenen weiblichen Kraft zurück, liebevoll gefördert und angeleitet durch die Hüterinnen des ursprünglichen Wissens einer jeden Frau.

384 Seiten, broschiert, durchg. farbig
ISBN 978-3-89845-300-4
€ [D] 16,90

Wayne W. Dyer

365 Quellen der Inspiration

Lebe deine Inspiration!
Wayne W. Dyer, der weltweit bekannte Lebensberater hilft Ihnen, Ihre Inspiration bewusst zu aktivieren, damit sie zu einer kraftvollen Energie in Ihrem Leben werden kann. Die Botschaft dieses Buches ist klar: Inspiration ist für alle da. Sie ist nicht reserviert für einzelne, sondern Ihr Geburtsrecht, man muss sie erfahren und erfühlen.
Jede Seite dieses wahrhaft inspirierenden Buches bringt Sie einen Schritt näher an ein Leben, in dem Tag für Tag mehr Wunder wahr werden...

160 Seiten, gebunden
ISBN 978-3-89845-378-3
€ [D] 14,95

Elisabeth Kübler-Ross

Lebe jetzt und über den Tod hinaus

Die Schweizer Ärztin Dr. Elisabeth Kübler-Ross ist eine der bekanntesten Ärztinnen unserer Zeit und die Begründerin der modernen Sterbeforschung. Ihre Definition der heute wissenschaftlich anerkannten fünf Phasen des Sterbens revolutionierte die Forschung. Für ihre weltweit geschätzte Arbeit erhielt sie 20 Ehrendoktortitel an verschiedenen Universitäten und wurde vom TIME Magazine zu den »100 größten Wissenschaftlern und Denkern des 20. Jahrhunderts« gewählt.
In diesem wegweisenden Buch offenbart uns Elisabeth Kübler-Ross die Antwort auf die wohl wichtigste Frage über das Leben und den Tod: Wie können wir unser jetziges Leben gestalten, um es mit dem Sterben zu versöhnen.

160 Seiten, Klappenbroschur,
ISBN 978-3-89845-403-2
€ [D] 14,95

Elizabeth Clare Prophet

Karma, Reinkarnation & Christentum

Ein spiritueller Brückenschlag

Schließen sich der Glaube an Wiedergeburt und christliches Denken aus? Elizabeth Clare gibt in diesem Buch Antworten auf die Fragen zu Karma und Reinkarnation im Christentum. Sie beweist, dass der Glaube an die Reinkarnation früher weitverbreitet war und dass auch Jesus über Karma und Reinkarnation lehrte.
Sie zeigt anhand der Lehren der Apostel und Propheten zur Reinkarnation und deren eigener Wiedergeburt, dass Karma und Reinkarnation im Christentum existieren. Ein wahrhafter Schlüssel zum Verständnis der Reise unserer Seele.

248 Seiten, gebunden
ISBN 978-3-89845-318-9
€ [D] 19,90

Gerald Jampolsky & Diane Cirincione

Was uns das Leben lehrt

Inspirierende Lebensgeschichten die unser Innerstes berühren

Nur wenige beherrschen die Kunst, spirituelle Weisheiten so zu vermitteln wie die Bestsellerautoren Gerald Jampolsky und Diane Cirincione. In diesem Buch benutzen sie die hawaiianische Tradition des »Geschichtenerzählens«.
Egal, um welches Thema es geht – Angst, familiäre Wurzeln, das Heilen des Körpers oder unsere Ansichten zu Leben und Tod –, durch alle Geschichten zieht sich ein einfühlsames Mantra spiritueller Schlüsselkonzepte.
In diesen berührenden Geschichten teilen die Autoren ihre spirituellen Erfahrungen mit uns und regen dazu an, dem eigenen Weg zu folgen.